"十二五"职业教育国家规划教材
经全国职业教育教材审定委员会审定

本书荣获第四届"物华图书奖"

Gongyinglian Guanli Shiwu

供应链管理实务

（第三版）

李建丽　主　编
刘　亮　陈艳琦　副主编
严南南［上海海事大学］　主　审

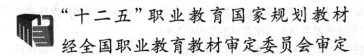

人民交通出版社股份有限公司
China Communications Press Co.,Ltd.

内 容 提 要

本书是高职高专工学结合、课程改革规划教材，是在各高等职业院校积极践行和创新先进职业教育思想和理念，深入推进"校企合作、工学结合"人才培养模式的大背景下，由交通运输职业教育教学指导委员会交通运输管理类专业指导委员会根据新的教学标准和课程标准组织编写的。

本书全面系统阐述了供应链的结构、内容、技术与服务等内容，重点阐述了供应链的构建、运行、运作模拟、评价与优化，并详细讲述了作为一名供应链管理人员所必须掌握的知识与技能，包括制造企业、服务企业的供应链的构建，供应链环境下的采购与物流管理、库存控制、生产计划与控制、供应链绩效评价指标体系的建立、供应链的优化等内容。

本书可作为职业教育物流管理专业及专业群、工商管理等经济管理类专业的教材，也可作为企业管理、物流从业人员的培训教材。

图书在版编目(CIP)数据

供应链管理实务 / 李建丽主编. —3 版. —北京：
人民交通出版社股份有限公司，2015.3
"十二五"职业教育国家规划教材
ISBN 978-7-114-11818-0

Ⅰ.①供… Ⅱ.①李… Ⅲ.①供应链管理—高等职业教育—教材 Ⅳ.①F252

中国版本图书馆 CIP 数据核字(2014)第 248890 号

"十二五"职业教育国家规划教材
书　　名：供应链管理实务（第三版）
著 作 者：李建丽
责任编辑：司昌静　任雪莲
出版发行：人民交通出版社股份有限公司
地　　址：(100011) 北京市朝阳区安定门外外馆斜街 3 号
网　　址：http://www.ccpress.com.cn
销售电话：(010) 59757973
总 经 销：人民交通出版社股份有限公司发行部
经　　销：各地新华书店
印　　刷：北京鑫正大印刷有限公司
开　　本：787×1092　1/16
印　　张：19
字　　数：430 千
版　　次：2007 年 7 月　第 1 版
　　　　　2012 年 7 月　第 2 版
　　　　　2015 年 3 月　第 3 版
印　　次：2021 年 11 月　第 3 版　第 4 次印刷　总第 7 次印刷
书　　号：ISBN 978-7-114-11818-0
定　　价：49.00 元

（有印刷、装订质量问题的图书由本公司负责调换）

高职高专工学结合课程改革规划教材

编审委员会

主　任： 鲍贤俊（上海交通职业技术学院）

副主任： 施建年（北京交通运输职业学院）

专　家（按姓氏笔画排序）：

孔祥法（上海世纪出版股份有限公司物流中心）　　刘　念（深圳职业技术学院）
严南南（上海海事大学高等技术学院）　　　　　　杨志刚（上海海事大学交通运输学院）
逄诗铭（招商局物流集团易通公司）　　　　　　　贾春雷（内蒙古大学交通职业技术学院）
顾丽亚（上海海事大学交通运输学院）　　　　　　黄君麟（云南交通职业技术学院）
薛　威（天津交通职业学院）

委　员（按姓氏笔画排序）：

毛晓辉（山西交通职业技术学院）　　　石小平（湖北交通职业技术学院）
刘德武（四川交通职业技术学院）　　　向吉英（深圳职业技术学院）
孙守成（武汉交通职业学院）　　　　　曲学军（吉林交通职业技术学院）
朱亚琪（青海交通职业技术学院）　　　祁洪祥（南京交通职业技术学院）
许小宁（云南交通职业技术学院）　　　严石林（湖北交通职业技术学院）
吴吉明（福建船政交通职业学院）　　　吴毅洲（广东交通职业技术学院）
李建丽（河南交通职业技术学院）　　　李艳琴（浙江交通职业技术学院）
肖坤斌（湖南交通职业技术学院）　　　武　钧（内蒙古大学交通职业技术学院）
范爱理（安徽交通职业技术学院）　　　赵继新（广西交通职业技术学院）
郝晓东（上海交通职业技术学院）　　　袁炎清（广州航海高等专科学校）
阎叶琛（陕西交通职业技术学院）　　　黄　浩（江西交通职业技术学院）
黄碧蓉（云南交通职业技术学院）　　　程一飞（上海交通职业技术学院）
楼伯良（上海交通职业技术学院）　　　谭任绩（湖南交通职业技术学院）

秘　书：

任雪莲　司昌静（人民交通出版社股份有限公司）

前　言

根据2013年8月教育部《关于"十二五"职业教育国家规划教材选题立项的函》(教职成司函〔2013〕184号),本教材获得"十二五"职业教育国家规划教材选题立项。

编写人员在认真学习领会《教育部关于"十二五"职业教育教材建设的若干意见》(教职成〔2012〕9号)《高等职业学校专业教学标准(试行)》《关于开展"十二五"职业教育国家规划教材选题立项工作的通知》(教职成司函〔2012〕237号)等有关文件的基础上,结合当前高等职业教育发展和物流行业发展的实际情况,对第二版做了全面修订。

进入21世纪,随着世界经济一体化进程的不断加快,供应链管理使得企业间的商业模式发生了重大变革。从原材料到最终交付顾客的产品,供应链涵盖了从供应商的供应商到客户的客户之间有关最终产品或服务的形成和交付的一切业务活动。供应链管理在优化资源配置、迅速满足顾客需求、缩短产品生产周期、降低产品成本、提高服务质量等方面具有显著成效,高效的供应链管理成为了企业的核心竞争力。因此,供应链的构建、运行、评价与优化,是现代企业不断探索和实践的课题。

本书是高职高专工学结合、课程改革规划教材,是在各高等职业院校积极践行和创新先进职业教育思想和理念,深入推进"校企合作、工学结合"人才培养模式的大背景下,由交通职业教育教学指导委员会交通运输管理专业指导委员会根据新的教学标准和课程标准组织编写的。

本书全面系统阐述了供应链的结构、内容、技术与服务等内容;重点阐述了供应链的构建、运行、运作实践、评价与优化,并详细讲述了作为一名供应链管理人员所必须掌握的知识与技能,包括制造企业、服务企业的供应链的构建,供应链环境下的生产计划与控制、库存控制、采购与物流管理、供应链绩效评价指标体系的建立、供应链的优化等内容。在教材编写过程中,突出了以下特点:

(1)充分汲取各高职高专院校在探索培养高端技能型人才方面取得的成功经验和教学成果,从供应链管理技能和素质分析入手,确定课程内容。

(2)注重理论与实践环节的紧密结合,将抽象的理论形象化、具体化,以任务方式列示,每一项目均有案例导入,分任务教学,随后均有相应的技能训练,从而保证教、学、练、做一体化。

(3)教材从供应链管理理念出发,依据供应链管理方法与技术手段的发展,从案例入手,着重阐述了供应链的构建、运行、评价与优化,突出教材的实用性与可操作性,能够更好地适应高职高专层次的教学需要。

(4)注重引用国内外最新理念和标准,引导学习者制作调查表、撰写物流供应链调研策划报告,选择供应链结构模型,确定供应链设计原则,进行供应链的构建、运行、评价和优化。

本教材由李建丽担任主编,刘亮、陈艳琦担任副主编,并由多位编者合作完成。具体编写分工为:李建丽编写项目一;陈艳琦编写项目二;李明慧编写项目三;赵梅编写项目四;程晓栋编写项目五;曹深江编写项目六;侯守伟编写项目七;李成兵编写项目八。全书由李建丽统稿,特邀上海海事大学严南南副教授担任主审。

本教材在编写过程中借鉴、引用了大量的国内外文献,在此对作者表示真诚的感谢。由于编者水平有限,加之编写时间仓促,书中难免存在疏漏和不足之处,恳请广大同行和读者批评指正,以便修订时日臻完善。

编　者

2015 年 1 月

目 录

项目一 供应链认知 1
 任务一 供应链及供应链管理概念 3
 任务二 供应链结构及特征 17
 任务三 供应链管理内容 22
 任务四 供应链管理技术 29

项目二 供应链构建 40
 任务一 供应链结构模型 41
 任务二 供应链管理战略 50
 任务三 基于产品的供应链设计 58

项目三 供应链的信息价值 83
 任务一 牛鞭效应 84
 任务二 前置时间管理 95
 任务三 信息和供应链的权衡与信息共享 101

项目四 供应链的运行 119
 任务一 供应链环境下的采购与物流管理 120
 任务二 供应链环境下的库存控制与风险分担 134
 任务三 供应链环境下的生产计划与控制 148

项目五 供应链运作模拟 171
 任务一 制造业供应链管理的现状及对策——以汽车工业供应链为例 172
 任务二 服务业供应链管理的现状及对策——以港口服务供应链为例 189

项目六 供应链金融 205
 任务一 供应链金融概述 205
 任务二 供应链金融产品及运作 209
 任务三 供应链金融风险管理 219

项目七 供应链成本与绩效管理 234
 任务一 供应链成本 236
 任务二 供应链绩效 250
 任务三 供应链标杆管理 266
 任务四 供应链企业激励机制 272

项目八 全球化供应链管理 281
 任务一 全球化供应链的影响因素 282
 任务二 全球化供应链管理中的问题 284
 任务三 全球化供应链管理的风险防范 286

参考文献 292

项目一　供应链认知

内容简介

本项目主要从供应链产生的背景、供应链及供应链管理的概念、特征、结构、内容、技术等方面,系统介绍了供应链及其管理的内涵,使学生能够全面深入了解供应链的结构及其内在关系,明晰当前供应链发展的新模式。

教学目标

1. 知识目标
(1)理解供应链的相关知识;
(2)识别供应链的结构、内容;
(3)了解供应链及供应链管理产生的背景。
2. 技能目标
(1)能够正确地描绘特定企业的供应链类型;
(2)能够识别供应链的结构特征;
(3)能够根据企业的具体特征对供应链进行分类。

案例导入

苹果公司供应链解密:如何把不可能变成可能

2011年11月的一期美国《商业周刊》刊文称,由于苹果公司向生产制造的各个领域投入了巨大的资金和精力,使得该公司在运营领域拥有无可比拟的巨大优势。

《商业周刊》文章标题:把不可能变成可能。

2006年苹果公司设计主管乔尼·艾维(Jony Ive)决定给下一代 MacBook 增加一项新功能:在屏幕上方设计一个小绿灯,穿过电脑的铝制外壳指示摄像头的位置。但却存在一个问题,从物理学上讲,光线是不可能穿过金属的。所以要将这种解决方案大规模付诸实施是一大难题。苹果公司需要大量的激光器。专家们发现,有一家美国公司为微芯片制造厂商提供的激光设备经过一些改造后,可以胜任这项工作。每台设备售价通常约为25万美元,苹果公司说服卖家签订保密协议,并购买了数百台设备,用于为绿灯打孔。如今,这种绿光已经在苹果公司的 MacBook Air、Trackpad 和无线键盘中闪耀。

苹果公司的这种创造却凸显了该公司的一大重要竞争优势:运营。这是一个融合了制造、采购和物流等多个领域的世界,而苹果公司新 CEO 蒂姆·库克(Tim Cook)恰恰精于此道,也因此赢得了史蒂夫·乔布斯(Steve Jobs)的信任。通过对苹果公司前员工、供应商高管和熟悉该公司运营状况的管理专家的数十次采访,有关人员发现,苹果公司已经建立起一个封闭的生态系统,几乎可以控制供应链的方方面面,从设计到零售,无所不包。

1. 庞大的采购量

得益于庞大的采购量,苹果公司在零部件成本、制造费用以及空运费用上获得了较低的折扣。"对苹果公司而言,运营技能是与产品创新和营销同样重要的资产。"惠普公司前供应链主管、美国风险投资公司 Vantage Point Capital Partners 合伙人迈克·福克斯(Mike Fawkes)说,"他们拥有前无古人的卓越运营能力。"这种运营优势使得苹果公司可以在无须囤积大量高成本库存的情况下,实现大规模的产品发布。美国投资银行 Piper Jaffray 分析师基尼·蒙斯特(Gene Munster)表示,这也使得一直因为定价过高而备受批评的企业,能够以几乎无人能及的低价出售 iPad,而且依旧可以赚取 25% 的利润率。

2. 买断全部资源

在 1997 年乔布斯回归之后,苹果公司立刻开始在供应链管理的细节上展开创新。当时多数电脑制造商通过海运方式获取零部件,因为海运的运费远低于空运。物流行业高管约翰·马汀(John Martin)表示,为了确保新款半透明 iMac 能在次年圣诞节期间全面铺货,乔布斯花 5000 万美元买断了圣诞购物季期间所有可用的空运空间。马汀与乔布斯共同安排了此项空运计划。此举令康柏公司等临时想要增加空运订单的竞争对手陷入绝望。当 iPod 2001 年上市时,苹果公司意识到,由于飞机可以容纳大量 iPod,完全可以直接通过空运方式将其从中国的工厂送至分销地。当一名惠普公司员工订购了一部 iPod,并在几天后就收到了订单,他通过苹果公司网站追踪到这款产品竟然经过了环球旅行。"当时简直令我们抓狂",福克斯回忆道。

3. 巨额现金储备

等到投产时,苹果公司又会亮出一个重型武器:超过 800 亿美元的现金和投资。该公司表示,2012 年计划将供应链资本开支增加一倍,达到 71 亿美元,并计划为关键供应商提供 24 亿美元预付款。这一策略确保了苹果公司能够获得充裕且廉价的零部件,有时还会因此限制其他企业的选择。据一家钻孔机厂商高管透露,为了生产足够的 iPad,苹果公司还购买了大量的高端钻孔机,以便为该产品生产内壳,导致其他企业需要等上 6 周~6 个月才能拿到机器。

4. 加强保密策略

在新品发布前夕,苹果公司对供应链的控制会达到顶峰。通过 Mac、iPod、iPhone 和 iPad 的发布,苹果公司多年以来已经充分实现了各个部门之间的密切配合。在产品发布前几周,工厂便会加班生产几百万件产品。为了追踪生产效率,并确保产品在发布前夕对外保密,苹果公司还会在部分包装箱内安装电子监视器,使得该公司的总部员工可以追踪中国工厂的状况,防止泄密。当 iPad 2 发布时,苹果公司将所有成品都放在包装箱内,并由该公司的员工监视每一个传送点——码头、机场、货车、仓库以及分销中心,以此确保每件产品不出问题。

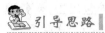引导思路

(1)苹果公司为什么能在激烈的市场竞争中立于不败之地?
(2)苹果公司是通过什么样的供应链管理实现长足发展的?

任务一　供应链及供应链管理概念

教学要点

(1)了解供应链及供应链管理产生的背景,掌握供应链及供应链管理的概念;
(2)了解供应链管理在企业中的作用。

教学方法

采用案例引导、课堂讲授、多媒体情境教学、案例教学。

任何一个企业都不是孤立生存的,它需要市场、企业以及人员的配备。这些市场、企业和人员组合在一起,上下环节之间表现出供给和需求的关系,从而形成了一条长长的具有供应关系的供应链。实际上供应链早已经客观存在。

教学内容

一　供应链概念

1. 供应链产生背景

20世纪90年代以来,随着科学技术的飞速发展和生产力的快速提高,顾客(Customer)的消费水平不断提高,企业之间的竞争加剧,政治上、经济上以及社会上的巨大变化,加大了生产企业与市场用户之间供需的不确定性,导致需求日益多样化。全球化日益加剧的形势下,企业要面对一个变化迅速而且无法预测的买方市场,传统的生产经营模式已经不能应对市场经济的千变万化,越来越被动和迟缓。为了摆脱这种困境,许多学者和企业都研究采取先进的单项制造技术以及管理方法,比如计算机辅助设计(CAD)、柔性制造系统(FMS)、准时化生产(JIT)、制造资源计划(MRPII)和企业资源计划(ERP)等。虽然这些方法在当时的应用环境下取得了一定效果,但在经营的灵活性、快速响应顾客需求等方面没有实质性的改变。在这种情况下,相关学者以及企业终于认识到产生问题的根源不在于具体的制造技术以及管理方法本身,而在于他们仍停留在传统的生产模式之中。

长期以来,企业出于对人、财、物和信息等生产资源进行管理控制的目的,对其所需的原材料、半成品或者零部件的生产企业一直采取投资自建、投资控股或者兼并的"纵向一体化"(Vertical Integration)管理模式。实行"纵向一体化"管理的核心是加强企业对原材料供应、产品制造、销售的全过程控制,使企业在激烈的市场竞争中掌握主动,达到增加利润的目的。然而,这种传统的市场竞争模式在高科技迅速发展、市场竞争日益激烈、顾客需求不断变化的今天,已逐渐显示其无法快速、敏捷地响应市场机会的弊端。因此越来越多的企业对"纵

向一体化"模式进行深入的研究和改造,把自己需要的生产零件以及产品外包出去,充分地利用外部资源,这种模式中的其他企业形成了一种与自身企业相对等的水平与合作关系,人们形象地称之为"横向一体化"(Horizontal Integration)。供应链以及供应链管理思想就体现了"横向一体化"的基本思想。

2. 供应链的概念

供应链(Supply Chain)的概念是1989年由美国学者史蒂文斯(Stevens)提出的。他认为:"通过价值增值过程和分销渠道控制从供应商的供应商到客户的客户就是供应链,它开始于供应链源点,结束于消费终点。"随着经济社会的发展,很多学者从不同方面对供应链进行了定义,尤其是近年来随着全球制造(Global Manufacturing)的出现,供应链在制造业管理中得到普遍应用,成为一种新的管理模式。受目前国际市场竞争激烈、经济及用户需求等不确定性的增加及技术的迅速革新等因素的影响,供应链管理提出的时间虽不长,但已引起人们的广泛关注。

1)国内供应链概念

面对激烈的市场竞争以及全球化的推进,学者们提出了许多应对竞争的有效供应链以及管理的建议和概念,国内比较普遍接受的是马士华等的定义以及国家标准《物流术语》中的定义。

马士华认为,供应链是指围绕核心企业,通过对信息流、物流、资金流的控制,从采购原材料开始,生产成中间产品以及最终产品,最后由销售网络把产品送到消费者手中的、将供应商、制造商、分销商、零售商、直到最终用户连成一个整体的功能网链结构模式。该定义认为供应链"是一个范围更广的企业结构模式,它包含加盟的节点企业,从原材料的供应开始,经过链中不同企业的制造加工、组装、分销等过程直接到最终的用户"。同时供应链"不仅是一条连接供应商到用户的商链、物料链、信息链、资金链,而且还是一条增值链,物料在供应链上因为加工、包装、运输等过程而增加其价值,给相关企业都带来收益"。基于供应链供需关系的链间企业关系可知,它具有层级性,属于层级性的供应链形式,具体如图1-1所示。

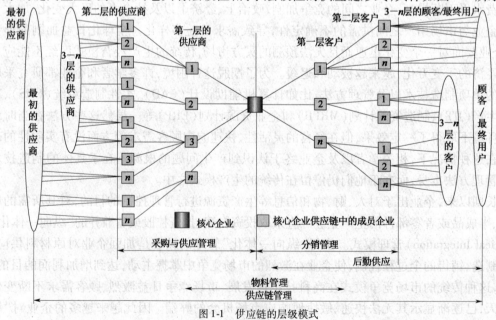

图1-1 供应链的层级模式

2006年，由国家质量技术监督局发布实施的国家标准《物流术语》（GB/T 18354—2006）中对供应链定义为：供应链指生产及流通过程中，涉及将产品或服务提供给最终用户活动的上游与下游组织所形成的网链结构。该定义认为，供应链是由企业所形成的网络结构模式，并且供应链中的企业包括生产和流通领域中给用户提供产品和服务的所有企业。该定义没有涉及企业之间的加盟关系，也没有涉及是否存在核心企业，定义更为宽泛。

2）国外有关供应链概念

国外学者给供应链下了很多定义，如表1-1所示。

国外学者对供应链的各种定义　　　　　　　　　　表1-1

学　　者	类　型	定　　义
Jones 和 Riley（1985 年） Houlihan（1991 年） Langreley 和 Houlcomb（1991 年） Lee Billington（1992 年）	连锁意识型	从供应商到最终使用者的整个过程中，物体流动的所有管理活动； 对从供应商开始，经生产或者流通业者，到最终消费者的所有物质流动进行管理的活动； 从企业到最终用户过程中所发生的买卖活动、附加价值以及营销活动； 原材料供应、零部件或者最终产品的提供以及向顾客流通中的生产或流通中心网络组织
Sott 和 Westbrook（1992 年） Turner（1993 年）	连接型 或 物流型	从原材料开始到最终用户为止，生产或者供应流程中的各种要素的链接； 从原材料供应商开始，经过生产、保管、流通等各个阶段，到最终顾客等整个过程的链接
Jonannson（1994 年） Towill，Naimh 和 Winkner（1992 年） Manordt 和 Harrington（1993 年）	信息型	为实际供应商品而使用的手段，追求的是供应链参与之间信息的恰当提供，供应链管理中各成员间所产生的信息流，对供应链全体的绩效而言是极其重要的； 由材料供应商、生产设备、流通服务、顾客以及信息反馈等要素构成的系统； 从供应商开始，顾客、消费者等所有参与者之间所发生的产品和信息双向流通
Cooper 和 Ellram（1990 年） Ellram 和 Copper（1993 年） Hewitt（1992 年）	整合型	从供应商开始到最终使用者流通渠道的全面管理； 为取得系统整体最高绩效，而对从供应商开始到最终用户的整个网络的分析和管理； 供应链的整合不是对现有组织的再造，而是事业流程再设计的必然结果
Cavinato（1992 年） Famer（1995 年）	未来发展型	由管理和供应渠道组成，它是由原材料到最终顾客为止沿着产品流所附加的企业组成的，较之交易要素，它更重视的是关系； 供应链管理这个概念更应该用无缝隙性需求整合（Seamless Demand Pipeline）来取代

根据前面的定义，我们可以从以下几个角度来理解供应链的概念：

（1）由相关企业组成。从广义角度上，供应链包含所涉及提供给最终用户产品和服务的企业；从狭义角度上，供应链是指整个产业链中的某一段或有加盟关系的企业。

（2）功能网络构成。这种功能网络主要涉及供应链各成员间的合作和商流、物流、资金流与信息流的流动。

（3）具有核心企业。核心企业主导着供应链的构建,可以发生在制造企业、零售企业或者其他类型的企业。

（4）供应链活动是供应链中商流、物流、资金流和信息流的活动,其中信息流是推动供应链运作一体化的前提和基础。

（5）供应链具有增值性。供应链各成员通过其在供应链上的具体运作,如加工、包装等活动,为供应链增值。

伴随着供应链的发展,其涵盖内容越来越广,形式越来越丰富,它将企业的生产活动进行了前伸和后延。譬如,日本丰田公司的精益协作方式中,将供应商的活动视为生产活动的有机组成部分,并加以控制和协调,这就是向前延伸。后延是指将生产活动延伸至产品的销售和服务阶段。因此,供应链就是通过计划(Plan)、获得(Obtain)、存储(Store)、分销(Distribute)、服务(Serve)等这样一些活动而在用户和供应商之间形成的一种衔接(Interface),从而使企业能满足内外部用户的需求。供应链与市场学中销售渠道的概念有联系也有区别。供应链包括产品到达用户手中之前所有参与供应、生产、分配和销售的公司和企业,因此,其定义涵盖了销售渠道的概念。供应链对上游的供应者(供应活动)、中间的生产者(制造活动)和运输商(储存运输活动以及下游的消费者(分销活动)同样重视。供应链是在相互关联的部门或业务伙伴之间所发生的物流、资金流、知识流、信息流和服务流,覆盖从产品(或服务)设计、原材料采购、制造、包装到交付给最终用户的全过程的功能网链。所以,供应链是一个囊括了供应商、生产商、分销商、零售商以及其他服务性组织和最终用户的功能链,具体如图1-2所示。

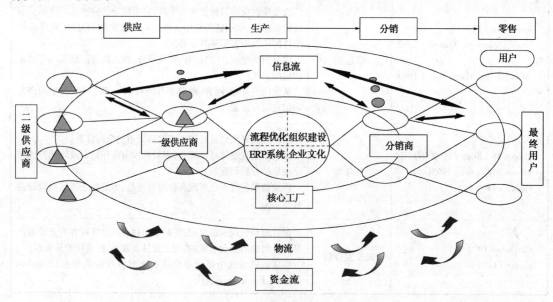

图1-2 供应链的节点组成

同时,国际上一些著名的企业(如惠普公司、IBM公司、DELL计算机公司等)在供应链的实践中取得了巨大的成绩,使人更加坚信供应链是进入21世纪后,企业适应全球竞争的一种有效途径,因而吸引了许多学者和企业界人士研究和实践供应链管理,供应链管理的形式如图 1-3 所示。

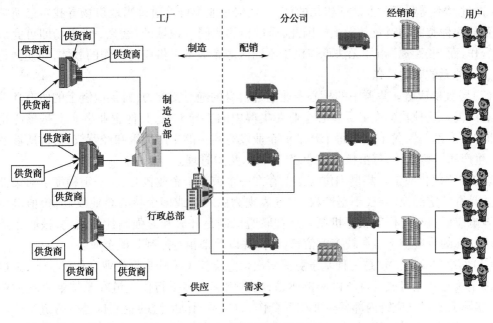

图 1-3　供应链管理的形式

供应链的概念是动态概念,随着社会以及供应链的发展,出现的形式有绿色供应链、集成供应链以及集群式供应链等形式,但是不论供应链以何种形式发展,其涵盖的节点企业都是既定的:供应商、制造商、分销商、零售商、直到最终用户,包括商流、资金流、信息流以及物流等。

二　最新供应链概念

1. 集群式供应链概念

集群式供应链是在供应链发展和产业集群发展的基础上,经过不断的耦合、不断的渗入最终形成的。

目前普遍采用波特(1998 年)对产业集群的定义,即"产业集群是在某一特定领域内互相联系的、在地理位置上集中的公司和机构的集合"。

首先明确地将产业集群与供应链联系起来研究的是 Humphrey 和 Schmitz(2002年)。他们通过对墨西哥、泰国、巴西和美国等发展中国家和发达国家劳动密集型和知识密集型行业进行了研究,发现产业集群内的企业在交易合作层次上存在四种形式:"短距离"市场(Arm-length Market)、层级(Hierarchy)、准层级(Quasi Hierarchy)和网络(Network)。并在此基础上,把集群内的供应链再分为相应的四类,即"短距离"市场供应链、层级供应链、准层级供应链以及网络供应链。每种供应链的结构、类型、特点不同,其合作模式也不尽相同。

1)集群式供应链的结构类型

(1)"短距离"市场供应链。集群内供应链的上游企业完全有能力生产下游企业所需的产品,并大多能满足下游企业对产品的要求。它们生产的产品是标准化产品,定制程度比较低,生产过程不需要第三方认证机构的认证,任何企业都可以通过当地市场寻找自己所需的任何数量和种类的物料及其卖主。因此,通过相邻或同一地域的"短距离"市场即可完成交易和合作,而"长距离"市场无法承担位于不同区域企业基于供应链合作的载体,即使强行合作也是一种无效率的合作。

(2)层级供应链。集群中的核心企业通过自身的绝对支配力,对供应链上的所有环节企业拥有产权。这种状况决定了核心企业在集群中的主导地位,其他企业事实上是核心企业的不同"生产部门",价值链的每个环节的企业没有自主的生产决策和经营权,集群所涉及的研发、生产和销售活动,都由核心企业统一决策、集中管理。

(3)准层级供应链。集群内供应链上存在一个或多个企业核心,在一定程度上对集群其他企业具有一定的控制权(不是产权)。其表现为由一个或多个核心企业发起,价值链中其他企业响应而进行合作的联盟机制。这种联盟机制是开放和非强制性的结构,核心企业在信息不对称的供应链下掌握较多的信息优势,并以此来相对控制其他企业。

(4)网络供应链。这是一种基于更深层次信息交流关系的集群企业合作供应链,集群中存在多个核心企业组成各自的供应链体系,集群内部众多平行供应链在整体上表现为单向流动,实际上不仅供应链内部各企业相互合作,而且不同供应链的企业也进行跨链协作。同时,在这些供应链之外还存在大量处于游离状态的专业化配套中小企业,它们的作用是补充和配合网络供应链的生产活动。

2)集群式供应链特点

通过上述对集群式供应链的概念描述,可以看出集群式供应链是以产业集群为平台的网络式供应链,它区别于传统意义上的供应链,强调的是供应链在集群地域中各个环节的完整性。其主要特点表现在以下几个方面。

(1)基于产业集群本地一体化的完整性。基于产业集群本地一体化的完整性是集群式供应链中企业形成和维系其竞争力的客观要求,因为集群式供应链只有基于本地一体化的完整性,才能实现即时设计、即时采购、即时生产和即时销售与配送,才能够使集群式供应链中的企业在运作过程中生产周期短,库存低,市场响应速度快。

集群式供应链基于本地一体化的完整性有两种表现形式:一种是本地一体化完整的供应链,另一种是本地一体化相对完整的供应链。第一种主要是指在产业集群中包含了生产或制造某类产品的几乎所有的环节的企业和机构,集群企业在生产中基于当地采购和协作,而不依赖集群外资源,就能设计研发、生产制造和销售(并不代表和外界没有知识的交流和联系)。第二种主要是指在供应链中的某些环节可能缺失,因而,在整个系统运作时需要外部资源的注入和企业的协作,是一个开环的供应链系统。

(2)基于相似产业定位的动态竞争性。集群式供应链系统中的企业大体上可以分为三层:核心企业层、协作企业层和外部松散层,如图1-4所示。核心企业层是集群式供应链的各个单链中具有主导作用的企业,或是在产业集群中处于整个基础产业的支柱企业。在具体的集群式供应链中,随着产业集群类型的不同,这类核心企业可能只有一个,可能有多个,也可能是缺失的;协作企业层是指在集群式供应链的单链中,除核心企业以外的链上企业,具有一定竞争优势;外部松散层是指游离于单个供应链之外,但是处于整个集群式供应链系统之中的大量配套和辅助性的企业。

在集群式供应链的各类企业之间，除了相互配合与协调的合作关系之外，由于其产业定位的相似性，外层企业通常会向内层企业的地位发出挑战，以取代其在供应链中的地位，因此，还存在激烈的竞争关系。当某一企业在供应链上丧失其优势地位后，就会被其他层级的同类企业所代替，甚至被淘汰出局，整个系统处于一个动态的竞争状态。

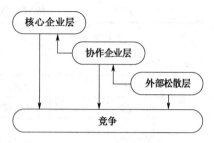

图1-4　集群式供应链企业分层

但是，也正是由于这种激烈的动态竞争，才促使整个集群式供应链系统不断优化，趋于更加稳定。

（3）基于信任联结方式的根植性。集群式供应链是一个由许多不同层次的企业组成的比较复杂的网络式供应链，其复杂性决定了集群式供应链中的上下游不同环节的企业合作联结方式，以及跨链间企业的合作方式的多样性。这些复杂的联结合作方式趋向于灵活，可以是正式的契约形式，也可以是非正式的信任方式，这与产业集群基于信任的根植性和本地一体化的完整性密切相关。但不管是正式的契约形式，还是非正式的信任形式，其联结模式归根到底都是基于信任的根植性。

（4）基于时间竞争的大规模定制性。集群式供应链的实质是一个纵横结构精巧，各环节相互协调的生产系统。与传统单链式供应链一样，其具有实施大规模定制化的基础。上游企业通过市场预测，进行大规模的生产运作，下游企业应对市场即时需求，实施定制化生产，以此来实现大规模的定制化。

与传统供应链的大规模定制化相区别的是，集群式供应链更具有时间竞争性。这是因为在产业集群内不仅有着供应链各个环节的诸多同性质企业，它们之间由于距离的临近性和区位的集中性，大大降低了其搜索成本，提高了搜索效率，它们之间基于信任的相互协调足以应对各种突发和偶然事件。另外，在集群式供应链中还存在横向相关辅助产业的协作，这也在很大程度上保证了集群式供应链基于时间竞争的大规模定制化运作。

（5）基于中小企业定位的普遍适应性。传统的供应链由于其各环节企业分布在不同的区域中，要想使供应链不同链节上的企业运作协调一致，需要建立相应的信息系统，如各种库存管理信息系统、运输管理信息系统、订单管理信息系统等，而这些系统的建立，往往需要大量的前期投入，对中小企业来说"望链兴叹"。

而作为产业集群主体的大量中小企业，由于其空间区域的临近性和集中性，使得信息流通和交换更加简单畅通，不需要进行大量的前期投入，因此，从这个角度出发，集群式供应链是一种中小企业普遍适应的供应链组织模式。

基于上述分析，可以看出集群式供应链区别于一般传统的供应链，它是一种根植于信任模式，普遍适合中小企业，在动态竞争中保持相对稳定，能够提供更具时间竞争性的大规模定制化服务，基于产业集群本地一体化完整的网络供应链系统。集群式供应链与传统的供应链的区别如表1-2所示。

集群式供应链与传统供应链的比较 表 1-2

供应链类型 项　目	传统供应链	集群式供应链
链形状	单链	网链
供应关系	相对简单	非常复杂
区域集中度	相对集中	高度集中(在临近区域内形成比较完整的供应链)
企业间信息对称关系	信息不对称、不畅通	信息对称、畅通
形成的基本条件	具有一定的对等性和地理上的临近性	在 R&D、生产制造、市场信息沟通上有着其他地域无法比拟的吸引优势，同时分工协作发达
战略合作伙伴选择的标准	目标单一(主要强调价格)	多目标(质量、价格、交货期、灵活性)
企业交换主体	物料	物料、技术、服务及品牌
系统稳定性	弱(变动频繁)	众多企业的动态竞争促使系统的稳定性极强

3）产业集群和供应链关系

（1）产业集群为供应链的发展提供了优越的"生态"环境。产业集群最直观的表现就是众多的企业集中在某一地域，但是这种集中是以专业化分工和社会化协作为基础的，在集群内大中小企业并存，不同类型的企业共生，是一个生态化的企业群体。在这个生态群体中，各企业在物流、信息流、资金流等方面相互协作，上下游配套企业可以共享产业基础设施、人力资源以及知识产权和管理知识，这些企业有机地结合在一起，共生共存。这就为产业集群中的供应链提供了良好的运营环境，直接导致供应链整体绩效的提高。

产业集群增加了供应链各节点企业间的协同能力和共享效应。在长期本地化的竞争与合作过程中，产业集群内形成了特有的关系网络、知识文化氛围以及区域信息交流的平台。由于地域的集中，其内部成员业务上的联系更紧密，互补性更强，使得集群中的企业在知识创新行为中，可以通过免费或付费的方式经济快捷地获得其所需要的知识与设施；企业还可利用集群提供的公共设施、专业服务机构，甚至共享集群的品牌形象。集群中企业联合紧密，共享利益，大大增强了供应链各节点企业间的协同能力。另外，产业集群内的企业合作具有独特的优势。因为产业集群的运营机制的基础是信任和承诺等人文因素，群内的企业因为地域的接近和领导人之间的密切联系，形成共同的正式或非正式的行为规范和惯例，彼此之间容易建立密切的合作关系，从而减少机会主义倾向，降低合作的风险和成本。这种合作会使供应链中的供应商、客户，甚至竞争对手走到一起，共同分享技能、资源，增大了供应链中企业间的共享效应。

（2）产业集群降低了供应链企业间的交易成本，提高了供应链的运营效率。产业集群是一种降低供应链企业间交易成本的制度安排。这是由于产业集群的形成会使相关产业构成一个虚拟的整体，在这个体系内，各企业成员遵守相同的制度安排，避免了不同制度之间的摩擦，也使得信息的传递更加畅通。由于产业集群的空间聚集优势，集群内的企业在每次交易过程中,都可以减少如交通费用、货币资金的时间成本等交易成本,减少资金的占用。更重要的是,集群内相对稳定的结构关系以及集群为企业提供的创新氛围、知识人才的集成、良好的信用环境和便利的基础设施,使得企业具有"根植性"和较高的迁移成本,企业的失信将会使之承担巨大的损失。所以,在一个集群中,信息成本和失信的机会主义发生的可能性都会降低,从而使得集群内的交易成本低于企业的市场交易成本,并且提高了企业经营的效率。企业间的信任合作体系,将直接导致供应链上下游企业间的内部谈判成本、讨价还价成本、拟定和监督合同履行成本的大幅度降低,最终使整条供应链的交易成本最小化。供应链企业低成本的运营,最终会带来供应链整体利润水平和竞争能力的提高。

(3)供应链促使产业集群竞争力的提高。如果没有集群网络特点的供应链系统组织,产业集群可能会因为只有合作而没有竞争沦为低效率的组织。这是因为供应链本身所具有的遴选机制在动态地调整产业集群内的竞合关系。为了应对市场的快速变化,以对市场需求做到及时响应,在供应链的运营过程中,长期存在着"组建→筛选组员→淘汰→组建"的动态循环,可以对供应链不同节点企业进行调整。这种选择性和流动性所具有的压力,将会极大地加强企业间合作竞争的意识,并加速创新的步伐。对处于价值链横向节点上的企业而言,为了在竞争中占有一席之地,它们之间的竞争是必然的,一定强度的竞争会促使创新的发生,然而合作也并非是没有必要。因为创新往往是一项耗费大量人力、物力和财力的工程,对于单个企业来讲,独自进行创新难以获得成功,面对诱人的市场机遇以及自身技术和资源的有限性,合作是实现多赢的最好选择。对处于价值链纵向关系的企业来讲,他们由于能够共享彼此的信息,能够在合作中相互学习,也可以取得共同的发展。可是他们之间的竞争依然存在,因为创新能力的高低、拥有优势的强弱,直接决定他们在供应链中的地位以及赢利能力。供应链的这种调节机能在确保企业适当竞争的同时,能够维持彼此间高度的合作关系,这样可以促使产业集群整体竞争能力的提升。

此外,供应链对于产业集群来说还有一个重要意义,就是供应链对于产业集群企业的整合以及其价值转移功能。供应链的运营理念是依托信息技术,通过业务外包、虚拟经营等方式,将分布于不同地理位置、拥有相关核心能力的企业联系在一起,组成产业集群,在分工与合作的基础上,动态地共同进行价值创造活动,而且还以支撑性实物的形式将产业集群的优势商品化,由此产生的经济效益再逆向传递到产业集群,于是就形成了最后大家所看到的现象:产业集群促进了区域经济增长,提升了区域经济竞争力。

2.冷供应链

背景链接

冷供应链的发展

据统计,目前我国的肉类食品厂有2500多家,年产量超过1000万t,年产肉类5600万t;速冻食品厂有2000多家,年产量超过850万t;冷饮企业有1000多家,年产量超过1000万t;乳品企业有1500多家,年产量约800万t;此外,每年还有约4120万t的水产品。

这些总量超过1.5亿t的冷藏食品需要运输,而由于运量不够造成冷链浪费的损失等同于增长额的2%,冷链物流服务体系建设十分必要。与发达国家比,我国的冷链流通率还存在很大差距。欧美等发达国家肉禽冷链流通率已达100%,水果在95%以上,而我国肉禽、水果的冷链流通率仅为15%和5%。数据显示,我国每年约有1/4的水果和1/3的蔬菜在中转运输及存放过程中腐烂变质,价值高达750亿元。

"我国冷藏车的保有量仅占道路货运车辆的0.3%,这是造成冷链流通率较低的重要原因。"相关人士表示,美国平均500人就有一辆冷藏车,而我国平均3万人才有一辆冷藏车,冷藏车的保有量仅为4万~5万辆。

在冷藏供应链的各环节中,选择一款性价比较高的冷藏运输设备(冷链综合运输系统)更是重中之重,否则完整的冷藏供应链就会成为无稽之谈。如冷藏供应链断链,就是最明显的例子,这种不为人知或不易被一般消费者所认知的产品质量下降,将会严重地侵害消费者的利益。由于高耗能、高污染的问题突出,并且随着冷链需求的加剧,因冷链引起的损失必然会逐年扩大。由此可见,冷链行业想要走健康的道路,小型冷藏车的改进是重要一步。

冷供应链是指在全球经济高速发展,企业以及其他服务行业对生、活、鲜等产品的生产加工、储存运输以及最终的消费群体之间以时效性为基础,形成的一种实时功能链。社会上主要指冷链物流,典型的是指冷藏冷冻类食品在生产、储藏运输、销售、消费前的各个环节中,始终处于规定的低温环境下,以保证食品质量,减少食品损耗的一项系统工程。由于蔬菜、水果、肉类、水产品等农产品(以下简称"生鲜易腐农产品")需要通过低温流通才能使其最大限度地保持天然食品原有的新鲜程度、色泽、风味及营养,冷链物流应运而生,也称为低温物流(Low Temperature Logistics)。冷供应链物流的运作流程如图1-5所示。

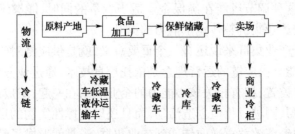

图1-5 冷供应链物流的运作流程

在我国,冷链建设尚处于起步阶段,仅侧重于数量保证,对品质的要求还有待于进一步完善。尽管我国冷链物流并不发达,但由于城市的迅速发展导致农产品流通量大幅增加,冷链物流在保障生鲜易腐农产品供应中起着不可替代的作用。在经济持续发展和生活质量不断提高的形势下,冷链物流应如何快速健康发展,已成为一个紧迫的课题。发达国家在这方面有许多值得学习和借鉴的经验。

发展冷链物流的核心是建立"从田间到餐桌"的一整套体系。冷链物流由多个环节组成,从食品原料的种植和采购、流通加工和配送,直至零售和消费的全过程,是一项复杂的低温系统工程,确保各环节的质量安全问题是冷链物流的核心。世界各国高度重视冷链物流质量安全体系建设,制订了一系列涉及农产品生产、加工、销售、包装、运输、储存、标签、品质等级、食品添加剂和污染物、最大兽药残留物允许含量和最大杀虫剂残留物允许含量等有关标准和规定,对农产品进出口也有严格的检验和认证制度,具有很强的可操作性和可检验性。

三 供应链管理的概念

1. 供应链管理产生的背景

1)新的竞争环境

供应链以及供应链管理的概念是在20世纪80年代提出来的,由于经济全球化、知识经济、信息经济趋势明显加剧,导致现代企业管理模式发生新的变革。新的竞争环境如下:

(1)经济全球化。经济全球化是指世界经济一体化发展的高级阶段,届时,商品、服务、资本、人力资源和技术等各种经济载体依据市场经济的需要而在全球范围内自由的配置优化。其对企业的影响主要体现在以下4个方面:

①原材料采购、产品制造、资金和人力资源的获得、服务和产品的实现,都可以在全球范围内进行流动优化;

②加深了同一价值链中企业间的相互联系和依赖程度;

③竞争范围的加大,企业不仅要面对国内竞争对手,还要面对国外的跨国公司、大企业、大集团的竞争;

④对企业的管理提出了挑战,企业必须对全球范围内整个供应—生产—销售—服务体系实行有效管理,应对全球市场差异化、个性化的需求。全球化趋势对企业的全球供应链管理提出了更高要求。

(2)知识经济和信息经济。世界经济的发展趋势是知识经济和信息经济,它改变了传统经济的稀缺性,在此条件下,企业以获取、利用和生产信息为竞争的必要前提。对于供应链管理而言,就是要充分利用相关技术,从内外部获取、创造、分享知识和信息,提高协同运作水平和反应速度,以满足顾客的需求。

(3)市场需求的巨大变化。当今世界市场变得越来越苛刻,要求越来越高,表现在产品的多样化和个性化,客户需求更多功能、更具个性化的产品和附加产品,同时客户对产品的需求变化快,缩短了交货期,更注重小批量、多品种、定制化的生产。

(4)环保要求。随着社会环保意识的提高,人们对可持续发展的认识越来越深入。政府通过行政立法等加强企业在生产运作中的环保行为,企业要应对这一要求,会对其成员提出更高的环保要求。

(5)生产方式变革。用户需求的多样化和个性化,对生产系统提出了更高要求。随着柔性制造系统(Flexible Manufacturing System,FMS)、准时化生产(JIT)、计算机辅助设计技术(CAD/CAM)和管理模式的出现,生产运作对供应链管理提出了新的要求,如JIT采购与配送等。

(6)信息管理技术的发展。各种信息技术和网络技术的发展促进了管理模式的变革,供应链管理系统要求各种信息技术综合运用,如自动标志与采集技术(AIADC)、条码技术(BC)、射频技术(RFI)、销售终端(POS)系统以及车辆自动识别技术(AVI)、电子数据交换技术(EDI)等。

总之，经济全球化和知识经济、信息经济、消费需求的变革对现代企业而言，既有机遇也带来了挑战；而生产方式的变革和信息技术为新的企业管理模式提供了条件。

2）新的竞争环境对管理模式提出新要求

新的竞争环境对企业管理模式提出了以下6个方面的要求：

（1）柔性策略。企业要更好地满足顾客的个性化、多样化需求，就必须要求管理模式能响应和适应这种市场的需求，准确地获取顾客的需求信息，实行一对一的产品设计与服务。

（2）及时性。产品生命周期缩短，要求企业对顾客信息的把握不仅要准确，更要及时，能在最短时间满足顾客的时效性需求，获得竞争优势。

（3）增值性。获取顾客忠诚与信赖的关键在于让渡更多的顾客价值，为顾客提供可信赖的、有价值的产品和服务，要求我们的生产运作必须有增值性，能为顾客带来更高价值。

（4）低成本。企业一贯追求的目标是降低成本，大多数把目光集中在生产成本和人力资源成本上，20世纪60年代以来，企业开始将成本的重点转向物流领域。但是单个企业成本的降低并不能降低整个供应链的运作成本，所以在新模式下、新的竞争环境下，新的管理模式就是进一步降低供应链的运作成本。

（5）有效性。在新的管理模式下，企业要更加有效地响应顾客需求，以最少的资源消耗和成本，实现满足顾客需求的目标，保证能够在合适的时间和地点，以合适的价格和质量，向合适的顾客提供合适的数量和服务。

（6）核心竞争力的培养与合作。为了提高企业的运作效率和竞争能力，企业在新的管理模式下，要更加注意核心竞争力的培养，而将其非核心业务进行外包。

2. 供应链管理的概念

基于以上分析我们可以看出，计算机网络的发展进一步推动了制造业的全球化、网络化过程。虚拟制造、动态联盟等制造模式的出现，更加迫切需要新的管理模式与之相适应。传统企业组织中的采购（物资供应）、加工制造（生产）、销售等看似整体，但却是缺乏系统性和综合性的企业运作模式，已经无法适应新的制造模式发展的需要；而那种大而全，小而全的企业自我封闭的管理体制，更无法适应网络化竞争的社会发展需要。因此，供应链已跨越了企业界限，从建立合作制造或战略伙伴关系的新思维出发，从产品生命线的源头开始，到产品消费市场。从全局和整体的角度考虑产品的竞争力，使供应链从一种运作性的竞争工具上升为一种管理性的方法体系，这就是供应链管理提出的实际背景。

供应链管理是一种集成的管理思想和方法，它执行供应链中从供应商到最终用户的所有活动的计划和控制等职能。菲利浦（Phillip）认为：供应链管理不是供应商管理的别称，它是一种新的管理策略，它把不同企业集成起来以增加整个供应链的效率，注重企业之间的合作。现在的供应链管理则把供应链上的各个企业作为一个不可分割的整体，使供应链上各企业分担的采购、生产、分销和销售的职能成为一个协调发展的有机体。供应链管理流程如图1-6所示。

2006年，由国家质量技术监督局发布实施的国家标准《物流术语》（GB/T 18354—2006）中对供应链管理定义为：供应链管理（Supply Chain Management）是对供应链涉及的全

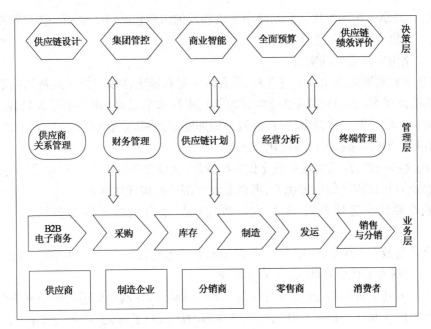

图 1-6 供应链管理流程

部活动进行计划、组织、协调与控制。

3. 集成化的供应链管理

要成功地实施供应链管理,使供应链管理真正成为有竞争力的武器,就要抛弃传统的管理思想,把企业内部以及节点企业之间的各种业务看作一个整体功能过程,形成集成化供应链管理体系。通过信息、制造和现代管理技术,将企业生产经营过程中有关的人、技术、经营管理三要素有机地集成并优化运行。通过对生产经营过程的物料流、管理过程的信息流和决策过程的决策流进行有效的控制和协调,将企业内部的供应链与企业外部的供应链有机地集成起来进行管理,达到全局动态最优目标,以适应在新的竞争环境下市场对生产和管理过程提出的高质量、高柔性和低成本的要求。

1)集成化供应链管理理论模型

集成化供应链管理的核心是:①由顾客化需求→集成化计划→业务流程重组→面向对象过程控制组成第一个控制回路(作业回路);②由顾客化策略→信息共享→调整适应性→创造性团队组成第二个回路(策略回路);③在作业回路的每个作业形成各自相应的作业性能评价与提高回路(性能评价回路)。供应链管理正是围绕这三个回路展开,形成相互协调的一个整体。

(1)调整适应性——业务重组回路中主要涉及供需合作关系、战略伙伴关系、供应链(重建)精细化策略等问题。

(2)面向对象的过程控制——创造性团队回路中主要涉及面向对象的集成化生产计划与控制策略,基于价值增值的多级库存控制理论、资源约束理论在供应链中的应用、质量保证体系、群体决策理论等。

(3)顾客化需求——顾客化策略回路中主要涉及的内容包括:满意策略与用户满意评价理论、面向顾客化的产品决策理论研究、供应链的柔性敏捷化策略等。

(4)信息共享——同步化计划回路中主要涉及的内容包括:JIT 供销一体化策略、供应链的信息组织与集成、并行化经营策略等。

2)集成化供应链管理的实现

目前企业要实施集成化供应链管理,就必须面对和解决许多有关供应链的问题,主要包括:供应链的高成本(占净销售值的5%~20%);库存水平过高(库存水平经常保持在3~5个月);部门之间的冲突;目标重构;产品寿命周期变短;外部竞争加剧;经济发展的不确定性增加;价格和汇率的影响;用户多样化需求等。

要解决这些问题,真正实现集成化供应链管理,企业要从以下6个方面进行转变:

(1)企业要从供应链的整体出发,考虑企业内部的结构优化问题。

(2)企业要转变思维模式,从纵向一维空间思维向纵横一体的多维空间思维方式转变。

(3)企业要放弃"小而全,大而全"的封闭的经营思想,向与供应链中的相关企业建立战略伙伴关系为纽带的优势互补、合作关系转变。

(4)企业要建立分布的、透明的信息集成系统,保持信息沟通渠道的畅通和透明度。

(5)所有的人和部门都应对共同任务有共同的认识和了解,去除部门障碍,实行协调工作和并行化经营。

(6)风险分担与利益共享。

某生产企业集成化生产模式如图1-7所示。

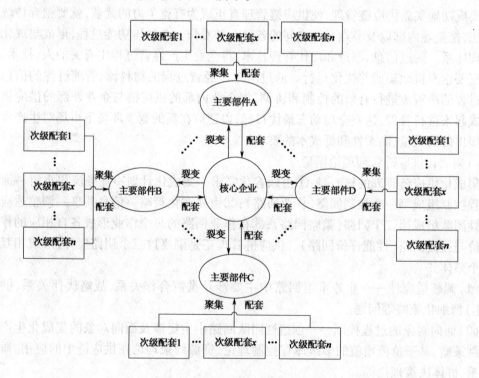

图1-7 某生产企业集成化生产模式图

任务二 供应链结构及特征

(1)了解供应链的连接模式,明晰供应链核心企业在供应链中的作用;
(2)掌握供应链的结构模型及特征,理解经济现象中供应链连接模式,在一定基础上能直接对供应链进行认知。

采用案例引导、课堂讲授、多媒体情境教学、案例教学和分组讨论的方法。

教学内容

一 供应链结构

供应链的结构根据不同的认知标准,可分为横向连接模式、纵向连接模式以及其他连接模式,不同的连接模式具有不同的内容结构和特点。

1. 横向连接模式

根据供应链核心企业的数量,可把供应链分为单核结构、多核结构以及混核结构。

1)单核结构

单核结构是指围绕着一个大型的企业(核心企业),凭借企业强大的品牌优势以及企业自身的技术支持,掌握着整个供应链产业系统的有效运作的产业供应链。相关生产加工企业在这个核心企业强大能力的带动下,一方面为供应链整体运作提供某种服务,另一方面各自完成相对独立的生产运作。本书将以单个生产企业为核心的供应链称为供应链的单核结构,如图1-8所示。

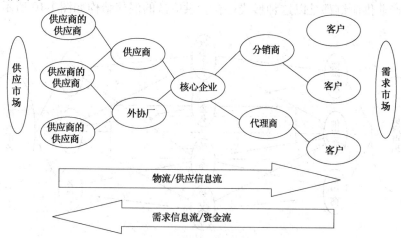

图1-8 供应链的单核结构

这种供应链网络多存在于轴辐式中,众多其他企业的存在与发展都围绕着轴心进行。例如黑龙江某油脂企业,很多企业、中介、物流及终端用户都是以它为核心,实行定点生产加工。

2）多核结构

相对于工业产业供应链来说,产业供应链更复杂,核心企业和其他的产业供应链一样,两个以上对等的竞争对手或者是潜在的竞争者,也就是说存在着地位相等,并且在实际运作中位于同一个连接的多个核心企业,这种以多核为中心的供应链是实际中最常见的连接模式。根据此类供应链核心企业的交叉情况,可以分为交叉多核的供应链和平行结构的多核供应链。供应链的多核结构如图1-9所示。

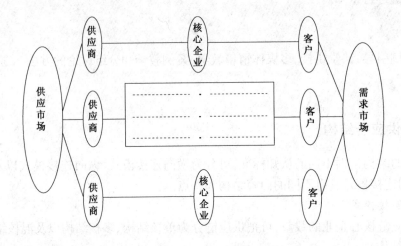

图1-9　供应链的多核结构

3）混核结构

这种产业供应链的特点比较复杂,它由平行结构供应链与交叉多核供应链构成。这种混合型产业供应链在实际中最为常见,内部有几个核心企业及相关的小企业,同时存在着大量没有合作关系的相关中小企业。相对于以上两种模式,混核结构是最稳定也是最有效的,在实际中的产业供应链都是以这种形式存在。供应链的混核结构如图1-10所示。

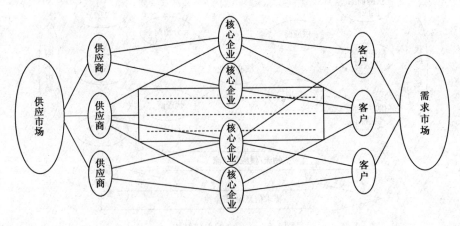

图1-10　供应链的混核结构

2. 纵向连接模式

1）单链平行结构

单链平行结构是指几个单核链以一个业务流程为单位链，彼此没有任何的业务往来以及相关的潜在关联，在平面领域上表示为以一个核心或者几个核心的一条线，彼此相互平行结构的供应链，如图1-11所示。

2）多链混核网络结构

多链混核网络结构指供应链集聚区域内，许多原材料供应商、经销商、加工企业、相关企业以及其他组织单位，无规律地组织起来，形成一个网络结构，其中存在着许多的核心企业以及次级核心企业。包含各个和产业相关的原材料或者半成品供应商、成品的产品制造商、分销商、代理商、政府部门、科研机构和中介服务组织等。

这些组织在实际的供应链运行中通过直接或间接的供应、服务以及其他形式的关联形成一个网络结构，其形式如图1-12所示。

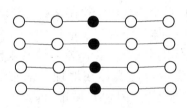

图1-11　单链平行结构

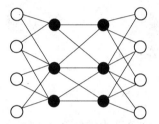

图1-12　多链混核网络结构

3. 其他连接模式的分类

企业不同，具有不同的寿命周期，提供不同的产品，有不同的市场细分与定位，选择不同的竞争战略以及运作重点，因而企业会有不同的供应链类型。根据不同的划分标准，供应链还可分为以下几种类型。

1）稳定供应链和动态供应链

根据供应链存在的稳定性划分，可将供应链分为稳定供应链和动态供应链。基于相对稳定、单一的市场需求而组成的供应链稳定性较强，而基于相对频繁变化、复杂的需求而组成的供应链动态性较高。在实际管理运作中，需要根据不断变化的需求，相应地改变供应链的组成。

2）平衡供应链和倾斜供应链

根据供应链容量与用户需求的关系，可将供应链划分为平衡供应链和倾斜供应链。一个供应链具有一定的、相对稳定的设备容量和生产能力（所有节点企业能力的综合，包括供应商、制造商、运输商、分销商、零售商等），但用户需求处于不断变化的过程中，当供应链的容量能满足用户需求时，供应链处于平衡状态；而当市场变化加剧，造成供应链成本增加、库存增加、浪费增加等现象时，企业不是在最优状态下运作，供应链则处于倾斜状态。平衡的供应链可以实现各主要职能（采购/低采购成本、生产/规模效益、分销/低运输成本、市场/产品多样化、财务/资金运转快）之间的均衡。

3）有效性供应链和反应性供应链

根据供应链的功能模式（物理功能和市场中介功能），可将供应链划分为有效性供应链和反应性供应链。有效性供应链主要体现出供应链的物理功能,即以最低的成本将原材料转化成零部件、半成品、产品以及在供应链中的运输等;反应性供应链主要体现出供应链的市场中介的功能,即把产品分配到满足用户需求的市场,对未知的需求做出快速反应等。

二 供应链的特征

从供应链的结构模型可以看出,供应链是一个网链结构,由围绕核心企业的供应商、供应商的供应商、用户和用户的用户组成,一个企业是一个节点,节点企业和节点企业之间是一种需求与供应关系。

供应链的主要特征,如图1-13所示。

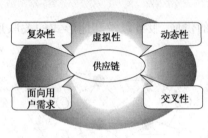

图1-13 供应链特征图

1. 复杂性

因为供应链节点企业组成的跨度(层次)不同,供应链往往由多个、多类型甚至多个企业构成,所以供应链结构模式比一般单个企业的结构模式更为复杂。

(1)供应链的实体复杂性。供应链的实体复杂性表现为其组成实体的分散性、实体差异性及规模的巨量性。构成某一供应链的实体在地理上通常是分散的,分散的范围可能是某一区域、城市、国家。实体在地理上的分散性为供应链管理增加了复杂度。供应链中的实体根据其管理与决策权限不同,可分为从属实体、半自主实体和自主实体。这种实体的差异性增加了管理的复杂性。供应链是由多个企业构成(子系统)的,这些企业本身包含众多组成成分(二级子系统),而且其中包含大量的人员来运作企业,可以说供应链是一个巨大的系统。

(2)供应链的结构复杂性。供应链的结构复杂性表现在两方面:一是供应链实体关系的复杂性;二是供应网络形态的复杂性。供应链的结构从实体相互关系的角度分为两种形式:一种是紧密型(公司制),这种供应链的各实体之间关系紧密,设有一个集中控制的集团总部协调供应链的运转;另一种是动态联盟型(联邦制)。公司制供应链有明确的系统边界,而且系统边界较小;联邦制的供应链系统边界模糊,而且系统边界较大,系统成员间大多不存在很明确的控制与被控制的关系,而是一种松散的合作关系,企业以加盟的形式加入供应链,并且各自从自身的利益出发,谋求自身利益的最大化。因此,供应链的结盟与运行实际上是关于供需合作的对策问题。

一般来讲,供应链呈现复杂的网状结构,具体讲有链状、树状、双向树状和星状等,对于实际的供应网络经常呈现上述结构复合的形态。

2. 动态性

供应链管理因企业战略和适应市场需求变化的需要,其中,节点企业需要动态地更新,这就使得供应链具有明显的动态性。此外,供应链由于市场准入原则的不同,新的企业以及替代品行业进入的不确定性存在。供应链面临节点企业、成员的不确定性,呈现出相对的动态性。

3. 虚拟性

随着现代网络信息技术的发展,供应链是以网络信息技术为纽带建立起来的,是一个虚拟的大企业,而非一个有确定机构、确定组织和确定经营目标的实体大企业,这就是它的虚拟性所在。

供应链虚拟性依托信息网络的支持,可以通过联盟的方式,使该供应链始终保持强有力的竞争力。因为供应链的节点企业,都是以其核心竞争能力的优势进入供应链,供应链的动态性又使得构筑供应链的节点企业不断优胜劣汰。

4. 面向用户需求

供应链的形成、存在、重构,都是基于一定的市场需求而发生,并且在供应链的运作过程中,用户的需求拉动是供应链中信息流、产品/服务流、资金流运作的驱动源。

5. 交叉性

节点企业可以是这个供应链的成员,同时又是另一个供应链的成员,众多的供应链形成交叉结构,增加了协调管理的难度,如图1-14所示。

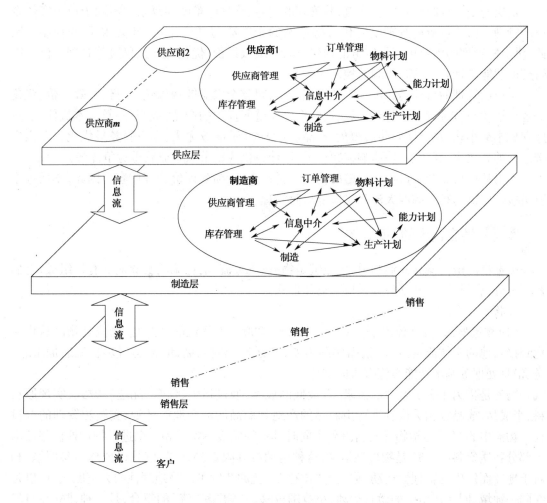

图1-14 供应链的交叉平面图

供应链的交叉性指供应链的节点企业既可以是供应商,同时也可以作为链中链的核心企业,节点企业可以一环套一环地无限交叉延伸。

任务三 供应链管理内容

教学要点

(1) 了解供应链管理的内容、管理职能和管理目标；
(2) 掌握供应链运行中的"四大流"及其管理、供应链风险管理。

教学方法

采用课堂讲授、多媒体情境教学、案例教学和分组讨论的方法。

教学内容

供应链是一种跨企业的合作链，其管理的内容、管理的难度和复杂性不同于单个实体企业的管理。由于供应链管理是对供应链涉及的全部活动进行计划、组织、协调与控制。因此，供应链管理的内容包括供应链的构建、运行、绩效评价、优化、金融、风险等管理。供应链管理的职能是计划、组织、协调与控制。

供应链管理的目标是通过一定的管理方法，对整个供应链从构建、运行、绩效评价、优化等各个活动环节进行有效管理，以实现整个供应链所提供的产品（或服务）总成本最低化、总库存成本最小化、总周期时间最短化、产品（或服务）质量最优化、客户服务最优化。以供应链运行的高效率、高效益，快速响应顾客需求，使得供应链节点企业获得竞争优势。

本书从项目二开始讲授供应链的构建、运行、金融、绩效评价管理内容。因此，本任务主要讲授供应链运行中的四大流和供应链风险管理。

一　供应链中的"四大流"

根据供应链的概念我们知道，供应链是物流、资金流、信息流以及商流的有机组成，它们密不可分，有机统一，共同构成供应链运作形式。

1. 物流

（1）物流概念。《物流术语》（GB/T 18354—2006）中物流的概念是：物流是物品从供应地到接收地的实体流动过程，根据实际需要，将运输、储存、装卸、搬运、包装、流通加工、配送、信息处理等基本功能实施有机的结合。

物流是指为了满足客户的需求，以最低的成本，通过运输、保管、配送等方式，实现原材料、半成品、成品或相关信息进行由商品的产地到商品的消费地的计划、实施和管理的全过程。物流中的"物"是指物质资料世界中同时具备物质实体特点和可以进行物理性位移的那一部分物质资料。"流"是物理性运动，这种运动有其限定的含义，就是以地球为参照系，相对于地球而发生的物理性运动，称之为"位移"。流的范围可以是地理性的大范围，也可以是在同一地域、同一环境中的微观运动、小范围位移。"物"和"流"的组合，是一种建立在自然运动基础上的高级的运动形式，其互相联系是在经济目的和实物之间，甚至在某种社会目的和实物之间，寻找运动的规律。

总的来说，物流是包括运输、搬运、储存、保管、包装、装卸、流通加工和物流信息处理等基本功能的活动,它是由供应地流向接受地以满足社会需求的活动,是一种经济活动。

(2)物流构成:物体的运输、配送、仓储、包装、搬运装卸、流通加工以及相关的物流信息等环节。

(3)物流活动:具体内容包括用户服务、需求预测、订单处理、配送、存货控制、运输、仓库管理、工厂和仓库的布局与选址、搬运装卸、采购、包装、情报信息。

(4)物流管理的目标:实现物流活动的高效率和高效益。实现物流活动的高效率是指物流活动的速度要快,能实现物流各个活动环节的无缝连接,快速响应顾客需求;实现物流活动的高效益是指物流活动在满足顾客需求情况下的总成本最低,总收益最高。

麦当劳的第三方物流案例

在麦当劳的物流中,质量永远是权重最大、被考虑最多的因素。麦当劳重视品质的精神,在每家餐厅开业之前便可见一斑。餐厅选址完成之后,首要工作是在当地建立生产、供应、运输等一系列的网络系统,以确保餐厅得到高品质的原料供应。无论何种产品,只要进入麦当劳的采购和物流链,必须经过一系列严格的质量检查。麦当劳对土豆、面包和鸡块都有严格的要求。比如,在面包生产过程中,麦当劳要求供应商在每个环节加强管理。比如装面粉的桶必须有盖子,而且要有颜色,不能是白色的,以免意外破损时碎屑混入面粉,而不易分辨;各工序间运输一律使用不锈钢筐,以防杂物碎片进入食品中。

谈到麦当劳的物流,不能不说到夏晖公司,这家几乎是麦当劳"御用 3PL"(该公司客户还有必胜客、星巴克等)的物流公司,他们与麦当劳的合作,至今在很多人眼中还是一个谜。麦当劳没有把物流业务分包给不同的供应商,夏晖也从未移情别恋,这种独特的合作关系,不仅建立在忠诚的基础上,还在于后者为其提供了优质的服务。

麦当劳要求夏晖提供一条龙式物流服务,包括生产和质量控制在内。这样,在夏晖设在台湾的面包厂中,就全部采用了统一的自动化生产线,制造区与熟食区加以区隔,厂区装设空调与天花板,以隔离落尘,易于清洁,应用严格的食品与作业安全标准。所有设备由美国 SASIB 专业设计,生产能力为 24000 个/h 面包。在专门设立的加工中心,物流服务商为麦当劳提供所需的切丝、切片生菜及混合蔬菜,拥有生产区域全程温度自动控制、连续式杀菌及水温自动控制功能的生产线,生产能力为 1500kg/h。此外,夏晖还负责为麦当劳上游的蔬果供应商提供咨询服务。

麦当劳利用夏晖设立的物流中心,为其各个餐厅完成订货、储存、运输及分发等一系列工作,使得整个麦当劳系统得以正常运作,通过它的协调,使每个供应商与每家餐厅达到畅通与和谐,为麦当劳餐厅的食品供应提供最佳的保证。目前,夏晖在北京、上海、广州都设立了食品分发中心,同时在沈阳、武汉、成都、厦门建立了卫星分发中心和配送站,与设在中国香港和中国台湾的分发中心一起,斥巨资建立起全国性的服务网络。

"物流中的浪费很多,不论是人的浪费、时间的浪费还是产品的浪费都很多。而我们是靠信息系统的管理来创造价值。"夏晖食品公司大中华区总裁白雪李很自豪地表示,夏晖的平均库存远远低于竞争对手,麦当劳物流产品的损耗率也仅有万分之一。

与其合作多年的麦当劳中国发展公司北方区董事总经理赖林胜拥有同样的自信："我们麦当劳的物流过去是领先者,今天还是领导者,而且我们还在不断地学习和改进。"

　　赖林胜说,麦当劳全国终端复制的成功,与其说是各个麦当劳快餐店的成功,不如说是麦当劳对自己运营的商业环境复制的成功,而尤其重要的是其供应链的成功复制。离开供应链的支持,规模扩张只能是盲目的。

超契约的合作关系

　　很让人感兴趣的是,麦当劳与夏晖长达30余年的合作,为何能形成如此紧密无间的"共生"关系?甚至两者间的合作竟然没有一纸合同?

　　"夏晖与麦当劳的合作没有签订合同,而且麦当劳与很多大供应商之间也没有合同。"的确有些难以置信!在投资建设北京配送中心时,调研投资项目的投资公司负责人向夏晖提出想看一下他们与麦当劳的合作合同。白雪李如实相告,令对方几乎不敢相信,不过仔细了解原因后,对方还是决定投资。

　　多年来,麦当劳没有亏待他的合作伙伴,夏晖对麦当劳始终忠心耿耿。白雪李说,有时长期不赚钱,夏晖也会毫不犹豫地投入。因为市场需要双方来共同培育,而且在其他市场上这点损失也会被补回来。有一年,麦当劳打算开发东南亚某国市场,夏晖很快跟进,在该国投巨资建配送中心。结果天有不测风云,该国发生骚乱,夏晖巨大的投入打了水漂。最后夏晖这笔损失是由麦当劳给付的。

　　2. 资金流

　　所谓的资金流就是货币的流通,为了保障企业的正常运作,必须确保资金的及时回收,否则企业就无法建立完善的经营体系。该流程的方向是由消费者经由零售商、批发与物流、厂家等指向供货商。资金流流通示意图如图1-15所示。

　　3. 信息流

　　信息流是指商品及交易信息的流程。该流程的方向也是在供货商与消费者之间双向流动的。过去人们往往把重点放在看得到的实物上,因而信息流通一直被忽视。甚至有人认为,国家的物流落后同它们把资金过分投入物质流程而延误对信息的把握不无关系。信息流包括范围广,从原材料的采购、仓储到最终的消费者都伴随着信息流流通,具体如图1-16所示。

　　对供应链商流的管理主要是供应链的营销与服务管理,通过各种方式以便利、快速响应顾客购买需求。

　　4. 商流

　　商流主要是指买卖的流通过程,是接受订货、签订合同等的商业流程。该流程的方向是在供货商与消费者之间双向流动的。目前商业流通形式趋于多元化:既有传统的店铺销售、上门销售、邮购方式,又有通过互联网等新兴媒体进行购物的电子商务形式。

　　对供应链信息流的管理主要是保障供应链管理中信息的畅通,避免形成信息孤岛和不对称,以提高供应链运行中各节点企业和各环节的快速响应能力。

　　总之,供应链中的流是四效一体,共同构成供应链的有效体系。商流流通示意图如图1-17所示。

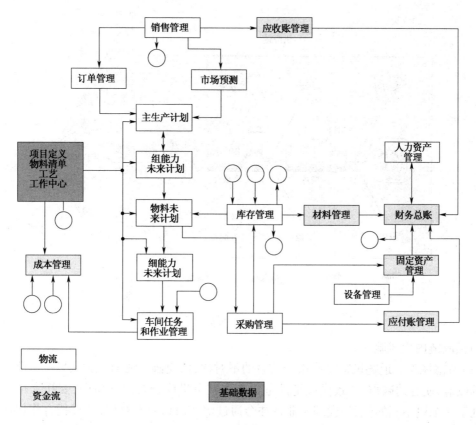

图 1-15　资金流流通示意图

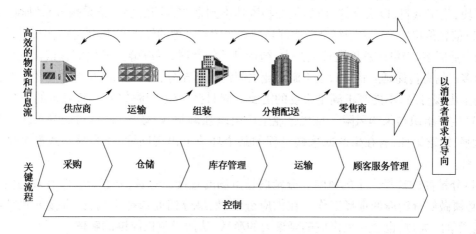

图 1-16　信息流流通示意图

二　供应链风险管理

1. 供应链风险种类

供应链管理在给各环节的节点企业、消费者带来众多经济效应的同时,也带来了一些风险。马士华将供应链风险分为内生风险和外生风险(即系统风险)两大类。

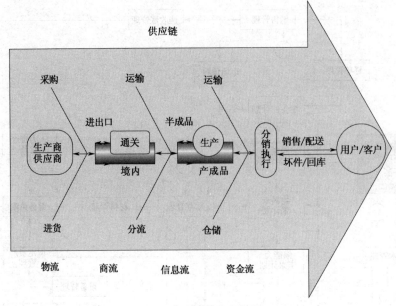

图 1-17 商流流通示意图

1）供应链内生风险

（1）道德风险。道德风险是指由于信息的不对称，供应链合约的一方从另一方那儿得到剩余的收益，使合约破裂，导致供应链的危机。在整个供应链管理环境中，委托人往往比代理人处于一个更不利的位置，代理企业往往会通过增加信息的不对称，从委托合作伙伴那儿得到最大的收益。如供应商由于自身生产能力上的局限或是为了追求自身利益的最大化而不择手段，偷工减料、以次充好，所提供的物资达不到采购合同的要求给采购带来风险。

（2）信息传递风险。由于每个企业都是独立经营和管理的经济实体，供应链实质上是一种松散的企业联盟，当供应链规模日益扩大，结构日趋繁复时，供应链上发生信息错误的机会也随之增多。信息传递延迟将导致上下游企业之间沟通不充分，对产品的生产以及客户的需求在理解上出现分歧，不能真正满足市场的需要。同时会产生牛鞭效应，导致过量的库存。

（3）生产组织与采购风险。现代企业生产组织强调集成、效率，这样可能导致生产过程刚性太强，缺乏柔性，若在生产或采购过程的某个环节上出现问题，很容易导致整个生产过程的停顿。

（4）分销商的选择产生的风险。分销商是市场的直接面对者，要充分实施有效的供应链管理，必须做好分销商的选择工作。在供应链中，如果分销商选择不当，会直接导致核心企业市场竞争的失败，也会导致供应链凝聚力的涣散，从而导致供应链的解体。

（5）物流运作风险。物流活动是供应链管理的纽带。供应链要加快资金流转速度，实现即时化生产和柔性化制造，离不开高效运作的物流系统。这就需要供应链各成员之间采取联合计划，实现信息共享与存货统一管理。但在实际运行中是很难做到这一点的，导致在原料供应、原料运输、原料缓存、产品生产、产品缓存和产品销售等过程中可能出现衔接失误，这些衔接失误都可能导致供应链物流不畅通而产生风险。例如，运输障碍使原材料和产品不能及时供应，造成上游企业在承诺的提前期内无法交货，致使下游企业的生产和销售受到不利影响。

（6）企业文化差异产生的风险。供应链一般由多家成员企业构成，这些不同的企业在经营理念、文化制度、员工职业素养和核心价值观等方面必然会存在一定的差异。从而导致对相同问题的不同看法，采取不一致的工作方法，最后出现不同的结果，造成供应链的混乱。

2）供应链外生风险

（1）市场需求不确定性风险。供应链的运作是以市场需求为导向的，供应链中的生产、运输、供给和销售等都建立在对需求准确预测的基础之上。市场竞争的激化，大大增强了消费者需求偏好的不确定性，使准确预测的难度加大，很容易增加整个供应链的经营风险。如果不能获得正确的市场信息，供应链无法反映出不断变化的市场趋势和顾客偏好。一条供应链也会由于不能根据新的需求改变产品和供应物，而不能进入一个新的细分市场。最后，市场机会也会由于不能满足顾客快速交货的需要而丧失。

（2）经济周期风险。市场经济的运行轨迹具有明显的周期性，繁荣和衰退交替出现，这种宏观经济的周期性变化，使供应链的经营风险加大。在经济繁荣时期，供应链在市场需求不断升温的刺激下，会增加固定资产投资，进行扩大再生产，增加存货、补充人力，相应地增加了现金流出量。而在经济衰退时期，供应链销售额下降，现金流入量减少，而未完成的固定资产投资仍需大量资金的继续投入。此时市场筹资环境不理想，筹资成本加大。这种资金流动性差的状况增大了供应链的经营风险

（3）政策风险。当国家经济政策发生变化时，往往会对供应链的资金筹集、投资及其他经营管理活动产生极大影响，使供应链的经营风险增加。例如，当产业结构调整时，国家往往会出台一系列的产业结构调整政策和措施，对一些产业的鼓励，给供应链投资指明了方向；对另一些产业的限制，使供应链原有的投资面临着遭受损失的风险，供应链需要筹集大量的资金进行产业调整。

（4）法律风险。供应链面临的法律环境的变化也会诱发供应链经营风险。每个国家的法律都有一个逐渐完善的过程，法律法规的调整、修订等不确定性，有可能对供应链运转产生负面效应。

（5）意外灾祸风险。主要表现在地震、火灾、政治的动荡、意外的战争等，都会引起非常规性的破坏，影响供应链的某个节点企业，从而影响整个供应链的稳定，使供应链中企业资金运动过程受阻或中断，使生产经营过程遭受损失，既定的经营目标、财务目标无法实现等。

同时，由于供应链网络上的企业之间是相互依赖的，任何一个企业出现问题都有可能波及和影响其他企业，影响整个供应链的正常运作，甚至导致供应链的破裂和失败。因此，供应链风险管理就显得尤为重要。

供应链风险案例

案例1：日本地震致使日系车供应链断裂

2011年3月11日，日本遭受第三次较大地震。余震不断地发生，使日本汽车产业受到强烈冲击，同时也冲击了日本一些汽车零部件供应商的生产计划。

由于日本汽车厂商和零部件供应商一般处于封闭的供应关系,双方签署长期或具有排他性的供货协议。此次地震,日系车企指定的零部件供应商生产中断,部分整车巨头则遭受难以估量的损失。

案例2:陆虎公司供应商破产导致的风险

2001年,英国UPF—汤普森公司破产,该公司是/Discovery0车底盘的唯一供应商,每年的供应量达到7万座。/Discovery0型车是陆虎公司的拳头产品,其年产量占公司年总产量的1/3。由此导致隶属美国福特汽车的陆虎公司宣布有可能暂停生产该公司最畅销的/Discovery0型车。由于可以替代的供应商需要6个月的时间才能投入生产,陆虎公司只能向UPF—汤普森提供巨额资金,让它为自己继续生产底盘。

案例3:惠普公司面对供应链危机,建立相应的风险管理框架

2000年惠普公司面临了一次供应链危机。由于迅猛发展的移动电话制造商们大量使用闪存,使原本用于打印机里面的数量就明显不够,惠普公司无法获得充足供应来满足利润颇丰的打印机生产需求。公司无法按计划生产出大约250000台打印机,这意味着高达几千万美元收入损失。为了确保闪存的供应量,惠普公司被迫和供应商签订了为期3年的合同,合同中规定了固定供应数量和恒定价格。闪存市场是一个高度动荡的市场,价格差异变化很大。

这次危机促使惠普公司建立了评估和管理供应链危机的框架,取名为采购风险管理框架(Procurement Risk Management,简称PRM)。该框架涵盖了相关流程和技术,运用于公司内部许多业务部门,每年涉及的费用支出为560亿美元左右。由于PRM的实施,迄今为止已为公司节省了1亿多美元。

2. 供应链风险管理的概念

供应链风险管理(Supply Chain Risk Management,SCRM)是指在供应链运作中运用风险管理方法来管理供应链内生和外生风险。供应链风险管理是一个贯穿于供应链运作始终而寻求供应链战略、技术与知识、业务流程和人力资源等优化设计和构建的协同、寻求供应链节点企业间文化协同的过程。供应链风险管理旨在识别潜在的风险并采取适当的行动以规避或消除风险。

3. 供应链风险管理的内容及方法

供应链风险管理的内容包括供应链风险识别、供应链风险评价、供应链风险控制等。

1)供应链风险识别

供应链风险识别(Supply Chain Risk Identification)是指对供应链所面临的及潜在的风险加以判断、归类和鉴定性质的过程。对风险的识别过程如下:

(1)对供应链上各节点的构成与分布的全面分析与归类。

(2)对各节点所面临的和潜在的风险,以及发生风险损害的可能性的识别与判断。

(3)对风险可能造成的后果与损失状态的归类和分析。

需要注意的是,风险识别不仅要识别所面临的风险,更重要的也是更困难的是对各种潜在风险的识别。在此基础上,还要鉴定可能发生风险的性质,即可能发生的风险是属于动态风险还是静态风险,是可管理风险还是不可管理风险等,只有这样,才能针对不同的风险采取有效的处理措施。

2）供应链风险评价

供应链风险评价是对所识别的风险因素采取适当措施加以判断，以确定其风险的大小，如衡量潜在的损失频率和损失程度。损失频率是指一定时期内损失可能发生的次数；损失程度是指每次损失可能的规模，即损失金额的大小。

有效的风险评价方法一般采用定性与定量相结合的系统方法。常用的供应链风险评价有主观评分法、层次分析法、模糊风险综合评价法等。

3）供应链风险控制

供应链风险控制是在对供应链风险进行识别和评价的基础上，有针对性地采取积极防范控制措施的行为。供应链风险控制不是放弃特定活动，而是在开展这些活动时，有意识地做出一些安排，其目标是为了在风险发生之前，降低风险发生的概率；风险发生之后，降低风险发生造成的损失。从而使风险发生所造成的损失降到最低。

供应链风险控制主要是管理供应链风险，实现风险规避、风险自留和风险转移等。

（1）供应链风险规避。供应链风险规避是彻底规避供应链风险的一种做法，即断绝风险的来源。供应链风险规避的方法是放弃或终止某项供应链合作，或改变供应链合作环境，尽量避开一些外部事件对企业造成的影响。

（2）供应链风险自留。供应链风险自留是供应链中企业将可能的风险损失留给自己承担。自留可以是有计划的，也可以是非计划的，并且可以事先为将发生的损失预留资金，也可以不预留。也就是说，对于企业而言，可能已知风险存在，但因为可能获得高利益回报而甘愿冒险；另一种可能是因为风险是供应链系统风险，无法回避，各供应链企业只能通过系统吸纳来接受风险。

（3）供应链风险转移。供应链风险转移是将供应链中可能发生风险的一部分转移出去的风险防范方式。

在供应链网络中，风险经常会从一个企业向另一个企业进行传递，且具有放大效应，因此，供应链企业对风险进行协作管理是非常必要的。供应链风险管理方法的选择是一种科学的系统决策，要对供应链的企业内部情况、外部环境有充分的了解，供应链风险处理方法的使用也不是单一的，而是几种方法的混合运用。

任务四　供应链管理技术

（1）了解供应链中各种技术，全面把握供应链技术的应用领域；

（2）深入探讨供应链全方位连接技术、条码技术、射频技术的应用。

采用课堂讲授、多媒体情境教学、案例教学以及分组讨论的方法。

供应链管理理论的产生远远落后于具体的技术与方法，最早是以一些具体的方法出现

的，常见的供应链技术方法有以下 4 个方面。

一 全方位连接技术

近年来，各种无线连接技术如雨后春笋，包括个人局域网用的蓝牙技术、802.11 无线局域网、支持语音及数据通信的蜂窝式无线广域网等。它们在供应链领域的最新应用趋势是汇聚在同一种设备里，提供多样化的无线通信服务，这将为用户以及相关的 IT 管理人员带来便利。

1. 语音及 GPS 技术

供应链方案的另一个发展趋势是手持式电脑结合了语音通信及 GPS 功能，令它可以同时支持数据采集、数据通信及手机通信，Intermec 公司的 CN3 便是一个典型例子。随着包括 GPRS、GSM、CDMA 等在内的广域无线通信的覆盖面日趋广阔及通信价格不断下调，越来越多的公司能负担使用实时数据访问系统的费用，提高供应链管理的效率。

2. 语音识别技术

语音识别技术使得手持式电脑的使用者不需分心留意屏幕。在 IT 产业提倡开放系统及互操作性的大潮下，目前语音合成/识别功能已经能轻易地融合进多种已有的供应链应用软件里，包括仓库管理、提货及存放、库存、检验、品质监控等，这主要是得益于终端仿真 (TE) 语音识别技术的问世。

3. 数码成像技术

企业级移动计算机也增添了数码成像技术，不少运输和配送公司已经使用整合了数码照相机的移动计算机，使得他们的送货驾驶员能采集配送完成的证明，存储已盖章的发票并将未能完成送货的原因记录在案。

4. 便携式打印技术

移动打印机是打印行业中发展最为迅速的一环。销售、服务及配送人员使用便携式打印设备可以立即为客户提交所需文件，同时马上建立一个电子记录文档，不需另行处理纸张文件。在工业环境中使用便携式打印设备，可以节省工人前往打印中心提取标签、提货单或其他输出文件的时间。

5. RFID 技术

RFID 的应用也日趋普及，它在资产管理及供应链领域所能发挥的价值尤为明显。例如，美国海军在一项存储管理关键任务中使用 RFID 支持数据输入，操作时间节省了 98%。TNT 物流部使用 RFID 来自动记录装载于拖车上的货品，确认程序所需时间节省了 24%。

RFID 在存货管理及配送运营中的新应用模式是，使用车载 RFID 设备和其他移动 RFID 解读器，以增强或取代传统的固定 RFID 设备。实时定位系统（RTLS）技术能将无线局域网拓展至资产追踪系统，其中一个很大的市场驱动力是思科系统的 Wireless Location Appliance（无线定位设备）。它可以通过思科的无线局域网进行资产追踪，任何一台和无线局域网连接的设备都可以被追踪和定位。一个典型的应用就是通过车载计算机的射频信号来追踪叉车。无线定位设备和支持软件，可以实时追逐射频信号，高效地支持存储、路由、数据收集及资产使用率分析等操作。

6. 远程管理技术

使用无线局域网来追踪仓库和工厂资产是远程管理的一个例子。其实,远程管理技术的应用范围十分广泛,包括对条码阅读器及打印机、RFID 设备、计算机以及其他数据采集设备和通信器材进行配置、监控及修复,可大幅度减少供应链设备管理工作所需的时间及降低成本。

7. 安全技术

更高的安全性是支持供应链管理技术的另一个主要的业务趋势和需求。例如可以为移动计算机加锁,即使设备丢失或被窃,机主的信息和其他数据也不会被别人窃取。无线计算机和数据采集设备也支持许多领先的企业级无线网络安全技术,其中包括 802.11i、WPA、RADIUS 服务器及 VPNs 等。支持 Cisco Compatible Extensions(CCX)的无线数据采集设备可以完全融合在思科整合式无线网络中,得到其可靠性和安全性方面的支持,这包括对黑客及捣乱无线访问点的检测、身份鉴别与加密、防火墙整合等。

二 数据处理(EDI)

EDI(电子数据交换)是指按照统一规定的一套通用标准格式,将标准的经济信息,通过通信网络传输,在贸易伙伴的电子计算机系统之间进行数据交换和自动处理,俗称"无纸贸易"。之前,世界每年制作文件的费用达 3000 亿美元,所以"无纸贸易"被誉为一场"结构性的商业革命"。

构成 EDI 系统的 3 个要素是 EDI 软件、硬件、通信网络以及数据标准化。一个部门或企业若要实现 EDI,首先必须有一套计算机数据处理系统;其次,为使本企业内部数据比较容易地转换为 EDI 标准格式,需采用 EDI 标准;另外,通信环境的优劣也是关系 EDI 成败的重要因素之一。

EDI 标准是整个 EDI 最关键的部分,由于 EDI 是以事先商定的报文格式进行数据传输和信息交换。因此,制定统一的 EDI 标准至关重要。世界各国开发 EDI 得出一条重要经验,就是必须把 EDI 标准放在首要位置。其标准主要分为以下几个方面:基础标准、代码标准、报文标准、单证标准、管理标准、应用标准、通信标准和安全保密标准。EDI 是一种信息管理或处理的有效手段,它是对供应链上的信息流进行运作的有效方法。EDI 的目的是充分利用现有计算机及通信网络资源,提高贸易伙伴间通信的效益,降低成本。

EDI 应用获益最大的是零售业、制造业和配送业。在这些行业中的供应链上应用 EDI 技术,使传输发票、订单过程达到了很高的效率,而这些业务代表了他们的核心业务活动——采购和销售。EDI 在密切贸易伙伴关系方面有潜在的优势。

EDI 在供应链管理的应用中,是供应链企业信息集成的一种重要工具,一种在伙伴企业之间交互信息的有效技术手段,特别是在全球进行合作贸易时,它是在供应链中连接节点企业的商业应用系统的媒介。通过 EDI,可以减少纸面作业,更好地实现沟通和通信,使企业快速获得信息,提高生产率,降低成本,并且能为企业提供战略性的利益,如改善运作、改善与客户的关系、提高对客户的响应、缩短事务处理周期、减少订货周期、减少订货周期中的不确定性、增强企业的国际竞争力等。

利用 EDI 相关数据进行预测,可以减少供应链系统的冗余性,提高预测信息的质量,从而减少来自用户需求的不确定性对供应链的影响。

EDI 也有一些缺点。由于 EDI 投资大以及缺乏开放性,所以发展比较慢,在美国只有 5%左右的大公司能使用 EDI 进行专用数据交换。

我国 EDI 应用起步较晚,目前主要有一些沿海省市如广东、上海、江苏、浙江、山东、北京、天津等地在试点,另外,海关总署、中远集团公司等的应用远未形成一定的规模。

基于 EDI 的供应链信息组织与集成模式如图 1-18 所示。

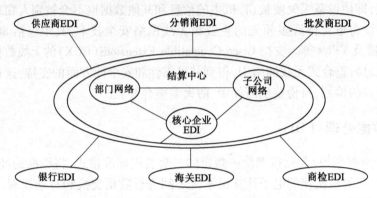

图 1-18　基于 EDI 的供应链信息组织与集成模式

其中,结算中心是一个连接所有节点的增值网络,包含所有商务信息的 EDI 数据信息发送到结算中心后,结算中心根据不同节点的要求做出处理,处理完毕后,将有关文档输送回相关节点。

基于 EDI 的信息集成后,供应链节点企业之间与有关商务部门之间也实现了一个集成,形成一个集成化的供应链。其基本过程是先将企业各子公司和部门的信息系统组成局域网(LAN),在 LAN 的基础上组建企业级广域网(WAN),相当于 Intranet,再通过增值网(EDI 中心)或 Internet 网与其他相关的企业和单位连接。

三　条码技术(BD)

条码(又称条形码)是由一组按一定编码规则排列的条、空符号,用以表示一定的字符、数字及符号组成的信息。条码系统是由条码符号设计、制作及扫描阅读组成的自动识别系统。

1. 条码的发展历史

早在 20 世纪 40 年代,美国的乔·伍德兰德(Joe Wood Land)和伯尼·西尔沃(Berny Silver)两位工程师就开始研究用代码表示食品项目及相应的自动识别设备,并于 1949 年获得了美国专利。但条码得到实际应用和发展还是在 20 世纪 70 年代左右。目前,世界上绝大多数的国家和地区都已普遍使用条码技术,而且它正在快速地向世界各地推广。其应用范围越来越广,并逐步渗透到许多技术领域。

早期的条码图案并不是现在的样子,而像微型射箭靶,所以被叫作"公牛眼"代码。靶式的同心圆是由圆条和空绘成圆环形。在原理上,"公牛眼"代码与后来的条码很相近,遗憾的是当时的工艺和商品经济还没有能力印制出这种码。直到10年后,IBM公司的工程师乔·伍德兰德成为北美统一代码UPC码的奠基人。在后来,以吉拉德·费伊塞尔(Girard Fessel)为代表的几名发明家,于1959年提请了一项专利,描述了数字0~9中每个数字可由七段平行条组成。但是这种码使机器难以识读,使人读起来也不方便。不过这一构想的确促进了后来条形码的产生与发展。不久,E·F·布宁克(E. F. Brinker)申请了另一项专利,该专利是将条码标识在有轨电车上。20世纪60年代,西尔沃尼亚(Sylvania)发明的一个系统,被北美铁路系统采纳。这两项可以说是条形码技术最早期的应用。

1970年,美国超级市场Ad Hoc委员会制订出通用商品代码UPC码,许多团体也提出了各种条码符号方案。1972年,蒙那奇·马金(Monarch Marking)等人研制出库德巴(Code bar)码,到此美国的条形码技术进入新的发展阶段。

1973年,美国统一编码协会(简称UCC)建立了UPC条码系统,实现了该码制标准化。同年,食品杂货业把UPC码作为该行业的通用标准码制,对条码技术在商业流通销售领域的广泛应用起到了积极的推动作用。1974年,Intermec公司的戴维·阿利尔(Davide Allair)博士研制出39码,很快被美国国防部所采纳,并作为军用条码码制。39码是第一个字母、数字相结合的条码,后来广泛应用于工业领域。

1976年,在美国和加拿大超级市场上,UPC码的成功应用给人们以很大的鼓舞,尤其是欧洲人对此产生了极大兴趣。次年,欧洲共同体在UPC-A码基础上制订出欧洲物品编码EAN-13和EAN-8码,签署了"欧洲物品编码"协议备忘录,并正式成立了欧洲物品编码协会(简称EAN)。到1981年,由于EAN已经发展成为一个国际性组织,故改名为"国际物品编码协会",简称IAN,但由于历史的原因和习惯,至今仍称为EAN(后改为EAN-international)。

20世纪80年代初,人们围绕提高条码符号的信息密度,开展了多项研究。128码和93码就是其中的研究成果。128码于1981年被推荐使用,而93码于1982年使用。这两种码的优点是条码符号密度比39码高出近30%。随着条码技术的发展,条形码码制种类不断增加,因而标准化问题显得很突出。为此先后制订了军用标准1189,交插25码、39码和库德巴码ANSI标准MH10.8M等。同时一些行业也开始建立行业标准,以适应发展需要。此后,戴维·阿利尔又研制出49码,这是一种非传统的条形码符号,它比以往的条形码符号具有更高的密度(即二维条码的雏形)。接着特德·威廉斯(Ted Williams)推出16K码,这是一种适用于激光扫描的码制。到1990年年底,共有40多种条形码码制,相应的自动识别设备和印刷技术也得到了长足的发展。

从20世纪80年代中期开始,我国一些高等院校、科研部门及一些出口企业,把条形码技术的研究和推广应用逐步提到议事日程。一些行业如图书、邮电、物资管理部门和外贸部门已开始使用条形码技术。1988年12月28日,经国务院批准,国家技术监督局成立了"中国物品编码中心"。该中心的任务是研究、推广条码技术;统一组织、开发、协调、管理我国的条码工作。

在经济全球化、信息网络化、生活国际化、文化国土化的资讯社会到来之时,起源于20世纪40年代、研究于20世纪60年代、应用于20世纪70年代、普及于20世纪80年代的条码与条码技术及各种应用系统,引起世界流通领域的大变革。条码作为一种可印制的计算机语言,被未来学家称之为"计算机文化"。20世纪90年代的国际流通领域将条码誉为商品进入国际计算机市场的"身份证",从而使得全世界对它刮目相看。

2. 条码概述

条码是将线条与空白按照一定的编码规则组合起来的符号,用以代表一定的字母、数字等资料。在进行辨识的时候,用条码阅读机扫描,得到一组反射光信号,此信号经光电转换后变为一组与线条、空白相对应的电子信号,经解码后还原为相应的文(数)字,再传入计算机。目前,条码辨识技术已相当成熟,其读取的错误率约为百万分之一,首读率大于98%,是一种可靠性高、输入快速、准确性高、成本低、应用面广的资料自动收集技术。

世界上有225种以上的一维条码,每种一维条码都有自己的一套编码规则,规定每个字母(可能是文字或数字或文数字)是由几个线条(Bar)及几个空白(Space)组成,以及字母的排列。一般较流行的一维条码有39码、EAN码、UPC码、128码,以及专门用于书刊管理的ISBN、ISSN等。

从UPC问世以后,为满足不同的应用需求,发展出各种不同的条码标准和规格,时至今日,条码已成为商业自动化不可缺少的基本条件。条码可分为一维条码(One Dimensional Barcode, 1D)和二维码(Two Dimensional Code, 2D)两大类,目前在商品上的应用仍以一维条码为主,故一维条码又被称为商品条码,二维码则是另一种渐受重视的条码,其功能比一维条码强,应用范围更加广泛。

本书仅介绍最通用的标准,如UPC、EAN、39码、128码等。此外,书籍和期刊也有统一的国际编码,被称为ISBN(国际标准书号)和ISSN(国际标准丛刊号)。

3. 条码的特点

条码是迄今为止最为经济、实用的一种自动识别技术。条码技术具有以下7个方面的优点。

(1)**可靠准确**:键盘输入数据出错率为三百分之一,利用光学字符识别技术出错率为万分之一,而采用条码技术误码率低于百万分之一。

(2)**数据输入速度快**:与键盘输入相比,条码输入的速度是键盘输入的5倍,并且能实现"即时数据输入"。

(3)**经济便宜**:与其他自动化识别技术相比,推广应用条码技术,所需费用较低。

(4)**灵活、实用**:条码符号作为一种识别手段可以单独使用,也可以和有关设备组成识别系统实现自动化识别,还可和其他控制设备联系起来实现整个系统的自动化管理。同时,在没有自动识别设备时,也可实现手工键盘输入。

(5)**自由度大**:识别装置与条形的标签相对位置的自由度要比OCR(光学字符识别)大得多。条码通常只在一维方向上表达信息,而同一条码上所表示的信息完全相同并且连续,这样即使是标签有部分缺欠,仍可以从正常部分输入正确的信息。

(6)**设备简单**:条码符号识别设备的结构简单,操作容易,无须专门训练。

(7)**易于制作**:可印刷,称为"可印刷的计算机语言"。条码标签易于制作,对印刷技术、设备和材料无特殊要求,且设备也相对便宜。

四 射频技术(RFID)

射频技术(RFID)是Radio Frequency Identification的缩写,即射频识别。常称为感应式电子晶片或近接卡、感应卡、非接触卡、电子标签、电子条码等。其原理为由扫描器发射特定频率的无线电波给接收器,用以驱动接收器电路将内部的代码送出,此时扫描器便接收此代码。接收器的特殊性在于免用电池、免接触、免刷卡,故不怕脏污,且晶片密码为世界唯一,无法复制,安全性高、寿命长。RFID 的应用非常广泛,目前典型应用的有动物晶片、汽车晶片防盗器、门禁管制、停车场管制、生产线自动化、物料管理。RFID 标签有有源标签和无源标签两种。

1. 电子标签

电子标签即 RFID,又称射频标签、射频识别。它是一种非接触式的自动识别技术,通过射频信号识别目标对象并获取相关数据,识别工作无须人工干预,作为条码的无线版本,RFID 技术具有条码所不具备的防水、防磁、耐高温、使用寿命长、读取距离远、标签上数据可以加密、存储数据容量更大、存储信息更改自如等优点。

2. RFID 技术

RFID 技术可识别高速运动物体并可同时识别多个标签,操作快捷方便。

3. RFID 解决方案

RFID 解决方案是 RFID 技术供应商针对行业发展特点制订的 RFID 应用方案,可根据不同企业的实际要求"量身定做"。RFID 解决方案可按照行业进行分类,例如可分为物流、防伪防盗、身份识别、资产管理、动物管理、快捷支付等。

4. RFID 中间件

RFID 产业潜力无穷,应用的范围遍及制造、物流、医疗、运输、零售、国防等。Gartner Group 认为,RFID 是 2005 年建议企业可考虑引入的十大策略技术之一,然而其成功的关键除了标签(Tag)的价格、天线的设计、波段的标准化、设备的认证之外,最重要的是要有关键的应用软件(Killer Application),才能迅速推广,而中间件(Middleware)可称为是 RFID 运作的中枢,因为,它可以加速关键应用的问世。

5. 零售商推崇 RFID

以沃尔玛公司为例,据 Sanford C. Bernstein 公司的零售业分析师估计,通过采用 RFID,沃尔玛公司每年可以节省 80 多亿美元,其中大部分是因为不需要人工查看进货的条码而节省的劳动力成本。尽管另外一些分析师认为 80 多亿美元这个数字过于乐观,但毫无疑问,RFID 有助于解决零售业两个最大的难题:商品断货和损耗(因盗窃和供应链被搅乱而损失的产品),而现在单是盗窃一项,沃尔玛公司一年的损失就差不多有 20 亿美元,如果一家合法企业的营业额能达到这个数字,就可以在美国 1000 家最大企业的排行榜中名列第 694 位。研究机构估计,这种 RFID 技术能够帮助把失窃和存货水平降低 25%。

6. RFID 无线

无线射频识别技术(Radio Frequency Identification,RFID)是一种非接触的自动识别技术,其基本原理是利用射频信号和空间耦合(电感或电磁耦合)或雷达反射的传输特性,实现对被识别物体的自动识别。RFID 系统至少包含电子标签和阅读器两部分。电子标签是射频识别系统的数据载体,电子标签由标签天线和标签专用芯片组成。依据电子标签供电方式的不同,电子标签可以分为有源电子标签(Active Tag)、无源电子标签(Passive

Tag)和半无源电子标签(Semi-Passive Tag)。有源电子标签内装有电池,无源射频标签没有内装电池,半无源电子标签部分依靠电池工作。电子标签依据频率的不同可分为低频电子标签、高频电子标签、超高频电子标签和微波电子标签。依据封装形式的不同,可分为信用卡标签、线形标签、纸状标签、玻璃管标签、圆形标签及特殊用途的异形标签等。RFID 阅读器(读写器)通过天线与 RFID 电子标签进行无线通信,可以实现对标签识别码和内存数据的读出或写入操作。典型的阅读器由高频模块(发送器和接收器)、控制单元以及阅读器天线组成。

7. RFID 系统基本组成部分

最基本的 RFID 系统由以下三部分组成:

(1)标签(Tag)。由耦合元件及芯片组成,每个标签具有唯一的电子编码,附着在物体上标识目标对象。

(2)阅读器(Reader)。读取(有时还可以写入)标签信息的设备,可设计为手持式或固定式。

(3)天线(Antenna)。在标签和读取器间传递射频信号。

8. RFID 发展历程

RFID 直接继承了雷达的概念,并由此发展出一种生机勃勃的 AIDC 新技术——RFID 技术。1948 年,哈里·斯托克曼发表的"利用反射功率的通信"奠定了射频识别 RFID 的理论基础。

在 20 世纪中期,无线电技术的理论与应用研究是科学技术发展最重要的成就之一。RFID 技术的发展可按 10 年期划分如下:

(1)1941—1950 年。雷达的改进和应用催生了 RFID 技术,1948 年奠定了 RFID 技术的理论基础。

(2)1951—1960 年。早期 RFID 技术的探索阶段,主要是实验室实验研究。

(3)1961—1970 年。RFID 技术的理论得到了发展,开始了一些应用尝试。

(4)1971—1980 年。RFID 技术与产品研发处于一个大发展时期,各种 RFID 技术测试得到加速发展,出现了一些最早的 RFID 应用。

(5)1981—1990 年。RFID 技术及产品进入商业应用阶段,各种规模应用开始出现。

(6)1991—2000 年。RFID 技术标准化问题日趋得到重视,RFID 产品得到广泛采用,RFID 产品逐渐成为人们生活中的一部分。

(7)2001 年至今。标准化问题日趋为人们所重视,RFID 产品种类更加丰富,有源电子标签、无源电子标签及半无源电子标签均得到发展,电子标签成本不断降低,规模应用行业扩大。RFID 技术的理论得到丰富和完善,单芯片电子标签、多电子标签识读、无线可读可写、无源电子标签的远距离识别、适应高速移动物体的 RFID 正在成为现实。

9. RFID 工作原理

射频识别系统的电子标签又称为射频标签、应答器、数据载体;阅读器又称为读出装置、扫描器、通信器、读写器(取决于电子标签是否可以无线改写数据)。电子标签与阅读器之间通过耦合元件实现射频信号的空间(无接触)耦合,在耦合通道内,根据时序关系,实现能量的传递、数据的交换。

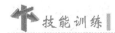

联想公司的供应链案例分析

联想控股有限公司(以下简称"联想控股")成立于1984年,由中科院计算所投资20万元人民币、11名科技人员创办,是一家极富创新性的国际化的科技公司。

作为全球个人电脑市场的领导企业,联想控股从事开发、制造并销售最可靠的、安全易用的技术产品及提供优质专业的服务,帮助全球客户和合作伙伴取得成功。目前其拥有员工约10000人,在包括香港在内的全国32个省市自治区建立了区域工作平台,在海外建立了7家子公司,2003年全年营业额达30亿美元。自1996年以来,联想电脑一直稳居国内市场销量第一,2003年个人电脑市场份额达27%,销量全球排名第五。至2004年12月,已连续20个季度获得亚太市场第一。2005年5月1日,原中国联想集团正式宣布收购IBM全球PC业务,合并后的新联想以130亿美元的年销售额一跃成为全球第三大PC制造商。目前,联想控股正在向"高科技的联想、服务的联想、国际化的联想"的目标全速挺进。

联想控股的物料主要分为国际性采购的物料和国内采购的物料。

从联想控股的供应链来看,它有300多家的供应商,采取一体化的运作体系。联想控股是把采购、生产、分销以及物流整合成一个统一的系统。

联想笔记本主要与广达、仁宝、纬创和英业达4家代工厂合作,消费级笔记本由代工厂设计,组装由联想控股上海厂完成。

联想控股的销售形式主要是分销为主,直营为辅。分销网络形式:通过各级分销商,建立不同的分销网络,从而使其最终到达消费者手中。直营网络形式:主要针对不同的市场运用相应渠道模式,如直销团队、电话与网络销售,直营店等。

外部商业环境

我国金融市场逐步改革开放,经济全球化浪潮推动了我国IT产业的并购步伐,我国企业全球并购趋势正在震荡中前行。随着国际化程度逐步提高,将由此带来创业环境的巨大变化,这将为IT企业的全球经营战略提供一个更加完善、更加稳定的创业环境和前所未有的创业机遇。

2000年我国软件产业总产值仅为593亿元,到2004年,这一数字达2300亿元,年平均增速超过38%。从资本驱动态势看,经过2001年开始的科技股热浪退潮之后,我国的科技产业经历了理性的整合,一些竞争力强的优势科技行业已经凸现出极强的成长性。2004年是我国企业海外上市的又一个高峰年,境外上市筹资额约为国内的2.6倍。目前我国已成为亚太和全球举足轻重的电脑市场,也已成为全球互联网用户的第二大市场。目前我国正成为全球几大互联网搜索引擎公司的关键战场,包括Google、雅虎和微软均加入鏖战。据互联网调查公司iResearch统计,2004年中国互联网搜索市场总值达5000万美元,预计至2006年这一市场总值将达2亿美元。

信息流与物流紧密结合,是现代物流的发展趋势。在IT行业,这一点显得尤为突出。IT业的显著特征就是:技术更新快,产品生命周期短,价格变化频繁,因此,IT企业必须不断提高自己的分析预测和快速响应能力。客户需求的多样性与个性化，迫使IT企业不但要有较强的敏捷生产与柔性生产能力，更要加强对原材料供应商的有效管理，对产品分销配送物流的合理规划。面对复杂多变的物流状况，IT企业必须借助信息技术手段加强物流管理，提高物流效率。

供应链结构如图1-19所示。

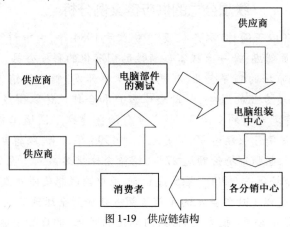

图1-19　供应链结构

供应链绩效

联想控股在运作模式上，目前并不是一个完全按订单生产的企业，这也与面对的客户群有关。联想控股目前主要的客户大部分来自于个人和中小型企业。所以，联想控股的运作模式也是采取一种安全库存结合按订单生产的方式，它会有1~2天成品的安全库存，更多的是会根据用户的订单来快速的响应客户和市场的需求。

生产计划的调整要花很长时间，而且物流有时会短缺，从接到订单、组织供货、安排生产到成品入库，整个过程要72h以上。

供应链管理系统框架如图1-20所示。

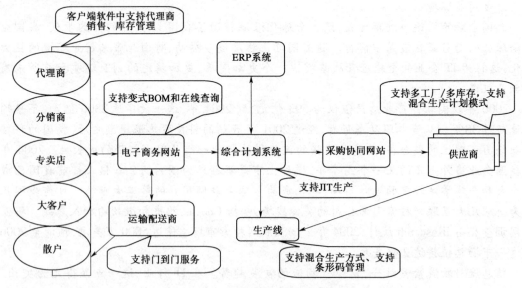

图1-20　供应链管理系统框架图

1. 技能训练的目的

通过本次技能训练,使学生达到运用所学供应链的相关理论知识,理解并分析所调查企业供应链类型、结构以及使用的供应链技术的目的,提高学生在实际操作中发现问题、分析问题以及解决问题的能力。

2. 技能训练的内容

根据提供的案例,分析联想公司的供应链。

3. 技能训练准备

(1)学生每5人自由结成一个小组,每个小组选一名组长。

(2)任课教师分别对学生做的准备工作进行指导点评,找出自由小组中人员配备以及准备工作的不足,及时纠正。

(3)每组学生自己安排时间进行分组讨论,书写调查以及讨论报告。

4. 技能训练步骤

(1)5人一组共同进行讨论,站在联想企业供应链管理者的角度,模拟供应链的相关性,结合联想企业在供应链中的地位,讨论其供应链构成类型,分析联想企业在供应链中的位置及供应链所运用的技术方案等。

(2)在充分讨论该企业所运用的供应链技术基础上,学生进行分组讨论,最终每组派代表陈述。

5. 技能训练的报告要求

(1)技能训练的名称、学生姓名、班号和日期;

(2)技能训练的目的和要求;

(3)技能训练的原理、步骤;

(4)技能训练的原始记录;

(5)技能训练的结果分析,并写出调研报告。

6. 技能训练注意事项

(1)学生在技能训练操作中要一丝不苟,认真撰写报告,教师要认真负责,耐心解决技能训练中遇到的问题。

(2)讨论以及调研内容的确定要有依据、准确。

项目二　供应链构建

本项目系统阐述了供应链构建的理论和方法。具体内容包括:介绍了几种典型的供应链体系结构,并比较分析它们之间的区别;从宏观和微观角度分别介绍供应链设计的过程应遵循的原则;识别和区分供应链中的成员;面向产品进行供应链的设计,产品的设计战略应该与供应链的设计战略保持一致,并介绍不一致时的解决方案。

1. 知识目标

(1)掌握供应链的拓扑结构模型;
(2)了解供应链设计的原则以及影响因素;
(3)理解产品供应链构建的相关战略,描述供应链的设计步骤。

2. 技能目标

(1)具有构建供应链网络模型的能力;
(2)具有选取正确战略对某类产品进行供应链构建的能力;
(3)具备分析企业供应链构建中存在的相关问题以及相应解决方法的能力。

惠普台式打印机供应链的构建

惠普打印机的生产、研究开发节点分布16个国家,销售服务部门节点分布110个国家,而其总产品超过22000类。欧洲和亚洲地区对于台式打印机电源供应(电压110V和220V的区别,以及插件的不同)、语言(操作手册)等有不同的要求。以前这些都由惠普公司温哥华的分公司完成,北美、欧洲和亚太地区是它的3个分销中心。惠普公司的分销商都希望尽可能降低库存,同时尽可能快地满足客户的需求。这样导致惠普公司保证供货及时性的压力很大,从而不得不采用备货生产(Make-To-Stock)的模式,以保证对分销商供货准时的高可靠性,因而分销中心成为有大量安全库存的库存点。制造中心是一种拉动式的,计划的生成是为了通过JIT模式满足分销中心的目标安全库存,同时它本身也必须拥有一定的零部件、原材料安全库存。

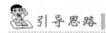

(1) 惠普打印机销售过程中存在哪些问题?
(2) 惠普公司应如何构建供应链,以解决企业存在的问题?

任务一　供应链结构模型

(1) 正确识别供应链成员;
(2) 掌握供应链的结构模型,理解供应链的方向、子网与虚拟企业;
(3) 了解供应链构建原则。

采用案例教学、小组讨论、问题驱动等方法。基于案例提出企业经营运作的情境,以真实案例为依托,提出问题,在问题的驱动下,带领学生分析不同企业的供应链结构模型及其采取的构建原则。

一　供应链的拓扑结构模型

在确定供应链的拓扑结构模型时,首先确定供应链的成员类型。供应链上的成员是由与核心企业相连的组织构成的,从原产地到消费地,这些组织直接或间接地与他们的供应商或顾客相连。供应链上的成员分为主要成员和辅助成员。供应链的主要成员是指专门为顾客或市场提供专项输出的业务流程中,所有能进行价值增值活动的自治公司或战略企业单元。相反,辅助成员是指那些简单地提供资源、知识以及设施的供应链成员,如出租货车给制造商的代理商,贷款给零售商的银行,提供仓库空间的房屋业主等。对核心企业而言,资源、知识、公共设施或资产的提供者都有重要贡献,但是,在为最终用户将输入变为输出的增值过程中,他们并不直接参与或执行活动。

供应链的起始点和消费点出现在辅助成员的位置。起始点的供应商仅是辅助成员,消费点不会进一步产生附加值,并且要消耗产品和服务。在某些情况下,同一家公司可以同时执行主要活动和辅助活动,即同一家公司可以执行与一个过程相关的主要活动以及和另一个过程相关的辅助活动,所以供应链的主要成员和辅助成员之间的区别不是在所有情况下都明显。不过,这一区别提供了合理的管理简化方法,并且抓住了谁应该被认为是供应链的关键成员的本质。

从供应链节点企业与节点企业之间关系的角度来考察,供应链的拓扑结构模型主要包括链状结构模型、网状结构模型和石墨模型。

1. 链状结构模型

有一种供应链的结构是链状结构。供应链的各成员企业构成链条结构的各个节点,物流、资金流、信息流构成供应链的连线,如图2-1所示。供应链管理通过前馈的信息流(需方向供应方流动,如订货合同、加工单、采购单等)将供应商、制造商、分销商、零售商及最终用户连成一个整体,对整个供应链系统进行计划、协调、操作、控制和优化。

链状结构模型清楚地表明产品的最初来源是自然界,如矿山、油田、橡胶园等,最终去向是用户。产品因用户需求而生产,最终被用户所消费。产品从自然界到用户经历了供应商、制造商和分销商三级传递,并在传递过程中完成产品加工、产品装配形成等转换过程。被用户消费掉的最终产品仍回到自然界,完成物质循环,如图2-1中的虚线所示。

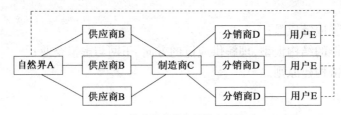

图2-1 静态链状结构的供应链模型

显然,图2-1链状结构模型表明了供应链的静态的基本组成和轮廓概貌,对供应链的研究起辅助认识的作用。我们将静态链状结构模型可以进一步地简化成如图2-2所示的动态链状供应链结构模型。动态链状结构模型是对静态链状结构模型的进一步抽象,它把供应链上的每一个商家都抽象成一个个的点,称之为节点,并用字母或数字表示,这些节点以一定的方式和次序连接,构成一条供应链。在动态的链状供应链结构模型中,若C为制造商即核心企业,则B为供应商,D为分销商;若假定B为制造商即核心企业,则A为供应商,C为分销商。在这个模型中,产品的最初来源是自然界,最终去向是用户,产品的物质循环过程都被隐含掉了。从供应链研究的一般角度来讲,把自然界和用户放在供应链模型中通常没有太大的作用。动态的链状供应链结构模型着重于对供应链的中间过程的动态研究。

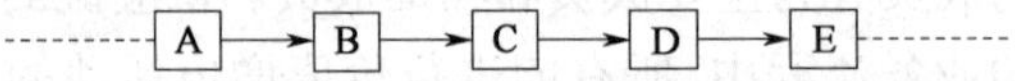

A → B → C → D → E

图2-2 动态链状结构的供应链模型

1)供应链的方向

物流、信息流、资金流、商流是供应链上的资源流。他们流动的方向可以表示供应链的增值运动的方向。一般来说,物流的方向都是从供应商流向生产制造商,再流向分销商,最后到达消费者的。虽然在特殊情况下,如产品退货等,产品在供应链上的流向与一般情况相反,但由于产品退货属于非正常情况,本任务中所指的供应链的物流不包括这类非正常情况下物品的流向。在图2-2所示动态的链状结构的供应链模型中,我们依照物流的方向来定义供应链的方向,以确定供应商、制造商和分销商之间的顺序关系。箭头的方向表示供应链物流的方向,即供应链的方向。

2)供应链的级

在图2-2中,如果定义C为核心企业,即制造商,可以相应地认为B为一级供应商,A为二级供应商,而且还可递归地定义三级供应商、四级供应商等;同样地,可以认为D为一级分销商,E为二级分销商,并递归地定义三级分销商、四级分销商等。一般来说,一个企业应尽可能考虑多级供应商或分销商,这样有利于从整体上了解供应链的运行状态。

2. 网状结构的供应链模型

事实上,产品的供应关系非常复杂,一家企业会与多家企业进行合作。在图2-2中,核心企业C的供应商可能不止一家,而是有B_1、B_2、$\cdots$、B_n等n家,分销商也可能有D_1、D_2、$\cdots$、D_m等m家。进一步地考虑,如果是一个含有多个企业的集团公司,那么,C也可能有C_1、C_2、$\cdots$、C_k等k家,这样图2-2就转变为图2-3所示的一个网状结构的供应链模型。网状结构模型更能说明现实世界中产品的复杂供应关系。在理论上,网状结构模型可以涵盖世界上所有企业,把供应链上的所有企业都看成是其上面的一个节点,同时认为这些节点存在着供需联系。当然,这些联系有强有弱,而且在不断地变化着。从

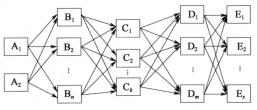

图2-3 网状结构的供应链模型

狭义的角度看,通常一个企业仅与有限的企业发生联系,但这丝毫不影响我们对供应链模型的理论设定。网状结构的供应链模型对企业供应关系的描述很直观,适合宏观把握企业间的供应关系。

1)入点和出点

在网状结构的供应链模型中,物流的流动具有方向性,它从上游的一个节点企业流向下游另一个节点企业。这些物流从某些节点补充流入,从某些节点分流流出。我们把这些物流进入供应链的节点称为入点,而物流流出供应链的节点称为出点。在图2-1所示的供应链中,入点相当于矿山、油田、橡胶园、山泉等原始材料提供商,出点相当于用户。在图2-2和图2-3所示的供应链中,A类节点为入点,E类节点为出点,B类、C类、D类既是入点又是出点。

对于有些节点企业既为入点又为出点的情况,为了便于网状结构供应链表达的简化,将代表这个企业的节点一分为二,变成两个节点,一个为入点、一个为出点,并用实线将其框起来。如图2-4所示,A_1为入点,A_2为出点。

需要说明的一点是,入点(出点)不仅存在于供应链的源头,也存在于供应链的中间。同样地,如有的企业对于另一企业既为供应商又为分销商,也可将这个企业一分为二,甚至一分为三或更多。如图2-5所示,将B变成两个节点:一个节点表示供应商,一个节点表示分销商。也用实线将其框起来,B_1是C的供应商,B_2是C的分销商。

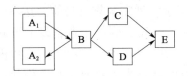

图2-4 含入点和出点的企业

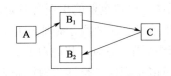

图2-5 包含供应商和分销商的企业

2)子网

有些集团公司虽然内部结构非常复杂,但与其他企业发生业务往来的只是其中的一些部门或分公司,同时在集团内部有些部门或分公司之间存在着产品供应关系。显然,这时候

用一个节点来表示集团内部这些复杂的关系是不行的,这就需要将表示这个集团的节点分解成很多相互联系的小节点,这些小节点之间存在关联关系,由此构成一个网,称之为子网,如图2-6所示。在引入供应链的子网概念之后,如果要研究图2-6中C与D的联系,只需考虑C_2与D的联系就可以了,不需要考虑C_3与D的联系,这就简化了无谓的研究。子网模型对企业集团是很好的描述。

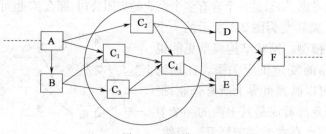

图2-6　子网模型

3)虚拟企业

当市场出现新机遇时,具有不同资源与优势的企业为了共同开拓市场,共同对付其他的竞争者而组织的、建立在信息网络基础上的共享技术与信息,分担费用,联合开发的、互利的企业联盟体。借助以上对子网模型过程的描述,我们可以把供应链网上为了完成共同目标、通力合作、并实现各自利益的这样一些厂家形象地看成是一个厂家,这就是虚拟企业,如图2-7所示。虚拟企业的节点用虚线框起来。虚拟企业使得传统的企业界限模糊化。虚拟企业不是法律意义上的完整的经济实体,不具备独立的法人资格。这些企业可能是供应商,可能是顾客,也可能是同业中的竞争对手。

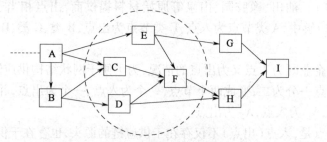

图2-7　虚拟企业的网状模型

这种新型的企业组织模式打破了传统的企业组织界限,使企业界限变得模糊。虚拟企业是在经济交往中,一些独立企业为了共同的利益和目标在一定时间内结成的相互协作的利益共同体。虚拟企业的出现常常是参与联盟的企业追求一种完全靠自身能力达不到的超常目标,即这种目标要高于企业运用自身资源可以达到的限度。因此企业自发的要求突破自身的组织界限,必须与其他对此目标有共识的企业实现全方位的战略联盟,共建虚拟企业,才有可能实现这一目标。虚拟企业组建和存在的目的就是为了获取相互协作而产生的效益,一旦这个目的完成或利益不存在,虚拟企业即不复存在。

虚拟企业的运作模式建立在现代通信技术的基础上,为适应快速、多变的市场需求,制造商联合供应商、经销商、用户,共同及时地开发、生产、销售用户化产品的一种企业模式。从资源配置的角度,虚拟企业的运作模式是资源的整合,这些资源来自不同企业成员并整合,达到"1+1>2"的效果。虚拟企业的运作模式如下。

(1)虚拟生产。虚拟生产是虚拟经营的最初形式,它以外包加工为特点,是指企业将其产品的直接生产功能弱化,把生产功能用外包的办法转移到别的企业去完成,而自己只留下最具优势并且附加值最高的开发和营销功能,并强化这些部门的组织管理。最著名的例子是美国生产运动鞋的耐克公司。耐克公司本身没有一条生产线,而是集中企业的所有资源,专攻设计和营销两个环节,运动鞋的生产则采用订单的方式放到人工成本低的发展中国家进行。耐克公司以虚拟生产的方式成为世界上最大的运动鞋制造商之一。国外著名的电器制造商近年来也采用了虚拟生产的模式,如日本的索尼、松下等电器公司,其在中国市场上销售的产品基本上都是由马来西亚、新加坡、泰国等劳动力成本较低的国家生产的,而公司总部则集中进行新产品的开发和营销战略的实施。

(2)虚拟开发。虚拟开发是指几个企业通过联合开发高技术产品,取得共同的市场优势,谋求更大的发展。如几家各自拥有关键技术、并在市场上拥有不同优势的企业为了彼此的利益,进行策略联盟,开发更先进的技术。如IBM和AMD在2003年年初共同表示,为了跟上Intel的速度,双方将联合开发下一代微处理器技术。正在共同开发的特别微小的晶体管技术,能够提高芯片的效率,降低芯片的生产成本。合作对于双方都很重要,因为这能改善与Intel竞争的形势。AMD缺乏Intel所具有的研发资金,没有合作伙伴很难迅速推出新产品。IBM自身掌握的微处理器技术有限,很难保证其在与Intel的竞争中领先。这种合作促进双方获得在芯片制造方面的垄断优势。

(3)虚拟销售。虚拟销售是指企业或公司总部与下属销售网络之间的"产权"关系相互分离,销售虚拟化,促使企业的销售网络成为拥有独立法人资格的销售公司。此类虚拟化的销售方式,不仅可以节省公司总部的管理成本与市场推广费用,充分利用独立的销售公司的分销渠道以广泛推广企业的产品,促使本企业致力于产品与技术的创新,不断提升企业品牌产品的竞争优势,而且还可以推动销售公司的快速成长,网罗大批优秀的营销人才,不断扩展企业产品的营销网络。

服装加工行业的美特斯·邦威公司是实行虚拟销售最为典型的企业之一。公司采取特许连锁经营的方式,通过契约将特许权转让给加盟店。加盟店在使用公司统一的商标、商号、服务方式的同时,根据区域的不同情况分别向公司缴纳5万~35万元的特许费。由此,公司不但节省了1亿多元的投资,而且还通过采用特许费的方式筹集到一大笔无息发展资金。公司总部把精力主要用在产品设计、市场管理和品牌经营方面,他们与香港、上海等地的著名设计师合作,每年推出约1000个新款式,取得了良好的经济效益。

(4)虚拟管理。虚拟管理是指在虚拟企业中,把某些管理部门虚拟化,虽然保留了这些管理部门的功能,但其行政组织并不真正存在于企业内部,而是委托其他专业化公司承担这些管理部门的责任。例如,企业可以不设人力资源部门,对员工的培训可以委托专门的培训机构完成。再如,许多外资企业将人力资源交给专业的人才管理中心管理,由中心负责调动、职称评定及党团关系接转等工作。虚拟管理可为新组建的、缺乏管理经验和管理人才的企业提供较大的帮助。例如,乐凯公司就聘请麦肯锡、罗兰贝格咨询公司的管理专家为其作战略规划、管理咨询。

3. 石墨结构的供应链模型

链状结构和网状结构的供应链模型仅仅考虑供应链中物流的流向,没有同时讨论信息流和资金流。在信息化的社会中,企业的生产离不开信息,有效的供应链管理依赖于信息流。信息流在供应链上的流动并不严格依托于节点间直接地传递,可以间接地收集和了解,也可以由专门的机构或组织来管理传播,甚至其他媒体都是信息收集和传播的重要途径。

同样地,在以金融为中心、金融营运决定产品生产的时代,考虑资金流也是必要的。资金除了在供应链上流动外,更多的是依赖于银行、证券公司等途径。综合考虑信息流、资金流和物流,得出了供应链的石墨结构模型,如图2-8所示。图2-8是有层次结构的网状模型,其外观形状非常像石墨的原子结构模型,因此我们称其为石墨模型。在石墨模型中信息流、物流及资金流分属三个层面,在各自的网上流动,网与网之间存在着联系。信息流层的节点是信息企业,物流层的节点是生产企业,资金流层的节点是金融企业。石墨模型扩展了网状模型及链状模型的概念。网状模型和链状模型偏重于描述实物形态的产品运动,而石墨模型将信息服务和金融服务这些非实物形态的产品也包含其中。这对我们全面地研究供应链是非常有益的帮助。有一点需要说明的是信息流、资金流与物流不同,信息流和资金流是交互的,因此,它们之间的联系是双向的,用双箭头表示。

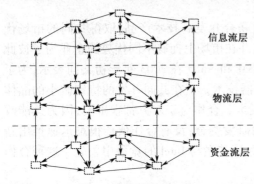

图2-8 石墨结构的供应链模型

供应链的拓扑结构模型明确了供应链的概念。供应链的研究还处于初级阶段,许多学者基于各自不同的理解和需要,对供应链进行了不同的定义,导致供应链的概念模糊化。供应链模型的提出避免了这种概念表现上的不统一。供应链的拓扑结构模型囊括了现实世界中所有的物流、信息流、资金流,每个厂家、公司、机构和个人都可以看成是供应链上的一个节点,都存在着供应、生产和销售的关系。供应链的两极是自然界和用户(人),表明了供应链是人与自然界之间的桥梁,是人与自然界交流的方式。供应链的拓扑结构模型很好地区分了虚拟企业与企业集团公司(子网),对于我们深刻地认识虚拟企业有很大的帮助。虚拟企业结构简洁,没有企业集团公司那样庞大的行政机构,因此几乎没有行政管理费用。虚拟企业还是一种快捷响应市场的生产模式,它能迅速地抓住市场瞬息即逝的机遇,生产出市场所需的产品。基于供应链模型的认识,我们可以很快地接受构造虚拟企业的一些方法。

二 供应链构建的原则

在供应链的设计过程中,我们认为应遵循一些基本的原则,以保证供应链的设计和重建能满足供应链管理思想得以实施和贯彻的要求。

供应链的设计原则应体现供应链的核心思想和核心内容。注重客户需求、有效信息共享、提升整体核心竞争力等是供应链中应高度重视的内容,也是供应链的核心思想所在。供应链的核心思想是高度重视客户需求,强调客户需求对供应链的"拉动"作用,在充分了解客户需求的基础上,严格按照客户需求组织和规划供应链管理,为客户提供满意的服务。供应链的核心内容是实现信息共享,信息共享是实现节点企业间有效沟通、准确把握需求动态的重要保证,也是供应链资源整合的重要基础;同时高度重视系统统筹、整体最优,要求企业的目标要与供应链的总体目标保持一致,追求供应链整体的竞争力。

1. 宏观角度供应链的设计原则

1)需求导向原则

供应链是解决"供应—需求"矛盾的功能网链,客户需求的强弱影响了供应链"拉力"的大小;客户的满意程度不仅仅是与客户接触的零售商的责任,而是供应链整体的责任。供应链的构建过程,就是以客户需求为中心,不断调整内部结构,优化业务流程,提升服务质量,提升核心竞争力,最终提高客户满意度的过程。企业进行供应链构建时,应从分析其产品所面临需求的性质入手。产品的需求性质不同,决定了应采用不同类型的供应链与之匹配;产品的需求性质发生变化,供应链的类型也要随之及时调整。否则,就会产生供需不匹配的状况,对企业和客户都产生不利影响。

2)信息共享原则

信息共享原则体现了供应链管理的核心内容。供应链节点企业之间建立合作关系最基本、最关键的步骤是形成信息共享的机制,信息共享的程度往往直接决定了其合作的深入程度。信息共享也是实现供应链整体最优、资源优化配置等目标的重要影响因素;在VMI、虚拟库存等现代供应链管理理念中,信息共享都是其顺利实施的基础;终端用户的需求信息能否顺利反馈到供应链的上游环节,信息共享的状况都是最根本的决定因素,因此,信息共享原则是供应链进行有效运作的基础和保证,供应链的设计必须高度重视信息共享原则,才能保证供应链"神经网络"的畅通,才能保证供应链发挥其独特的优势。

3)系统性原则

系统性原则是供应链强调整体最优、资源融合思想的体现。供应链要达到整体最优,就要系统全面地统筹现有资源,打破立足单个企业的局限性思维,站在供应链全局进行规划,优化资源配置,使企业各种物流资源得到充分利用,提升供应链的运作效率,降低运作成本。按照系统性原则的指导,供应链的目标不能片面追求单一方面,要在成本、时间、质量等方面整体统筹,达到系统最优。企业的发展战略要与供应链的发展战略一致,企业要为供应链的整体竞争力提升而努力,从而才能带来自身的实力提升。

4)柔性化原则

供应链设计的柔性化原则体现了市场环境、客户需求对企业生产、产品服务等一系列要求的不断提高。

(1)供应链的构成要具有一定的稳定性、可持续性,供应链节点企业之间通过战略合作关系,形成整条供应链的核心竞争力,共抗风险,提升整体生存能力。

(2)供应链应具备一定的动态性,不能适应供应链需求的企业将从供应链中淘汰,从而实现供应链快速重构,确保每个分子都是最合适的。

(3)实现供应链柔性化离不开对供应链的精简。为了能使供应链具有灵活快速响应市场的能力,供应链的每个节点都应是精简的、具有活力的、能实现业务流程的快速组合。比如供应商的选择就应以少而精的原则,通过和少数的供应商建立战略伙伴关系,来减少采购成本,推动实施JIT采购法和准时生产。生产系统的设计更应以精细化思想(Lean Thinking)为指导,努力实现从精细的制造模式到精细的供应链这一目标。

5) 不确定性原则

不确定性在供应链中随处可见,例如需求的不确定性,产品从原材料供应商到最终用户的过程中,由于下游终点的消费者对产品的需求起伏不定,难以预测,一旦发生变化,由于供应链固有的属性,这种变化的信号就会沿着供应链自下而上逐渐放大,这种现象称为供应链中的牛鞭效应。牛鞭效应存在许多危害,比如导致过量的库存、由于销售不畅通有效需求得不到满足、制造商由于需求变化而造成管理混乱等,这些危害使成本上升、价值增值大打折扣而难以达到供应链的目标。许多学者在研究供应链的运作效率时都提到不确定性问题。由于不确定性的存在,导致需求信息的扭曲。因此,要预见各种不确定因素对供应链运作的影响,减少信息传递过程中的信息延迟和失真。降低安全库存总是和服务水平的提高相矛盾。增加透明性,减少不必要的中间环节,提高预测的精度和时效性对降低不确定性的影响都是极为重要的。

6) 集优化原则(互补性原则)

供应链的各个节点的选择应遵循强—强联合的原则,达到实现资源外用的目的,每个企业只集中精力致力于各自核心的业务过程,好像一个独立的制造单元(独立制造岛),这些所谓单元化企业具有自我组织、自我优化、面向目标、动态运行和充满活力的特点,能够实现供应链的业务快速重组。

7) 协调性原则

供应链的业绩好坏取决于供应链中合作伙伴关系是否和谐,因此建立战略伙伴关系的合作企业关系模型是实现供应链最佳效能的保证。席西民教授认为:合作伙伴关系是否和谐是描述系统是否形成了充分发挥系统成员和子系统的能动性、创造性及系统与环境的总体协调性。只有和谐而协调的系统才能发挥最佳的效能。

8) 创新性原则

供应链的设计应打破传统企业管理中陈规和陈旧思想,具有创新的思想和眼光,没有创新性思维,就不可能有创新的管理模式,因此,在供应链的设计过程中,创新性是很重要的一个原则。要产生一个创新的系统,用新的角度、新的视野审视原有的管理模式和体系,进行大胆地创新设计。进行创新设计要注意以下4点:

(1) 创新必须在企业总体目标和战略的指导下进行,并与战略目标保持一致。

(2) 要从市场需求的角度出发,综合运用企业的能力和优势。

(3) 发挥企业各类人员的创造性,集思广益,并与其他企业共同协作,发挥供应链整体优势。

(4) 建立科学的供应链和项目评价体系及组织管理系统,进行技术经济分析和可行性论证。

9) 战略性原则

在以供应链为竞争的时代,企业的发展战略依托于供应链的战略来实现。从供应链战略管理的角度考虑,我们认为供应链建模的战略性原则体现在供应链管理发展的长远规划和可预见性,供应链的系统结构发展应和企业的战略规划保持一致,并在企业战略指导下进行。然而,由于供应链上成员的管理水平参差不齐,企业间的配合还不够默契,因此供应链的建模应有战略性观点,从全局角度规划和设计供应链,使供应链上所有节点向同一目标运转。

战略性原则、创新性原则指明了供应链的设计过程必须贯穿始终的重要理念,是供应链设计的指导思想;需求导向原则、系统性原则、柔性化原则、不确定原则属于宏观方向性的原则,指明供应链的设计应努力达到的目标;集优化(互补性)原则、协调性原则、信息共享原则指明了供应链的设计中应采取的途径和方法手段,是供应链设计的重要实践指导。

2. 微观管理角度供应链设计原则

1) 总成本最小原则

成本管理是供应链管理的重要内容。供应链管理中常出现成本悖反问题,即各种活动的成本的变化模式常常表现出相互冲突的特征。解决冲突的办法是平衡各项成本使其达到整体最优,供应链管理就是要进行总成本分析,判断哪些因素具有相关性,从而使总成本最小。

2) 多样化原则

供应链设计的一条基本原则就是要针对不同的产品提供不同的客户,提供不同的服务水平。要求企业将适当的商品在恰当的时间、恰当的地点传递给恰当的客户。一般的企业分别生产多种产品,因此要面对各种产品的不同的客户要求,不同产品特征,不同的销售水平,也就意味着企业要在同一产品系列内采用多种战略,比如在库存管理中,就要区分出销售速度不一的产品,销售最快的产品应放在位于最前列的基层仓库,依次摆放产品。

3) 推迟原则

推迟原则就是把使最终产品具备独特性能、特征或个性的关键生产环节的加工时间推后或者把分拨过程中的运输时间后移,包括时间推迟和形式推迟策略。时间推迟是把分销过程中的产品运输时间后移。

(1) 对于产品的销售,只有在接到客户真实的订单之后再进行发运,这样可以减少仓库的数目,消除无效运输。

(2) 通过时间推迟策略可以实现运输的整合从而节约运输成本。形式推迟就是指把最终产品的某些加工程序推迟到收到客户订单之后。

4) 合并原则

在战略规划中,将运输小批量合并成大批量具有明显的经济效益。但是同时要平衡由于运输时间延长而可能造成的客户服务水平下降与订单合并的成本节约之间的利害关系。通常当运量较小时,合并的概念对制订战略最有用。

5) 标准化原则

标准化的提出解决了满足市场多样化产品需求与降低供应链成本的问题。如生产中的标准化可以通过可替换的零配件、模块化的产品和给同样的产品贴加不同的品牌标签而实现。这样可以有效地控制供应链渠道中必须处理的零配件、供给品和原材料的种类。服装制造商不必去存储众多客户需要的确切尺码的服装,而是通过改动标准尺寸的产品来满足消费者的要求。

任务二 供应链管理战略

教学要点

(1)叙述 QR 的内涵和实施条件;
(2)理解 ECR 的内涵和特征;
(3)理解 ECR 的构建技术和战略。

教学方法

采用讲授、案例教学、小组讨论、问题驱动等方法。根据案例带领学生理解 QR 和 ECR。

教学内容

一 快速反应战略

1. QR 产生的背景

快速反应战略(Quick Response,QR)是美国纺织与服装行业发展起来的一项供应链管理战略。20 世纪 60~70 年代,美国的杂货行业面临着国外进口商品的激烈竞争。20 世纪 80 年代早期,美国国产的鞋、玩具以及家用电器的市场占有额下降到 20%,而国外进口的服装也占据了美国市场的 40%。

面对与国外商品的激烈竞争,纺织与服装行业在 20 世纪 70 年代和 80 年代采取的主要对策是在寻找法律保护的同时,加大现代化设备的投资。到了 20 世纪 80 年代中期,美国的纺织与服装行业是受进口配额系统保护最重的行业,而纺织业是美国制造业生产率增长最快的行业。尽管上述措施取得了巨大的成功,但服装行业进口商品的渗透却在继续增加。一些行业的先驱认识到保护主义措施无法保护美国服装制造业的领先地位,他们必须寻找别的方法。

1984 年,美国服装、纺织以及化纤行业的先驱们成立了一个委员会,该委员会的任务是为购买美国生产的纺织品和服装的消费者提供更大的利益。1985 年,该委员会开始做广告,提高了美国消费者对本国生产服装的信誉度。该委员会也拿出一部分经费,研究如何长期保持美国的纺织与服装行业的竞争力。1985—1986 年,Kurt Salmon 协会进行了供应链分析,结果发现,尽管系统的各个部分具有高运作效率,但整个系统的效率却十分低。于是纤维、纺织、服装以及零售业开始寻找那些在供应链上导致高成本的原因。结果发现,供应链的长度是影响其高效运作的主要因素。

整个服装供应链,从原材料到消费者购买,总时间为 66 周:有 11 周时间在制造车间,40 周在仓库或转运,15 周在商店。导致供应链不仅各种费用高,更重要的是,建立在不精确需求预测上的生产和分销,因数量过多或过少造成的损失非常大。整个服装供应链系统的总损失每年可达 25 亿美元,其中 2/3 的损失来自零售商或制造商对服装的降价处理以及在零售时的缺货。进一步调查发现,消费者离开商店而不购买的主要原因是找不到合适尺寸和颜色的商品。

这项研究导致了快速反应战略的应用和发展。快速反应是零售商及供应商密切合作的战略,零售商和供应商能通过共享 POS 系统信息、联合预测未来需求、发现新产品营销机会等对消费者的需求做出快速的反应。从业务操作的角度来讲,贸易伙伴需要用 EDI 来加快信息的流动,并共同重组他们的业务活动,以将订货前导时间和成本极小化。在补货中应用 QR 可以将交货前导时间降低 75%。

2. QR 的含义

QR 是美国零售商、服装制造商以及纺织品供应商开发的整体业务概念,是指在供应链中,为了实现共同的目标,至少在两个环节之间进行的紧密合作,通过共享信息资源,来建立一个快速供应体系来实现销售额增长,以达到顾客服务的最大化及库存量、商品缺货、商品风险和减价最小化的目的。一般来说,共同的目标包括:提高顾客服务水平,即在正确的时间、正确的地点用正确的商品来响应消费者的需求;降低供应链的总成本,增加零售商和厂商的销售额,从而提高零售商和厂商的获利能力。

这种新的贸易方式意味着双方都要告别过去的敌对关系,建立起贸易伙伴关系来提高向最终消费者的供货能力,同时降低整个供应链的库存量和总成本。

QR 的着重点是对消费者需求做出快速反应。QR 的具体战略有商品即时出售、自动物料搬运等。实施 QR 可分为三个阶段:

(1)对所有的商品单元条码化,即对商品消费单元用 EAN/UPC 条码标识,对商品储运单元用 ITF-14 条码标识,而对贸易单元则用 UCC/EAN-128 条码标识。利用 EDI 传输订购单报文和发票报文。

(2)在第一阶段的基础上,增加与内部业务处理有关的战略。如自动补库与商品即时出售等,并采用 EDI 传输更多的报文,如发货通知报文、收货通知报文等。

(3)与贸易伙伴密切合作,采用更高级的 QR 战略,以对客户的需求做出快速反应。

一般来说,企业内部业务的优化相对来说较为容易,但在贸易伙伴间进行合作时,往往会遇到诸多障碍,在 QR 实施的第三阶段,每个企业必须把自己当成集成供应链系统的一个组成部分,以保证整个供应链的整体效益。

3. QR 成功的条件

QR 成功需具备以下 5 个条件。

1)改变传统的经营方式

改变传统的经营方式和革新企业的经营意识与组织主要表现在以下 5 个方面。

(1)企业必须改变只依靠独自的力量来提高经营效率的传统经营意识,要树立通过与供应链各方建立合作伙伴关系,努力利用各方资源来提高经营效率的现代经营意识。

(2)零售商在垂直型 QR 系统中起主导作用,零售商铺是垂直型 QR 系统的起始点。

(3)通过 POS 数据等销售信息和成本信息的相互公开和交换来提高各个企业的经营效率。

(4)明确垂直型 QR 系统内各个企业之间的分工协作范围和形式,消除重复作业,建立有效的分工协作框架。

(5)通过利用信息技术实现事务作业的无纸化和自动化,改变传统的事务作业方式。

2)成功进行 QR 活动的前提条件是必须开发和应用现代信息处理技术

成功进行QR活动的前提条件是开发和应用现代信息处理技术,这些信息技术有商品条码技术、物流条码技术(SCM)、电子订货系统(EOS)、POS数据读取系统、EDI系统、预先发货清单技术(ASN)、电子支付系统(EFT)、生产厂家管理的库存方式(VMI)和连续补充库存方式(CRP)等。

3)必须与供应链各方建立战略伙伴关系

具体内容包括以下两个方面。

(1)积极寻找和发现战略合作伙伴。

(2)在合作伙伴之间建立分工和协作关系。合作的目标即要削减库存,又要避免缺货现象的发生,降低商品风险,避免大幅降价现象发生,减少作业人员和简化事务性作业等。

4)必须实现信息的充分共享

必须改变传统的对企业商业信息保密的做法,将销售信息、库存信息、生产信息、成本信息等与合作伙伴交流分享,并在此基础上,要求各方在一起发现问题、分析问题和解决问题。

5)供应方必须缩短生产周期,降低商品库存

供应方必须缩短生产周期,降低商品库存,进行多品种少批量生产和多频度小数量配送,降低零售商的库存水平,提高顾客服务水平,在商品实际需要将要发生时采用JIT生产方式组织生产,减少供应商的库存水平。

背景链接

QR供应链战略案例分析

War-Mart公司1983年开始采用POS系统,1985年开始建立EDI系统。1986年与Seminole公司和Milliken公司在服装商品方面开展合作,开始建立垂直型的快速供应(QR)系统。当时合作的领域是订货业务和付款通知业务。通过电子数据交换系统发出订货明细清单和受理付款通知,来提高订货速度和准确性,节约相关事务的作业成本。

War-Mart与行业内的其他商家一起成立VICS委员会(Voluntary Inter-Industry Communications Standards Committee)来协商确定行业统一的EDI标准和商品识别标准。War-Mart公司基于行业统一标准设计出POS数据的输送格式,通过EDI系统向供应方传送POS数据。供应方根据War-Mart传送来的POS信息,可及时了解War-Mart的商品销售状况、把握商品的需求动向,并及时调整生产计划和材料采购计划。供应方利用EDI系统,在发货之前向War-Mart传送预先发货清单(Advanced Shipping Notice,ASN)。这样,War-Mart事前可以做好进货准备工作,同时可以省去货物数据的输入作业,使商品检验作业效率化。War-Mart在接收货物时,用扫描读取机器读取包装箱上的物流条码SCM(Shipping Carton Marking),将扫描读取机器读取的信息与预先储存在计算机内的进货清单ASN进行核对,判断到货和发货清单是否一致,从而简化了检验作业。在此基础上,利用电子支付系统EFT向供应方支付货款。同时只要把ASN数据和POS数据比较,就能迅速知道商品库存的信息。这样做的结果使War-Mart不仅节约了大量事务性作业成本,而且还能压缩库存,提高商品周转率。在此阶段,War-Mart公司开始把QR的应用范围扩大至其他商品和供应商。

QR的成熟阶段,War-Mart把零售店商品的进货和库存管理的职能转移给供应方(生产

厂家),由生产厂家对War-Mart的流通库存进行管理和控制。发货的信息预先以ASN形式传送给War-Mart,以多频度小数量进行连续库存补充,即采用连续补充库存方式(Continuous Replenishment Program,CRP)。由于采用VMI和CRP,供应方不仅能减少本企业的库存,还能减少War-Mart的库存,实现整个供应链的库存水平最小化。另外,对War-Mart来说,省去了商品进货的业务,节约了成本,同时能集中精力进行销售活动。并且,事先能得知供应方的商品促销计划和商品生产计划,能够以较低的价格进货。这些为War-Mart进行价格竞争提供了条件。实施QR后的效果如表2-1所示。

实施 QR 战略后的效果 表2-1

对象商品	构成 QR 的供应链企业	零售业者的 QR 效果
休闲裤	零售商:War-Mart 服装生产厂:Semiloe 面料生产厂:Miliken	销售额:增加31% 商品周转率:提高30%
衬衫	零售商:J. C. Penny 服装生产厂:Oxford 面料生产厂:Burlinton	销售额:增加59% 商品周转率:提高90% 需求预测误差:减少50%

需要指出的是虽然应用QR的初衷是为了对抗进口商品,但是实际上并没有出现这样的结果。相反,随着竞争的全球化和企业经营的全球化,QR管理战略迅速在各国企业扩展。随着零售商和供应商结成战略联盟,竞争方式也从企业与企业间的竞争转变为战略联盟与战略联盟之间的竞争。

二 有效客户响应战略

1. 有效客户响应战略产生的背景

在20世纪60年代和70年代,美国日杂百货业的竞争主要是在生产厂商之间展开。竞争的重心是品牌、商品、经销渠道及大量的广告和促销,在零售商和生产厂家的交易关系中生产厂家占据支配地位。进入20世纪80年代,特别是到了20世纪90年代以后,在零售商和生产厂家的交易关系中,零售商开始占据主导地位,竞争的重心转向流通中心、商家自有品牌、供应链效率和POS系统。

在供应链内部,零售商和生产厂家之间为取得对供应链主导权的控制,同时为商家品牌和厂家品牌占据零售店铺货架空间的份额展开着激烈的竞争,这种竞争使得供应链各个环节间的成本不断转移,导致供应链整体的成本上升,而且容易牺牲力量较弱一方的利益。

在这期间,从零售商角度来看,随着新的零售业如仓储商店、折扣店的大量涌现,使得它们能以相当低的价格销售商品,从而使日杂百货业的竞争更趋激烈。在这种状况下,许多传统超市业者开始寻找对应这种竞争方式的新管理战略。从生产厂家角度来看,由于日杂百货商品的技术含量不高,大量无实质性差别的新商品被投入市场,使生产厂家之间的竞争日趋同化。生产厂家为了获得销售渠道,通常采用直接或间接的降价方式作为向零售商促销的主要手段,这种方式往往会大量牺牲厂家自身的利益。所以,如果生产商能与供应链中的零售商结成更为紧密的联盟,将不仅有利于零售业的发展,同时也符合生产厂家自身的利益。

另外,从消费者的角度来看,过度竞争往往会使企业在竞争时忽视消费者的需求。通常消费者要求的是商品的高质量、新鲜度、服务和合理价格基础上的多种选择。然而,许多企业往往不是通过提高商品质量、服务和在合理价格基础上来满足消费者,而是通过大量的诱导型广告和广泛的促销活动来吸引消费者转换品牌,同时通过提供大量非实质性变化的商品给消费者选择。这样消费者不能得到他们需要的商品和服务,他们得到的往往是高价、眼花缭乱和不甚满意的商品。对应于这种状况,客观上要求企业从消费者的需求出发,提供能满足消费者需求的商品和服务。

在上述背景下,美国食品市场营销协会(US Food Marketing Institute,FMI),联合包括COCA-COLA、P&G、Safe-way Store 在内的 16 家企业与流通咨询企业 Kurt Salmon Associates 公司一起组成研究小组,对食品业的供应链进行调查总结分析,于 1993 年 1 月提出了改进该行业供应链管理的详细报告。在该报告中系统地提出有效客户响应(Efficient Consumer Response,ECR)的概念和体系。经过美国食品市场营销协会的大力宣传,ECR 概念被零售商和制造商所接纳并被广泛地应用于实践。

2. ECR 的含义和特征

1)ECR 的含义

ECR 是一个由生产厂家、批发商和零售商等供应链组成各方相互协调和合作,更好、更快并以更低的成本满足消费者需要为目的的供应链管理系统。

ECR 的优点在于供应链各方为了提高消费者满意这个共同的目标进行合作,分享信息和诀窍。ECR 是一种把以前处于分离状态的供应链联系在一起来满足消费者需要的工具。

2)ECR 的特征

(1)管理意识的创新。传统的产销双方的交易关系是此消彼长的对立型关系。即交易各方以对自己有利的买卖条件进行交易。简单地说,是一种赢-输型(Win-Lose)关系。ECR 要求产销双方的交易关系是一种合作伙伴关系。即交易各方通过相互协调合作,实现以低的成本向消费者提供更高价值服务的目标,在此基础上追求双方的利益。简单地说,是一种双赢型(Win-Win)关系。

(2)供应链整体协调。传统流通活动缺乏效率的主要原因:一是厂家、批发商和零售商之间存在企业间联系的非效率性;二是企业内采购、生产、销售和物流等部门或职能之间存在部门间联系的非效率性。传统的组织是以部门或职能为中心进行经营活动,以各个部门或职能的效益最大化为目标。这样虽然能够提高各个部门或职能的效率,但容易引起部门或职能间的摩擦。同样,传统的业务流程中各个企业以各自企业的效益最大化为目标,这样虽然能够提高各个企业的经营效率,但容易引起企业间的利益摩擦。ECR 要求各部门、各职能以及各企业之间进行跨部门、跨职能和跨企业的管理与协调,使商品流和信息流在企业内和供应链内顺畅地流动。

(3)涉及范围广。既然 ECR 要求对供应链整体进行管理和协调,ECR 所涉及的范围必然包括零售业、批发业和制造业等相关的多个行业。为了最大限度地发挥 ECR 的功能,必须对关联的行业进行分析研究,对组成供应链的各类企业进行管理和协调。

3. ECR 的应用原则

应用 ECR 时必须遵守 5 个基本原则:

(1) 以较少的成本，不断致力于向食品杂货供应链客户提供更优的产品、更高的质量、更好的分类、更好的库存服务以及更多的便利服务。

(2) ECR 必须由相关的商业带头人启动。该商业带头人应以代表共同利益的商业联盟取代旧式的贸易关系，而达到获利的目的。

(3) 必须利用准确、适时的信息以支持有效的市场、生产及后勤决策。这些信息将以 EDI 的方式在贸易伙伴间自由流动，它将影响以计算机信息为基础的系统信息的有效利用。

(4) 产品必须随其不断增值的过程，从生产到包装，直至流动到最终客户的购物篮中，以确保客户能随时获得所需产品。

(5) 必须建立共同的成果评价体系。该体系注重整个系统的有效性（即通过降低成本与库存以及更好的资产利用，实现更优价值），清晰地标识出潜在的回报（即增加的总值和利润），促进对回报的公平分享。

总之，ECR 是供应链上各节点企业推进真诚合作来实现消费者满意和实现各方利益的整体效益最大化的过程。

4. ECR 系统的构建

ECR 作为一个供应链管理系统需要把市场营销、物流管理、信息技术和组织革新技术有机结合起来作为一个整体使用，以实现 ECR 的目标。ECR 系统的结构如图 2-9 所示。构筑 ECR 系统的具体目标，是实现低成本的流通、基础关联设施建设、消除组织间的隔阂、协调合作，满足消费者需要。组成 ECR 系统的技术要素主要有信息技术、物流技术、营销技术和组织革新技术，下面对这些要素进行说明。

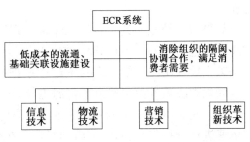

图 2-9 ECR 系统的结构

1）营销技术

在 ECR 系统中采用的营销技术主要是商品类别管理（Cate-gory Management）和店铺货架空间管理（Space Management）。

商品类别管理是以商品类别为管理单位，寻求整个商品类别全体收益最大化。具体来说，企业对经营的所有商品按类别进行分类，确定或评价每个类别商品的功能、收益性、成长性等指标，在此基础上，结合考虑各类商品的库存水平和货架展示等因素，制订商品品种计划，对整个商品类别进行管理，以便在提高消费者服务水平的同时增加企业的销售额和收益水平。例如，企业把某类商品设定为吸引顾客的商品，把另一类商品设定为增加企业收益的商品，努力做到在满足顾客需要的同时兼顾企业的利益。商品类别管理的基础是对商品进行分类。分类的标准、各类商品功能和作用的设定依企业的使命和目标不同而不同。但是原则上，商品不应该以是否方便企业来进行分类，而应以顾客的需要和顾客的购买方法来进行分类。

店铺空间管理是对店铺的空间安排、各类商品的展示比例、商品在货架上的布置等进行最优化管理。在 ECR 系统中，店铺空间管理和商品类别管理同时进行、相互作用。在综合店铺管理中，对于该店铺的所有类别的商品进行货架展示面积的分配，对于每个类别下的不同品种的商品进行货架展示面积分配和展示布置，以便提高单位营业面积的销售额和单位营业面积的收益率。

2) 物流技术

ECR 系统要求及时配送和顺畅流动。实现这一要求的方法有连续库存补充计划、自动订货、预先发货通知、厂家管理库存、交叉配送、店铺直送等。

连续库存补充计划(Continuous Replenishment Program,CRP)利用及时准确的 POS 数据确定销售出去的商品数量,根据零售商或批发商的库存信息和预先规定的库存补充程序确定发货补充数量和发送时间。以小批量多频度方式进行连续配送,补充零售店铺的库存,提高库存周转率,缩短交纳周期和时间。

自动订货(Computer Assisted Ordering,CAO)是基于库存和需要信息利用计算机进行自动订货的系统。

预先发货(Advanced Shipping Notice,ASN)是生产厂家或者批发商在发货时利用电子通信网络提前向零售商传送货物的明细清单。这样零售商事前可以做好货物进货准备工作,同时可以省去货物数据的输入作业,使商品检验作业效率化。

厂家管理库存(VMI)是生产厂家等上游企业对零售商等下游企业的流通库存进行管理和控制。具体地说,生产厂家基于零售商的销售、库存等信息,判断零售商的库存是否需要补充。

如果需要补充的话,自动地向本企业的物流中心发出发货指令,补充零售商的库存。VMI 方法包括 POS、CAO、ASN 和 CRP 等技术。在采用 VMI 的情况下,虽然零售商的商品库存决策主导权由作为供应商的生产厂家把握,但是,在店铺的空间安排、商品货架布置等店铺空间管理决策方面仍然由零售商主导。

交叉配送(Cross Docking)是在零售商的流通中心,把来自各个供应商的货物按发送店铺迅速进行分拣装车,向各个店铺发货。在交叉配送的情况下,流通中心仅是一个具有分拣装运功能的通过型中心,有利于交纳周期的缩短、减少库存、提高库存周转率,从而能节约成本。

店铺直送(Direct Store Delivery,DSD)方式是指商品不经过流通配送中心,直接由生产厂家运送到店铺的运送方式。采用店铺直送方式可以保持商品的新鲜度、减少商品运输破损、缩短交纳周期和时间。

3) 信息技术

ECR 系统应用的信息技术主要有:电子数据交换(Electronic Data Interchange,EDI)和销售时点信息(Point of Sale,POS)。

(1) ECR 系统的 EDI 信息技术。信息技术最大的作用之一是实现事务作业的无纸化或电子化。利用 EDI 在供应链节点企业间传送交换订货发货清单、价格变化信息、付款通知单等文书单据。例如,厂家在发货的同时预先把产品清单发送给零售商,这样零售商在商品到货时,用扫描仪自动读取商品包装上的物流条码,获得进货的实际数据,并自动地与预先到达的商品清单进行比较。因此,使用 EDI 可以提高事务作业效率。另一方面,利用 EDI 在供应链节点企业间传送交换销售时点信息、库存信息、新产品开发信息和市场预测信息等直接与经营有关的信息。例如,生产厂家可利用销售时点信息把握消费者的动向,安排好生产计划;零售商可利用新产品开发信息预先做好销售计划。因此,使用 EDI 可以提高整个企业,乃至整个供应链的效率。

（2）ECR系统的POS信息技术。对零售商来说，通过对在店铺收银台自动读取的POS数据进行整理分析，可以掌握消费者的购买动向，找出畅销商品和滞销商品，做好商品类别管理。可以通过利用POS数据做好库存管理、订货管理等工作。对生产厂家来说，通过EDI利用及时准确的POS数据，可以把握消费者需要，制订生产计划，开发新产品，还可以把POS数据和EOS数据结合起来分析把握零售商的库存水平，进行生产厂家管理库存的库存管理。

现在，许多零售企业把POS数据和顾客卡（Customer Card）、点数卡（Point Card）等结合起来使用。通过顾客卡，可以知道某个顾客每次在什么时间、购买了什么商品、金额多少，到目前为止总共购买了哪些商品、总金额是多少。这样可以分析顾客的购买行为，发现顾客不同层次的需要，做好商品促销等方面的工作。

4）组织革新技术

应用ECR系统不仅需要组成供应链的每个成员紧密协调和合作，还需要每个企业内部各个部门间紧密协调和合作，因此成功地应用ECR需要对企业的组织体系进行革新。

在企业内部的组织革新方面，需要把采购、生产、物流、销售等按职能划分的组织形式改变为以商品流程为基本的职能横断型的组织形式。具体讲，是把企业经营的所有商品按类别划分，对每个商品类别设立一个管理团队，以这些管理团队为核心构成新的组织形式。在这种组织形式中，给每个商品类别管理设定经营目标，如顾客满意度、收益水平、成长率等，同时在采购、品种选择、库存补充、价格设定、促销等方面赋予相应的权限。由于商品类别管理团队规模小，内部容易交流，各职能易于协调。

在组成供应链的企业间需要建立双赢型的合作伙伴关系。具体讲，厂家和零售商都需要在各自企业内部建立以商品类别为管理单位的组织。这样双方相同商品类别的管理就可聚集在一起，讨论从材料采购、生产计划到销售状况、消费者动向的有关该商品类别的全盘管理问题。另外，还需要在企业间进行信息交换和信息分享。当然，这种合作伙伴关系的建立有赖于企业最高决策层的支持。

5. ECR的4个核心过程

ECR概念的提出者认为ECR活动是过程，这个过程主要由贯穿供应链各方的4个核心过程组成，如图2-10所示。ECR的战略主要集中在以下4个领域：有效的店内布局、有效的补货、有效的促销和有效的产品导入。

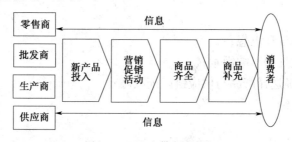

图2-10　ECR和供应链过程

品种管理是ECR的核心，通过向消费者传递价值来提高业绩。利用最新的信息技术并关注消费者的需求，品种管理能够使零售商和制造商针对某一品种优化其产品、定价、促销和渠道管理战略。

1）有效的店内布局

实施这一战略,其目的是通过有效地利用店铺的空间和店内布局,最大限度地提高商品的获利能力。利用计算机化的空间管理系统,零售商可以提高货架的利用率。有效的商品分类要求店铺储存消费者需要的商品,把商品范围限制在高销售率的商品上,从而提高所有商品的销售业绩。

2）有效的补货

该战略是通过努力降低系统的成本,从而降低商品的售价。其目的是将正确的产品在正确的时间和正确的地点以正确的数量和最有效的方式送给消费者。有效补货的构成要素主要包括:POS 机扫描;店铺—商品预测;店铺的电子收货系统;商品的价格和促销数据库;动态的计算机辅助订货系统;集成的采购订单管理;厂商订单履行系统;动态的配送系统;仓库电子收货;直接出货;自动化的会计系统;议付。

3）有效的促销

有效的促销战略其主要内容是简化贸易关系,将经营重点从采购转移到销售。快速周转消费品行业现在把更多的时间和金钱用于对促销活动的影响进行评价。消费者则可以从这些新型的促销活动所带来的低成本中获利。

4）有效的新产品导入

不管哪一个行业,新产品导入都是一项重要的创造价值的业务。它们能够为消费者带来新的兴趣、快乐,为企业创造新的业务机会。

有效的产品导入能让消费者和零售商尽早接触到这种产品。首要的战略就是零售商和厂商应为了双方的共同利益而密切合作。这个业务包括把新产品放在一些店铺内进行试销,然后再按照消费者的类型分析试销的结果。根据这个信息决定怎样处理这种新产品,处理办法包括:淘汰该产品;改进该产品;改进营销技术;采用不同的分销战略,如只在某些地区销售。

任务三　基于产品的供应链设计

教学要点

(1) 理解供应链的设计思想;
(2) 掌握供应链设计的影响因素;
(3) 结合案例,正确选择产品与供应链匹配战略;
(4) 构建企业供应链。

教学方法

采用讲授、案例教学、小组讨论、问题驱动等方法。由案例提供企业经营运作的情景,带领学生发现企业的供应链构建中存在的问题,分析问题成因、对策及相应解决方案。

教学内容

一、供应链设计的基本思想和影响因素

1. 供应链设计的基本思想

在供应链的设计问题上,有必要首先对以下问题作简要说明。

1)供应链的设计与物流系统设计

物流系统是供应链的物流通道,是供应链管理的重要内容。物流系统设计是指原材料和外购件从采购入厂→存储→投料→加工制造→装配→包装→运输→分销→零售等一系列物流过程的设计。物流系统设计也称通道设计(Channel Designing),是供应链系统设计中最主要的工作之一。设计一个结构合理的物流通道对于降低库存、减少成本、缩短提前期、实施JIT生产与供销、提高供应链的整体运作效率都是很重要的。但供应链的设计却不等同于物流系统设计,(集成化)供应链的设计是企业模型的设计,它从更广泛的思维空间、从企业整体角度去勾画企业蓝图,是扩展的企业模型。它既包括物流系统,还包括信息和组织以及价值流和相应的服务体系建设。在供应链的设计(建设)中创新性的管理思维和观念极为重要,要把供应链的整体思维观融入供应链的构思和建设中,企业之间要有并行的设计才能实现并行的运作模式,这是供应链设计中最为重要的思想。

2)供应链的设计与环境因素

从理论上讲,有些供应链可能在设计上比较完美,一个设计精良的供应链在实际运行中并不一定能按照预想的那样,甚至无法达到设想的要求,这是主观设想与实际效果的差距,其原因是在供应链设计过程中忽视了环境因素的影响。因此,构建和设计一个供应链,一方面要考虑供应链的运行环境(地区、政治、文化、经济等因素),供应链网络是产业关系链的体现,政府有关部门的作用是帮助建立供应链网络的硬件环境和软件环境,硬件环境建设主要指支持供应链商流、物流、信息流、资金流的基础设施规划与建设。政府通过直接投资或政策支持相关基础设施的建设和公共物流信息平台建设。软件环境建设是指供应链节点企业提供运作良好的体制环境和规则环境。

因此,供应链的设计应当充分考虑运行中的环境因素,适应环境的不确定性,无论是信息系统的构建还是物流通道设计都应具有较高的柔性,以提高供应链对环境的适应能力。

3)供应链的设计与企业再造工程

从企业的角度来看,供应链的设计是一个企业的改造问题,供应链中所涉及的内容,任何企业或多或少在进行。供应链的设计或重构不是要推翻现有的企业模型,而是要从管理思想革新的角度,以创新的观念武装企业,比如动态联盟、虚拟企业和精细生产,这种基于系统进化的企业再造思想是符合人类演进式的思维逻辑的,尽管BPR教父哈默和钱贝一再强调其彻底的、剧变式的企业重构思想,但实践证明,实施BPR的企业最终还是走向改良道路,所谓无源之水、无本之木的企业再造是不存在的。因此,在实施供应链的设计与重建时,并不在于是否打碎那个瓷娃娃,而是需要新的观念、新的思维和新的手段,这是我们实施供应链管理所要明确的。

4）供应链的设计与先进制造模式的关系

供应链的设计既是从管理新思维的角度去改造企业，也是先进制造模式的客观要求和推动的结果。如果没有全球制造、虚拟制造这些先进的制造模式的出现，集成化供应链的管理思想是很难得以实现的。正是先进制造模式的资源配置沿着劳动密集→设备密集→信息密集→知识密集的方向发展才使得企业的组织模式和管理模式发生相应的变化，从制造技术的技术集成演变为组织和信息等相关资源的集成。供应链管理适应了这种趋势，因此，供应链的设计应把握这种内在的联系，使供应链管理成为适应先进制造模式发展的先进管理思想。

设计和运行一个有效的供应链对每个核心企业都是至关重要，因为它具有可以获得提高用户服务水平、达到成本和服务之间的有效平衡、提高企业竞争力、提高柔性、渗透新的市场、通过降低库存提高工作效率等优势。但是供应链也可能因为设计不当而导致浪费和失败。

2. 供应链设计的影响因素

1）战略因素

公司战略对供应链的网络设计具有指导性作用。基于成本战略的公司，考虑的是尽量降低公司运营成本，考虑的因素是地价和劳动力，在成本最低的区域布局生产设施。基于客户战略的公司，它们一般认为使客户享受最满意的服务、在最短时间内响应客户需求才是公司战略的根本，于是这类公司会把设施选址在最方便到达客户的地方，即便这意味着较高的地租；而基于混合型战略的跨国供应链网络，可能在某些地区以成本战略为指导，而在另外一些地区则采用客户战略。公司战略指导框架如图 2-11 所示。

2）技术因素

不同产品的技术水平对供应链网络设计侧重点不同，会给生产技术带来显著的规模经济效益，建立数量极少但是规模很大的生产厂最有效。例如，高科技精密制造业中的 CPU 芯片制造业，存在巨大的规模效应，因为此类产品创新的成本很高，唯有大规模的生产线才可以取得较低的平均成本；同时由于技术要求高，开设新厂的投资代价非常高，这类产业供应链的生产性设施具有地域高度集中的特征，主要通过原有生产设施的扩张来扩大生产能力。相反，对于技术含量相对较低的产业，建立数量较多的生产厂最有效。例如，可口可乐的汽水灌装厂遍布全球。

若用经济学的"弹性"客观地描述技术因素对供应链的网络设计的影响，则如果产品技术弹性低，即不同市场对产品的技术要求各不相同，那么这类产品的供应链就有必要在各个市场分别开办生产分厂。反之，如果产品技术弹性高，即同一种产品在不同市场都适用，那么这类产品的生产厂会比较集中，如图 2-12 所示。

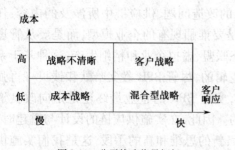

图 2-11　公司战略指导框架

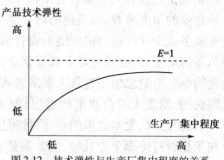

图 2-12　技术弹性与生产厂集中程度的关系

3)宏观环境因素

宏观环境因素包括关税、汇率、国际经济危机、国家宏观调控和政治因素、周边贸易税率等。随着贸易的增长和市场的全球化,这些因素对供应链的网络设计产生很大影响。例如,一个国家关税很高,企业要么放弃这个国家的市场,要么在该国通过规避关税来建厂。

4)基础设施

良好的基础设施是进行区域布局的先决条件,包括高素质的劳动力资源、充足而价格合理的土地和矿产资源、优良的海陆空交通条件以及齐备的城市基础建设,给企业带来较低的成本。全球化大企业都喜欢把其对华事业总部设在北京、天津、上海这样的特大城市,原因关键在于这些地区的基础设施较为完善,尽管这种特大城市的地价较高,劳动力成本不菲。

5)竞争对手因素

企业在设计供应链网络时,必须考虑竞争对手的战略、规模和设施布局。基本决策是企业远离还是临近竞争对手布局。

(1)企业间的积极外部性。积极外部性是指企业临近布局使他们都受益。市场竞争氛围是倡导共赢,则企业会把设施建在竞争对手的旁边,这种情况的一个好例子是思科公司,这家总部位于美国硅谷的公司是世界最大的网络产品供应商,它的竞争特点很大程度上影响了整个网络产品市场的竞争氛围。该公司并不热衷于野蛮吞并周边的中小型竞争企业,相反,它会主动向市场上的新秀企业提供技术和财力支持,壮大起来的新秀企业都乐意与这家公司开展广泛的技术共享,结果是促进了共赢发展。

企业把设施建在尚待开发的新市场中,竞争者的出现使基础设施得到发展。例如在印度,铃木公司是第一家建立汽车生产基地的厂家,由人口带来巨大的潜在市场消费量,作为铃木的竞争对手纷纷在那里建立汽车装配厂。而铃木公司通过扩大在印度的发动机和轿车的产能,采取更多的竞争策略,成为印度市场上最大的汽车生产企业。

(2)瓜分市场布局。在积极外部性不存在时,企业通过集中布局获取更大的市场份额。当企业不能控制价格只是在客户距离的远近上进行竞争时,他们可以通过接近的布局获取最大的市场份额。

假设客户均匀分布在$(0,1)$这个区间上,有两家企业,总需求为1,一家企业布局在点a,另一家企业布局在$1-b$。客户总是光顾最近的一家企业,而与两家企业距离相等的客户则在二者之间平均分配。两家企业的需求分别为d_1和d_2,计算方法如公式(2-1)和公式(2-2)所示:

$$d_1 = \frac{1-b+a}{2} \tag{2-1}$$

$$d_2 = \frac{1+b-a}{2} \tag{2-2}$$

显然,当两家企业更近地布局,最终使得$a = b = \frac{1}{2}$时,两家企业就能获得最大的市场份额。

假设两家企业布局在$(0,1)$的中间,与客户的平均距离是1/4;如果一家企业布局在1/4,而另一家企业布局在3/4,则与客户的平均距离减少到1/8。因此,竞争的结果使两家企业在$(0,1)$区间的中央临近布局,这样做增加了与客户的平均距离。

如果企业在价格上进行竞争,而且承担向客户送货的成本,那么最有效的布局可能是二者尽可能远些,相互远离的布局模式减少了价格竞争,有助于瓜分市场并实现最大化利润。

6) 客户因素

客户需求不同,企业采取供应链构建战略也不同。耐克公司在大陆市场的销售潜力很大,但居民的平均消费水平低,耐克对这个市场采用的开发战略是成本战略,耐克还将自己在亚洲的最大生产基地设在了中国青岛,考虑的是这里有无可限量的经济潜力和充足廉价的劳动力市场。与之形成对比的是韩国、中国台湾、日本市场,这里的居民更加富有,他们在消费上不仅要求满足基本的物质需要,还要求更高层次的精神需要,耐克公司对这一市场采用客户战略,产品高档、售后齐全。

7) 运营成本因素

伴随供应链网络的重新架构,一些设施的角色、选址、分配能力都要发生改变,这样会减去一些非优化成本,同时也造成一部分新支出。设计需要综合考虑各类成本变化,重新设计的目的一般是要使总的运营成本降低。供应链运营成本的两个重要来源是物流成本和设施相关成本。

物流成本主要包括库存成本和运输成本。对于某些产品的供应链,仓储的特点是整批运入、分批运出,例如书籍、香烟等,这类产品仓储设施一般选在目标市场附近,尽管加长了产品运入仓库的距离,从而增加运入成本,但缩短了配送商品到终端客户的距离,降低了商品的运出成本,综合效应是降低成本。还有一些产品是整批运入、整批运出,例如,钢铁、煤炭等,这类产品的仓储设施一般设在原材料产地,邻近生产加工厂,仓库输入成本低,输出成本高,但综合效应也是降低了成本。

设施相关成本分为两类:固定成本和可变成本。建设成本和租赁成本是固定成本,短期内不会随货流量的变化而改变。固定成本具有一次性投入、数额巨大、长期返本的特点。随产品的每个流动周期发生的生产、加工、包装、售后服务的成本的变化而改变,被看成可变成本。可变成本具有反复性投入、数额较小、短期返本的特点。

以客户服务外包为例,美国许多企业鉴于国内薪资水平较高,纷纷在海外英语国家开办客户服务分公司,招用当地员工从事电话咨询工作,从而降低了薪酬成本;但是,经过一段时间的考察,发现许多公司的发展速度放慢了,客户服务状况令人担忧,客户生源大大减少。原因在于海外员工与本国客户之间的巨大文化差异造成了严重的沟通障碍,员工在这方面的素质不是短期可以提高的,而客户对此极为不满。从长远来看,这些公司做的决策是错误的。

二 基于不同产品需求的供应链设计

费舍尔(Fisher)认为,供应链的设计要以产品为中心。由于不同的产品需求特点大相径庭,因而有必要根据不同产品的需求特点设计出不同类型的供应链。供应链的设计首先要明白用户对企业产品的需求是什么?产品寿命周期、需求预测、产品多样性、提前期和服务的市场标准等都是影响供应链设计的重要问题。必须设计出与产品特性一致的供应链,也就是所谓的基于产品需求的供应链设计战略。

1. 产品类型

供应链是由最终顾客的需求驱动的,为了有效地满足顾客需求,有必要对不同产品的需求特点进行分析。产品根据其需求特点可以分为两大类,即功能型产品(Functional Product)和创新型产品(Innovative Product)。功能型产品包括我们从各种零售渠道购买的日常生活用品,功能性产品一般用于满足用户的基本需求,由于基本需求随时间的变化不大,这些产品具有生命周期较长、需求稳定便于预测、产品改型变异程度小等特点,但它们的边际利润较低。为了避免低边际利润,许多企业在式样或技术上革新以寻求消费者的购买,从而获得高的边际利润,因此,创新型产品主要面向具有创新性需求、生命周期较短、需求不稳定难以预测、产品改型变异程度大等特点的产品。

两者在上市速度要求、季末降价幅度、平均缺货率等方面差别也很大,功能型产品生命周期较长的特点使得其对新产品上市速度要求不高,一般不会出现因为过季而降价的现象,创新型产品生命周期较短的特点必然要求其加快新产品的上市速度,而一旦产品过季,必然较大幅度地降价;由于功能型产品的式样、规格、型号、款式等相对简单,因而缺货比率较低,而创新型产品的式样、规格、型号、款式等则较为繁杂,缺货比率较高。相对于功能型产品而言,为消化额外的市场性费用,创新型产品要求高得多的边际贡献率。不同的产品类型对供应链的设计有不同的要求,高边际利润、不稳定需求的创新型产品的供应链的设计战略不同于低边际利润、有稳定需求的功能型产品。正因为这两种产品的不同,才需要有不同类型的供应链去满足不同的管理需要。两种不同类型产品的比较如表2-2所示。

两种不同类型产品在需求上的比较 表2-2

特　征	功能型产品	创新型产品
产品生命周期	>2年	3~12个月
边际贡献率	5%~20%	20%~60%
产品多样性	低(每类有10~20种变形)	高(每类有成千上万种变形)
预测的平均边际利润率	10%	40%~100%
按订单生产的提前期	6~12个月	1~14天
预测的平均缺货率	1%~2%	10%~40%
季末降价率	0	10%~25%
从制造到订购的市场导入期	6~12个月	1~14天

2. 供应链功能

为什么不同的产品类型需要不同的供应链?主要因为供应链起的作用的方式不同。供应链有两个完全不同的功能:物理功能和市场调节功能。供应链的物理功能是将原材料转变成零件、部件直到最终产成品,并将这些产品从供应链的一个环节运送到下一个环节。供应链的市场调节功能对市场需求做出迅速反应,确保合适的产品在合适的地点和时间来满足顾客的需求。市场调节功能最终归结于保证进入市场的各种产品形式的组合与顾客所需产品形式相匹配。供应链的物理功能和市场调节功能产生不同的成本。供应链在实现物理功能和市场调节功能需要不同的成本。实现物理功能的成本包括生产成本、运输成本和存货成本。当一种产品的供应出现供大于求时,会导致产品必须下架或者需要降价出售;产品的供应出现供小于求时,导致销售机会的丧失造成顾客的不满意,进而影响最后的赢利。两种情况就产生了市场调节成本。

按功能可以将供应链划分为有效性供应链和反应性供应链两种战略类型。有效性供应链主要体现供应链的物理功能,以最低的成本将原材料转化成零部件、半成品、产品,追求的是成本的最小化。反应性供应链主要体现供应链的市场调节功能,追求响应速度最大化。有效性供应链和反应性供应链区别如表2-3所示。

有效性供应链和反应性供应链的比较　　　　　　　　　　　　　表2-3

比较项目	有效性供应链	反应性供应链
基本目标	以尽可能低的价格有效地供应	迅速对不可预见的需求做出反应以使因产品脱销、降价销售和存货过时所造成的损失最小化
生产中心	保持高的平均利润率	准备过量的缓冲生产能力
存货战略	在整条链内产生高周转率并使存货最小化	准备有效的零部件和成品的缓冲存货
市场导入期	在不增加成本的条件下,尽可能缩短导入期	以多种方式大量投资以缩短时间
选择供应商的方法	主要考虑成本和质量	主要考虑速度、灵活性和质量
产品设计战略	性能最好而且成本最低	为尽可能长时间地延迟产品差别化,使用模块设计

3. 基于不同产品需求的供应链设计战略

1) 功能型产品

对于功能型产品,如果边际贡献率为10%,平均缺货率为1%,缺货带来的利润损失等于边际贡献率乘以平均缺货率,则利润损失仅相当于销售量的0.1%。这个成本可以忽略不计。因此,为改善市场反应能力而投入巨资是得不偿失的。生产此类型产品的企业,主要目标在于尽量减少成本。企业常需要制订一个合理的最终产品的生产计划,借助相应的管理信息系统协调客户订单、采购和生产,使得供应链上的库存最小化,提高生产效率,缩短提前期,从而增强竞争力。如宝洁公司的许多产品属于功能型产品,公司采取供应商管理库存和天天低价的战略,使库存维持在较低水平,降低了成本,公司和客户都从中受益。对于功能型产品,由于其需要可预见,从而可使供求达到近乎完美的均衡。因而生产这种产品的公司可以集中全部的精力去使物流成本最小化。

2) 创新型产品

对于创新型产品,如果边际贡献率为40%,平均缺货率为25%,缺货带来的利润损失等于边际贡献率乘以平均缺货率,利润损失相当于销售量的10%,该利润损失通常超过公司的税前利润。在这种情况下,降低平均缺货率的经济收益很大。增加供应链敏捷性的投入非常明智。因此,对于此类产品要有高度灵活的供应链,对多变的市场做出快速反应,投资改善供应链的市场反应能力非常必要。例如,有些企业将基本的功能型产品放在低成本的发展中国家生产,而将一些流行的或生命周期较短的产品放在本土生产。日本的主要服装制造商World公司,在低成本的中国工厂生产一些基本样式,而在本国生产时髦样式,使企业对市场上新出现的服装潮流能快速做出反应,虽然这样做增加了劳动力成本,但通过对市场的快速反应而获得的利润足以抵消这种不利影响。对于创新型产品而言,由于其市场具有不确定性,产品的寿命必然不长,从而增加了产品过时的风险以及过度供给的成本。因此,市场调节成本是创新型产品的主要成本。公司要在整个周期内对市场信号做出快速的反应,要求其灵活性要强。

功能型产品和创新型产品在各自的供应链中侧重点不同。我们将产品的需求特性与供应链的功能联系在一起,如图2-13所示。

	功能型产品	创新型产品
有效性供应链	匹配	不匹配
反应性供应链	不匹配	匹配

图2-13 供应链设计与产品匹配战略矩阵图

矩阵的四个部分代表供应链与产品组合的四种可能,根据产品需求特性,可以把需求分为两类:可以预测的功能型产品需求和不可预测的创新型产品需求。根据供应过程的侧重点,供应链分为两类:追求成本最小化的有效性供应链和追求反应速度最快的反应性供应链。企业利用此矩阵可以为他们的每种产品族设计相对应的供应链。首先标绘出每个产品族在矩阵中的实际位置,然后决定产品族在矩阵中应该占据的位置,最后根据这些定位制定适合产品供应链的计划。

(1)功能型产品具有价格敏感的特点,其物理成本可以通过将制成品的装配日期固定在一个月或者将来更长的一个时期内来达到成本最小化。功能型产品由于其需求可以准确地预测,可预测性使得市场调节相对容易,供应与需求匹配良好,企业可以把更多的注意力集中在物理成本上,满足目标顾客的基本需要的同时实现成本最小化。功能型产品需要一个高效的供应过程,应与有效性供应链相匹配,企业实现库存最小化,精简组织机构和最大限度地利用生产能力,能够集中精力降低供应链上的成本。

(2)创新型产品(如时装),生命周期一般只有几个月,需求难以预测,模仿者迅速侵蚀竞争优势,必须不断创新,生命周期的短暂与类型的多样性进一步增加了需求的不可预见性,增加了供应短缺或供应过量的风险,较高的利润率和用来扩大市场份额的前期销售的重要性都提高了供应短缺的成本。短暂的产品生命周期又增加了产品落伍的风险及过量供应的成本。最为重要的是,对前期销售额和其他市场信息的解读,并对此迅速做出反应。库存和生产战略的重点不再是降低成本,而是在于供应链库存管理和备用生产能力以应付突然发生的需求:依据生产速度和生产柔性、产品质量来选择供应商,而非价格因素;采用标准化产品设计;延迟策略等。创新型产品应该在供应渠道上设置战略储备和超额的生产能力,更好地防范需求的不确定性。因此,市场调节成本非常重要,创新型产品需要一个快速反应的过程与供应链相匹配。

例如,戴尔的竞争策略是以合理的价格提供多品种的客户化产品,顾客能从上千种可能的个人电脑配置中做出选择。就供应链战略而言,个人电脑制造商可以有所选择。例如,在效率或响应的一端,公司可以有一个有效是供应链,通过限制种类和利用经济规模,把能力集中在生产低成本的电脑上。在另一端,公司可以有一个高度柔性和快速反应的供应链,专长于生产种类繁多的产品;在这种情况下,其产品成本会比有效性供应链中的成本更高。

3）战略矩阵

战略矩阵的四个元素代表四种可能的产品和供应链的组合,从中可以看出产品和供应链的特性,管理者可以据此判断企业的供应链流程设计是否与产品类型一致,否则就会产生问题。

矩阵右上方的情况很常见,企业用有效性供应链提供创新型产品。由于创新型产品可观的边际利润,尽管竞争日益激烈,越来越多的企业还是不断地生产创新型产品,但其供应链并未发生变化,如一些个人计算机厂商,在提供新产品时由于采用原来的有效性供应链,过于注重成本,追求库存最小化和较低的采购价格,忽视供货速度和灵活性,担心增加成本而不愿缩短提前期,从而造成交货速度太慢,不能及时响应日益变化的市场需求,缺货损失较大,甚至被竞争对手抢先占领了市场,造成无可估量的损失。

如何改进右上方这种状况呢？一种方法是向左平移,将创新型产品变为功能型产品；另一种方法是向下垂直移动,实现从有效性供应链向反应性供应链的转变。而正确的移动方向取决于创新型产品所产生的边际利润是否能足以抵消采用市场反应性供应链所增加的成本。

（1）对于用有效性供应链来提供功能型产品的情况,可采取如下措施：

①削减企业内部成本；

②不断加强企业与供应商、分销商之间的协作,从而有效降低整条链上的成本；

③降低销售价格,这是建立在有效控制成本的基础之上的,但一般不轻易采用,需视市场竞争情况而定。

（2）由于创新型产品具有需求不确定的特征,因此在用市场反应性供应链来提供创新型产品时,应采用如下措施：

①通过不同产品拥有尽可能多的通用件来增强某些模块的可预测性,从而减少需求的不确定性；

②通过缩短提前期与增加供应链的柔性,企业就能按照订单生产,及时响应市场需求,在尽可能短的时间内提供顾客需要的个性化产品；

③当已经尽可能地降低或避免了需求的不确定性后,可以用安全库存或充足的生产能力来规避剩余的不确定性,这样,当市场需求旺盛时,企业就能尽快地提供创新型产品,从而减少缺货损失。

总之,在为企业寻找理想的供应链之前,必须先确定企业产品的类型和企业供应链的类型,并使两者合理匹配,从而实现企业产品和供应链的有效组合。

4. 基于产品生命周期的供应链设计

在实际生活中,大部分的顾客需求并不能简单地用功能型产品或创新型产品来划分。例如,时下国内各汽车厂商纷纷推出的经济实用型小汽车,每款车型都有个性化设计,这种产品既有功能性存在也有创新性开发。这就使得产品的需求特性难以判断,给企业的战略匹配造成障碍。如即使是功能性强的牙膏上市,同样会面临需求不确定的状况,它在导入期的边际利润相对也会比后期高,面对这样低成本的产品,企业应该选择反应性供应链还是有效性供应链,对于企业至关重要。从价值链分析可以看出,企业经营活动中的基本活动包括新产品开发、市场营销以及生产、配送、服务等供应链活动。这些活动均有相应的战略支持,例如新产品开发战略、市场营销战略以及供应链战略,这些战略之间需要相互匹配并且与企业的竞争战略相互匹配,只有这样企业才能够获得成功。产品从进入市场到最后退出市场会经历不同的阶段,一般而言,产品的生命周期可以分为四个阶段,即引入阶段、成长阶段、成熟阶段和衰退阶段。在产品生命周期的不同阶段,战略匹配的内容也具有不同的特点,需要持续对不同战略进行调整,以保证在整个生命周期中不同战略能够相互匹配。

1) 引入阶段

在产品的引入阶段,产品的需求非常不稳定,边际收益比较高,企业需要建立反应性供应链,对不稳定的需求做出快速反应。

产品引入阶段销售增长缓慢,究其原因是由公司和市场两方面的原因造成的。

(1) 从公司方面来看,公司还没有完全掌握新产品的生产技术,没有建立足够的生产能力。

(2) 从市场方面来看,新产品刚一问世,消费者对新产品不了解,不愿意改变他们过去的消费行为和生活习惯,经销商也可能对新产品没有热情,不愿意销售公司新产品。

有时虽然消费者很希望得到新产品,但因为新产品的价格太高,只有少数消费者才能买得起,基于以上两方面的原因,新产品在引入阶段销售增长总是缓慢。另外,公司没有利润甚至亏损。引入期销售收入少,公司需要大量经费对经销商和顾客进行促销活动,且营销费用占销售额比例很高,加之产量低,没有熟练掌握生产过程,生产成本又很高,这些因素都决定了公司在新产品引入期很难赢利。

由于需要及时占领市场,产品的供给能力非常重要,但也可能会面临产品滞销、库存积压的风险,在这一阶段,供应链应该根据风险程度采取一种以反应为主的战略,也就是需要对不稳定的需求做出快速反应,在一定的前提下考虑成本。

2) 成长阶段

在产品的成长阶段,企业需要从反应性供应链逐步转向有效性供应链。

在成长阶段,由于需求趋于稳定,企业的重点需要转向巩固产品的市场地位,采购应该由小批量采购原材料和零部件转变为批量采购;生产战略应该是一种批量生产战略,以实现企业最大限度地占有市场份额的目标;为了避免断货,最大限度地占有市场份额,企业应当维持适当的库存水平,为了降低成本,企业同样需要优化安全库存,在向顾客提供高水平的产品供给的同时,保持一个较低水平的安全库存。

在成长阶段,企业应该采用低成本的运输方式,以降低成本。在成长阶段,产品的销售迅速增长,与此同时,竞争者受大规模生产和赢利吸引,数量增多,并赋予产品新特色,市场进一步细分和扩大。越来越多的中间商经销,渠道不断增加。由于市场前景好,企业虽然仍要维持甚至提高促销力度以对抗竞争,但是需求增长和销量扩大,价格可以保持在原有水平或略有降低,促销费用所占比例开始下降。促销成本由更大销量分摊,经验曲线使单位成本比价格下降得更快,利润增加。企业所面临的一个主要问题是最大限度地占有市场份额。在这一阶段,需求基本稳定,风险降低,企业需要逐步从以反应性为主转变成为赢利性为主,也就是需要开始降低成本,以较低的成本来满足需求。

3) 成熟阶段

在成熟阶段,企业需要建立有效性供应链战略,以低成本满足顾客的需求。

在成熟阶段,产品的销售增长放慢;需求变得更加确定;市场上竞争对手增多并且竞争日益激烈;价格成为左右顾客选择的一个重要因素。企业应采用准时化采购的战略,降低供应链的总成本;企业需要在实现大批量生产的同时不断提高设备的利用率,实现规模生产,降低单件产品的生产成本,实现成本领先;实现最小库存,降低成本,通过持续的库存改进和优化,不断降低库存水平,达到降低成本的目的,尽量利用第三方物流等先进的物流技术和方式,降低供应链成本并为顾客增加价值。因此,在成熟阶段,企业需要建立有效性供应链,也就是在维持可接受服务水平的同时,使成本最小化。

4) 衰退阶段

大多数的产品和品牌销售最终会衰退,并可能退出市场。在衰退阶段,销售额下降,产品利润也会降低。在衰退阶段,企业需要评估形势并对供应链战略进行调整。企业需要对产品进行评估以确定继续经营还是退出市场。如果企业决定继续经营,就需要对供应链进行调整以适应市场变化,企业需要调整或者重构供应链。对供应商、分销商和零售商进行评估并进行调整,终止与那些不能为供应链带来增加价值或者增加价值很少的供应商和零售商的合作,将合作伙伴的数量减少到合适的数量,通过调整或重构供应链,在保证一定服务水平的前提下,不断降低供应链的总成本。

5. 基于新产品推出频率的供应链设计

1) 推动、拉动和推—拉式系统

(1) 推动式供应链。在一个推动式供应链中,生产和分销的决策都是根据长期预测的结果做出的。准确地说,制造商是利用从零售商处获得的订单进行需求预测。

推动式供应链对市场变化做出反应需要较长的时间,可能会导致一系列不良反应:不能满足变化了的需求模式。在需求高峰时期,难以满足顾客需求,导致服务水平下降;当某些产品需求消失时,会使供应链产生大量的过时库存,甚至出现产品过时等现象。

事实上企业从零售商和仓库那里获取订单的变动性要比顾客实际需求的变动大得多,这就是通常所说的牛鞭效应,这种现象使得企业的计划和管理工作变得很困难。例如,制造商不清楚应当如何确定它的生产能力,如果根据最大需求确定,就意味着大多数时间里制造商必须承担高昂的资源闲置成本;如果根据平均需求确定生产能力,在需求高峰时期需要寻找昂贵的补充资源。同样,对运输能力的确定也面临这样的问题:是以最高需求还是以平均需求为准呢?因此,在一个推动式供应链中,经常会发现由于紧急的生产转换引起的运输成本增加、库存水平变高或生产成本上升等情况。

(2) 拉动式供应链。在拉动式供应链中,生产和分销是由需求驱动的,这样生产和分销就能与真正的顾客需求而不是预测需求相协调。在一个真正的拉动式供应链中,企业不需要持有太多库存,只需要对订单做出反应。

拉动式供应链的优点是通过更好地预测零售商订单的到达情况,可以缩短提前期。由于提前期缩短,零售商的库存可以相应减少;由于提前期缩短,系统的变动性减小,尤其是制造商面临的变动性变小了。由于变动性减小,制造商的库存水平将降低。

拉动式供应链虽然具有许多优势,但要获得成功并非易事,需要具备2个相关条件:

①必须有快速的信息传递机制,能够将顾客的需求信息(如销售点数据)及时传递给不同的供应链节点企业;

②能够通过各种途径缩短提前期。如果提前期不太可能随着需求信息缩短时,拉动式系统是很难实现的。

例如,一家主要的服装生产商将供应链调整为拉动式,零售商每月进行一次订货,并将销售点数据每天或每周传递给厂家,这些数据帮助厂家根据客户需求不断调整产品数量。

这样,在一个拉动式供应链中,系统的库存水平有了很大的下降,从而提高了资源利用率。当然拉动式供应链也有缺陷。最突出的表现是由于拉动系统不可能提前较长一段时间做计划,因而生产和运输的规模优势也难以体现。

(3)推—拉式供应链。

在推—拉式供应链中,供应链的某些层次,如最初的几层以推动的形式经营,其余的层次采用拉动式战略。推动式与拉动式的接口处被称为推拉边界。

推—拉边界在供应链时间线的某个地方,在这个点上,企业应当从最初使用的一种战略转化为另一种战略,如推动战略转化为拉动战略,如图2-14所示。

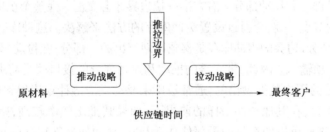

图2-14 推—拉式供应链

推—拉组合战略的一种形式是采取前推后拉的供应链组合战略。虽然一个产品,例如计算机的需求具有较高的不确定性,规模效益也不十分突出,理论上应当采取拉动战略,但实际上计算机厂商并不完全采取拉动战略。以戴尔为例,戴尔计算机的组装,完全是根据最终顾客订单进行的,此时它执行的是典型的拉动战略。但戴尔计算机的零部件是按预测进行生产和分销决策的,此时它执行的却是推动战略。也就是说,供应链的推动部分是在装配之前,而供应链的拉动部分则从装配之后开始,并按实际的顾客需求进行,是前推后拉的混合供应链战略,推—拉边界就是装配的起始点。

推—拉组合战略的另一种形式是采取前拉后推的供应链组合战略。主要对那些需求确定性不高,但生产和运输过程中规模效益十分明显的产品和行业。家具行业是这种情况的最典型例子。事实上,一般家具生产商提供的产品在材料上差不多,但在家具外形、颜色、构造等方面的差异却很大,因此它的需求不确定性相当高。

另外,由于家具产品的体积大,所以运输成本也非常高。此时就有必要对生产、分销战略进行区分。从生产角度看,由于需求不确定性高,企业不可能根据长期的需求预测进行生产计划,所以生产要采用拉动式战略。并且,这类产品体积大,运输成本高,所以,分销战略又必须充分考虑规模经济的特性,通过大规模运输来降低运输成本。事实上许多家具厂商正是采取这种战略,也就是说,家具制造商是在接到顾客订单后才开始生产,当产品生产完成后,将此类产品与其他所有需要运输到本地区的产品一起送到零售商的商店里,进而送到顾客手中。因此,家具厂商的供应链战略是一种前拉后推的组合供应链战略,即在生产阶段采用拉动式战略,按照实际需求进行生产;在运输阶段采用推动式战略,根据固定的时间表进行运输。

2)基于新产品的供应链战略

对一个特定的产品而言,应当采用什么样的供应链战略?企业是应该选择推动式供应链还是拉动供应链,或是推—拉式供应链?前面主要从产品需求变化的角度出发,考虑的是供应链如何处理不同产品需求的运作问题。

在其他条件相同的情况下,需求不确定性越高,就越应当采用根据实际需求管理供应链的模式,即拉动战略;相反,需求不确定性越低,就越应该采用根据长期预测管理供应链的模式,即推动战略。

同样,在其他条件相同的情况下,规模效益对降低成本起着重要的作用,如果组合需求的价值越高,就越应当采用推动战略,根据长期需求预测管理供应链;如果规模经济不那么重要,组合需求也不能降低成本,就应当采用拉动战略。

供应链的推动部分和拉动部分只有在推—拉边界才会交汇。在整个供应链时间线上需要协调这两种战略的节点,一般会通过设置缓冲库存的方法来解决。这种库存在不同部分里的作用不同,在推动部分,边界的缓冲库存是实施计划产出的一部分;在拉动部分,边界的缓冲库存是生产流程的一项输入。因此,供应链的推动和拉动部分的接口就是需求预测点。这个预测是根据拉动部分的历史数据做出的,通常被用来驱动供应链计划流程和确定缓冲库存。

对于新产品而言,在其他条件一样的前提下,如果其推出频率较高,则需要采用模块化生产的结构,因为这样可以使产品的子部件独立开发,从而使最终特征的选择和产品差异化延后,有时可以推迟到需求实现的时候。相反,当新产品的推出频率较低,加速新产品开发、迟延产品差异化和产品模块化就不那么重要了,如图 2-15 所示。

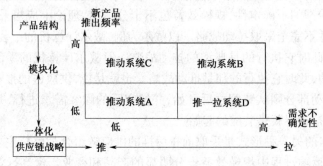

图 2-15 基于新产品推出频率的供应链战略

在图 2-15 中,我们根据新产品推出频率和需求不确定性这两个指标将图分为 A、B、C、D 4 个部分。

(1)A 部分代表具有可预测性需求和新产品推出速度较低的产品,典型的产品如面食、肥皂等。在这种情况下,应该采用推动战略,注重供应链的效率和高库存周转。

(2)B 部分代表需求难以预测和技术更新速度很快的产品。如个人电脑、手机等高科技产品以及时装。在这种情况下,应该采用拉动战略,注重响应和生产工艺模块化,此类产品需要供应链侧重于响应而不是成本,通过提高生产能力和缩短提前期来实现这一目标。常常采用动态定价策略,即价格随时间变动而不因消费者类型进行区分的策略。例如,时装零售商往往在销售旺季即将结束时通过大减价来减少库存积压。这种降价在一定时间内对所有的消费者是一视同仁的,以便更好地使供应和需求相匹配。

(3) C 部分代表具有可预测性需求和新产品推出速度较快的产品,很少有产品具有这个特征,典型的产品如手机引擎。许多手机生产商在他们所有的电话中使用同一种引擎,因此,对引擎的需求就是手机需求的总和,手机引擎没有模块化生产工艺,但它是模块化产品的一部分,在这种情况下,应该采用推动战略,强调供应链的效率和降低成本。

(4) D 部分代表具有需求的不确定性较高和新产品推出速度较低的产品,这些产品需要将推动战略和拉动战略相结合,典型的产品如高端家具、化工类产品等。在这种情况下,应该采用推—拉式战略,注重缩短提前期。

下面分析电视机的供应链战略,尽管电视机生产厂家频繁更换模具,但这个行业并没有非常频繁的技术更新。因此,新产品推出频率虽然较高,但没有达到个人电脑的那种程度,客户需求相对稳定。电视机应当定位在图 2-15 中的 B 和 D 部分的分界线上。在这个行业中,根据制造商和市场份额的大小,采取模块化产品结构设计和缩短提前期策略。精明的制造商将零部件在不发达国家生产,并根据顾客需求在销售地组装成品。这种推—拉式战略需要模块化生产,可以降低生产成本。产品从制造商到商店的准备期缩短,大大降低库存,由此供应链在面对产品每个月降价时则不会显得那么脆弱。

在实际的供应链管理过程中,不仅要考虑来自需求端的不确定性问题,还要考虑来自企业自身生产和分销规模经济的重要性。

综上所述,企业在设计供应链时不仅要考虑产品特点、市场需求,而且要考虑企业自身生产和分销规模经济的重要性,只有综合考虑,才能选择适合企业的供应链战略。

6. 基于产品的供应链设计的步骤

对于企业来说,首先需要选择和构建与产品特性相适应的新型供应链,随着市场形态及国际经济环境的变化,供应链也会进行一定的适应性调整,即供应链的改建,如图 2-16 所示。产品的供应链设计分为以下 8 个步骤:

(1) 分析市场竞争环境。目的在于找到针对哪些产品市场开发供应链才是有效的,因此在选择构建供应链之前,必须要做的是对产品进行特性分析。对产品进行特性分析主要是为了了解产品的市场需求及区域分布的潜在状况,为产品的销售商、分销商、零售商的定位和选择提供依据。这一步骤的输出是每个产品按重要性排列的市场特征。同时对于市场的不确定性要有分析和评价。

(2) 总结、分析企业现状。主要分析企业供需管理的现状(如果企业已经有供应链管理,则分析供应链的现状),这一个步骤的目的不在于评价供应链的设计战略的重要性和合适性,而是着重于研究供应链开发的方向,分析、找到、总结企业存在的问题及影响供应链设计的阻力因素等。

(3) 针对存在的问题提出供应链设计项目,分析其必要性。

(4) 根据基于产品的供应链的设计战略提出供应链设计的目标。主要目标在于获得较

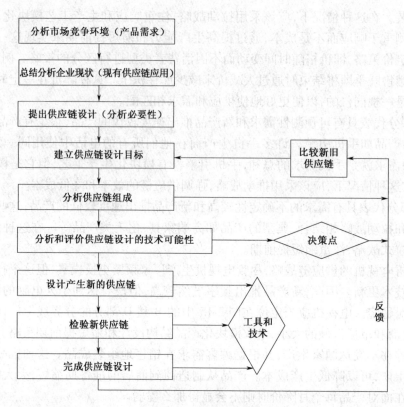

图2-16 供应链设计的步骤

高的用户服务水平和低库存投资、低单位成本两个目标之间的平衡;同时,还应包括以下目标:进入新市场;开发新产品;开发新分销渠道;改善售后服务水平;提高用户满意程度;降低成本;通过降低库存提高工作效率等。

(5)分析供应链的组成,提出组成供应链的基本框架。

对于供应链管理中供应链的选择构建,第五步是关键步骤。供应链中的成员组成分析主要包括制造工厂、设备、工艺,供应商、制造商、分销商、零售商及用户的选择及其定位,以及确定选择与评价的标准。供应商和销售商在产品市场上的表现是复杂的,他们都存在着优势和劣势方面。没有一个供应商在同类产品的供应商界占绝对优势,同样也没有一个销售商占绝对优势。因此,选择满意的各类供应商和销售商就显得相当必要了。为了得到满意的各类供应商集和销售商集,首先必须根据前面的分析,描述满足要求的基本条件、影响因子和决策变量。

(6)分析和评价供应链设计的技术可能性。这不仅仅是某种战略或改善技术的推荐清单,而且也是开发和实现供应链管理的第一步,它在可行性分析的基础上,结合本企业的实际情况,为开发供应链提出技术选择建议和支持。这也是一个决策的过程,如果认为方案可行,就可进行下面的设计;如果不可行,就要重新进行设计。

(7)设计供应链,主要解决以下问题:供应链的成员组成(供应商、设备、工厂、分销中心的选择与定位、计划与控制);原材料的来源问题(包括供应商、流量、价格、运输等问题);生产设计(需求预测、生产什么产品、生产能力、供应给哪些分销中心、价格、生产计划、生产作业计划和跟踪控制、库存管理等问题);分销任务与能力设计(产品服务于哪些市场、运输、价格等问题);信息管理系统设计;物流管理系统设计等。

在供应链设计中,要广泛地应用许多工具和技术,包括归纳法、集体解决问题、流程图、模拟和设计软件等。

(8)检验新供应链。供应链设计完成以后,应通过一定的方法、技术进行测试检验或试运行,如不行,返回第四步重新进行设计;如果没有什么问题,就可实施供应链管理了。

供应链的总体表现并不是各组成部分的简单相加。因此,当各组成部分都是最好时,由其构成的供应链不一定是最优。为了能在这些可选择的供应链中选出最优的供应链,可以利用多种方法,例如层次分析法、模拟分析法等。当供应链选择完毕后就进入具体的构建和实施阶段,供应链的实施首先要按照最优的供应链形式进行构建,同时要求供应链内的一致性和协调性,可以以合同的方式加以约束,使之得到最佳效果。

由于供应链的选择是建立在理论方法基础上,而供应链系统所面临的环境是相当复杂的,并受多种影响因素共同作用,为了了解选择条件的正确性和合理性,必须对供应链的运行结果进行综合评价。如果运行效果好,则选择的供应链是正确的和合理的。反之,则要对结果作深入分析,从中发现问题的实质并对选择条件加以修改,进行选择和重建。

三 供应商参与新产品研发

1. 供应商早期参与新产品研发的含义

供应链中有一个关键性的问题就是为新产品的零部件选择合适的供应商。传统情况下,是在企业产品设计完成并且制造工程师已经确定最后设计的情况下进行的。密歇根州立大学全球采购和供应链标杆小组所做的研究表明,让供应商参与产品设计将会获得很大收益,包括采购物料成本减少,采购物料质量上升,开发的时间和成本减少,生产成本下降,以及最终产品的技术水平上升。

从降低研发成本的角度来看,研发的成本与供应商的参与度成反比,即供应商的参与程度越低,研发总成本相应就越高;反之,供应商的参与程度越高,研发总成本相应就越低。如图 2-17 所示。

从采购自由度的角度来看,从新产品的概念开始到设计、准备生产、生产阶段,研发总成本与采购自由度成反比。如图 2-18 所示。

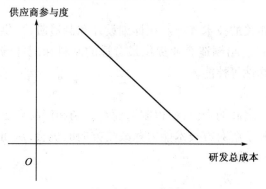

图 2-17 供应商参与度与研发总成本

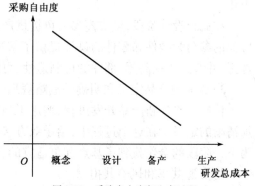

图 2-18 采购自由度与生产过程

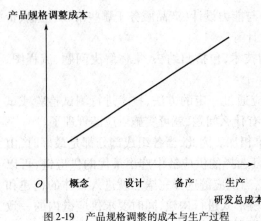

图 2-19 产品规格调整的成本与生产过程

从产品规格调整成本的角度来看,从新产品的概念开始到设计、准备生产、生产阶段,研发总成本与产品规格调整成本成正比。如图 2-19 所示。

"供应商早期参与研发"始于 20 世纪 40 年代的日本汽车制造业。1949 年,日本的电装(Nipondenso)公司成为丰田最重要的电子元件供应商,丰田工程师直接加入 Nipondenso 公司,开启了供应商早期参与研发的先河。20 世纪 80 年代,日本汽车制造业开始在美国设厂生产,施乐集团开始导入"供应商早期参与研发",成为汽车行业外第一家系统开展此项工作的企业。20 世纪 80 年代末,克莱斯勒成为美国汽车厂首次开展"供应商早期参与研发"的企业,20 世纪 90 年代便在欧美等地的各行各业中蓬勃发展起来并逐渐成熟。

供应商早期参与就是在新产品开发阶段,制造商邀请供应商一起合作,共同参与新产品的研发和设计。供应商参与新产品研发中的"早期"没有系统界定,供应商的参与可以是给制造商提供细微的设计方案,或是负责特定部件或子系统的开发、设计和制造。

2. 供应商参与新产品研发的作用

1) 核心竞争力的提升和开发费用的降低

对制造商来说,通过供应商核心能力和专业化技术资源的应用,在较短的时间里用较小的努力就开发出更具创新特色和竞争力的产品,降低了产品开发的成本,而且在整个开发过程中对供应商的技术战略方向造成了影响和改变,为将来的继续合作打下基础。对供应商来说,不仅仅是自己的核心能力和技术得到了提高,而且由于与客户之间的密切合作关系,降低了库存成本和在行政、销售等一般管理上的日常开支以及供应商和客户之间的交易成本。

2) 有利于新产品开发过程的改善和产品性能的提高

供应商的参与能够把自身所拥有的专业化的产品技术和过程技术注入新产品的开发过程,从而改善新产品的设计和开发过程,并且保证这种积极效果的最大化,消极效果的最小化。

在概念设计阶段,供应商参与可提供产品相关的技术咨询。在详细设计和制造阶段,供应商的参与为构件和零件的设计提供了解决方法,给制造企业提供最合适的原料和配件的选择,并有助于提高零、部件的可制造性、可维修性等性能。

3) 清晰的产品定义和明确的战略规划

供应商参加新产品开发过程,增进了与客户之间的交流,使得制造商对市场和产品有更加清晰的定义。在这个过程中,给予双方接近和了解对方技术能力和战略方向的机会,从而为下一阶段的合作找到了基点和更适宜的合作办法。

4) 资源共享和风险共担

供应商的参与使双方可以进行资金、人才和物资方面的资助,这不仅使合作双方能够共担开发成本和压力以及开发风险,而且可以共享知识和经验,能够共同解决在开发中存在和出现的问题。

5)"隐含价值"的获取

随着整个项目过程的开发和进行,协作问题的出现和共同解决,让供应商和制造商都学到了方法和知识。例如,双方都很清楚协同开发成功的关键是什么,而且合作也让双方在信息和技术方面有更多的交流。这些项目管理和技术合作的经验和知识为企业以后的合作项目成功奠定了基础。

> 背景链接

如何让供应商参与早期产品开发

在产品开发初期,选择具有伙伴关系的供应商,并让其成为新产品早期开发团队的重要组成部分。通过这种供应商参与早期产品开发的方式,新产品开发团队能对供应商提供的元器件和IC提出性能、规格等具体要求,借助供应商的专业知识达到降低成本、提高产品质量、优化产品性能和缩短上市周期等目的,并为后续产品的生产和销售提供保障,实现产品利润最大化。例如TCL电视公司在产品开发初期,就由采购部门引导供应商参与新产品的早期开发,电视机芯方案的供应商会专门派遣技术小组参与新电视产品的开发与设计,配合设计部门完成早期开发工作。

目前,电视制造行业面临两大难题,一个是LCD屏的供货资源十分不确定,而且LCD屏的尺寸标准不统一,为了满足不同的市场需要,电视制造企业需要同时开发设计多套方案,为设计部门和采购部门带来了难处;另外一个难题是电视行业技术(如机芯技术等)变化更新快,如果电视制造企业的产品开发进度控制不当,很容易导致采购失误。为了解决这些难题,TCL加强了与供应商的协同和沟通,并结合企业自身的产品发展策略,采购部门、研发部门与供应商制订了可行的设计方案和采购计划。在执行可采购性设计策略的过程中,TCL设计部门、采购部门以及供应商都遵守"共同参与、定期协调、责任捆绑"的原则,保证了早期产品开发的进度和质量。

TCL电视公司与战略合作供应商建立了更紧密的联系,获得了更多的上游资源。与TCL这样的大型电子制造企业相比,由于实力的原因,中小型电子制造企业在实施时面临更多难处。深圳凯新达有限公司在开发数码相框时采用Amlogic的主芯片方案,但该方案是一种通用方案,包含了图片浏览、电子图书、电影播放等通用功能。凯新达为了追求产品个性化,在产品早期开发阶段便要求Amlogic参与产品设计,提供技术支持服务,重新编写软件更改产品用户界面。但考虑到凯新达是一家中小型电子制造企业,采购IC的数量有限,Amlogic及其代理商深圳芯源科技并没有专门为该公司投入太多资源帮助其进行产品开发,致使凯新达在前期产品开发阶段花费了大量时间和精力,错过了最佳市场机会,加之LCD屏奇缺,最后其数码相框产品计划被迫流产。因此对于中小型电子制造企业来说,不是所有的元器件和IC供应商都愿意参与中小型电子制造企业的早期产品开发。

四 大规模定制

1. 大规模定制的含义

大规模定制是在大规模定制生产方式下,为了满足顾客的个性化需求,原材料、在制品、制成品和与其关联的信息从接收地到消费地按订单要求流动以实现企业价值和顾客价值相统一的过程。整个流程都围绕顾客订单,根据其流程的不同阶段可将其划分为采购物流、库存、生产物流、销售物流四部分。个性化原材料的送达过程形成大规模定制采购物流;物料的投入及定制产品的产出过程形成大规模定制生产物流;大规模定制物流过程中还可能存在必要的停顿,这就会形成一定量的库存;大规模定制销售物流最终将定制产品送达顾客。大规模定制物流以满足顾客的个性化订单为目标,主体成分如原材料、在制品、制成品等都具有定制因素,因此其构成复杂,流动路径和大规模生产方式下的物流有所不同,具有路径分化的特点。所谓路径分化指的是大规模定制采购、生产、销售等物流过程提供的物料均是为了满足顾客的个性化订单,而顾客的个性化订单需求的数量和产生的时间很难预测,需要多企业协作完成,因此其物料流动过程不统一。大规模定制物流面向顾客订单、构成情况复杂等特点决定了它要求质量的零缺陷、快速反应和成本的最优化。

2. 大规模定制物流成本要求

大规模定制物流成本管理的着眼点不仅要考虑物流过程本身的效率,而且还应综合考虑提高服务、削减商品在库以及与其他企业相比取得竞争优势等各种因素,要从大规模定制流通的整个过程来考虑物流成本的效率化。大规模定制物流成本的管理必须与企业的竞争战略相联系,使物流活动满足企业竞争战略的要求,通过对企业价值链的分析,在保证企业市场策略的基础上,将不产生价值的物流环节尽量缩减,从而为个性化顾客创造真正的价值。

(1) 最低的总物流成本的要求。实现以大规模物流的成本提供定制化物流的目标,其关键在于从整个物流流程总成本的角度来权衡与产品流动有关的所有过程和决策,以便通过合理的运作系统对可能的高成本环节进行科学管理。这就要求物流成本功能系统应能做到信息的快速传递,以准确和快速地提供符合要求的相关数据,实现多企业协作以使全程成本最优。

(2) 立足于事前成本控制的要求。在产品流动过程中,正确决策是成功的关键,这点特别适用于流程设计。在物流流程设计阶段,物流总成本的80%左右已被决定,难以在后续的过程中改变,物流流程设计阶段成为物流成本控制先决性过程。大规模定制物流致力于满足顾客的个性化需求,因此其流程设计过程无论在工作量还是在复杂程度上都有较大的提高。将物流流程设计阶段作为控制物流全过程成本的重点环节,通过成本价值管理工作,一方面控制成本水平,另一方面提高物流服务水平。它要求系统能够支持成本价值的度量,而且关系最终结果。

(3) 基于信息技术的成本管理要求。大规模定制物流系统的作业流程是一个可以在全球范围内紧密相连的集成活动,它涉及不同区域的顾客和不同时间的流程。它们之间的联系工具离不开信息技术和网络技术。因此,大规模定制方式下的物流成本管理系统应具有集成不同顾客与流程阶段降低成本的支持能力。

3.大规模定制物流时间要求

大规模定制物流在基于时间的竞争环境下提供物流服务,其最终目标是要快速满足顾客需求,它通过快速获得与分析顾客需求的能力、快速流程设计的能力、快速装配与适应的能力和快速交付的能力来实现。

(1)快速获得与分析顾客需求的能力。获取顾客需求信息是提高物流响应能力以使大规模定制系统得以顺利实施的前提,顾客需求信息不仅包括明确的顾客定制需求信息,而且包括潜在的顾客需求信息。大规模定制企业对顾客需求的响应速度在很大程度上取决于对顾客需求信息获得的能力和企业信息管理的能力。前者可由信息获得的及时性、准确性和处理的快速性来体现;后者可由信息管理的先进性、网络连接的广泛性和信息利用率来体现。

(2)快速流程设计的能力。快速获取顾客需求的下一步就是对特定顾客进行的流程设计。快速物流流程设计的能力是实施大规模定制物流的前提,它直接影响物流流程的复杂程度和工作量。快速设计能力包括:流程设计的速度和关联性。前者可由新的流程设计周期水平来表示;后者可由大规模定制产品对已有流程模块的利用程度来表示,包括:大规模定制物流通用化程度、流程模块的标准化程度等。

(3)快速装配与适应的能力。快速加工、装配的能力可由生产过程要素的继承性、过程的速度和过程的柔性三方面的特性表示。生产过程要素的继承性是指其可重构性和可重用性。可重构性是指制造过程要素的可重组性,包括产品模块的集成度、设备置换兼容性和辅助工具的可置换性。可重用性是指制造过程要素的再利用性,包括零部件的再利用程度、辅助装置的再利用程度。生产过程的速度可由生产准备时间、加工、装配时间表示。过程的柔性表示生产过程要素对任务改变的适应能力,可用工装的通用化程度、工装的可扩充性等表示。

(4)快速交付的能力。大规模定制物流的最终目的就是快速交付定制化的产品,快速交付的能力指大规模定制系统将产品快速送达顾客的能力。它由运输时间、等待时间和交付时间等表示。运输时间与企业到消费者的距离、运输工具、运输承担者和运输管理方式有关,等待时间与存储时间、配送接口管理和采用的配送方式有关,交付时间与产品的售前服务复杂程度和交付验收等手续的复杂程度有关。

技能训练一 企业供应链调查

1.技能训练的目的

通过本次实训,使学生学会运用所学的理论知识和技能,以小组为单位进行实地调查,获取资料,学会如何检索和分析处理数据资料,提高学生在实际工作中发现问题、分析问题和解决问题的能力,培养学生的团队合作精神以及交往沟通能力。

2.技能训练的内容

根据提供的某企业供应链调查问卷样式,结合供应链构建的相关知识,设计某企业供应链的调查问卷,撰写调研报告。企业供应链调查能力训练如表2-4所示。

企业供应链调查能力训练表　　　　　　　　表2-4

序　号	调查项目	选　项	小　计
1	贵企业的员工数量	300人以下	
		300~2000人	
		2000人以上	
2	贵企业所生产(经营)的产品种类	工业制品	
		生活消费品	
3	在整个供应链中,贵企业所扮演的角色	间接供应商(原材料供应,如原煤、原油等的供应)	
		直接供应商(如汽车零部件)	
		核心企业	
		直接客户(如厂家直销商、批发商)	
		间接客户(如零售商店)	
4	从供应商到最终客户的整个供应链框架设计中,贵企业的主要设计目的	确保原材料和零部件安全供给(例如保证原材料的质量和数量)	
		整合供应商与客户,使整个供应、生产和销售过程融为一体	
		降低成本	
		提高生产与配送效率	
		提高市场竞争力,使其有效地服务于市场	
5	在制定订货至交货的时间时,以下哪项是贵企业集中考虑的	优先考虑成本,尽可能地缩短订货至交货时间	
		优先考虑订货至交货时间,再考虑成本	
6	在供应链的结构设计中,以下哪些项是贵企业所考虑的	战略因素(如公司的未来发展规划,核心业务定位)	
		技术因素(如高技术人才的可获得性)	
		经济因素(如关税、税收补贴政策、汇率等)	
		政治因素(如政策的稳定性)	
		公共基础设施(如交通道路)	
		物流运输成本与工厂建设成本	
		客户响应时间	

续上表

序　号	调查项目	选　项	小　计
7	贵企业没有进行供应链设计的主要原因	集中于核心业务	
		暂时没有意识到供应链设计所带来的好处	
		业务范围有限,不值得进行供应链的整体设计	

3. 技能训练的步骤

(1) 选择目标企业,做好调查收集某企业的详细资料的准备工作;
(2) 各小组根据要求,列出调查项目表;
(3) 拟定调查表中要求包含的各项目的具体内容及相关说明;
(4) 各小组根据有关项目内容进行实地调查;
(5) 教师为学生活动提供可分析的参考资料并提出具体要求;
(6) 在各小组调查的基础上总结归纳。

4. 技能训练的报告要求

(1) 技能训练的名称、学生姓名、班号和日期;
(2) 技能训练的目的和要求;
(3) 技能训练的原理;
(4) 技能训练的步骤;
(5) 技能训练的原始记录;
(6) 技能训练的结果分析,并写出调研报告。

技能训练二　供应链结构设计实训

背景链接

沃尔玛供应链案例分析

沃尔玛百货有限公司由美国零售业的传奇人物山姆·沃尔顿先生于1962年在美国阿肯色州成立。经过40余年的发展,沃尔玛百货有限公司已经成为美国最大的私人雇主和世界上最大的连锁零售商。目前,沃尔玛在全球10个国家开设了超过5000家的商场,员工总数160多万人,分布在美国、墨西哥、波多黎各、加拿大、阿根廷、巴西、中国、韩国、德国和英国10个国家。每周光临沃尔玛的顾客近一亿四千万人次。在短短几十年间,它从乡村走向城市,从北美走向全球,由一家小型折扣商店发展成为世界上最大的零售企业。1979年沃尔玛的年收入第一次超过10亿美元,2004年沃尔玛全球的销售额达到2852亿美元。沃尔玛能在如此短的时间内不断壮大,超越对手,坐上世界零售企业的头把交椅,其强大的供应链管理在发展过程中起到了举足轻重的作用。

有效的商品配送是保证沃尔玛达到最大销售量和最低成本的存货周转及费用的核心。沃尔玛的第一家配送中心于1970年建立,占地6000m^2,负责供货给4个州的32家商场,集中处理公司所销商品的40%。20世纪90年代初达到20个，总面积约160万m^2。整个公司销售8万种商品，年销售额1300多亿美元，其85%的商品由这些配送中心供应。

供应商参与了企业价值链的形成过程，对企业的经营效益有着举足轻重的影响。供应链管理的关键在于供应链上下游企业的无缝连接与合作。沃尔玛与供应商建立合作伙伴关系经历了一个较长的艰难的过程。在众多的供应商眼里，沃尔玛一直是以强硬的令人生畏的形象出现。早在20世纪80年代初，沃尔玛采取了一项政策，要求从交易中排除制造商的销售代理，直接向制造商订货，同时将采购价降低2%~6%，正好相当于销售代理的佣金数，如果制造商不同意，沃尔玛就终止与其合作。一些供应商怕引起连锁反应不同意减价，并为此在新闻界展开了一场谴责沃尔玛的运动。直到20世纪80年代末，技术进步提供了更多可督促制造商降低成本，削减价格的手段，沃尔玛开始全面改善与供应商的关系，主要是通过计算机联网和电子数据交换系统，与供应商共享信息，从而建立伙伴关系。其中最典型的例子就是沃尔玛与宝洁的伙伴关系建立。双方最重要的成果就是建立电脑互联网共享信息，即宝洁公司可以通过电脑监视其产品在沃尔玛各分店的销售及存货情况，然后据此调整它们的生产和销售计划，从而大幅提高了经营效率。10多年过去了，沃尔玛和宝洁建立的长久的伙伴关系已成为零售商和制造商关系的典范。这一关系基于双方成熟的依赖度：沃尔玛需要宝洁的品牌，而宝洁需要沃尔玛建立的顾客通道。沃尔玛与供应商努力建立伙伴关系的另一做法是为关键供应商在店内安排适当的空间，有时还让这些供应商自行设计布置自己商品的展示区，旨在店内造成一种更吸引、更专业化的购物环境。

沃尔玛经过长期的实践和完善，于20世纪90年代就已建立起从供应商到配送中心到销售门店的较为完备的供应体系。其运作流程是：供应商将商品送到配送中心后，经过核对采购计划、进行商品检验等程序，分别送到货架的不同位置存放。提出要货计划后，电脑系统将所需商品的存放位置查出，并打印有商店代号的标签。整包装的商品直接由货架送往传送带，零散的商品由工作台人员取出后送到传送带上。一般情况下，商店要货的当天就可以将商品送出。传统基于货物的物流系统一般缺乏需求的"预见性"，即供应链中某些部分的管理者不知道上游或下游的需求量、供应量或当前存货量等方面的情况。由此，链中的每个环节被迫预测需求并建立缓冲库存来试图控制体系内的不确定性，而这样做是以损耗整个供应链效益为代价的。解决这个问题的最有效的方法是尽可能接近实时地得到需求提示，使上游供应商更有可能对需求做出反应。

沃尔玛的物流是由顾客购买引起，由顾客决定买什么，买多少，以及何时购买。然后，零售商根据商品的销售情况，制订订货计划和进行订货；而生产商则根据订单来安排生产。这样就使供应链各环节的活动建立在科学、合理的基础上，各成员通过减少存货、更好的能力使用、更少的缺货形成整个供应链的竞争力。这也是和当今商品流通领域中顾客需求个性化、多样化及定制化的潮流相一致的。

信息共享是实现供应链管理的基础。在沃尔玛除了配送中心外，投资最多的便是电子信息通信系统。沃尔玛是第一个发射和使用自有通信卫星的零售公司。截至20世纪90年代初，沃尔玛在电脑和卫星通信系统上就已经投资了7亿美元。20世纪80年代末，沃尔玛开始利用电子数据交换系统(EDI)与供应商建立自动订货系统。该系统又称为无纸贸易系统，通过计算机联网，向供应商提供商业文件，发出采购指令，获取收据和装运清单等，同时也使供应商及时精确地把握其产品销售情况。1990年沃尔玛已与1800家供应商实现了电子数据交换,成为EDI技术的全美国最大用户。沃尔玛还利用更先进的快速反应系统代替采购指令,真正实现了自动订货,此系统利用条码扫描和卫星通信,与供应商每日交换商品销售、运输和订货信息。正是依靠先进的电子通信手段,沃尔玛才做到了商店的销售与配送中心保持同步,配送中心与供应商保持同步。

经过长期的实践和改进,沃尔玛与大多数供应商建立了联盟关系,即通过签订长期性的采购合同,直接从供应商那里进货,省去了各级批发代理环节。这样就大大地降低了流通费用和相应的成本。同时,它还通过要求生产商为其生产自有品牌商品,使各店铺内具有更多的廉价商品供应,让顾客获得实惠。另外,沃尔玛通过已建立的联盟,强制供应商实现最低成本、提高收益率与供应商形成联动关系,辅助供应商降低产品成本,如对生产场所、存货控制、劳动力成本及管理工作进行质询和记录,迫使其进行流程再造,使他们同沃尔玛一起致力于降低产品成本的运作。沃尔玛公司建立了以自己为核心企业,连接供应商与顾客的全球的供应链,他要求降低上游企业的原材料的采购成本、制造成本、存货成本等。同样也要求供应商的供应商降低成本。此外,沃尔玛公司还参与到上游企业的生产计划中去,与上游企业共同商讨和制订产品计划、供货周期、甚至帮助上游企业进行新产品的研发和质量控制方面的工作。及时将消费者的意见反馈给供应商,供应商可通过信息系统查询沃尔玛的产销计划,以此作为安排生产、供货和送货的依据,保证生产出的产品是顾客所需要的,降低了经营风险。沃尔玛与供应商建立了长期稳定的合作伙伴关系,取得了双赢的结局。

1. 技能训练的目的

通过对提供案例企业供应链构建类型分析的实训,学习供应链设计的具体方法,了解一般产品的特性、营销渠道和供应链结构,掌握基本的供应链设计步骤,进行产品的供应链设计的学习。

2. 技能训练的内容

根据提供的案例,完成该产品供应链结构设计。产品供应链结构设计能力训练考核如表2-5所示。

产品供应链结构设计能力训练考核表　　　表2-5

项目	考评内容	分值	实际得分
考评标准	调研记录内容准确,能捕捉有价值的信息	25	
	调查资料准备充分,讲究礼貌	20	
	准确绘制供应链结构图	25	
	分析有独到见解	30	
合计		100	

3. 技能训练的步骤

(1) 分析案例资料;

(2) 收集品牌制造商合作伙伴资料;

(3) 绘制供应链结构图;

(4)对该品牌供应链结构特性进行分析。
4.技能训练的报告要求
(1)技能训练的名称、学生姓名、班号和日期;
(2)技能训练的目的和要求;
(3)技能训练的原理;
(4)技能训练的步骤;
(5)技能训练的原始记录;
(6)技能训练的结果分析,并写出技能训练报告。

项目三　供应链的信息价值

本项目系统阐述了供应链牛鞭效应产生的原因与危害,介绍了几种典型的牛鞭效应的解决方法,从而引出在供应链管理中信息价值的重要性。从前置时间管理和供应链权衡与信息共享的角度,深度研究解决牛鞭效应的方法:从前置时间构成出发,探讨如何缩短供应链中的前置时间;从供应链权衡入手,分析了供应链中可以共享的信息及其模式。

1．知识目标

(1)了解牛鞭效应产生的原因及解决方法;

(2)掌握前置时间的构成及缩短前置时间的方法;

(3)理解供应链中的各种权衡问题,掌握信息共享的基本模式。

2．技能目标

(1)具有选取正确方法进行前置时间管理的能力;

(2)具有选取正确的战略进行供应链信息共享的能力;

(3)具备分析企业供应链管理中存在的相关问题以及相应解决方法的能力。

宝洁公司牛鞭效应的医治

宝洁公司(P&G)在研究"尿不湿"的市场需求时发现,该产品的零售数量相当稳定,波动性并不大。但在考察分销中心向它订货的情况时,却发现波动性明显增大,分销中心称他们是根据汇总销售商订货的需求量订货的。宝洁公司进一步研究后发现,零售商往往根据对历史销量及现实销售情况的预测,确定一个较客观的订货量,但为了保证这个订货量是及时可得的,能够适应顾客需求增量的变化,他们通常会将预测订货量增大一些向批发商订货,批发商出于同样的考虑,也会在汇总零售商订货量的基础上再加一定增量向销售中心订货。这样,虽然顾客需求量并没有大的波动,但经过零售商和批发商的订货后,订货量就一级一级地放大了。

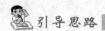

引导思路

(1)宝洁公司供应链中存在哪些问题?
(2)宝洁公司应当如何解决该问题?

任务一 牛鞭效应

教学要点

(1)理解牛鞭效应的含义;
(2)掌握牛鞭效应产生的原因及危害;
(3)了解减少牛鞭效应的基本对策。

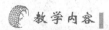

教学方法

采用案例教学、小组讨论、问题驱动等方法。基于案例提出企业经营运作的情景,以真实案例与情境模拟为依托,提出问题,在问题的驱动下,带领学生分析牛鞭效应的产生原因及危害,引导学生了解减少牛鞭效应的基本方法。

教学内容

一 牛鞭效应概述

1. 何谓"牛鞭效应"

正如导入案例中宝洁公司出现的问题一样,在供应链的运作过程中,许多制造企业经常会发生这种商品的顾客需求较稳定,变化不大,但是上游供应商往往比下游供应商维持更高的库存水平。这种越往供应链上游走,需求波动程度越大的现象,与我们挥动鞭子时手腕稍稍用力,鞭梢就会出现大幅动摆动的现象相类似,于是,人们将这种现象叫作"牛鞭效应(Bull Whip Effect)"。即有人也把这种现象称之为"蝴蝶效应"、长鞭效应、供应链需求信息的扭曲、信息时滞等。类似的现象也在惠普、IBM等跨国企业中得到了印证。

牛鞭效应是需求信息扭曲的结果。在供应链中,每个供应链节点企业的信息都有信息的扭曲,并且这种扭曲程度沿着供应链向上游逐级放大,使订货量的波动程度沿供应链不断扩大。这种现象将会给企业带来严重后果,最终使每个供应链成员蒙受损失。如图3-1所示。

2. "牛鞭效应"放大现象的计算案例分析

当经营者接到消费者发出的订单后,会根据本期从下游经销商收到的订单发出货物,并以此为依据参考销售记录预测未来需求的变化,结合本期期末库存量向上游供应商发出订单。订单的传递和货物的运送都需要两个经营周期,那么每个经营者从发出订单到得到该订单的订货需要四个经营周期。当消费者需求出现变化,零售商、批发商、分销商的订单及库存量自发出现波动,并且,越是处于供应链的后端,需求变化幅度越是会呈数级放大。

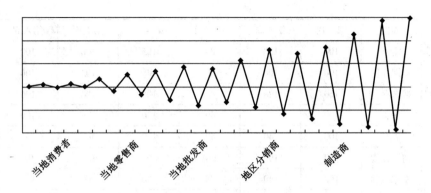

图 3-1 供应链牛鞭效应示意图

举个简单的例子来验证上述信息扭曲放大的结果,假定在一个简单的供应链中,每个节点企业在仓库中都存放着7天所需的货物,即:每个节点企业从其上游供应商那里购买足够的材料以使得它的存货满足7天的需求,对某种产品的需求一直稳定在每7天100单位,如果某一个7天最终客户的需求比平时多了5单位,假设配送非常迅速,我们可以见证"牛鞭效应"对整个供应链的影响。

给定条件:
(1)每7天供应链的需求为100单位;
(2)需求:等于下一环节客户购买的数量;
(3)每个7天开始时的初期库存:必定等于前一个周期的期末库存;
(4)每个周期的期末库存:必定等于本周的需求;
(5)购买的单位数:等于需求加上库存中的任何变化;
(6)购买量=净需求+(期末存货-初期存货)。

具体计算结果如表3-1所示。

各节点企业需求变化表 表3-1

	周次	第一周	第二周	第三周	第四周	第五周	第六周	第七周
客户	需求	100	105	100	100	100	100	100
零售商	需求	100	105	100	100	100	100	100
	初期存货	100	100	105	100	100	100	100
	期末存货	100	105	100	100	100	100	100
	购买	100	110	95	100	100	100	100
地区代理	需求	100	110	95	100	100	100	100
	初期存货	100	100	110	95	100	100	100
	期末存货	100	110	95	100	100	100	100
	购买	100	120	80	105	100	100	100

续上表

	周次	第一周	第二周	第三周	第四周	第五周	第六周	第七周
总代理	需求	100	120	80	105	100	100	100
	初期存货	100	100	120	80	105	100	100
	期末存货	100	120	80	105	100	100	100
	购买	100	140	40	130	95	100	100
生产企业	需求	100	140	40	130	95	100	100
	初期存货	100	100	140	100	130	95	100
	期末存货	100	140	100	130	95	100	100
	生产	100	180	0	160	60	105	100

分析以上计算案例,在第二周客户的需求增加 5 个单位时,由于"牛鞭效应",信息的扭曲和放大,导致生产商生产产量提高到了 180 个单位,而当第三周客户的需求恢复正常时,生产商的产量变为 0 单位;当客户需求在第三周恢复到原来的 100 单位时,要使得生产商恢复到 100 单位的生产量,一直要持续到第七周,"牛鞭效应"才会消失。

背景链接

中宝公司的难题

中宝公司是一家生产销售 MP3、PDA 等消费电子产品的企业,它的生产由一家生产企业代工,中宝公司负责包装和销售,公司通过代理商、零售店的形式进行销售。

中宝公司的物流经理发现了一个问题。每个零售店预计下月的销售为 1000 台 MP3,而且,每个零售店都考虑了安全库存销售量的 10%,所以每个零售店给代理商的订单是 1100 台,代理商收到的订单每家是 2200 台,但是考虑到销售的波动,每家代理商都设置了 10% 的安全库存,所以每家代理商给中宝公司的订单是 2420 台。这样,中宝公司收到的订单是 4840 台,但是中宝本身也会设置 10% 的安全库存,所以中宝公司给生产商的订单是 5324 台,而生产商也考虑了 10% 的安全库存,所以生产了 5856 台产品。但是市场的实际有效需求只有 4000 台,1856 台是多生产的。这个问题的存在使中宝运营系统中的库存成本增加很多,而且一旦产品更新换代,会产生许多没有需求的库存。这样,中宝公司的成本很高,价格没有竞争力。

以上案例都是比较简单的供应链,出现的需求浮动假设到最少。但是实际情况下的供应链往往要复杂得多,各种波动变化也会层出不穷。例如,福特汽车公司拥有数千个供应商,从固特异到摩托罗拉,这些供应商又各自拥有自己的一批供应商。如果完整信息在他们之间无法共享,当信息在供应链内流动时,就会发生扭曲。再例如,福特生产许多不同的车型,每种车型又有许多不同的配置,种类的多样化使得牛鞭效应在不断地被放大。

二 牛鞭效应对企业造成的危害

牛鞭效应是需求信息扭曲的结果。在供应链中,每个供应链节点企业的信息都有信息的扭曲,很难准确预测自己顾客的实际需求量,并且这种扭曲程度沿着供应链向上游逐级放大,使订货量的波动程度沿着供应链不断扩大。这种现象将会给企业带来严重后果,最终使每个供应链的成员蒙受损失,这种损失可能有以下几个方面:

1. 牛鞭效应的直接后果就是库存积压

由于牛鞭效应的存在,供应链的各个节点企业都为了满足顾客需求而产生更具有变动性的订单流,这些被扭曲的需求信息使得供应链的各环节都增加了各自的安全库存。例如,在美国,许多制药企业的供应链中有双倍的库存,而像计算机行业的集成电路的供应链可能积存超过一年的供应量,其他行业的情况也不相伯仲。因为信息的失真,供应链中的每个实体都维持更高的库存水平。

2. 牛鞭效应会使额外成本支出增加

牛鞭效应使得生产计划的不确定性大大增加,各节点企业不得不频繁地修改生产计划,预期之外的短期产品需求导致了额外成本,如高水平的库存增加了必备的仓储空间,从而导致了库存成本的增加;公司扩大生产能力而导致生产成本的增加;运输需求也会随着时间的变化而剧烈波动,需要保持足够的运力来满足高峰的需求,造成运输成本的增加。

另外,供应链中与送货和进货相关的劳动力成本也相应提高。生产企业及其供应商送货的劳动力需求将随着订单的波动而波动,分销商和零售商进货的劳动力需求也存在类似的波动,为了应付这种订单的波动,供应链的不同阶段有不同的选择,或者保有剩余劳动力,或者实行变动劳动力,但是无论是哪种选择,都会增加劳动力总成本。

3. 牛鞭效应会导致企业战略偏差

供应链上游的企业往往都根据自己下游企业的销售订单来进行产品销售预测、设计生产能力,控制库存及安排生产时间。供应链的成员在设计物流网络时,可能涉及工厂、仓库、配送中心以及零售网点的布局。这些问题属于企业的战略决策问题,对企业有着长远的影响。然而由于牛鞭效应的存在导致需求的不确定性,易给人造成需求增加的错觉,会给企业决策的时候带来一定的困难,有时甚至会误导企业的战略决策。牛鞭效应也是市场上对某一行业热门产品进行盲目投资和重复建设的原因之一。

4. 牛鞭效应会破坏供应链成员之间的关系

由于牛鞭效应给供应链上每个节点企业的运营都带来负面影响,而与此同时,供应链内的每个节点企业都根据自己的利益进行战略规划,认为自己做得尽善尽美,而现实中的不足就会使它们将这一责任归咎于其他节点企业。于是,牛鞭效应就导致供应链上不同的节点企业之间互不信任,从而使潜在的协调努力变得更加困难。

5. 牛鞭效应会降低客户服务水平

在这个以顾客驱动的市场中,供应链管理必须最大程度提高顾客满意度,提高顾客价值,建立良好的顾客关系,在留住老顾客的同时吸引新的顾客。由牛鞭效应产生的扭曲失真信息,使各节点企业很难对市场需求做出准确的预测和正确的决策,生产能力闲置或过度使用,从而产生短缺与过剩交替。例如,由于需求难以预测,可能导致产品供应过程中出现缺货现象,而如果厂商在制订生产计划时出现偏差,则可能无法按客户要求如期交货。客户希望能够以尽可能小的提前期订购产品,而在需求不确定情况下,厂商不得不要求一定的订货提前期。如生产过剩,有时甚至还会出现产品过时的现象,无法充分满足客户需求。以上这些因素都在一定程度上降低了顾客价值,导致对客户服务水平的降低,在竞争激烈的市场中,面临被其他供应链替代的风险。

三 "牛鞭效应"的产生原因

供应链结构是产生"牛鞭效应"的根源。只有从系统的角度分析供应链结构,才能把握牛鞭效应的症结所在。项目二中已经阐述了从供应链节点企业与节点企业之间关系的角度来考察,供应链的拓扑结构模型主要包括链状结构模型、网状结构模型、石墨模型。

从要素组成对牛鞭效应的影响来看,在传统供应链结构下,由于上游和下游的委托代理关系是结构内生的,而且委托方和代理商之间、委托方之间和代理商之间的利益又不协调,加之信息的不完善和契约的局限性,缺乏有效的激励机制,导致双方利益目标和博弈结果之间的次优选择,这是产生牛鞭效应的基于结构的经济学原因。

随着供应链的水平层次和垂直规模的增多,委托代理关系的梯次也就增加,利益目标和博弈决策之间的二次选择也就被多次重复,而每次重复都意味着次优选择的进一步优化,这是牛鞭效应随供应链长度、宽度增加而逐渐放大的原因。因此,对于上述供应链三种结构,在其他条件相同时,牛鞭效应对链状结构的供应链的影响最小,而对石墨模型的供应链影响最大。供应链中的成员个数越多,信息被加工的次数越多,其被扭曲的现象也越严重。具体来说体现在以下几点:

1. 需求预测的不确定性

在传统的供应链中,各节点企业总是以其直接下游的需求资讯作为自己需求预测的依据,对未来的掌握度极差,因而常在预测值上加上一个修正增量(即安全库存)作为订货数量,产生了需求的虚增。

另外一方面,企业一般都利用过去的市场需求来预测未来的市场需求,供应链中任何一个买方发现产品需求量在某个时期增加时,就会认为这是未来需求增加的预兆,从而就会大幅度的增加订货量。上游企业的库存控制受到扭曲信息的损害,这样重复下去,就呈现逐步放大的趋势。例如,在供应链上,通常存在着这样一个现象,零售商为了能够应付客户需求增加的变化,往往在历史和现实销售情况的预测订货量上作一定放大后再向批发商订货,而批发商也出于同样的考虑,向生产商进行加量订货。这样,虽然客户需求波动不大,但层层加量订货就将实际需求逐级放大了。也就是说,多重预测是导致牛鞭效应的一个关键因素。

背景链接

Rexnord 公司牛鞭效应分析

Rexnord 集团公司总部位于美国密尔沃基市,是一家提供传动输送领域全面解决方案的跨国企业。公司分别在美国、荷兰、意大利和巴西设有工厂。Rexnord 中国公司在整个供应链中处于下游——销售端的位置,直接面对 OEM 最终用户。上游则是 4 个生产基地作为生产端,中国公司根据销售需求向国外工厂下订单配送产品至中国。公司的输送产品主要应用在食品、饮料等需要自动化流水线生产输送产品的企业。

由于生产数量与订单需求的增加给生产制造环节造成很大的压力,致使工厂积压了一定的产品,而且由于一味地为满足市场需求而提高产量,产品的质量监控无法跟上,导致废品数量增多,公司内部销售预测管理和生产计划环节也出现一定的问题。

在整个 Rexnord 公司的供应链中,市场需求好比是鞭柄,Rexnord 公司的代理商就像是鞭体,Rexnord 公司生产部门就是鞭梢。这样就组成了一条完整的牛鞭。

当牛鞭舞动的时候,越是接近供应链下游——市场需求的企业即 Rexnord 公司的代理商,反应时间会越快,对于下游市场需求变化的反应也会越准确。

但是越是到牛鞭末尾即供应链的上游 Rexnord 公司生产部门,它的反应速度就会越慢,而且对下游市场需求变化反映的需求误差也越大。因此,市场需求的一个小小变化,就可能对牛鞭末尾的公司造成很大的影响,这就产生了整个供应链的上下游之间的牛鞭效应。

最近这几十年来,中国沐浴在改革开放的春风中,市场经济发展日益迅速,几乎全球所有的饮料、食品、啤酒、制药、轮胎和汽车总装厂纷纷投资中国,在国内建设现代化的工厂,随之而来的是最新的生产工艺和更高生产效率的自动化流水线生产方式。因此对自动输送产品的链网的需求也越来越大。

由于食品、饮料等行业对物流要求的特殊性,厂家一般都会在中国几个需求较活跃的区域就近建造自己的流水线生产线。从而使得 Rexnord 公司生产的多数产品都会销往全国不同的区域。

但全国各个地域文化传统的差异再加上信息传递过程中时间的延迟,使得 Rexnord 公司跟市场上的最终用户的沟通出现一定的不畅,市场上的需求信息无法及时地传递到公司。但 Rexnord 公司为了能够满足客户的需求,不得不超量生产产品来做大量的安全库存为市场上不定的需求做准备,这样大量的安全库存就会占据 Rexnord 公司现金流中相当大一部分的资金,对公司的存货周转率、现金流和未来的发展产生很大的影响。

造成这种影响的直接原因就是市场需求的牛鞭效应而产生的需求不确定性。市场需求的不确定性主要表现在以下几个方面:

(1)中国经济未来的发展走向。近几年来,中国的经济发展水平日益提高,发展速度也很快。尤其是在"十一五"期间,全面推进体制和机制改革、技术创新。除了外资,国内品牌的饮料、食品、啤酒、制药、轮胎以及汽车总装厂都已经实现自动化、流水线生产,个个行业的规模也持续扩大,使得输送链网的需求也日益增多。经济的平稳快速增长为输送链网市场的发展提供了强有力的基础。只要中国经济能够保持稳定的增长,市场对自动化流水线的需求就会平稳增长,从而使得输送链网市场的规模也逐步扩大。

(2)输送链网市场的激烈竞争。鉴于最近几年输送链网市场的规模逐步扩大,需求越来越高,许多国外和国内的厂家纷纷加入这个行业。生产企业越来越多,产品良莠不齐,竞争也越来越激烈。各个生产厂家为了更多地占领市场份额,纷纷采取各种手段来争取客户,如恶性价格战、仿冒专利产品的外观和颜色、大批量订货折扣等。因此导致原本忠实于 Rexnord 公司的最终客户转而向其他公司订货,造成 Rexnord 公司的市场份额下降,产品需求减少。同时如果 Rexnord 公司不能及时对市场的这种变化和其他公司的竞争手段做出适当的反应,那就会导致生产出来的产品因为丢失订单而卖不出去,产品出现严重积压。

(3)新型材料的引进。随着最终用户对生产能力要求的不断提高和生产条件的不断改变,新的材料必将被引入,使得产品的生命周期变短,因此需要对流水线更新换代,这同样会导致输送链网需求量的变化。

牛鞭效应的产生就是市场需求信息的不确定,扭曲逐渐放大的结果,牛鞭效应的大小表现在企业对市场需求信息的反应灵敏程度。Rexnord公司如果能够及时迅速的对市场需求的波动做出反应,就能消减牛鞭效应所带来的危害。反之,如果Rexnord公司对市场需求的波动反映比较迟缓,那牛鞭效应所带来的危害将会影响公司的整体发展。(资料来源:江俊杰,供应链牛鞭效应在企业中的危害与消减措施)

2. 提前期

由于供应链上下游各级企业从订货到收货存在"信息时滞",这种"信息时滞"存在两方面的负面效应,一是使订货量的信息得不到及时的修正,二是企业要考虑"信息时滞"期的需求量,提高了安全库存。

因此,各级企业在预计库存的时候都计入了提前期,需求的变动随提前期的增长而增大,且提前期越长,需求变动性的微小变化意味着安全库存和基本库存水平很大的变化,从而订货量会发生很大变化,这当然导致需求变动性的增大。另外,企业由于对交货的准确时间没有把握,往往希望对交货日期留有一定的余地,因而持有较长的提前期,逐级的提前期拉长也造成了"牛鞭效应"。

3. 批量订货或周期订货

在供应链中,每个企业都会向其上游订货,一般情况下,销售商并不会来一个订单就向上级供应商订货一次,而是在考虑库存和运输费用的基础上,在一个周期或者汇总到一定数量后再向供应商订货,为了减少订货频率,降低成本和规避断货风险,销售商往往会按照最佳订货批量订货。

从订单的频率看,理论上讲可以月、旬、周、日,甚至是时,然而由于供应和需求往往存在空间距离和时间的矛盾,连续订单机会是不可能。况且,供应商不可能经常性地处理即刻订单,因为处理单一订单的时间和成本是相当大的。许多制造商在运作物料需求计划MRP(Material Requirements Planning)系统时,常常是按月进行,即按月向供应商发出订单,而且大部分企业都在每个月的第一周进行物料补充。因此,在每个月初,供应商就会接到大批的订单,而这个月的其他时候几乎没有订单,这被称为曲棍球杆现象(一段图像很平坦,突然出现高峰)。

从订单的规模看,举个简单的例子来说明,假设每个零售商的订货规模为每次订货20单位,正好装满一卡车。在订货的时候,零售商为了每次都能装满一卡车货物(这样可以使运输成本最低),一般的规则是,只要需求达到了规定的订货量,他们就会进行批量订货,而不考虑这可能是由于上一期的订货量超过了固定批量而造成的。由于零售商按批量订货,那么供应商的需求就是20的倍数:有时候没有订单,大多数时候是一卡车货物的订单,有些时候可能就是5卡车货物的订单。供应商需求的变化大大超过了消费需求的变化。图3-2显示的是周期订货策略下消费者日累计需求量和供应商的日累计需求量的对比情况。

当零售商进行批量订货的时候,虽然其平均总订货量等于平均消费需求量,但是由于零售商为了能够批量订货,其实际的订货量和当时的需求量并不匹配,订货量或者高于消费需求量或者低于消费需求量,因此各自订货量的变动总量并不相同,长期以来,这就不可避免地会产生牛鞭效应。

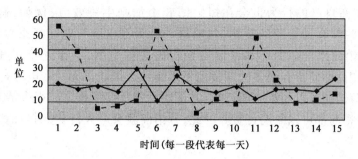

图3-2　周期订货策略下消费者累计日需求量（实线）和供应商累计日需求量（虚线）

4. 价格波动

零售商和分销商面对价格波动剧烈、促销与打折活动、供不应求、通货膨胀、自然灾害等情况，往往会采取加大库存量的做法，使订货量远远大于实际的需求量。供应链中的上游企业经常采用一些促销策略，比如价格折扣、数量折扣等。

对下游企业来说，如果库存成本小于由于折扣所获得的利益，那么在促销期间，他们为了获得大量含有折扣的商品，就会虚报商品的销售量，然后将虚报的商品拿到其他市场销售或者推迟到促销结束后再销售，也有的将这一部分商品再转卖给其他经营者，这样就引起了需求极大的不确定性。而对消费者来说，在价格波动期间，他们会改变购买，但这并不能反映消费者的实际需求，因为在商品价格恢复到正常水平时，客户将减少或停止购买行为，直到库存耗尽。其结果是，消费者的购买模式无法反映实际的消费模式，并且购买数量的变化大于消费数量的变化。

这种行为造成整个供应链条异常波动。假如批发商使用这种手段对零售商促销。零售商大量购买来补充库存的商品，以降低购买成本，提高利润；另外，批发商也要根据自己的政策增大库存量以满足促销中零售商预先购买的虚假需求浪潮；同样，零售商也采用促销手段吸引消费者提前购买，因此，供应链中的各节点自主体都形成超过自己实际需要的库存积压。批发商预计的促销量通常大于零售商的需要量，零售商预计促销量大于消费者的实际需求量。由于资产的特异性、转产速度及规模越在供应链的上端转向动作越缓慢，即促销时滞从供应链的下游到上游越加变长，于是，供应链的促销规模和促销时滞自下游到上游波动加大，促成了供应链中的牛鞭效应。

5. 短缺博弈

当需求大于供应时，理性的决策是按照订货量比例分配现有供应量。即使供应量充足，只要买方认为可能发生缺货，就可能采取以上的策略。比如，总的供应量只有订货量的40%，合理的配给办法就是按其订货的40%供货。此时，销售商为了获得更大份额的配给量，故意夸大其订货需求是在所难免的，当需求降温时，订货又突然消失，这种由于短缺博弈导致的需求信息的扭曲最终会导致"牛鞭效应"。

这说明这种订单激增的现象并非由于消费实际增长，而是一种预测。消费者可以拥有来自不同供应商的重复订单，并且从第一供应商处购买，然后取消所有的其他重复订单。当这种现象成为一种社会行为时，可以想象，订货模式和消费模式的差距将是巨大的，牛鞭效应也就产生了。

另外，供应商自己的行为也会在短缺博弈中加剧牛鞭效应，例如，假设供应商允许零售商退回那些没有销售掉的货物，目前这一行为在电脑行业已经很普遍了，供应商如IBM允许其分销商以全额退还那些没有销售出去的电脑，甚至还支付相应的运费。这样零售商和分销商即便持有很多的存货也不承担什么风险。而且在电脑行业，有一个很普遍的现象就是分销商可以随意取消订货，并不用承担任何的损失。很多情况都是只要在货物到达之前，分销商都可以取消订货。因此，分销商就会夸大订货，因为他们知道可以退掉额外的存货。

四 减少牛鞭效应的对策

基于上述种种成因，除了批量生产与生产模式有关外，别的都可以通过整个供应链范围的信息共享和组织协调来解决。例如企业之间共享市场需求信息，避免多重预测，减少信息的人为扭曲。在价格政策上，制造商应该固定产品价格，放弃价格促销，并与零售商共同实行"天天低价"。在理性预期上，供应商在产品短缺时应以历史需求为基础分配产品，从而避免用户单位虚报需求。在生产方式上，供应商应采用精益生产，使达到最佳经济生产批量的数量减小，从而减少供应链库存，提高对市场需求变化的响应速度等。总结为以下几点：

1. 供应链上信息的共享与协调

任何类型的供应链中都存着许多系统，包括各种制造、储存、运输和零售系统，管理任何一种系统都会涉及一系列复杂的权衡问题。而这些系统又是互相联系的，供应链中一个系统的输出是另一个系统的输入。例如，制造系统的输出是运输系统或储存系统的输入，或同时是两个系统的共同输入。因此，为任何一个阶段寻找最佳权衡是不够的，需要考虑的是整个系统并协调各系统的决策。

为协调供应链上方方面面的问题，就必须获得并共享供应链各成员的信息。通过信息的共享，可以提高供应链上游企业对需求预测的准确性，并通过每个供应链成员减少对需求信息的放大来改善整个供应链的信息的放大和波动。另外，获取各种有关生产状况和成本、运输可获得性以及数量折扣、库存成本、水平、各种能力和顾客需求的信息是非常必要的。

2. 对前置时间进行管理

如前所述，提前期越长，需求变动性的微小变化意味着安全库存和基本库存水平很大的变化，从而订货量会发生很大变化，需求预测的误差越大。我们需要对前置时间进行管理。

背景链接

沃尔玛的订货提前期调查

根据沃尔玛的调查，如果提前26周进货，需求预测误差为40%，如果提前16周进货，则需求预测的误差为20%，如果在销售时节开始时进货，则需求预测的误差为10%。并且通过应用现代信息系统可以及时获得销售信息和货物流动情况，同时通过多频度小数量联合送货方式，实现实需型订货，从而使需求预测的误差进一步降低。

在本项目的任务二中会对前置时间管理做详细的介绍。

3. 打破批量订货和周期订货

一般的企业的库存补充策略是定量库存控制和定期库存控制两种模式。为避免因此而产生的牛鞭效应,第一,企业可以采用实时库存补充模式,它有利于企业实现小批量订货,同时不必保持很高的安全库存而降低库存成本;第二,利用信息技术,可以改变原先通过电话或传真的订货方式,实现网上订货,使信息传递的成本降低,这样企业就不必通过将订单积累到一定批量后再集体发送来降低发送成本;第三,上游企业可以鼓励下游企业同时订购多种不同的产品,这样货车一次就可以从同制造商那里满载多品种的产品,而不是原先的单一品种,结果对于每种产品来说其订购频率增加了,但总体的发送频率不变,仍可以获得批量运输的规模经济性。例如,宝洁公司对愿意进行混合订购的顾客给予一定的价格折扣。另外,还可以将企业的物流业务外包给第三方物流公司,可将产品统筹安排,使运输成本降低。例如,当多家供应商彼此位置相邻时,就较宜采用混装运输的方法,把各供应商的产品装在同一辆货车上,实现小批量交货的经济性。

4. 稳定价格

虽然采取价格优惠策略可以让企业在短时间内的销售量有一定的增加,但从长远来看,这种做法易引起牛鞭效应,得不偿失。因此,企业应该尽量减少价格优惠,通过制定稳定的价格策略以减少对提前购买的激励。当产品价格比较稳定时,其下游企业才会在真正需要时订货和购买,这显然有利于企业安排生产和控制库存。

5. 消除博弈行为

当产品供应不足时,上游企业一方面可以适当增加生产能力尽可能地满足市场需求,另一方面当产品确实无法满足市场需求时,可以根据下游企业以往的销售量占总销售量的比例以及以往的退货量占订货量的比例进行限额供应,而不是根据订购的数量。通用汽车长期以来在供不应求时都使用这种方法来进行限量供应。另外,上游企业给下游企业的退货政策鼓励了博弈行为,所以为了防止下游企业恶意退货,可以对退货行为采取一定的惩罚措施。

在供不应求时,下游企业毫无上游企业的供应信息,博弈现象会达到最高峰。上游企业如果将生产能力计划、生产进度、发货计划以及库存情况等信息与下游企业共享,这样,下游企业就没有必要夸大订单数量来保证正常需求了。这点再次说明了供应链上信息协调与共享的重要性。

6. 建立战略联盟

联盟创新是供应链管理的发展方向。通过实施若干种战略联盟,可以更有效地实现信息共享,改善操作作业,缩短提前期,稳定价格,减少订购批量,实行共同预测、共同计划,使供应链系统达到协调,彻底消除牛鞭效应。例如,实施供应商管理库存(Vendor Managed Inventory,VMI)、联合管理库存等。关于这一思想会在项目四中详细介绍。

7. 直销模式

由于牛鞭效应是由于供应链各节点企业的目标利益不同,信息沟通不畅而造成,因此解决牛鞭效应的一个直接方式就是减少中间环节,建立直销模式,这样就不会由于分销商和零售商之间由于信息不畅而造成信息扭曲,从而减少牛鞭效应对整个供应链的影响,到目前为止,最成功的直销模式便是戴尔公司(Dell)与其客户和供应商之间的信息共享。

> **背景链接**

戴尔的直销模式

戴尔公司在得克萨斯州总部建有一个 OptiPlex 工厂，占地约 20 万平方英尺，足有 23 个橄榄球场那么大，但其指挥中心的员工在任何时候都不超过 6 人。他们处理一宗几百台计算机的订单，包括计算机组装、客户化配置、运送出厂等所有活动在内，一般只需要 8 小时就可以完成。那么，是不是该工厂拥有大量的库存，以备不时之需呢？答案是否定的，OptiPlex 工厂在任何时候都仅仅持有 2 小时的零部件库存，而成品库存一般为零。整个工厂用于存储零部件的空间只有 100 平方英尺，也就是一张床那么大的位置。该工厂建成 1 年后的生产率就达到了戴尔公司以往高效率工厂的 1.6 倍，从而将整个公司范围的平均成品库存时间从已经令人称美的 6 天降至 5 天。公司掌门人 Michael Dell 甚至相信还可以将库存进一步降至 2 天甚至 1 天半，这实在令其竞争对手艳羡不已。

运作过程为：客户直接从戴尔公司的服务器下载产品信息到自己的采购系统中，生成一个电子采购请求。客户公司的主管批准电子采购请求后，通过互联网向戴尔发回一个计算机自动生成的采购订单，整个过程仅需 60 秒钟。据戴尔公司称，自 2000 年春引入该系统以来，采购过程的出错率由每百万交易 200 次降至 10 次，每笔订单的订单处理成本也降低了 40～50 美元。

与此同时，戴尔公司也在其供应链的上游极力推动信息共享。在设计 OptiPlex 工厂之初，戴尔公司就打定主意不要仓库，极力降低库存。为了实现这一目标，戴尔公司采用了 i2Technologies 公司设计的软件包，实现了客户订单与原材料、零部件供应的高精度对接。在线订单每小时下载一次，由 i2 软件应用程序每两小时生成一个新的生产计划，并实时向供应商通告戴尔公司的原材料需求情况。系统还可以根据原材料的可获得性对订单进行优先顺序排序，并明确知道某一订单所需的零部件是否已经从供应商的仓库中运出，何时能够到达，是否会影响整个产品的顺利组装。

对于任何一个订单要求，供应商最迟必须在 15 分钟内确认其仓库是否有所要求的元件，在 1 小时 15 分钟内送到 Dell 工厂。未能满足这一时间要求的供应商将会立刻得到一份戴尔公司发出的书面批评，如果在一个季度内连续几次受到这种批评，那么该供应商的地位就会不保了。

事实上，戴尔公司的做法代表了供应链协调模式中的一种，即由一家具有强势地位的"核心企业"主动出面来组织各节点企业的信息共享和供应链协调活动。另外一种供应链协调模式是各节点企业在市场竞争中进行不断的协商均衡和重复博弈，最后以一定的契约安排来规范各节点企业的行为，如订立质量担保契约、备货契约、数量折扣契约、数量柔性契约、最低购买数量契约、时间柔性契约、退货契约、定量供应契约等。相比较而言，后一种供应链协调模式的动态调整性更强。但无论采取哪种模式，协调的目的都在于使整个供应链获得的利益大于各成员企业单独获得的利益之和，避免出现失调所引发的各种恶果。

任务二　前置时间管理

教学要点

(1)理解供应链中前置时间的概念;
(2)了解供应链中前置时间的构成;
(3)掌握缩短前置时间的方法。

教学方法

采用案例教学、小组讨论、问题驱动等方法。基于案例提出企业经营运作的情景,以真实案例为依托,提出问题,在问题的驱动下,带领学生分析在供应链中前置时间的构成,引导学生找出并掌握缩短前置时间的基本方法。

教学内容

随着前置时间的延长,周围环境变化的不确定性更加突出,所有预测的结果也会越来越不准确。如前所述,提前期是造成牛鞭效应的重要原因之一。随着零前置时间理念的风靡,很多企业又开始希望能在理想的情况下实现零前置时间。然而,现实却摆在眼前,如果客户发出订单就能马上送到客户手中,那么预测、库存等都是多余的了。所以,面对现实,企业的目标应该是在物流渠道的每个阶段尽可能使前置时间趋于零,从而减少前置时间。

一　前置时间的概念

前置时间(Lead-time)是订单分配与货品运送的周期时间,通常以天数或小时计算。

从客户的角度来说,前置时间就是从发出订单到收到货物的这段时间。随着越来越多的市场开始重视时间竞争,前置时间已经成为一个关键的竞争环节,然而这只描述了前置时间的一个侧面。

从供应商的角度来看,前置时间是指从接受订单到收回现金的时间,也就是指从最开始用生产资金购买原材料到最后收到客户支付货款的总时间。所以,前置时间的缩短对供应链的价值增值速度和资金周转至关重要。

从市场的角度看,从接到客户的订单到发货的时间是十分关键的。在今天这种准时化、即时化盛行的时代,较短的前置时间是企业获得竞争优势的一种重要资源和手段。同时,我们也不能忽视前置时间的可靠性。较长的前置时间就需要对更长时期进行预测,那么来自客户的压力就会持续存在,因为客户总是要求尽可能压缩配送时间。

二　前置时间的构成

从广义来说,供应链中的前置时间包括准备时间、加工时间、排队时间、运输时间、等待时间等。项目包括产品、零件、物料及服务。造成供应链中提前期的主要原因是物流延迟和信息处理延迟,其中物流延迟的主要因素是生产延迟和配送延迟等,信息处理延迟的主要因素是订单交付、订单处理等。

1. 一般供应链前置时间构成要素

下面用一个简单的供应链来说明供应链中一般前置时间的构成。图 3-3 表示一般供应链中的前置时间,由商业计划与原材料采购前置时间、制造前置时间、配送前置时间、交货与安装前置时间、信息处理前置时间等构成。

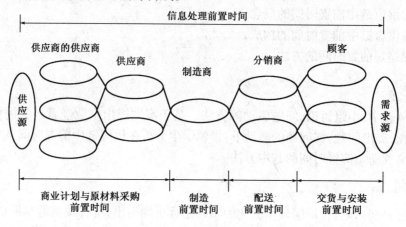

图 3-3　表示一般供应链中的前置时间

(1)商业计划与原材料采购前置时间。商业计划与原材料采购前置时间一般由商业计划前置时间、采购处理前置时间和采购后处理前置时间组成。商业计划前置时间是决定采购订单发出之前的处理过程的时间,包括报价、确定供应商、商务谈判、签订订单、合同审批等过程。采购处理前置时间是从供应商接收订单到发货到指定地点的时间,它可能包括采购、制造、配送等前置时间。采购后处理前置时间是从接收地收货、点数、检验到接收入库的时间。

(2)制造前置时间。制造前置时间一般由制造预处理前置时间、制造前置时间、制造后处理前置时间构成。制造预处理前置时间一般由库存时间、发料时间等构成。制造前置时间是在一个工序或工位上开始装夹到加工完成拆卸下来的时间。制造后处理前置时间是指检验、搬运等时间。

(3)配送前置时间。配送前置时间是从产品装车至运输到目的地的时间。

(4)交货与安装前置时间。交货与安装前置时间是从顾客订货货物运达顾客的时间(又被称为狭义的前置时间),还包括拆包、检验、搬运和安装的时间。

(5)信息处理前置时间。信息处理前置时间是指供应链运行过程中信息流的延迟时间,如订单的交付延迟和订单的处理延迟等。

从图 3-3 中可以看出,前置时间的影响因素复杂多变,企业要尽量找出影响因素,各个击破,争取从细节着手,从本质上来减少企业的前置时间。为供应链企业争取更大的利润空间,赢得更广阔的市场。

2. 不同生产方式下前置时间的构成

在供应链中,如果制造商采用不同的生产方式,供应链对订单的反应时间即订货前置时间的组成也是不同的,如表 3-2 所示。

各种生产方式下前置时间比较　　　　　表3-2

生产方式	产品设计	工艺准备	采购	制造	配送	交货
MTS			按预测进行库存组织采购和制造			按订单
ATO			按预测组织零部件采购和制造		按订单	按订单
CTO			按预测组织零部件采购和制造		按订单	按订单
MTO		按订单	按订单	按订单	按订单	按订单
ETO	按订单	按订单	按订单	按订单	按订单	按订单

1) 按存货生产方式（Make to Stocks，MTS）

按存货生产方式生产就是按照预测量进行生产。在供应链管理中，订货提前期非常短，可以从商场或仓库中及时得到货物，即是说前置时间趋于零。零售商、分销商、制造商按最大—最小库存进行库存商品的控制和采购，提前期与采购、制造和配送的前置时间有关，并影响库存成本。顾客服务水平与安全库存的设置有关。

2) 按订单装配生产方式（Assemble to Order，ATO）

按订单装配生产方式就是根据顾客订单进行装配生产。产品的零部件中标准件、通用件和专用件的生产和采购都按预测以库存生产方式进行。产品前置时间决定于最终装配件的制造前置时间和配送前置时间。

3) 按订单配置生产方式（Configure to Order，CTO）

按订单配置生产方式与按订单装配生产方式相似，它为顾客在零部件方面提供了多种选择的组合。

4) 按订单制造生产方式（Make to Order，MTO）

按订单制造生产方式根据顾客订单进行制造和装配，一般是设计工作已经完成，原材料尚未采购，前置时间比较长。产品的交货期取决于原材料的采购前置时间、零件制造前置时间、部件装配前置时间和配送前置时间，库存费用较低，客户服务水平取决于产品的交货期、质量和价格。

5) 按工程订单生产方式（Engineering to Order，ETO）

这种生产方式是根据顾客要求进行产品设计、制造和装配。交货前置时间包括设计前置时间、原材料采购前置时间、制造前置时间和配送前置时间，前置时间比较长。

三 缩短前置时间的方法

由于企业常常无法较好地管理供应商与最终客户之间的原料流和信息流，所以在提高过程效率方面还有很大潜力可挖。那些没有认识到把供应链作为一个系统管理重要性的企业，通常在总过程中毗邻的阶段和无效程序之间的结合处消耗了大量的时间。

以往供应链上的各个企业之间，很少能从全局的角度来考查，所以也就无法找到从总体上缩短供应链时间的最有效的方法，很多企业多年来始终没有意识到，尽管在工厂里其生产时间已经从几天缩短到几小时，但其产成品存货仍然要在仓库里存储3周。原因是产成品存货是配送部门的责任，而不是生产管理部门的分内之事。

1. 基于供应链图示的前置时间控制策略

从价值链的角度来分析，供应链过程中的时间分为"价值增值"时间与"非价值增值"

时间。

其中"价值增值"时间指的是用于某种能够创造客户利益的活动所投入的时间,如在途时间、制造时间、装配时间和花费在生产计划或加工过程中的时间等。即一切能够满足"将正确的产品在正确的时间与地点送达正确的客户"的活动都可以被归入"价值增值"的活动。

而"非价值增值"时间指的是那些即使取消,也不会引起客户利益下降的活动时间,如物料或产品作为存货以静止状态所消耗的时间。有些"非价值增值"活动是我们当前的流程中所必需的,但它没有增加价值,只有成本支付,仍然需要努力消除掉。

为了能够甄别出缩减整条供应链所消耗时间的机会,一个基本的出发点是构建一张供应链图。供应链图反映了物料或产品在供应链中流动的过程和活动时间。同时,这张图也指明了这些物料或产品作为存货静止状态所消耗的时间。

图3-4描述了服装的生产和配送过程。"水平"和"垂直"标识是指图中的两个轴,它们各自代表价值增值时间(即过程中耗用的时间)和非价值增值时间(即静止存货时间)。

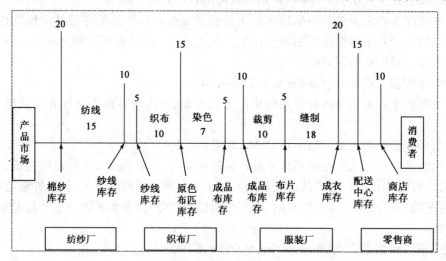

图3-4 供应链图示法

从图3-4可以看出水平时间是60天,即采集原料、纺纱、织布、染色、裁剪、缝纫等花费60天完成了从开始到结束的过程。水平时间是很重要的,因为它决定着系统对增长的需求做出反应所需花费的时间。因此,如果存在可持续增长的需求,将花费很长的时间才能把产量逐渐提高到新的水平。相反地,如果需求存在下降的趋势,那么时间跨度,也就是水平时间和垂直时间之和就成了关键点。换句话说,需要175天才能消化掉全部存货。正如例中所显示的,在变幻莫测的时装市场上,供应链的时间跨度是决定业务风险的一个重要因素。

供应链图还可以提供一个很有用的内部标杆,由于一天的过程时间需要一天的存货去满足,理想的状态是,存货只是为了满足过程前置时间的需要。因此,60天的总过程时间需要60天存货。然而,例子中的供应链中实际上有175天的存货。显然,除非单个过程的时间变数很大,或者需求极不稳定,否则,存货就太多了。

在多品种经营中,每种产品具有不同的端到端的供应链时间,而且,当产品由多个零部件、包装材料或者次级装配线组成时,总供应链时间是由这个产品中速度最慢的项目或因素决定的。因此,为生产家用空气清新剂而采购物料时,会发现为了所需的一种香味可能要增加几个星期的前置时间,这些前置时间都要增加到总供应链时间里。

绘制供应链图为重新规划物流项目提供了一个强有力的基础。因为通过供应链,我们能够清楚了解总过程和与之相关的库存,那些缩减非增值时间的机会看起来也很明显了。在许多情况下,供应链中都存在着很多非增值时间,它们是由于强加的或继承的一些"规章制度"所造成的。这些"规章制度"主要有经济批量、经济订货数量、最小订货规模、固定存货审核周期、生产计划周期和预测审核周期等。

2. 基于作业的前置时间控制策略

基于作业的前置时间控制策略是把前置时间分解为各项作业的时间,分别从各作业入手,针对具体情况缩减前置时间并减少不确定性影响。这样做的优点有以下两点:一是可以既无遗漏又无重复地找出供应链供应过程中的作业时间。显然这些时间都是与该供应过程直接相关的;二是可以对作业时间按作业内容层层分解成易于控制的作业时间,并绘制出网络图来进行分析。具体分解过程可以用图 3-5 所示的鱼刺法把前置时间按订货过程中各项作业的时间进行逐级分解,再按具体活动一项一项进行分析,控制横向前置总时间,从而缩短总前置时间。

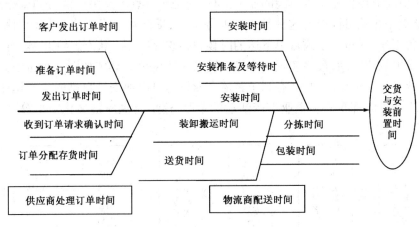

图 3-5 交货与安装前置时间鱼刺图

3. 基于瓶颈理论的前置时间控制策略

所有的物流供应链过程都能被看作是由各种具体内在联系的活动所形成的一个网络。要想优化这个网络,必须通过调整总体运营时间才能实现,而单纯通过优化个别要素或过程中个别活动只能得到一个次优化的结果。美国学者戈德瓦特(Eliyahu M. Goldratt)提出的约束理论(Theory of Constraints,TOC),为我们正确审视供应链过程和缩短前置时间提供了理论基础。

TOC 的实质是把一个物流链中的所有活动划分为瓶颈类和非瓶颈类。瓶颈是指整个链中最慢的活动,它可以是一台机器,也可以是像订单处理一样的信息流的一部分。总系统的产出时间是由瓶颈活动决定的,瓶颈损失 1 小时,相当于整个系统损失 1 小时;非瓶颈上节约 1 小时,很多情况下无实际意义。因此,要想缩短总系统的产出时间,就必须重视瓶颈活动,尽可能提高产能,缩减生产准备的环节和时间。

背景链接

TOC 的五大核心步骤

TOC 有一套思考的方法和持续改善的程序,称为五大核心步骤(Five Focusing Steps),这五大核心步骤是:

第一步,找出系统中存在哪些约束。

第二步,寻找突破(Exploit)这些约束的办法。

第三步,使企业的所有其他活动服从于第二步中提出的各种措施。

第四步,具体实施第二步中提出的措施,使第一步中找出的约束环节不再是企业的约束。

第五步,回到步骤1,别让惰性成为约束,持续不断地改善。

4. 基于预订单计划模式的前置时间控制策略

预订单计划模式就是在核心企业与其他节点企业之间的业务正式开始之前,根据自身的计划,向相应的节点企业发出可能的业务信息,这是对节点企业生产能力和服务能力的预订。这样,节点企业就可以根据这种预先的业务信息,提前对自身运作进行计划制定,并开始相应的准备工作,尽量在正式订单下达的时候,接近"零等待"状态,从而缩短对核心企业核心业务需求的响应时间,最终实现这个供应链的时间压缩。具体如图 3-6 所示另外,预订单使客体企业事先知道生产内容,有利于客体企业较为自由地安排自己的生产运作活动,不至于所有的生产资源都受核心企业生产活动的牵制,这也是供应链文化中平等合作理念的一种表现。

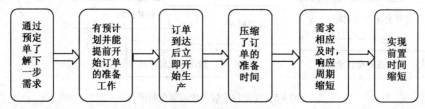

图 3-6 预订单模式运营原理

预订单计划模式的运作体现在以下 5 点:

(1)通过核心企业确定整个供应链的运营节奏。

各供应链企业之间应保持节奏步调一致,供应链的同步化才能实现,这对提高供应链的敏捷性十分重要,可以避免响应周期的无效延迟,使得多阶响应周期更加紧凑有效。

(2)节点企业之间通过预订单传达可能的业务信息,以便合作企业的准备工作能够提前开展,对节点企业的同步运作起协调缓冲的作用。

(3)通过中期框架协议保证合作企业之间对未来业务的掌握,为同步运作作准备。

预订单下达后,制造商和供应商、分销商之间签订中期框架协议,这种框架协议类似于"谅解备忘录",并不具备法律效力,但是给出了节点企业之间中期合作将会发生的业务内容、要求的订货或服务。预订单比实际订单笼统,覆盖的周期也更长,是实际订单的汇总。

(4)节点企业之间计划的交流和反馈,特别是核心企业对客体企业反馈计划的控制,保证了节点企业间计划的同步,这是实际运作同步的前提保证。

(5)信息的实时沟通和集成保证了节点企业间信息的同步,这是运作同步的基础。

背景链接

美国通用电气公司动力系统的采购

美国通用电气公司(以下简称GE)通常会在与供应商签订正式的采购合同之前,根据本公司下一阶段的生产计划,与供应商签订阶段性的订货协议和谅解备忘录(MOU),即下达预订单,以便供应商能够根据自身业务情况和GE的需要预先对生产能力有所安排,并开展一些相应的准备工作。而在订货协议的框架内,GE根据确切的需求向供应商定期或不定期地订货,即下达正式的订单。GE的这种运作模式,使得供应商可以预先对下一阶段可能的业务情况有所了解,其运作更加主动,避免出现下达订单后才开始各种准备工作的被动局面,有效地缩短了响应时间。

订货协议没有法律效力,但GE仍然严格遵守。通常情况下,订货协议的内容和实际订货合同不会有太大的出入,这是GE的诚信原则在与供应商的业务往来中的表现,也是预订单模式成功运作的必要保证。只有具有良好的诚信氛围,才能充分调动供应商的能动性,在正式订单下达前积极做好准备工作,而不用担心GE会违反协议。

在双方业务操作的具体过程中,电子商务或数字化管理技术也使得GE与供应商的联系更为快捷和准确。GE借助先进的IT,实现网上订单发放(E-PO)、项目进程跟踪(E-MTS)等,充分利用供应链信息集成平台的作用,缩短各种信息沟通的时间。

(资料来源:马士华,沈玲.基于时间竞争的供应链预订单计划模式[J].计算机集成制造系统,2005,(7).)

任务三 信息和供应链的权衡与信息共享

(1)理解供应链上的各种权衡问题的存在;
(2)了解供应链上可以共享的信息内容;
(3)掌握供应链信息共享的基本模式。

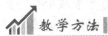

可采用案例教学、小组讨论、问题驱动等方法。基于案例提出企业经营运作的情景,以真实案例为依托,提出问题,在问题的驱动下,带领学生分析供应链上存在的各种权衡问题,引导学生找出这些权衡问题解决的关键——供应链信息共享,并分析供应链上可共享信息的内容及共享的基本模式。

教学内容

任何类型的供应链中都存着许多系统,包括各种制造、储存、运输和零售系统,管理任何一个系统都会涉及一系列复杂的权衡问题。而这些系统又是互相联系的,供应链中一个系统的输出是另一个系统的输入。供应链管理的一个主要的难题是如何进行全局优化。在顺序计划过程中,供应链的各个阶段各自进行优化而不考虑其决策对供应链上其他成员的影响。实现供应链绩效的最大化。相反,全局优化的目标是协调供应链的活动从而实现供应链绩效的最优化,也能从根本上避免牛鞭效应的存在。

一 供应链上的各种权衡问题

1. 批量—库存权衡问题

对于制造商而言,他们希望有很大的批量,这样可以降低每单位产品的准备成本,提高特定产品的制造技术,以及更容易地控制生产流程。而实际上一般的需求并不是大批量出现的,所以大批量生产导致高库存。

缩短准备时间、看板和持续改善系统,还有其他"现代制造实践"通常适用于减少库存和提高系统的反应能力。尽管传统上它们被看成属于制造业范围的内容,但是,这些制造方法对整个供应链同样有重大的意义。

零售商和分销商则希望通过较短的交货提前期和多样的产品种类来对顾客的需求做出快速反应。这些先进的制造系统通过更快速地对顾客需要做出反应,从而使制造商尽可能满足这些需求,如果能够获得信息保证,制造商会有尽可能多的时间对供应链下游成员的需要做出反应。同样,如果分销商或零售商有能力观察工厂的状况和制造商的库存,那么它们能够更准确地对顾客报出提前期。此外,这些系统能使零售商和分销商了解并信任制造商的能力。这种信心使分销商和零售商降低了为防止出现问题而设置的安全库存水平。

2. 库存—运输成本权衡问题

库存成本和运输成本之间也存在着相似的权衡问题。例如某个公司拥有自己的车队,那么每辆卡车发生一些固定运营成本(如折旧、驾驶员的工资)和一些变动成本(如汽油)。如果卡车总是满载发货,那么卡车的运营成本可以在最大可能数量的产品中进行分摊。因此,若总是整车发货(不管是否与顾客需求相等),那么满载运输可使运输成本达到最小。

如果公司利用物流商进行运输,那么这些物流商往往会提供数量折扣。一般来说,整车运输比零担运输要便宜一些。因此,在这种情况下,整车运输也减少了运输成本。然而,在许多情况下,需求数量要远远小于整车数量。因此,当商品整车发送时,这些商品在消费之前需要等待较长的时间,从而导致了较高的库存成本。

这种权衡问题不能够彻底消除,不过,我们可以利用先进的信息技术方案来减少它的影响。例如,可以利用先进的生产控制系统尽可能延迟产品的制造,从而保证整车运输。同样,配送控制系统可以使物料管理经理把从仓库运往商店的不同产品组合起来进行运输。这要求了解订单和需求的预测值以及供应商的送货计划。零售商也可以把来自许多不同制造商的产品装在同一辆运往某一特定目的地的卡车上,从而有助于控制库存和运输成本的权衡问题。

3. 前置时间—运输成本权衡问题

在上一任务中已经介绍了前置时间的相关知识,如果商品在制造后或从供应商到货后就立即运输,那么通常可以缩短前置时间。因此,一方面可以累积商品到足够数量后再运输,从而减少运输成本;另一方面,立即运输商品来缩短前置时间,这两者之间存在一个权衡问题。

这个权衡问题也是不能完全消除的,但是同样可以利用信息来减少其影响。如第 2 点所描述的,运输成本可以得到控制,这样就不一定非要累积产品到足够数量再进行运输。此外,改善的预测技术和信息系统减少了前置时间的其他组成部分,所以减少运输部分的前置时间可能并不是那么必要了。

4. 产品多样化——库存权衡问题

产品的多样化大大增加了供应链管理的复杂性。进行小批量多品种生产的制造商发现它们的制造成本上升了,制造效率却下降了。为了维持与较少品种产品的公司相同的前置时间,它们可能需要运输较少数量的商品,这样仓库将需要储存较多种类的产品,因此,通常难以准确地预测每种产品的需求,再加上所有这些产品都在争夺同样的顾客,所以必须维持较高的库存水平来保证同样的服务水平。

一个多样化产品的公司需要解决的主要问题是如何有效地匹配供应和需求。以一个生产羽绒服的制造商为例,通常,在销售季节 12 个月之前,公司就要设计在冬季销售的若干种款式。但是公司并不清楚每种款式应该生产多少件,因此,也不清楚如何安排生产。应用"延迟差异"的概念是支持多样化生产的一种有效的方法。在一个利用延迟差异的供应链中,未添加多样化特征的同类产品尽可能地运往供应链下游,这意味着配送中心接到的是单一的同类产品,然后在那里根据顾客的需求对产品进行修改或定制化。通过向仓库运输同类产品,我们已经汇集了顾客需求的所有产品这意味着需求预测更为准确,需求的变动性更小,从而可以降低安全库存。这种通过产品汇集需求的过程类似于通过零售商集成需求信息的过程,依然需要的是信息的可靠性来使得预测更为准确。

5. 成本——顾客服务权衡问题

所有这些权衡问题都是成本——顾客权衡的例子。降低库存、制造成本和运输成本往往是以牺牲顾客服务为代价的。如前所述,我们了解到在通过利用信息和合适的供应链设计降低这些成本的同时,顾客服务水平可以保持不变。我们把顾客服务定义为零售商能够用库存来满足顾客需求的能力。

顾客服务意味着零售商快速满足顾客需求的能力。从仓库直接运输到零售商客户的家中是快速满足顾客服务需求的一种方法,例如西尔斯销售的大型电器设备很大一部分是直接从仓库运输到最终客户的。这不仅控制了分销商店的库存成本,而且还使仓库能够直接利用风险分担的作用。为运行这种系统,商店必须能够获得仓库的库存信息,并且把订单信息快速传送到仓库。这仅仅是利用信息和合适的供应链设计降低成本和提高服务水平的一个例子。可以预见,集中型的库存比大量的商店库存成本更低,同时改善了顾客的服务水平,因为顾客有更多的库存可以选择,而且商品可以立即送到家中。

三 供应链信息共享理论

供应链管理是以供应链上的信息交互为处理基础的,只有实现了整个供应链上节点企业的信息准确和有效共享,才能最大限度地提升整个供应链的协同管理效率,才能够解决上述权衡问题和避免牛鞭效应的出现。

1. 供应链信息共享的概念

所谓供应链信息共享是指供应链中合作伙伴之间共同拥有知识或行动,使供应链成员之间的所有相关信息,可以无缝、流畅地在供应链中传递,从而令整个供应链能根据顾客的需求而步调一致,形成更为合理的供应关系,适应复杂多变的市场环境要求。

供应链物流信息共享的本质是在需求信息共享的基础上实现对企业库存的有效控制,同时,将企业的物流成本降到最低,保证及时的响应速度和高质量的服务水平,最终优化服务模式与流程,提升供应链管理整体运营能力。

信息共享是供应链协调的使能器,只有通过信息共享,才能更好地对供应链的各个环节、各个阶段进行管理和协调。供应链中各成员之间的信息共享对于提高整个供应链的绩效是十分重要的,企业间信息共享前后的管理方式比较如表3-3所示。

企业间信息共享前后对比   表3-3

项目	传统的管理方式	信息共享的管理方式
上下游关系	短期的交易关系	长期的战略合作关系
相互交换的主体	物料	物料、信息
服务方式	成本推动	顾客需求拉动
质量控制	以最少的成本实现可接受的质量	高标准质量要求,零缺陷
柔性	交货周期长,缺乏柔性	交货周期短,柔性好
运输	以最少的成本实现可接受的服务水平	可靠的服务水平
供应商数目	数目多,避免单一的供应源,缺乏依赖和影响	数目少,长期开放的关系
供应商规模	规模小	规模大
供应商交流	很少,信息是秘密,控制很严	开放,信息共享,共同解决问题
利润分配方式	局部利润最大,独立分配	整体利润最大,共同分配
管理的风险	独立承受风险	风险共担

2. 信息共享的内容

在供应链里,企业间是战略合作伙伴关系,基本上是以协议联盟的方式合作,而不是互相持股,在目标一致的前提下存在着一定的相对独立性,这样就不可能交流一个企业的所有信息,比如财务信息、核心技术等。因此,把握信息流的内容,区分其可共享性是管理的前提。供应链中的信息流包括以下一些内容。

(1) 最终顾客的需求信息。传统供应链中只有零售商可以看到最终市场的顾客需求信息,并以此进行预测。而零售商和其上游以及其他各级之间只是以订单的形式交流需求信息。毫无疑问,订单信息对于上游企业是很重要的,但是上游如果仅仅只依靠订单信息进行预测和生产安排,那么会产生严重的信息失真,即造成牛鞭效应的存在。所以为了使供应链上游有效地应对波动的市场需求,共享最终顾客的需求信息是很有必要的。

(2) 生产信息。企业的生产决定对上游企业的产成品的需求,也影响到对下游企业原材料的供给。在供应链中,下游企业需要根据上游供应商的生产来决定自己的库存和生产情况。美国各大汽车生产商都可以直接访问他们在几大钢铁公司的订单完成情况,确保对自己的供货不出现短缺。而且,供应链中任何一个环节上的企业出现生产波动,也势必影响到同一"链条"上的盟友。有时,供应商的生产波动对整个经济都会产生严重后果,这在石油、钢铁等资源型行业中表现最为突出。同样,下游企业的生产又决定它对供应商的需求,从而影响供应商的库存和生产计划。

> **背景链接**

摩托罗拉的"共享计划"

摩托罗拉公司利用"共享计划",使得其用户,计算机制造商和外围设备制造商与摩托罗拉芯片部门共享生产计划,这样摩托罗拉公司就能够准确地确定自己的生产计划,尽可能满足用户的需求。

(3)订单信息。通常,下游企业很少知道其向供应商所订商品的生产状态,因为供应链上任意一个企业的生产状态不仅涉及它的供应商,而且还与供应商的供应商有关。因此,下游企业并不知道以上游企业为核心企业的供应链的组成与结构,从而也不知道所订商品何时到货,如果出现什么情况,一般也是在到了交货期时才知道不能按时交货。所以,及时得知订单的生产状态,可以对供应链运作过程中出现的问题做出快速反应,提高供应链企业的决策效率。

(4)库存信息。库存信息是供应链管理中最为普遍的共享信息之一,特别是在需求波动及生产、运输中偶然故障等因素带来的不确定性无法避免时,共享库存信息显得尤为重要。传统供应链应对需求波动及生产、运输中不确定性的做法是建立安全库存,但这往往会带来另一个问题:供应商为防止出现影响连续供应产生的缺货而建立原材料安全库存,而制造商为了防止出现影响连续生产的缺货也建立制成品安全库存,从单个企业来看,这种现象并无不妥之处,然而在供应链管理里,上游供应商的制成品正对应下游制造商的原材料,双方都对同一物料建立安全库存是重复性浪费。如果相邻节点上的企业共同合作管理库存,从理论上讲安全库存和库存成本可以降低一半,而实现联合库存的首要条件是实现供应链上各节点的库存信息共享。

> **背景链接**

VMI 和 CPFR

供应链成员之间实施供应商管理库存(Vender Management Inventory,VMI)或者协同计划、预测与补给(Collaborative Planning Forecasting Replenishment,CPFR)是实现共享库存信息的主要途径。

例如,日本半导体制造商提出了一个系统,在该系统下,日本、韩国、美国以及欧洲的芯片制造商共同检查它们的库存水平。共享库存水平信息能够减轻由于波动的经营周期带来的不良影响。例如DRAM制造商位于计算机产业供应链的最上游,DRAM的需求波动极大,这是由多种因素造成的,例如经营周期、双重预测、短缺博弈、第三方投机。结果厂商不能根据销售数据和市场价格准确地预测市场需求。如果主要制造商之间能够实施信息共享至少可以减轻这种信息扭曲,每个制造商能够更好地预测市场需求,制订更好的生产计划、能力计划和库存计划。

(5) 销售及销售预测信息。越靠近市场的供应链成员越了解市场,并且越可以准确预测市场需求。他们将这些信息与上游供应链成员共享,使其能设计出更准确的生产计划。销售数据一般来源于销售点数据(POS),供应链成员可以通过共享销售数据来分析销售趋势、顾客偏好和顾客分布等,以便提高整个供应链的客户关系管理水平,实现对客户的个性化、差异化服务,最大限度地满足不同类型客户的需求。

(6) 产品信息。共享产品信息是供应链存在的基础,是上下游企业建立供需关系的桥梁。如果下游企业不知道上游企业所供应产品的信息,或者上游企业不知道下游企业所需产品的种类、质量、性能、价格、折扣等信息,那么下游企业将无法获得所需要的产品,同时上游企业将产生大量库存,甚至会导致上游企业无法进行生产与销售的情况。因此,只有建立顺畅的产品信息共享渠道和良好的信息共享机制,才能使供应链上的企业得到最大限度的满足并建立起密切的合作关系,才能使供应链在动态运作过程中结构不断得到优化。

(7) 物流信息。物流信息包括运输、保管、包装、装卸、流通加工等相关信息。这些信息可保证用户、供应商、分销商能随时了解其产品在流通过程中的状态,确保恰当的产品能在恰当的时间、恰当的地点交给恰当的用户。如果其中发生意外,能够及时地加以补救,减少供应链上企业的损失。

(8) 销售预测。在供应链管理中,每个企业都在做预测,并且核对未来的销售预测后向上游企业订货。由于企业预测的依据不同,结果会产生差异,如果某企业基于某种预测大幅度地改变习惯订货量时,应该向供应商说明这种预测的依据。有时,供应链上所有企业聚在一起共同讨论未来市场状况对合作者是非常必要的。这里的"说明依据"和"共同讨论"实际上就是销售预测信息的共享。供应链管理中销售预测信息共享的一般形式是下游节点特别是零售商与供应商、生产商、分销商共享市场需求预测信息,因为零售商更接近市场,因而能够更好定位未来市场需求。

(9) 网络供应链中的信息流。企业间联合的形式有两种,一种是双边关系,另一种则是网络联合。网络联合这种情况相当复杂,但为越来越多的企业所选择。一个企业可以与多个上下游企业结盟,同时处于多个供应链的不同位置,并担当不同角色。它可能在这条供应链上是上游供应商,而在另一条供应链上成为核心制造商。比如某汽车轮胎制造商,可能在向通用公司提供产品时,也还尽力挤进丰田、雪铁龙等公司的供应商之列,同时还直接与汽车销售商合作,向更换车胎的顾客提供产品。当企业处于网络供应链时,信息交流量将呈几何级数增长,企业要应对来自不同供应链的信息交流要求,使得信息处理更加复杂,更重要的是,企业往往不希望让某一条供应链中的结盟企业太多地了解他在另一些供应链中的情况。因此,最好有不同专员分职负责处理不同供应链上的信息交流,这样可以在密切与结盟企业关系的同时,避免不必要的信息泄漏。但是,从提高供应链效率来看,库存和生产量等信息应被充分共享,否则无法让上下游企业据此做出自己的安排。

(10) 另一些可共享信息。资金流信息:及时了解供应链上资金的流动情况,可以从财务上把握企业经营状况,还能减少供应链企业之间的财务成本,提高资金的利用率,有利于企业对自身的战略进行规划。

技术进步信息:消费者得到的最终产品的每次更新进步,都可能是供应链上所有企业共同努力的结果。因为在供应链环境下,每个企业都只专注于小范围内的核心业务,如果一两家企业的技术进步得不到其他企业相应的配套支持,则无法形成最终产品或服务。例如,Intel 公司往往会提前发布其即将推出的下一代 CPU 的性能和技术特点,以便于主板、硬盘、显示卡等生产开发商及早开发出支持此款 CPU 的产品。当各供应商都推出相应的更高性能的产品时,电脑整机提供商才能将它们组合成下一代产品。如果其中某一环节出现问题,客户将无法及早看到下一代产品

3. 供应链信息共享的模式

信息共享对供应链绩效的影响取决于很多因素,不存在哪一种信息共享策略是通用优化的。企业在选择信息共享模式时,要根据所处供应链的特点及企业自身情况制定信息共享策略。

1) 点对点共享模式

点对点共享模式指供应链合作伙伴间通过自身建立的内部信息系统,一方企业直接把对方企业传递来的信息存放在自己的数据库中。在这种模式中,信息直接从提供方传给需求方,不需要经由其他数据转换或储存中心,信息的提供和获取是多对多关系,即共享信息在多个信息系统(或数据库)间进行两两传递(如图 3-7 所示)。这种模式中,根据采用的信息技术又分为 EDI 模式和数据接口模式。这种模式一般适用于共享程度较低的小型企业,且企业所在供应链结构简单,属于信息共享程度较低的一种模式,目前我国企业应用得较多的就是这种信息共享模式。

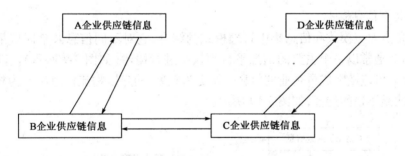

图 3-7 点对点共享模式示意图

采用点对点共享模式实现供应链管理中的信息共享,出发点是整个供应链系统的合作关系的实现立足于每个主体局部的信息与目标的实现,在有限的资源基础上通过多个主体的交互与协作来达到系统的总体目标。

2) 信息集中管理模式

信息集中管理模式是将供应链中的共享信息集中在一个公共数据库中,各企业根据权限对其进行操作,完成与多个合作伙伴的信息交流。按照公共数据库的提供者划分,这种模式又可分为第三方模式和信息平台模式。

(1) 第三方模式(ASP 模式)。由第三方信息企业提供公共数据库。由于第三方企业可主动地从外部其他信息来源去收集、加工与供应链相关的信息,向供应链单位提供额外的信息服务,从而可能人为地介入信息处理过程。

（2）信息平台模式。用信息平台取代了第三方信息企业，企业内部信息数据库和信息平台数据库间的数据传输和处理由计算机自动完成。信息平台服务商只对平台运行进行维护或根据用户的需要开发新功能模块，不提供具体的信息服务，共享信息种类要求由供应链相关的节点企业商定，信息共享的公平性和安全性得到一定程度的保证。

信息集中管理模式结构根据权限为供应链上的企业提供相应信息，而供应链管理的业务运作则由供应链上的成员企业实施，这种结构使得供应链上的成员企业可以专注于供应链业务运作。如图3-8所示。

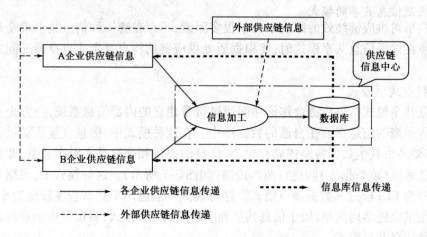

图3-8　信息集中管理模式

3）综合共享信息模式

该模式是点对点模式和信息集中管理模式的综合，它对不同信息共享区域采用不同的信息共享模式，通常以一个主要的信息平台为核心进行构建（如图3-9所示）。随着第三方物流业的兴起，供应链上成员企业的信息交换更为频繁，构建以物流信息平台为核心的综合共享信息模式是不错的选择，如图3-10所示。

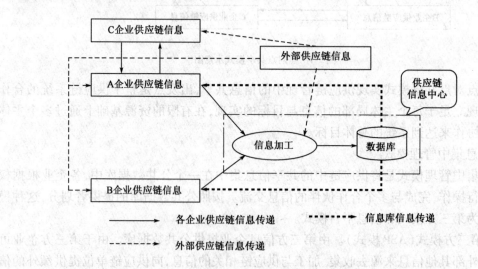

图3-9　综合共享信息模式

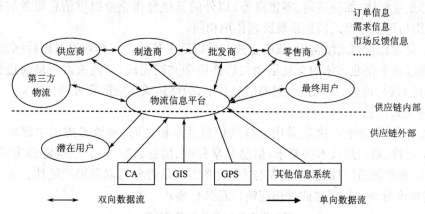

图3-10 基于物流信息平台的综合共享模式

综合共享信息模式将点对点模式和信息集中管理模式结合在一起,与信息度高的长期合作伙伴间采取信息集中管理模式,共享大部分直接或间接对供应链产生影响的信息,而与短期合作或是交易的企业间采取点对点共享模式,只共享部分企业愿意共享的信息,这就对信息共享的层级划分较明确,缺点在于共享成本较高,操作复杂。由于链中每个具体企业对共享信息的获取、处理、密级、时间要求、传输、加工等方面的不同,从而导致对综合共享模式建设的核心信息平台需求也不同。

4) 核心企业托管模式

核心企业托管模式(Core Enterprise Managed Model, CEMM),是指由供应链中核心企业主导实施供应链管理并为供应链中其他合作企业提供相关信息服务的供应链信息共享结构模型。此处的核心企业,是指相对于供应链中其他合作企业而言其综合竞争能力更强,在供应链中起核心作用的企业。核心企业托管模式由核心企业和其他合作企业构成,如图3-11所示。

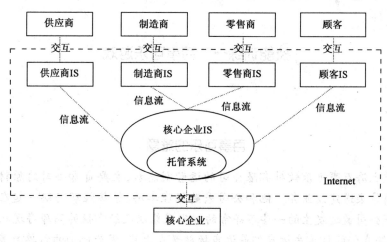

图3-11 核心企业托管模式

在实践中,核心企业由供应链中某一成员企业担当;相应地,核心企业信息系统也对应于供应链中扮演核心企业角色的企业的信息系统。另外,需要注意的是:核心企业信息系统中包含一个被称为托管系统(Managed System)的信息中心。它是为供应链中核心企业(此处指具体的企业实体,如制造商、零售商等)以外的其他合作企业提供信息服务的抽象功能系统,其作用与第三方模式信息系统所起作用相同。

在核心企业托管模式结构中,核心企业与供应链中其他合作企业通过因特网连接,供应链中工作通过各个企业实体的交互活动与协作协调共同完成,其间所需信息通过信息实体(即信息系统)进行传递,实现企业间的信息共享,最终达成供应链管理的目标。

5)四种模式比较

根据以上分析,企业在决定采用怎样的信息共享模式时,应该考虑的关键影响因素包括:成本、实时性、对信息技术的要求、信息共享程度、信息共享方式、供应链稳定性、供应链敏捷性、供应链市场适应性、供应链参与方、最终用户是否参与以及供应链伙伴关系等。表3-4 从这些角度分析比较了这四种供应链信息共享模式。

四种供应链信息共享模式比较 表3-4

项目	成本	实时性	信息技术	共享程度	共享方式	稳定性	敏捷性	市场适应性	参与方	最终用户参与	伙伴关系
点对点共享模式	高	低	要求较低	较低	分散	较低	低	低	供应链成员	否	信任度低
信息集中管理模式	低	低	要求高	中	集中	较低	低	低	第三方企业或信息平台服务商	是	信任度高
综合共享信息模式	高	高	要求高	高	集中	中	高	高	信息平台服务商	否	信任度高
核心企业托管模式	低	高	要求高	高	集中	高	高	高	核心企业	是	信任度高

信息共享对供应链绩效的影响取决于很多因素。不存在一种信息共享策略是通用优化的。企业在选择信息共享模式时,要根据所处供应链的特点及企业自身情况制定信息共享策略。

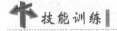

技能训练一 百事可乐游戏

百事可乐的难题

王启明是上海百事可乐饮料有限公司的运营副总裁,主要负责公司的原材料可乐浓缩液的采购和销售渠道建设业务。他和公司采购经理李涛、销售经理杨鹏一起在公司的大厅里交流了一下公司最近发生的一些不寻常的加班现象以及经常性的高库存现状。

"分销商给我们的订单告诉我们最近市场销量在上涨,因为他们的订单数量比上个月的多了大约有30%,可能是上个月王菲的上海演唱会起到了作用,要知道我们支付给王菲的广告费可是惊人的,作为百事可乐的形象代言人,这点影响力还是应该有的。我认为我们应该满足分销商的需求,要知道我们得依靠他们把可乐卖出去。"销售经理非常自信地对启明说道。

没等杨鹏说完,采购经理李涛就迫不及待地解释说:"我们采购部门是根据订单的情况,经过综合分析后做出采购可乐浓缩液决策的。从广州百事可乐饮料有限公司运到上海需要两周时间,我们得考虑两周后的市场需求情况。我认为我们的采购决策没有任何问题。虽然浓缩液的库存总是让人捉摸不透,有的时候缺货,而有的时候库存积压得几乎把公司的流动资金都占用了。但是我得说的是,我们部门每个人都是预测专家,而且我们是集思广益进行小组讨论后才做出采购决策的。"

就在采购经理说得激动的时候,公司市场研究部经理刘峰走了过来,他手里拿着最近一个月市场需求情况的调研报告。"王总,我正在找你,你要的市场调研报告已经出来了。从报告的数据来看市场需求的变动并不大。虽然我们最近的广告量还在上升但市场好像没有反应,或许等到市场起反应还有一段时间,去年这个月的情况就是这样的。"

"我想我们得仔细思考一下现在所出的问题了,不寻常的加班现象居然和可乐以及可乐浓缩液的高库存同时发生,简直是难以想象。来,我们一起做一个角色扮演的游戏吧。"王启明说完就把三位部门经理拉到了总经理办公室边上的一个会议讨论室。

1. 技能训练的目的

通过本次实训,使学生学会运用所学的理论知识和技能,以小组为单位进行百事可乐企业角色扮演的方式,用模拟的方式让学生体验供应链的流程以及牛鞭效应中使需求信息变异放大的现象如何发生,并学会通过自身的调节和预测进行改善。提高学生在实际工作中发现问题、分析问题和解决问题的能力,培养学生的团队合作精神以及交往沟通能力。

2. 技能训练的内容

将学生按要求分组,按照下列步骤进行操作,结合供应链的相关知识,完成传送单和记录单,撰写调研报告。

3. 技能训练的步骤

(1)初始设置

供应链中每个主体的现有存货都为12瓶可乐,运输前置时间都为两周(假设没有其他前置时间)。运输在制品为每次4瓶可乐,如图3-12所示。

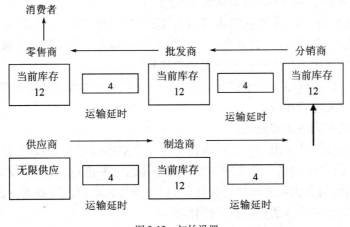

图3-12 初始设置

(2)游戏步骤

每个游戏主体,供应商、制造商、分销商、批发商以及零售商都按照以下列示的步骤参与游戏:

①收到在途物品(可乐或浓缩液);
②查看收到的订单和上一期的缺货量;
③记录库存量或缺货量(上一期缺货量必须在新一期中先予以满足);
④在从采购商那里传来的传送单上记录可以供应的数量;
⑤把传送单还给采购商;
⑥做出采购决策;
⑦记录订单数量;
⑧把采购单传给供应商;
⑨回到第①步。

每一次总是消费者给零售商下一个订单,然后是零售商向批发商下一个订单,再然后是批发商向分销商下一个订单,再然后是分销商向制造商下一个订单,再然后是制造商向供应商下一个订单,供应商无限供应。一共要经过20次运作。

每一次总是教师根据消费者的需求,随机产生一次需求,并且把它写在订单表上传给零售商。

每条供应链之间的相同的主体可以相互进行谈判以获取产品,例如在一条供应链的批发商小组已经严重缺货,而另一条供应链的批发商小组的产品出现了大量库存,那么这两个小组就可以进行谈判,进行产品买卖(或者租借)。

在课堂上做游戏时,每个小组由4个人组成为最好,每条供应链大约18个人(供应商只需要两人,他们负责百事可乐的搬运与供应)。所以在40人左右的一个班级正好可形成两条供应链。所需的可乐大约是250瓶左右。如果可乐不方便,可以用硬的纸杯替代。

(3)游戏结束评价

游戏结束后,教师需从以下几个方面进行评价:

①同一条供应链中不同主体成员的成本比较

游戏20期结束后,每一条供应链需要计算出:供应链中的存货总数、缺货总数、客户订单完成率、存货成本、缺货成本、总成本。然后每个供应链之间逐项进行比较。

②同一条供应链中不同主体成员的变异性比较

游戏20期结束后,画出每一条供应链中每一主体的订单的波动图,库存的波动图,并且同一供应链的成本要进行比较。

③供应链之间相同主体成员的比较

游戏20期结束后,计算出每一条供应链中每一个主体的存货总数、缺货总数、客户订单完成率、总成本。并且不同供应链之间的零售商与零售商要进行比较,批发商与批发商之间要进行比较,分销商与分销商之间要进行比较,制造商与制造商之间要进行比较。

④供应链之间相同主体成员的变异性比较

游戏20期结束后,画出每一条供应链中每一主体的订单的波动图,库存的波动图。并且不同供应链之间的零售商与零售商要进行比较,批发商与批发商之间要进行比较,分销商与分销商之间要进行比较,制造商与制造商之间要进行比较。

(4)游戏奖项

游戏结束后根据评价分析可以评选出三个奖项:最佳供应链合作奖、最低成本奖、最佳团队合作奖。

4.技能训练的报告要求

(1)技能训练的名称、学生姓名、班号和日期;

(2)技能训练的目的和要求;

(3)技能训练的原理;

(4)技能训练的步骤;

(5)技能训练的原始记录;

(6)技能训练的结果分析,并写出调研报告。

传送单和记录单如表3-5、表3-6所示。

附件:

传 送 单　　　　　　　　　　　　　表3-5

小组:你的位置:□零售商□批发商□分销商□制造商

周	采购数量	能供应数量	缺货	累计缺货	周	采购数量	能供应数量	缺货	累计缺货
1					11				
2					12				
3					13				
4					14				
5					15				
6					16				
7					17				
8					18				
9					19				
10					20				

注:①此传送单要在客户与供应商之间传送。例如:如果你的位置是零售商,则你要先决定"采购数量",然后将此传送单传给批发商,批发商根据自己现有的库存情况决定"能供应数量"给零售商,并把此传送单还给零售商。

②拥有此传送单的主体要分析此单上的历史记录,然后才能做出采购决策。

③这张传送单表示的是供应链两个主体之间的信息传递。其他主体成员不能看到此传送单的任何信息。

④如果游戏是在信息共享的状态下展开的,就可以把所有传送单的数据公开。这种情况可以是另外一种游戏。

记 录 单 表3-6

小组:你的位置:□零售商□批发商□分销商□制造商

周	存货量	缺货量	采购数量	周	存货量	缺货量	采购数量
1				11			
2				12			
3				13			
4				14			
5				15			
6				16			
7				17			
8				18			
9				19			
10				20			

总计:存货量1 缺货量1 存货量2 缺货量2

总成本 = 0.50 ×(存货量1 + 存货量2)+ 1.0 ×(缺货量1 + 缺货量2)

注:①记录单只能够自己拥有,不能在小组之间传递。

②存货的成本是每单位0.50元,缺货的成本为每单位1.0元。

③如果游戏是在信息共享的状态下展开的,就可以把记录单的数据公开。

完成客户订单预测与实际对照图(如图3-13所示)。

(描述出你所预测的客户的订单数量)

小组:你的位置:□零售商□批发商□分销商□制造商

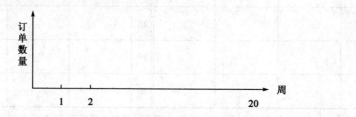

图3-13 客户订单与实际对照图

注:①此客户订单预测与实际对照图是每次做出订购数量决策时画出的,它可能会帮助你做出正确的采购决策。

②如果游戏是在信息共享的状态下展开的,就可以把此图的数据公开。

技能训练二 供应链信息共享模式设计

背景链接

沃尔玛的供应链信息共享

沃尔玛百货有限公司,由美国零售业的传奇人物山姆·沃尔顿先生于1962年在美国阿肯色州成立。经过40余年的发展,沃尔玛百货有限公司已经成为美国最大的私人雇主和世界上最大的连锁零售商。目前沃尔玛在全球10个国家开设了超过5000家商场,员工总数160多万,分布在美国、墨西哥、波多黎各、加拿大、阿根廷、巴西、中国、韩国、德国和英国10个国家。每周光临沃尔玛的顾客近一亿四千万人次。在短短几十年间,它从乡村走向城市,从北美走向全球,由一家小型折扣商店发展成为世界上最大的零售企业。1979年沃尔玛的年收入第一次超过10亿美元,2004年沃尔玛全球的销售额达到2852亿美元。沃尔玛能在如此短的时间内不断壮大,超越对手,坐上世界零售企业的头把交椅,其强大的供应链管理在其发展过程中起到了举足轻重的作用。

实现供应链管理的基础是信息共享。供应链的协调运行需要建立在企业高质量的信息传递与共享基础上。沃尔玛甚至信息技术对于提升现代企业经营效率的作用,除了配送中心外,沃尔玛投资最多的便是电子信息通信系统。沃尔玛的计算机系统是全美最大的民用系统,规模仅仅次于五角大楼甚至超过了联邦航天局。20世纪80年代初,当其他零售商还在钻"信息化"这个词的牛角尖时,沃尔玛便与休斯公司合作,花费2400万美元建造了一颗人造卫星,并于1983年发射升空和启用,成为第一个发射和使用自有通信卫星的零售公司。20世纪80年代初,沃尔玛较早地开始使用商品条码和电子扫描仪实现存货自动控制。采用商品条码代替了大量手工劳动,不仅缩短了顾客付款等候的时间,更便于企业利用计算机跟踪商品从进货到库存、配货、上架、售出的全过程,及时掌握商品销售和运行信息,加快商品流转速度。20世纪80年代末,沃尔玛开始利用电子信息交换系统(EDI)与供应商建立自动订货系统。该系统又称为无纸贸易系统,通过计算机联网,向供应商提供商业文件,发出采购指令,获取收据和装运清单等,同时也使供应商及时精确地把握其产品销售情况。1994年沃尔玛已与1800家供应商实现了电子资料交换,成为EDI技术在全美国最大的用户。沃尔玛还利用更先进的快速反应系统代替采购指令,真正实现了自动订货,此系统利用条形码扫描和卫星通信,与供应商每日交换商品销售、运输和订货信息。正是依靠先进的电子通信手段,沃尔玛才做到了商品的销售与配送中心保持同步,配送中心与供应商保持同步。

沃尔玛有统一的货品代码,商场当中的所有商品都有一个统一的 UPC 代码(Universal Product Code),更重要的是沃尔玛公司实现了每个分店与配送中心、公司总部甚至供应商的信息实时共享。

1. 内部销售信息共享

沃尔玛商店的经理只要扫描一下店中的某件商品的条形码,就能知道该商品在本店的库存数,已经预定的该商品数量,以及订货商品的状态信息(预订商品中多少正在运输途中多少正在配送中心,预定商品预计到达商店的时间等)。该经理还可以了解上周甚至是上年该商品在本店的销售情况。沃尔玛商店的经理之所以能够了解得这么详细,是因为沃尔玛的任何一个分店,在顾客购物付款的同时,与POS机相连的计算机已经通过卫星把顾客的购物信息传到了与分店不远的配送中心和位于美国阿肯色州本顿维尔市的沃尔玛总部,直至5000多家供应商。

依靠庞大的信息系统和实时的销售数据共享,本顿维尔总部的经理们可以轻而易举地天天跟踪任何一件商品的销售情况,比如说一款服装或者一根钓鱼竿,并在各个地区之间进行比较,这使得依据当地品位选择商品品种和进行实验性销售变得更容易了。他们可以把同样的商品在不同的商店里以不同的方式摆放,然后很快命令所有的商店都采用效果最好的那种。而各分店的经理则依靠历史数据适时调整订货数量和品种。

当沃尔玛商店货架上某种商品的库存低于限定额后,沃尔玛的自动补货系统会走动生成某种商品的订单,提醒商店经理进行订货决策。只要商店经理确认一下,订单信息就自动传递到配送中心。当然,商店经理在觉得系统建议的订货数额太大或太小时,可以进行调整,甚至取消订单。沃尔玛各分店的订单信息像涓涓细流传递到配送中心,配送中心整合后正式向供应商订货。

2. 内部物流信息共享

沃尔玛公司的运输卡车全部安装了卫星定位系统,每辆车在什么位置、装载什么货物、目的地是什么地方,总部都一目了然。因此,在任何时候,调度中心都可以知道这些车辆在什么地方,离商店还有多远,他们也可以了解到某个商品运输到了什么地方,还有多少时间才能运输到商店。对此,沃尔玛精确到小时。如果员工知道车队由于天气、修路等某种原因耽误了到达时间,装卸工人就可以不用再等待,而可以安排别的工作。

3. 沃尔玛与供应商信息共享

沃尔玛还有一个非常好的系统,可以使供货商们能够直接进入沃尔玛的系统,沃尔玛把它叫作"零售链接"。供货商们可以在沃尔玛的每个店铺中及时了解到自己产品的销售情况和库存状况。这些销售数据可以在24小时内进行更新。通过零售链接,供货商们就可以通过了解产品的销售情况,来调整生产计划,从而降低产品生产成本。

零售链接的"原型"是沃尔玛和宝洁公司为促进销售而建立的自动定发货系统。为了降低营销成本,1987年7月沃尔玛和日用化工品供应商宝洁公司建立合作联盟。对于合作的形式和内容,山姆·沃尔顿说:"为了推动我们的业务发展,通过联盟形式,借助计算机开始实现信息共享。宝洁公司可以调用沃尔玛的销售和库存数据,并以此为依据制定出有效的生产和补货计划。不仅仅是单纯的财务管理,而是通过利用新星的信息技术对整个业务活动实行全方位的管理,从而使双方进入到一种新的境地。"

双方实施合作的主要组织机构是由宝洁和沃尔玛双方的财务、流通、生产和其他职能部门组成的约70人的专门合作团队,派驻沃尔玛实行协作管理。根据专门合作团队的策划,沃尔玛于1989年开始对宝洁公司的纸尿裤产品实行供应链管理,即构筑JUST-IN-TIME型、即时、追求低库存的自动定发货系统。

具体形式是:双方企业通过EDI和卫星通信实现联网。借助于这种信息系统,宝洁公司除了能迅速得知沃尔玛物流中心内的纸尿裤库存情况外,还能及时了解之尿裤在沃尔玛店铺的销售量、库存量、价格等数据,这样不仅能使宝洁公司及时制定出符合市场需求的生产和研发计划,同时也能对沃尔玛的库存进行单品管理,做到连续补货,防止出现商品结构性机会成本(即滞销商品库存过多,而同时畅销商品断货)。

宝洁公司对沃尔玛进行库存管理的具体作业流程是:沃尔玛的各个店铺都制定一个安全库存水平,一旦现有库存低于这个水平,设在沃尔玛的计算机通过通信卫星自动向宝洁公司的纸尿裤工厂订货。宝洁公司在接到订货后,将订购商品配送到各店铺,并实施在库管理。与整个商品前置时间缩短相适应,两个企业之间的结算系统也采用了EFT(电子基金转换)系统,通过这种系统企业之间的财务结算就不需要传统的支票等物质形式来进行,而是通过计算机以及终端等电子设备来完成。显然,EFT系统的导入不仅提高了企业之间结算的效率,而且大大降低了两个企业之间的间接成本,对于宝洁公司来说,EFT系统加速了资金的回笼,提高了资金周转率。对于沃尔玛公司来说,由于及时化的商品管理制度,保证了贷款的支付在商品完成以后进行(此前有先期垫款要求),同时,也加速了他的资金周转、提高了资金效率。

事实证明,自从宝洁公司与沃尔玛公司实行产销联盟以后,沃尔玛店铺中宝洁公司的纸尿裤商品周转率提高了70%,与此相对应,宝洁公司的纸尿裤销售额也提高了50%,达到了30亿美元。而且从此以后,沃尔玛一直采用单环节的直接交易形式,为其全面控制流通成本、塑造新的竞争优势奠定了基础。

而沃尔玛则从原来繁重的物流作业中解放出来,专心于经营销售活动,同时在通过EDI从宝洁公司获得信息的基础上,及时决策商品的货架和进货数量,并由MMI(制造商管理库存)系统实行自动补货。沃尔玛将物流中心或者仓库的管理权交给宝洁公司代为实施,所有权仍然属于宝洁公司,这样沃尔玛不仅不用从事具体的物流活动,而且由于双方企业之间不用就每笔交易的条件(如配送、价格问题)等进行谈判,大大缩短了商品从订货经过进货、保管、分拣到补货销售的整个业务流程的时间。(资料来源:蔡灏海,供应链信息共享问题研究)

1. 技能训练的目的

通过对提供案例企业供应链信息共享分析的实训,学习供应链信息共享的具体方法,了解一般供应链信息共享的内容,掌握基本的供应链信息共享的模式。

2. 技能训练的内容

根据提供的案例,分析该案例企业如何进行信息共享。

3. 技能训练的步骤

(1)分析案例资料;
(2)收集品牌制造商合作伙伴资料;
(3)绘制供应链信息共享示意图;
(4)对该品牌供应链信息共享特性进行分析。

4. 技能训练的报告要求

(1)技能训练的名称、学生姓名、班号和日期;
(2)技能训练的目的和要求;

(3)技能训练的原理；

(4)技能训练的步骤；

(5)技能训练的原始记录；

(6)技能训练的结果分析，并写出技能训练报告。

产品供应链结构设计能力训练考核表如表3-7所示。

产品供应链结构设计能力训练考核表　　　　　表3-7

	考评内容	分值	实际得分
考评标准	调研记录内容准确，能捕捉有价值的信息	25	
	调查资料准备充分，讲究礼貌	20	
	准确绘制供应链信息共享示意图	25	
	分析有独到见解	30	
合　计		100	

项目四　供应链的运行

美国著名经济学家克里斯多夫讲过:"市场上只有供应链而没有企业","真正的竞争不是企业与企业之间的竞争,而且供应链与供应链之间的竞争"。供应链管理需要的是一体化运作,切忌各自为政;需要信息的速度、准确度,切忌虚假信息;需要快速反应,切忌麻木迟钝;需要资源优化组合,切忌基础设施过剩;要求有效的成本控制。"用户是上帝",消费者要求"更好、更快、更便宜、更个性化",这是全球的总趋势,这是各个企业的压力,也是推动供应链管理发展的主要动力。本项目从供应链环境下的采购管理、库存管理和生产计划与控制三个方面着手研究供应链整体运行问题,突出体现了供应链运行过程中的系统性、集成性以及实现无缝衔接的管理策略。

教学目标

1. 知识目标

（1）了解供应链管理环境下的物流管理思想和策略;

（2）了解传统的库存管理及基本库存控制策略;

（3）了解传统的企业生产计划和控制与供应链管理模式存在的差距。

2. 技能目标

（1）理解供应链企业的采购管理新特点;

（2）掌握供应链环境下的库存管理策略;

（3）掌握供应链环境下生产计划和控制的特点及方法。

供应链管理在风神汽车有限公司的成功应用案例

风神汽车有限公司是东风汽车公司、台湾裕隆汽车制造股份有限公司（裕隆集团为台湾省内第一大汽车制造厂,其市场占有率高达51%,年销量20万辆）、广州京安云豹汽车有限公司等共同出资组建的,由东风汽车公司控股的。在竞争日益激烈的大环境下,风神公司采用供应链管理思想和模式及其支持技术方法,取得了当年组建、当年获利的好成绩。通过供应链系统,风神汽车有限公司建立了自己的竞争优势:通过与供应商、花都工厂、襄樊工厂等企业建立战略合作伙伴关系,"两地生产、委托加工"的供应链组织结构模式,优化了链上成员间的协同运作管理模式,实现了合作伙伴企业之间的信息共享,促进物流通畅,提高了客户反应速度,创造了竞争中的时间和空间优势;将供应商、产品(整车)制造商和分销商(专营店)有机组织起来,在战略、任务、资源和能力方面相互依赖,构成了十分复杂的供应—生产—销售网链。通过设立中间仓库,实现了准时化采购,从而减少了各个环节上的库存量,避免了许多不必要的库存成本消耗;通过在全球范围内优化合作,供应商包括了多家国内供应商和多家国外供应商(KD件),并且在全国各地设有多家专营店,各个节点企业将资源集中于核心业务,充分发挥其专业优势和核心能力,最大限度地减少了产品开发、生产、分销、服务的时间和空间距离,实现对客户需求的快速有效反应,大幅度缩短订货的提前期;通过战略合作充分发挥链上企业的核心竞争力,实现优势互补和资源共享,这样,把传统经营中经常出现流通中断或库存积压过长等问题消除,或者降到最低限度,真正实现精细生产,共生出更强的整体核心竞争能力与竞争优势,这就是供应链管理的魅力。

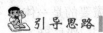引导思路

(1)该公司所采取的供应—生产—销售网链模式具有什么特点?
(2)通过供应链系统,该公司取得了怎样的成效?

任务一 供应链环境下的采购与物流管理

教学要点

(1)了解供应链管理环境下的物流管理思想和策略;
(2)理解供应链企业的采购管理新特点;
(3)理解电子采购策略;
(4)理解准时化采购的策略。

教学方法

采用课堂讲授、多媒体情境教学、案例教学的方法。

教学内容

物流贯穿整个供应链,它连接供应链的各个企业,是企业间相互合作的纽带。供应链管理赋予物流与采购管理新的意义和作用,如何有效地管理供应链的物流过程,使供应链将物流、信息流、资金流有效集成并保持高效运作,是供应链管理要解决的一个重要问题。

一 供应链管理环境下的物流管理

1. 供应链管理环境下物流的特征

企业竞争环境的变化导致企业管理模式的转变,供应链管理思想就是在新的竞争环境

下出现的。新的竞争环境体现了企业竞争优势要素的改变。在20世纪70年代以前,成本是主要的竞争优势,而20世纪80年代则是质量,20世纪90年代是交货时间,即所谓基于时间的竞争,到21世纪初,这种竞争优势转移到敏捷性上来。在这种环境下,企业的竞争表现在如何以最快速度响应市场要求,满足不断变化的多样化需求。即企业必须能在实时的需求信息下,快速组织生产资源,把产品送到用户手中,并提高产品的用户满意度。在激烈的市场竞争中,传统的单一企业竞争模式已经很难使企业在市场竞争中保持绝对的竞争优势。信息时代的到来,进一步加深了企业竞争的压力,信息资源的开放性,打破了企业的界限,建立了一种超越企业界限的新的合作关系,为创造新的竞争优势提供了有利的条件。因此,供应链管理的出现迎合了这种趋势,顺应了新的竞争环境的需要,使企业从资源的约束中解放出来,创造出新的竞争优势。

2．供应链管理环境下物流管理的新特点

由于供应链管理下物流环境的改变,新的物流管理和传统的物流管理相比产生了许多不同的特点。这些特点反映了供应链管理思想的要求和企业竞争的新策略。在传统的物流系统中,需求信息和反馈信息(供应信息)都是逐级传递的,因此上级供应商不能及时地掌握市场信息,因而对市场的信息反馈速度比较慢,从而导致需求信息的扭曲。另外,传统的物流系统没有从整体角度进行物流规划,常常导致一方面库存不断增加,另一方面当需求出现时,又无法满足。这样,企业就会因为物流系统管理不善而丧失市场机会。

简言之,传统物流管理的主要特点表现在以下4个方面:

(1)纵向一体化的物流系统;

(2)不稳定的供需关系,缺乏合作;

(3)资源的利用率低,没有充分利用企业的有用资源;

(4)信息的利用率低,没有共享有关的需求资源,需求信息扭曲现象严重。

在供应链管理环境的物流系统中,信息的流量大大增加。需求信息和反馈信息不是逐级传递,而是网络式传递的,企业通过EDI/Internet可以很快掌握供应链上不同环节的供求信息和市场信息。因此在供应链环境下,物流系统有需求信息、供应信息和共享信息三种信息在系统中运行。

共享信息的增加对供应链管理是非常重要的。由于可以做到共享信息,供应链上任何节点的企业都能及时地掌握市场的需求信息和整个供应链的运行情况,每个环节的物流信息都能透明地与其他环节进行交流与共享,从而避免了需求信息的失真现象。对物流网络规划能力的增强,也反映了供应链管理环境下的物流特征。它充分利用第三方物流系统、代理运输等多种形式的运输和交货手段,降低了库存的压力和安全库存水平。作业流程的快速重组能力极大地提高了物流系统的敏捷性。通过消除不增加价值的过程和时间,使供应链的物流系统进一步降低成本,为实现供应链的敏捷性、精细化运作提供了基础性保障。对信息跟踪能力的提高,使供应链物流过程更加透明化,也为实时控制物流过程提供了条件。

在传统的物流系统中,许多企业有能力跟踪企业内部的物流过程,但没有能力跟踪企业之外的物流过程,这是因为没有共享的信息系统和信息反馈机制。合作性与协调性是供应链管理的一个重要特点,但如果没有物流系统的无缝连接,运输的货物逾期未到,顾客的需要不能得到及时满足,采购的物资常常在途中受阻,都会使供应链的合作性大打折扣,因此,无缝连接的供应链物流系统是使供应链获得协调运作的前提条件。灵活多样的物流服务，提高了用户的满意度。通过制造商和运输部门的实时信息交换，及时地把用户关于运输、包装和装卸方面的要求反映给相关部门，提高了供应链管理系统对用户个性化响应的能力。归纳起来，供应链环境下的物流管理的特点可以用如下6个术语简要概括：

(1) 信息——共享；

(2) 过程——同步；

(3) 合作——互利；

(4) 交货——准时；

(5) 响应——敏捷；

(6) 服务——满意。

3. 物流管理的战略

战略（Strategy）是企业生存和发展的保证。没有战略的企业是不会长久发展的企业，没有战略眼光的企业家是不称职的企业家。现代物流管理系统处于复杂多变的环境，物流管理需要运筹与决策，要为提高供应链的竞争力提供有力保证，因此物流战略在供应链管理战略中有重要的意义和作用。

1) 物流管理战略的意义

古人云："兵马未到，粮草先行。"物流为企业产品打入市场架桥铺路，为生产源源不断地输送原材料。没有通畅而敏捷的物流系统，企业就无法在市场竞争中立足。在传统的物流管理中，由于物流被看作是企业的经营活动中辅助的内容，因此许多企业没有物流战略，缺乏战略性的物流规划和运筹。有的企业虽然生产管理搞得很好，产品研究开发也很有水平，但是产品就是销不出去，原因是多方面的，其中之一可能就是物流渠道不通畅导致产品分销受阻，影响了产品的进一步生产与开发。有的企业由于原材料的供应问题没有解决好，没有建立良好的原材料供应渠道，影响了产品的生产，也同样制约了企业经营战略的实现。有的企业在售后服务方面，缺乏用户服务的观念，没有建立通畅的用户信息反馈机制，使企业的经营战略没能跟上用户的需求，由于企业没有捕捉市场信息的敏捷性，最终失去了用户。

供应链管理的战略思想就是要通过企业与企业之间的有效合作，建立一种低成本、高效率、响应性好、具有敏捷性的企业经营机制，产生一种超常的竞争优势；就是要使企业从质量、成本、时间、服务、灵活性等方面显著提高竞争优势，加快企业产品进入市场的速度。这种战略思想的实现需要供应链物流系统从企业战略的高度去规划与运筹，并把供应链管理战略通过物流战略的贯彻实施得以落实。由此可见，物流管理战略对于供应链管理来说是非常重要的，重视物流战略问题是供应链管理区别于传统物流管理的一个重要标志。

2) 物流管理战略的框架结构

物流管理战略内容分4个层次，如图4-1所示。

(1) 全局性的战略。物流管理的最终目标是满足客户需求（把企业的产品和服务以最快的方式、最低的成本交付用户），因此客户服务应该成为物流管理的最终目标，即全局性的战略目标。通过良好的用户服务，可以提高企业的信誉，获得第一手市场信息和用户需求信息，增加企业和客户的亲和力并留住顾客，使企业获得更大的利润。要实现客户服务的战略目标，必须建立客户服务的评价指标体系，如平均响应时间、订货满足率、平均缺货时间、供应率等。虽然目前对于客户服务的指标还没有一个统一的规范,对客户服务的定义也不同,但企业可以根据自己的实际情况建立提高用户满意度的管理体系,通过实施用户满意工程,全面提高用户服务水平。

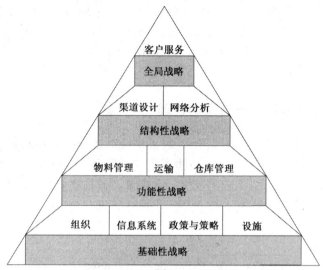

图 4-1　物流管理战略的框架结构

(2)结构性的战略。物流管理战略的第二层次是结构性的战略,包括渠道设计和网络分析。渠道设计是供应链设计的一个重要内容,包括重构物流系统、优化物流渠道等。通过优化渠道,提高物流系统的敏捷性和响应性,使供应链获得最低的物流成本。

网络分析是物流管理中另一项很重要的战略工作,它为物流系统的优化设计提供参考依据。其内容主要包括以下 5 个方面:

①库存状况的分析。通过对物流系统不同环节的库存状态分析,找出降低库存成本的改进目标。

②用户服务的调查分析。通过调查和分析,发现用户需求和获得市场信息反馈,找出服务水平与服务成本的关系。

③运输方式和交货状况的分析。通过分析,使运输渠道更加合理化。

④物流信息及信息系统的传递状态分析。通过分析,提高物流信息传递过程的速度,增加信息反馈,提高信息的透明度。

⑤合作伙伴业绩的评估和考核。对物流管理系统的结构性分析的目的是不断减少物流环节,消除供应链运作过程中不增加价值的活动,提高物流系统的效率。

(3)功能性的战略。物流管理第三层次的战略是功能性的战略,包括物料管理、仓库管理、运输管理三个方面。内容主要有:运输工具的使用与调度;采购与供应、库存控制的方法与策略;仓库的作业管理等。物料管理与运输管理是物流管理的主要内容,必须不断地改进管理方法,使物流管理向零库存这个极限目标努力,降低库存成本和运输费用,优化运输路线,保证准时交货,实现物流过程的适时、适量、适地的高效运作。

(4)基础性的战略。物流管理第四层次的战略是基础性的战略,主要作用是为保证物流系统的正常运行提供基础性的保障。内容包括:组织系统管理;信息系统管理;政策与策略;

基础设施管理。要健全物流系统的组织管理结构和人员配备,就要重视对企业有关人员的培训,提高他们的业务素质,例如,采购与销售部门是企业的两个对外业务协调部门,他们工作的好坏直接关系到企业与合作伙伴的关系和企业的形象,因此必须加强对这两个部门的领导与组织工作。信息系统是物流系统中传递物流信息的桥梁,库存管理信息系统、配送分销系统、用户信息系统、EDI/Internet 数据交换与传输系统、电子资金交易系统(EFT)、零售点 POS,对提高物流系统的运行效率起着关键作用,因此必须从战略的高度去规划与管理,才能保证物流系统高效运行。

二、供应链管理环境下的采购管理

采购管理是物流管理的重点内容之一,它在供应链企业之间原材料和半成品生产合作交流方面架起一座桥梁,沟通生产需求与物资供应的联系。为使供应链系统能够实现无缝连接,并提高供应链企业的同步化运作效率,就必须加强采购管理。在供应链管理模式下,采购工作要做到五个恰当:恰当的数量、恰当的时间、恰当的地点、恰当的价格和恰当的来源。

1. 传统的采购模式

传统采购的重点放在如何和供应商进行商业交易的活动上,特点是比较重视交易过程的供应商的价格比较,通过供应商的多头竞争,从中选择价格最低的作为合作者。虽然质量、交货期也是采购过程中的重要考虑因素,但在传统的采购方式下,质量、交货期等都是通过事后把关的办法进行控制,如到货验收等,交易过程的重点放在价格的谈判上。因此,在供应商与采购部门之间经常要进行报价、询价、还价等来回地谈判,并且多头进行,最后从多个供应商中选择一个价格最低的供应商签订合同,订单才决定下来。

主要特点表现在如下 4 个方面。

1)选择供应商

选择供应商在传统的采购活动中是一个首要的任务。在采购过程中,采购一方为了能够从多个竞争性的供应商中选择一个最佳的供应商,往往会保留私有信息,因为如果给供应商提供的信息越多,供应商的竞争筹码就越大,这样对采购一方不利。因此采购一方尽量保留私有信息,而供应商也在和其他的供应商竞争中隐瞒自己的信息。这样,采购、供应双方都不进行有效的信息沟通,这就是非信息对称的博弈过程。

2)验收检查

验收检查是采购部门的一个重要的事后把关工作,质量控制的难度大。质量与交货期是采购一方要考虑的另外两个重要因素,但是在传统的采购模式下,要有效控制质量和交货期只能通过事后把关的办法。因为采购一方很难参与供应商的生产组织过程和有关质量控制活动,相互的工作是不透明的。因此需要通过各种有关标准如国际标准、国家标准等,进行检查验收。缺乏合作的质量控制会导致采购部门对采购物品质量控制的难度增加。

3)供需关系

供需关系是临时的或短时期的合作关系,而且竞争多于合作,在传统的采购模式中,供应与需求之间的关系是临时性的,或者短时性的合作,而且竞争多于合作。由于缺乏合作与协调,采购过程中各种抱怨和扯皮的事情比较多,很多时间消耗在解决日常问题上,没有更多的时间用来做长期性预测与计划工作,供应与需求之间这种缺乏合作的气氛增加了许多运作中的不确定性。

4)响应用户需求

响应用户需求能力迟钝。由于供应与采购双方在信息的沟通方面缺乏及时的信息反馈,在市场需求发生变化的情况下,采购一方也不能改变供应一方已有的订货合同,因此采购一方在需求减少时库存增加,需求增加时,出现供不应求。重新订货需要增加谈判过程,因此供需之间对用户需求的响应没有同步进行,缺乏应付需求变化的能力。

可见,传统采购过程是典型的非信息对称的博弈过程,并且事后把关,质量控制不及时,供需双方的关系竞争大于合作,响应用户需求的能力迟钝。

2. 供应链管理环境下采购的特点

在供应链管理的环境下,企业的采购方式和传统的采购方式有所不同。这些差异主要体现在如下 3 个方面。

1)从库存采购到订单采购的转变

从为库存而采购到为订单而采购的转变。在传统的采购模式中,采购的目的很简单,就是为了补充库存,即为库存而采购。采购部门并不关心企业的生产过程,不了解生产的进度和产品需求的变化,因此采购过程缺乏主动性,采购部门制订的采购计划很难适应制造需求的变化。在供应链管理模式下,采购活动是以订单驱动方式进行的,制造订单的产生是在用户需求订单的驱动下产生的,然后,制造订单驱动采购订单,采购订单再驱动供应商,如图 4-2 所示。

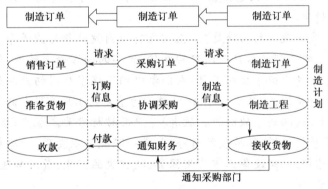

图 4-2 订单驱动的采购业务原理

这种准时化的订单驱动模式,使供应链系统得以准时响应用户的需求,从而降低了库存成本,提高了物流的速度和库存周转率。订单驱动的采购方式有如下特点:

(1)由于供应商与制造商建立了战略合作伙伴关系,签订供应合同的手续大大简化,不再需要双方的询盘和报盘的反复协商,交易成本也因此大为降低。

(2)在同步化供应链计划的协调下,制造计划、采购计划、供应计划能够并行进行,缩短了用户响应时间,实现了供应链的同步化运作。采购与供应的重点在于协调各种计划的执行。

(3)采购物资直接进入制造部门,减少采购部门的工作压力和不增加价值的活动过程,实现供应链精细化运作。

(4)信息传递方式发生了变化。在传统采购方式中,供应商对制造过程的信息不了解,也无须关心制造商的生产活动。但在供应链管理环境下,供应商能共享制造部门的信息,提高了供应商应变能力,减少信息失真。同时,在订货过程中不断进行信息反馈,修正订货计划,使订货与需求保持同步。

(5)实现了面向过程的作业管理模式的转变。订单驱动的采购方式简化了采购工作流程,采购部门的作用主要是沟通供应与制造部门之间的联系,协调供应与制造的关系,为实现精细采购提供基础保障。

2)有效的外部资源管理

供应链管理采购模式的第二特点是实施有效的外部资源管理。实施外部资源管理也是实施精细化生产、零库存生产的要求。供应链管理中一个重要思想,是在生产控制中采用基于订单流的准时化生产模式,使供应链企业的业务流程朝着精细化生产努力,即实现生产过程的几个"零"化管理:零缺陷、零库存、零交货期、零故障、零(无)纸文书、零废料、零事故、零人力资源浪费。

> 背景链接

广州风神物流巩固 6S 策略

6S 是一个行动纲领,具有起承转合的内在次序,并且与 TQC 一样,强调人的因素、人的意识,同时又体现了在诸如 ISO 9000 等管理体系要求中强调的"规范化"或"文件化"的因素。6S 看似简单却精当而实用,它是提升企业管理水平不可多得的良方,同时也是改善个人工作生活素质的秘诀。

(1)亏损为零(6S 为最佳的推销员)。至少在行业内被称赞为最干净整洁的工场;无缺陷、无不良、配合度好的声誉在客户之间口碑相传,忠实的顾客越来越多;知名度很高,很多人慕名来参观;大家争着来这家公司工作;人们都以购买这家公司的产品为荣;整理、整顿、清扫、清洁和修养维持良好,并且成为习惯,以整洁为基础的工厂有很大的发展空间。

(2)不良为零(6S 是品质零缺陷的护航者)。产品按标准要求生产;检测仪器正确地使用和保养,是确保品质的前提;环境整洁有序,异常一眼就可以发现;干净整洁的生产现场,可以提高员工品质意识;机械设备正常使用保养,减少次品产生;员工知道要预防问题的发生而非仅是处理问题。

(3)浪费为零(6S 是节约能手)。6S 能减少库存量,排除过剩生产,避免零件、半成品、成品在库过多;避免库房、货架、天棚过剩;避免卡板、台车、叉车等搬运工具过剩;避免购置不必要的机器、设备;避免"寻找"、"等待"、"避让"等动作引起的浪费;消除"拿起"、"放下"、"清点"、"搬运"等无附加价值动作;避免出现多余的文具、桌、椅等办公设备。

(4)故障为零(6S 是交货期的保证)。工厂无尘化;无碎屑、碎块和漏油,经常擦拭和保养,机械稼动率高;模具、工装夹具管理良好,调试、寻找时间减少;设备产能、人员效率稳定,综合效率可把握性高;每日进行使用点检,防患于未然。

(5)切换产品时间为零(6S 是高效率的前提)。模具、夹具、工具经过整顿,不需要过多地寻找时间;整洁规范的工厂机器正常运转,作业效率大幅上升;彻底的 6S,让初学者和新人一看就懂,快速上岗。

(6)事故为零(6S是安全的软件设备)。整理、整顿后,通道和休息场所等不会被占用;物品放置、搬运方法和积载高度考虑了安全因素;工作场所宽敞、明亮,使物流一目了然;人车分流,道路通畅;"危险"、"注意"等警示明确;员工正确使用保护器具,不会违规作业;所有的设备都进行清洁、检修,能预先发现存在的问题,从而消除安全隐患;消防设施齐备,灭火器放置位置、逃生路线明确,万一发生火灾或地震,员工生命安全有保障。

(7)投诉为零(6S是标准化的推动者)。人们能正确地执行各项规章制度;去任何岗位都能立即上岗作业;谁都明白工作该怎么做,怎样才算做好了;工作方便又舒适;每天都有所改善,有所进步。

(8)缺勤率为零(6S可以创造出快乐的工作岗位)。一目了然的工作场所,没有浪费、勉强、不均衡等弊端;岗位明亮、干净,无灰尘、无垃圾的工作场所让人心情愉快,不会让人厌倦和烦恼;工作已成为一种乐趣,员工不会无故缺勤旷工;6S能给人"只要大家努力,什么都能做到"的信念,让大家都亲自动手进行改善;在有活力的一流工场工作,员工都由衷感到自豪和骄傲。

供应链管理思想就是系统性、协调性、集成性、同步性,外部资源管理是供应链企业从内部集成走向外部集成的重要一步。要实现有效的外部资源管理,采购活动应从以下几个方面进行改进:

(1)和供应商建立一种长期的、互惠互利的合作关系。这种合作关系保证了供需双方能够有合作的诚意和参与双方共同解决问题的积极性。

(2)通过提供信息反馈和教育培训支持,在供应商之间促进质量改善和质量保证。传统采购管理的不足在于没有给予供应商在有关产品质量保证方面的技术支持和信息反馈。在顾客化需求的今天,产品的质量是由顾客的要求决定的,而不是简单地通过事后把关所能解决的。因此,在这样的情况下,质量管理的工作需要下游企业提供相关质量要求的同时,应及时把供应商的产品质量问题及时反馈给供应商,以便其及时改进。对个性化的产品质量要提供有关技术培训,使供应商能够按照要求提供合格的产品和服务。

(3)参与供应商的产品设计和产品质量控制过程。同步化运营是供应链管理的一个重要思想。通过同步化的供应链计划使供应链各企业在响应需求方面取得一致性的行动,增加供应链的敏捷性。实现同步化运营的措施是并行工程。制造商企业应该参与供应商的产品设计和质量控制过程,共同制订有关产品质量标准等,使需求信息能很好地在供应商的业务活动中体现出来。

(4)协调供应商的计划。一个供应商有可能同时参与多条供应链的业务活动,在资源有限的情况下必然会造成多方需求争夺供应商资源的局面。在这种情况下,下游企业的采购部门应主动参与供应商的协调计划。在资源共享的前提下,保证供应商不至于因为资源分配不公或出现供应商抬杠的矛盾,保证供应链的正常供应关系,维护企业的利益。

(5)建立一种新的、有不同层次的供应商网络,并通过逐步减少供应商的数量,致力于与供应商建立合作伙伴关系。在供应商的数量方面,一般而言,供应商越少,越有利于双方的合作。但是,企业的产品对零部件或原材料的需求是多样的,因此不同的企业供应商的数目不同,企业应该根据自己的情况选择适当数量的供应商,建立供应商网络,并逐步减少供应商的数量,致力于和少数供应商建立战略伙伴关系。

值得注意的是,外部资源管理并不是采购一方的单方面努力就能实现的,需要供应商的配合与支持,如帮助拓展用户的多种战略,基于用户的需求,不断地在改进产品和服务质量等方面予以协助。

3)从一般买卖关系向战略协作伙伴关系的转变

在传统的采购模式中,供应商与需求企业之间是一种简单的买卖关系,因此无法解决一些涉及全局性、战略性的供应链问题,而基于战略伙伴关系的采购方式为解决这些问题创造了条件。这些问题表现在以下 5 个方面:

(1)库存问题。在传统的采购模式下,供应链的各级企业都无法共享库存信息,各级节点企业都独立地采用订货点技术进行库存决策(在库存管理部分有详细论述),不可避免地产生需求信息的扭曲现象,因此供应链的整体效率得不到充分提高。但在供应链管理模式下,通过双方的合作伙伴关系,供应与需求双方可以共享库存数据,因此采购的决策过程变得透明多了,减少了需求信息的失真现象。

(2)风险问题。供需双方通过战略性合作关系,可以降低由于不可预测的需求变化带来的风险,比如运输过程的风险、信用的风险、产品质量的风险等。

(3)通过合作伙伴关系可以为双方共同解决问题提供便利的条件,通过合作伙伴关系,双方可以为制订战略性的采购供应计划共同协商,不必要为日常琐事消耗时间与精力。

(4)降低采购成本问题。通过合作伙伴关系,供需双方都从降低交易成本中获得好处。由于避免了许多不必要的手续和谈判过程,信息的共享避免了信息不对称决策可能造成的成本损失。

(5)战略性的伙伴关系消除了供应过程的组织障碍,为实现准时化采购创造了条件。

3. 电子采购

电子采购是由采购方发起的一种采购行为,是一种不见面的网上交易,如网上招标、网上竞标、网上谈判等。

1)定义

电子采购是指商品和服务的电子购买过程,包括从认定采购需求直到支付采购贷款的全部过程,也涵盖延迟付款这类活动,例如合同管理、供应商管理与开发等。人们把企业之间在网络上进行的这种招标、竞价、谈判等活动定义为 B2B 电子商务,事实上,这也只是电子采购的一个组成部分。电子采购比一般的电子商务和一般性的采购在本质上有了更多的概念延伸,它不仅仅完成采购行为,而且利用信息和网络技术对采购全程的各个环节进行管理,有效地整合了企业的资源,帮助供求双方降低了成本,提高了企业的核心竞争力。可以说,企业采购电子化是企业运营信息化不可或缺的重要组成部分。电子采购使企业不再采用人工办法购买和销售它们的产品,在这一全新的商业模式下,随着买主和卖主通过电子网络而连接,商业交易开始变得具有无缝性,其自身的优势是十分显著的。

2)发展

电子采购最先兴起于美国,它的最初形式是一对一的电子数据交换系统,即 EDI,该电子商务系统大幅度地提高了采购效率,但早期的解决方式价格昂贵、耗费庞大,且由于其封闭性仅能为一家买家服务,尤令中小供应商和买家却步。为此,联合国制定了商业 EDI 标准,但在具体实施过程中,关于标准问题在行业内及行业间的协调工作举步维艰,因此,真正商业伙伴间 EDI 并未广泛开展。20 世纪 90 年代中期,电子采购目录开始兴起,供应商通过将其产品上网来提高供应商的信息透明度、市场涵盖面。之前,全方位综合电子采购平台出现且通过广泛连接买卖双方来进行电子采购服务。

电子采购是一种在 Internet 上创建专业供应商网络的基于 Web 的方式。它能够使企业通过网络,寻找管理合格的供货商和物品,随时了解市场行情和库存情况、编制销售计划、在线采购所需的物品,并对采购订单和采购的物品进行在途管理、台账管理和库存管理,实现采购的自动统计分析。实施电子采购,不仅方便、快捷,而且交易成本低,信息公开程度透明,的确是一种很有发展前途的采购方式。实现电子采购的方式有两种:使用 EDI(电子数据交换)的电子采购和使用 Internet 的电子采购。电子采购门户站点对购买简单商品最为有效,它可以让供应商创建和维护其产品的在线目录,其他公司可以从这些目录中搜索商品、下订单以及当场确定付款和装运选择。在试图购买那些必须定制的产品时,常常需要人力判断以及人与人之间的协商,首先,要整理叫作 RFP(建议请求)的信息包,其中包括某一商品的技术规格和供应要求。其次,必须找到能够满足该请求的供应商。为了节省时间和资金,只需要与有资格的供应商联络,这样花费的精力最少。使这一过程自动化的一种方式就是使用 EDI 网络,它能够让供应商和买主交换采购信息。只要交纳一点事务处理费,就能通过 EDI 网络提交信息包,并通过同一网络收到答复。

根据企业采购的特点、应用的规模大小,电子采购一般分为生产型采购、非生产型采购、集中采购、集团采购管控、供应商管理、废旧物资处理六大类型的采购管理方法。

3)优势

电子采购比一般的电子商务和一般性的采购在本质上有了更多的概念延伸,它不仅仅完成采购行为,而且利用信息和网络技术对采购全程的各个环节进行管理,有效地整合了企业的资源,帮助供求双方降低了成本,提高了企业的核心竞争力。

(1)提高效率。缩短了采购周期。采购方企业通过电子采购交易平台进行竞价采购,可以根据采购方企业的要求自由设定交易时间和交易方式,大大地缩短了采购周期。自采购方企业竞价采购项目正式开始至竞价结束,一般只需要 1~2 周,较传统招标采购节省 30%~60% 的采购时间。

(2)节约成本。据美国全国采购管理协会称,使用电子采购系统可以为采购企业节省大量成本。采用传统方式生成一份订单所需要的平均费用为 150 美元,使用基于 Web 的电子采购解决方案则可以将这一费用减少到 30 美元。企业通过竞价采购商品的价格平均降幅为 10% 左右,最高时可达到 40% 多。

(3)优化流程。采购流程的电子化不是用计算机和网络技术简单替换原有的方式方法,而是依据更科学的方法重新设计采购流程,这个过程中,摒弃了传统采购模式中不适应社会生产发展的落后因素。

(4)减少库存。世界著名的家电行业跨国企业海尔集团在实施电子采购后,采购成本大幅降低,仓储面积减少一半,降低库存资金约 7 亿元,库存资金周转日期从 30 天降低到了 12 天以下。

(5)信息共享。不同企业,包括各个供应商都可以共享信息,不但可以了解当时采购、竞标的详细信息,还可以查询以往交易活动的记录,这些记录包括中标、交货、履约等情况,帮助买方全面了解供应商,帮助卖方更清楚地把握市场需求及企业本身在交易活动中的成败得失,积累经验。这使供求双方之间的信息更加透明,改善客户服务和客户满意度,促进供应链绩效,以及改善与供应商的关系。

(6)供应商获益。对于供应商,电子采购可以更及时地掌握市场需求,降低销售成本,增进与采购商之间的关系,获得更多的贸易机会。

国内外无数企业实施电子采购的成功经验证明,电子采购在降低成本、提高商业效率方面,比在线零售、企业资源计划(ERP)更具潜力。电子采购的投资收益远远高于过去已经在企业中占主导地位的任何商业革命,包括企业流程再造、策略性采购等。

4)实施步骤

在电子采购过程中,从招标方发布招标信息到最后的双方签约,招标方主要工作是编辑标书并且生成 XML 格式的标书文件,然后再将招标书生成 XML 文件,发送到系统,由系统将招标文件入库,招标方在标书发布后可以接收投标方的投标书,并且在开标后可以审阅投标书,在评标方评标后可以接收评标书,审阅评标书决定中标者,在决定中标者后给中标者发送订单。投标方的主要工作是查阅招标书,编辑投标书签名,将投标书生成 XML 文件,加密,发送给招标方,如果中标接收订单。评标方主要工作是在开标后审阅投标文件,生成评标书,并且签名,生成 XML 文件,登录、查看信息加密,发送给招标方。

具体实施步骤如下:

(1)要进行采购分析与策划,对现有采购流程进行优化,制定出适宜网上交易的标准采购流程。

(2)建立网站。这是进行电子采购的基础平台,要按照采购标准流程来组织页面。可以通过虚拟主机、主机托管、自建主机等方式来建立网站,特别是加入一些有实力的采购网站,通过他们的专业服务,可以享受到非常丰富的供求信息,起到事半功倍的作用。

(3)采购单位通过互联网发布招标采购信息(即发布招标书或招标公告),详细说明对物料的要求,包括质量、数量、时间、地点,对供应商的资质要求等。也可以通过搜索引擎寻找供应商,主动向他们发送电子邮件,对所购物料进行询价,广泛收集报价信息。

(4)供应商登录采购单位网站,进行网上资料填写和报价。

(5)对供应商进行初步筛选,收集投标书或进行贸易洽谈。

(6)网上评标,由程序按设定的标准进行自动选择或由评标小组进行分析评比选择。

(7)在网上公布中标单位和价格,如有必要对供应商进行实地考察后签订采购合同。

(8)采购实施。中标单位按采购订单通过运输交付货物,采购单位支付货款,处理有关善后事宜。按照供应链管理思想,供需双方需要进行战略合作,实现信息的共享。采购单位可以通过网络了解供应单位的物料质量及供应情况,供应单位可以随时掌握所供物料在采购单位中的库存情况及采购单位的生产变化需求,以便及时补货,实现准时化生产和采购。

三 准时采购策略

1. 准时采购的基本思想

准时采购也叫 JIT 采购法,是一种先进的采购模式,是一种管理哲理。它的基本思想是:在恰当的时间、恰当的地点,以恰当的数量、恰当的质量提供恰当的物品。它是从准时生产发展而来的,是为了消除库存和不必要的浪费而进行持续性改进。要进行准时化生产必须有准时的供应,因此准时化采购是准时化生产管理模式的必然要求。它和传统的采购方法在质量控制、供需关系、供应商的数目、交货期的管理等方面有许多不同,其中关于供应商的选择(数量与关系)、质量控制是其核心内容。准时采购包括供应商的支持与合作以及制造过程、货物运输系统等一系列的内容。准时化采购不但可以减少库存,还可以加快库存周转、缩短提前期、提高购物的质量、获得满意交货等效果。

2. 准时采购对供应链管理的意义

准时采购(JIT采购)对于供应链管理思想的贯彻实施有重要的意义。从前面的论述中可以看到,供应链环境下的采购模式与传统的采购模式的不同之处,在于采用订单驱动的方式。订单驱动使供应与需求双方都围绕订单运作,也就实现了准时化、同步化运作。要实现同步化运作,采购方式就必须是并行的,当采购部门产生一个订单时,供应商即开始着手物品的准备工作。与此同时,采购部门编制详细采购计划,制造部门也进行生产的准备过程,当采购部门把详细的采购单提供给供应商时,供应商就能很快地将物资在较短的时间内交给用户。当用户需求发生改变时,制造订单又驱动采购订单发生改变,这样一种快速的改变过程,如果没有准时的采购方法,供应链企业很难适应这种多变的市场需求,因此,准时化采购增加了供应链的柔性和敏捷性。综上所述,准时化采购策略体现了供应链管理的协调性、同步性和集成性,供应链管理需要准时化采购来保证供应链的整体同步化运作。

3. 准时化采购的特点

准时化采购和传统的采购方式有许多不同之处(表4-1),其主要表现在如下几个方面。

准时化采购和传统采购的区别 表4-1

项　　目	准时化采购	传统采购
采购批量	小批量,送货频率高	大批量,送货频率低
供应商选择	长期合作,单源供应	短期合作,多源供应
供应商评价	质量,交货期,价格	质量,交货期,价格
协商内容	长期合作关系,质量和合理价格	获得最低价格
运输	准时送货,买方负责安排	较低的成本,卖方负责安排
文书工作	文书工作量少,需要的是有能力改变交货时间和质量	文书工作量大,改变交货期和质量的采购量较多
产品说明	供应商革新,强调性能宽松要求	买方关心设计,供应商没有创新
包装	小,标准化容器包装	普通包装,没有特别说明
信息交流	快速,可靠	一般要求

(1)选择采用较少的供应商,其至单源供应。传统的采购模式一般是多头采购,供应商的数目相对较多。从理论上讲,采用单供应源比多供应源好,一方面,管理供应商比较方便,也有利于降低采购成本;另一方面,有利于供需之间建立长期稳定的合作关系,质量上比较有保证。但是,采用单一的供应源也有风险,比如供应商可能因意外原因中断交货,以及供应商缺乏竞争意识等。在实际工作中,许多企业也不是很愿意成为单一供应商的。原因很简单,一方面供应商是具有独立性较强的商业竞争者,不愿意把自己的成本数据披露给用户;另一个原因是供应商不愿意成为用户的一个产品库存点。实施准时化采购,需要减少库

存,但库存成本原先是在用户一边,现在转移到了供应商。因此用户必须意识到供应商的这种忧虑。

(2)对供应商的选择标准不同。在传统的采购模式中,是通过价格竞争来选择供应商的,供应商与用户的关系是短期的合作关系,当发现供应商不合适时,可以通过市场竞标的方式重新选择供应商。但在准时化采购模式中,由于供应商和用户是长期的合作关系,供应商的合作能力将影响企业的长期经济利益,因此对供应商的要求就比较高。在选择供应商时,需要对供应商进行综合的评估,在评价供应商时价格不是主要的因素,质量是最重要的标准,这种质量不单指产品的质量,还包括工作质量、交货质量、技术质量等多方面内容。高质量的供应商有利于建立长期的合作关系。

(3)对交货准时性的要求不同。准时采购的一个重要特点是要求交货准时,这是实施精细生产的前提条件。交货准时取决于供应商的生产与运输条件。作为供应商来说,要使交货准时,可从以下几个方面着手。一方面,不断改进企业的生产条件,提高生产的可靠性和稳定性,减少延迟交货或误点现象。作为准时化供应链管理的一部分,供应商同样应该采用准时化的生产管理模式,以提高生产过程的准时性。另一方面,为了提高交货准时性,运输问题不可忽视。在物流管理中,运输问题是一个很重要的问题,它决定准时交货的可能性。特别是全球的供应链系统,运输过程长,而且可能要先后经过不同的运输工具,需要中转运输等,因此要进行有效的运输计划与管理,使运输过程准确无误。

(4)对信息交流的需求不同。准时化采购要求供应与需求双方信息高度共享,保证供应与需求信息的准确性和实时性。由于双方的战略合作关系,企业在生产计划、库存、质量等各方面的信息都可以及时进行交流,以便出现问题时能够及时处理。

制订采购批量的策略不同,小批量采购是准时化采购的一个基本特征。准时化采购和传统采购模式的一个明显不同之处在于,准时化生产需要减少生产批量,直至实现"一个流生产",因此采购的物资也应采用小批量的办法。当然,小批量采购自然增加运输次数和成本,对供应商来说,这是很为难的事情,特别是供应商在国外等远距离的情形下,实施准时化采购的难度就更大。解决的办法可以通过混合运输、代理运输等方式,或尽量使供应商靠近用户等。

4.准时采购的原理与方法

前面分析了准时化采购法的特点和优点,从中我们看到,准时化采购方法和传统采购方法的一些显著差别。要实施准时化采购法,以下三点是十分重要的:第一,要选择最佳的供应商,并对供应商进行有效的管理,是准时化采购成功的基石;第二,供应商与用户的紧密合作是准时化采购成功的钥匙;第三,卓有成效的采购过程质量控制是准时化采购成功的保证。

有效地实施准时采购法的方法如下:

(1)创建准时化采购班组。世界一流企业的专业采购人员有三个责任:寻找货源、商定价格、发展与供应商的协作关系并不断改进。因此专业化的高素质采购队伍对实施准时化采购至关重要。为此,首先应成立两个班组,一个是专门处理供应商事务的班组,该班组的任务是认定和评估供应商的信誉、能力,或与供应商谈判签订准时化订货合同,向供应商发放免检签证等,同时要负责供应商的培训与教育。另外一个班组是专门从事消除采购过程中浪费的班组。这些班组人员对准时化采购的方法应有充分的了解和认识,必要时要进行培训,如果这些人员本身对准时化采购的认识和了解都不彻底,就不可能指望供应商的合作了。

(2)制订计划,确保准时化采购策略有计划、有步骤地实施。要制订采购策略,改进当前的采购方式,减少供应商的数量、正确评价供应商、向供应商发放签证等内容。在这个过程中,要与供应商一起商定准时化采购的目标和有关措施,保持经常性的信息沟通。

(3)精选少数供应商,建立伙伴关系。选择供应商应从以下几个方面考虑:产品质量、供货情况、应变能力、地理位置、企业规模、财务状况、技术能力、价格、与其他供应商的可替代性等。

(4)进行试点工作。先从某种产品或某条生产线试点开始,进行零部件或原材料的准时化供应试点。在试点过程中,取得企业各个部门的支持是很重要的,特别是生产部门的支持。通过试点,总结经验,为正式实施准时化采购打下基础。

(5)搞好供应商的培训,确定共同目标。准时化采购是供需双方共同的业务活动,单靠采购部门的努力是不够的,需要供应商的配合。只有供应商也对准时化采购的策略和运作方法有了认识和理解,才能获得供应商的支持和配合,因此需要对供应商进行教育培训。通过培训,大家取得一致的目标,相互之间就能够很好地协调,做好采购的准时化工作。

(6)向供应商颁发产品免检合格证书。准时化采购和传统采购方式的不同之处在于买方不需要对采购产品进行比较多的检验手续。要做到这一点,需要供应商做到提供百分之百的合格产品,当其达到这一要求时,即发给免检手续的免检证书。

(7)实现配合准时化生产的交货方式。准时化采购的最终目标是实现企业的生产准时化,为此,要实现从预测的交货方式向准时化适时交货方式转变。

(8)继续改进,扩大成果。准时化采购是一个不断完善和改进的过程,需要在实施过程中不断总结经验教训,从降低运输成本、提高交货的准确性和产品的质量、降低供应商库存等各个方面进行改进,不断提高准时化采购的运作绩效。

背景链接

海尔的JIT准时制采购策略案例

海尔物流的特色是借助专业物流公司力量,在自建基础上小外包,总体实现采购JIT、原材料配送JIT和成品配送JIT的同步流程。同步模式的实现得益于海尔的现代集成化信息平台。海尔用CRM与BBP电子商务平台架起了与全球用户的资源网、全球供应链资源网沟通的桥梁,从而实现了与用户的零距离,提高了海尔对订单的响应速度。

海尔物流整合了集团内分散在28个产品事业部的采购、原材料仓储配送,通过整合内部资源,来获取更优的外部资源,建立起强大的供应链资源网络。供应商的结构得到根本的优化,能够参与到前端设计与开发的国际化供应商比例从整合前的不到20%提高到目前的82%,GE、爱默生、巴斯夫、DOW等59家世界五百强企业都已成为海尔的合作伙伴。

海尔实行并行工程,一批跨国公司以其高科技和新技术参与到海尔产品的前端设计中,不但保证了海尔产品技术的领先性,增加了产品的技术含量,同时大大加快了开发速度。海尔采购订单滚动下达到供应商,一般的订单交付周期为10d,加急订单为7d。战略性物资如钢材,滚动每个月采购一次,但三个月与供应商谈判协商价格。另有一些供应商通过寄售等方式为海尔供应,即将物资存放在海尔物流中心,但在海尔使用后才结算,供应商可通过B2B网站查询寄售物资的使用情况,属于寄售订单的海尔不收取相关仓储费用。

海尔的BBP采购平台由网上订单管理平台、网上支付平台、网上招标竞价平台和网上信息交流平台有机组成。网上订单管理平台使海尔100%的采购订单由网上直接下达,同步的采购计划和订单提高了订单的准确性与可执行性,使海尔采购周期由原来的10d减少到了3d,同时供应商可以在网上查询库存,根据订单和库存情况及时补货。网上支付平台则有效提高了销售环节的工作效率,支付准确率和及时率达到100%,为海尔节约了近1000万元的差旅费,同时降低了供应链管理成本,目前,海尔网上支付已达到总支付额的20%。网上招标竞价平台通过网上招标,不仅使竞价、价格信息管理准确化,而且防止了暗箱操作,降低了供应商管理成本,实现了以时间消灭空间。网上信息交流平台使海尔与供应商在网上就可以进行信息互动交流,实现信息共享,强化合作伙伴关系。除此之外,海尔的ERP系统还建立了其内部的信息高速公路,实现了将用户信息同步转化为企业内部的信息,实现以信息替代库存,接近零资金占用。

在采购JIT环节上,海尔实现了信息同步,采购、备料同步和距离同步,大大降低了采购环节的费用。信息同步保障了信息的准确性,实现了准时采购。采购、备料同步,使供应链上原材料的库存周期大大缩减。目前,已有7家国际化供应商在海尔建立了两个国际工业园建厂,爱默生等12家国际化分供方正准备进驻工业园,与供应商、分供方的距离同步,有力保障了海尔JIT采购与配送。

任务二 供应链环境下的库存控制与风险分担

教学要点

(1)理解库存管理与控制在供应链管理中的重要地位和作用;
(2)理解供应链管理中库存控制存在的问题;
(3)理解供应链中的不确定性与库存的关系;
(4)说明供应链管理下库存控制的目标;
(5)掌握供应链管理中常用的几种库存管理策略与方法。

教学方法

采用讲授、情境教学、案例教学和分组讨论等方法。

教学内容

供应链管理环境下的库存控制问题是供应链管理的重要内容之一,且由于企业组织与管理模式的变化,它同传统的库存管理相比有许多新的特点和要求。本任务论述供应链管理环境下库存管理中出现的新问题,从系统理论、集成理论的角度出发,提出了适应供应链管理的新的库存管理策略与方法。这些策略与方法集中地体现了这样一种思想:通过加强供应链管理环境下的库存控制来提高供应链的系统性和集成性,增强企业的敏捷性和响应性。这些方法与策略体现了供应链管理的新思维和新思想,并且具有实用性和可操作性。

一 库存管理概述

1. 库存概念

"库存"在英语里面有两种表达方式:Inventory 和 Stock,它表示用于将来目的的资源暂时处于闲置状态。一般情况下,人们设置库存的目的是防止短缺,就像水库里储存的水一样。另外,它还具有保持生产过程连续性、分摊订货费用、快速满足用户订货需求的作用。在企业生产中,尽管库存是出于种种经济考虑而存在,但是库存也是一种无奈的结果。它是由于人们无法预测未来的需求变化,才不得已采用的应付外界变化的手段,也是因为人们无法使所有的工作都做得尽善尽美,才产生一些人们并不想要的冗余与囤积不和谐的工作沉淀。在库存理论中,人们一般根据物品需求的重复程度分为单周期库存和多周期库存。单周期需求也叫一次性订货,这种需求的特征是偶发性和物品生命周期短,因而很少重复订货,如报纸,没有人会订过期的报纸来看,人们也不会在农历八月十六预订中秋月饼,这些都是单周期需求。多周期需求是在长时间内需求反复发生,库存需要不断补充,在实际生活中,这种需求现象较为多见。多周期需求又分为独立需求库存与相关需求库存两种属性。所谓独立需求是指需求变化独立于人们的主观控制能力之外,因而其数量与出现的概率是随机的、不确定的、模糊的。相关需求的需求数量和需求时间与其他的变量存在一定的相互关系,可以通过一定的数学关系推算得出。对于一个相对独立的企业而言,其产品是独立的需求变量,因为其需求的数量与需求时间对于作为系统控制主体企业管理者而言,一般是无法预先精确确定的,只能通过一定的预测方法得出。而生产过程中的在制品以及需要的原材料,则可以通过产品的结构关系和一定的生产比例关系准确确定。独立需求的库存控制与相关需求的库存控制原理是不相同的。独立需求对一定的库存控制系统来说,是一种外生变量(Exogenous Variable),相关需求则是控制系统的内生变量(Endogenous Variable)。不管是独立需求库存控制还是相关需求库存控制,都要回答这些问题:

如何优化库存成本?

怎样平衡生产与销售计划,来满足一定的交货要求?

怎样避免浪费,避免不必要的库存?

怎样避免需求损失和利润损失?

归根到底,库存控制要解决三个主要问题:确定库存检查周期、确定订货量、确定订货点(何时订货)。

2. 库存管理的作用

1)库存管理在企业经营中的作用

对于库存管理在企业经营中的角色,不同的部门有不同的看法,所以,为了实现最佳库存管理,需要协调各个部门的活动,使企业内每个部门不仅以有效实现本部门的功能为目标,更要以实现企业的整体效益为目标。

库存管理在企业经营中的作用可归纳为以下几点:

(1)增强生产计划的柔性。激烈的市场竞争造成的外部需求波动性是正常现象,加强库存管理能减轻生产系统必须尽早出成品的压力。

（2）满足需求的不断变化。顾客可能是从街上走进来买一套立体音响设备的人，也可能是一名机修工，他的工具箱或生产制造过程需要工具。这些库存就涉及预期库存，因为它们被持有是为了满足预期的平均需求。

（3）防止中断。制造企业为保持生产的连续运行，一般用库存作缓冲。

（4）阻止脱销。持有安全库存可以弥补到货延误。此处的安全库存是指为应对需求和交付时间的多变性而持有的超过平均需求的库存。

（5）充分利用经济订购量的折扣优势。订购量大时一般折扣较大。

（6）缩短订货周期。产品的生产周期与生产系统的库存成正比，与产出率成反比。一般而言，库存高生产周期长，会加大生产管理的复杂性与难度，使企业难以保证产品交货期。搞好库存管理既能缩短产品生产周期，保证产品的交货期，又能提高生产系统的柔性，提高对用户多样化需求的服务能力。

2）库存管理在供应链中的作用

以往的惯例是组成物流供应链的各企业间的关系是买卖交易关系，因而，企业很少在它们之间交流信息，也不习惯相互协调进行库存管理，更不用说在整个供应链水平上分享交流信息和共同协调进行库存管理。这样往往会形成不必要的库存，同时可能降低顾客的满意度。如过去组成供应链的各个企业物资储存往往超过实际需要库存量，这种超过实际需要量的库存常被称为"缓冲库存"。

同样地，在过去，组成供应链的各个企业与各自的顾客（需要方）之间缺乏必要的信息交流，从而对顾客的需要，特别是最终消费者的实时需要难以把握，往往依靠预测来安排生产。由于预测与实际存在差距，所以，库存不足（缺货）或库存过剩的现象经常发生。

因此，从物流管理整体来看，过去这种传统交易习惯导致的不必要库存给企业增加了成本，而这些成本最终将反映在销售给顾客的产品价格上，从而减少顾客的满意度。因而，对供应链进行库存管理不仅可以降低库存水平，减少资金占用和库存维持成本，而且还可以提高顾客的满意度。当然，实现真正意义上的零库存在现实中是不可能的，这只是准时制生产方式的努力目标。

随着组成供应链的企业间关系从过去建立在买卖交易基础上的对立型关系向基于共同利益的协作伙伴型关系的转变，供应链各个企业间交流、分享信息，协调进行库存管理成为可能，而先进的库存管理方法和技术的出现使这种可能变为现实。

二 供应链管理环境下的库存问题

库存以原材料、在制品、半成品、成品的形式存在于供应链的各个环节中。由于库存费用占库存物品的价值的20%～40%，因此供应链中的库存控制是十分重要的。库存决策的内容集中于运行方面，包括生产部署策略，如采用推式生产管理还是拉式生产管理；库存控制策略，如各库存点的最佳订货量、最佳再订货点、安全库存水平的确定等。

绝大多数制造业供应链是由制造和分销网络组织的，通过原材料的输入转化为中间和最终产品，并把它分销给用户。最简单的供应链网络只有一个节点（单一企业）：同时担负制造和分销功能。在复杂的供应链网络中，不同的管理者担负不同的管理任务。不同的供应链节点企业的库存,包括输入的原材料和最终的产品,都有复杂的关系。供应链的库存管理不是简单的需求预测与补给,而是要通过库存管理获得用户服务与利润的优化。其主要内容包括采用先进的商业建模技术来评价库存策略、提前期和运输变化的准确效果;决定经济订货量时考虑供应链企业各方面的影响;在充分了解库存状态的前提下确定适当的服务水平。

1. 供应链环境下的库存问题的特征

供应链环境下的库存问题和传统的企业库存问题有许多不同之处,这些不同点体现出供应链管理思想对库存的影响。传统的企业库存管理侧重于优化单一的库存成本,从存储成本和订货成本出发确定经济订货量和订货点。从单一的库存角度看,这种库存管理方法有一定的适用性,但是从供应链整体的角度看,单一企业库存管理的方法显然是不够的。目前,供应链管理环境下的库存控制存在的主要问题有3大类:信息类问题、供应链的运作问题和供应链的战略与规划问题。这些问题可综合成以下几个方面的内容。

(1)没有供应链的整体观念。虽然供应链的整体绩效取决于各个供应链的节点绩效,但是各个部门都是各自独立的单元,都有各自独立的目标与使命。有些目标和供应链的整体目标是不相干的,更有可能是冲突的。因此,这种各行其道的行为必然导致供应链的整体效率低下。

背景链接

美国北加利福尼亚的计算机制造商电路板组装作业采用每笔订货费作为其压倒一切的绩效评价指标,该企业集中精力放在减少订货成本上。这种做法本身并没有什么不妥,但是它没有考虑这样做对整体供应链的其他制造商和分销商的影响,结果该企业维持过高的库存以保证大批量订货生产。而印第安纳的一家汽车制造配件厂却在大量压缩库存,因为它的绩效评价是由库存决定的。结果,它到组装厂与零配件分销中心的响应时间变得更长和波动不定。组装厂与分销中心为了满足顾客的服务要求,不得不维持较高的库存。这两个例子说明,供应链库存的决定是各自为政的,没有考虑整体的效能。一般的供应链系统都没有针对全局供应链的绩效评价指标,这是普遍存在的问题。有些企业采用库存周转率作为供应链库存管理的绩效评价指标,但是没有考虑对用户的反应时间与服务水平,所以用户满意度应该成为供应链库存管理的一项重要指标。

(2)对用户服务的理解与定义不恰当。供应链管理的绩效好坏应该由用户来评价,或者用对用户的反应能力来评价。但是,对用户的服务的理解与定义各不相同,导致对用户服务水平的差异。许多企业采用订货满足率来评估用户服务水平,这是一种比较好的用户服务考核指标。但是用户满足率本身并不说明运作问题,比如一家计算机工作站的制造商要满足一份包含多产品的订单要求,产品来自各供应商,用户要求一次性交货,制造商要把各个供应商的产品都到齐后才一次性装运给用户,这时,用总的用户满足率来评价制造商的用户服务水平是恰当的,但是,这种评价指标并不能帮助制造商发现是哪家供应商的交货迟了或早了。传统的订货满足率评价指标也不能评价订货的延迟水平。两家同样具有90%的订货满足率的供应链,在如何迅速补给余下的10%订货要求方面差别是很大的。其他的服务指标也常常被忽视了,如总订货周转时间、平均延迟时间、提前或延迟交货时间等。

(3)不准确的交货状态数据。当顾客下订单时,他们总是想知道什么时候能交货。在等待交货过程中,也可能会对订单交货状态进行修改,特别是当交货被延迟以后,我们并不否定一次性交货的重要性,但我们必须看到,许多企业并没有及时、准确地把推迟的订单交货的修改数据提供给用户,其结果当然是用户的不满和良好愿望的损失。

(4)低效率的信息传递系统。在供应链中,各个供应链节点企业之间的需求预测、库存状态、生产计划等都是供应链管理的重要数据,这些数据分布在不同的供应链组织之间,要做到有效地快速响应用户需求,必须实时地传递,为此需要对供应链的信息系统模型做相应的改变,通过系统集成的办法,使供应链中的库存数据能够实时、快速地传递。但是目前许多企业的信息系统并没有很好地集成起来。当供应商需要了解用户的需求信息时,常常得到的是延迟的信息和不准确的信息。由于延迟引起误差和影响库存量的精确度,短期生产计划的实施也会遇到困难。

背景链接

企业为了制订一个生产计划,需要获得关于需求预测、当前库存状态、订货的运输能力、生产能力等信息,这些信息需要从供应链的不同节点企业数据库存获得,数据调用的工作量很大。数据整理完后制订主生产计划,然后运用相关管理软件制订物料需求计划(MRP),这样一个过程一般需要很长时间。时间越长,预测误差越大,制造商对最新订货信息的有效反应能力也就越小,生产出过时的产品和造成过高的库存也就不奇怪了。

(5)忽视不确定性对库存的影响。供应链运作中存在诸多的不确定因素,如订货提前期、货物运输状况、原材料的质量、生产过程的时间、运输时间、需求的变化等。为减少不确定性对供应链的影响,首先应了解不确定性的来源和影响程度。很多公司并没有认真研究和跟踪其不确定性的来源和影响,错误估计供应链中物料的流动时间(提前期),造成有的物品库存增加,而有的物品库存不足的现象。

(6)库存控制策略简单化。无论是生产性企业还是物流企业,库存控制的目的都是为了保证供应链运行的连续性,应付不确定需求。跟踪不确定性状态的因素是第一步,利用跟踪到的信息去制订相应的库存控制策略是第二步。这是一个动态的过程,因为不确定性也在不断地变化。有些供应商在交货与质量方面可靠性好,而有些则相对差些;有些物品的需求可预测性大,而有些物品的可预测性小一些;库存控制策略应能反映这种情况。许多公司对所有的物品采用统一的库存控制策略,物品的分类没有反映供应与需求中的不确定性。在传统的库存控制策略中,多数是面向单一企业的,采用的信息基本上来自企业内部,其库存控制没有体现供应链管理的思想。因此,如何建立有效的库存控制方法、并能体现供应链管理的思想,是供应链库存管理的重要内容。

(7)缺乏合作与协调性。供应链是一个整体,需要协调各方活动,才能取得最佳的运作效果。协调的目的是使满足一定服务质量要求的信息可以无缝地、流畅地在供应链中传递,从而使整个供应链能够根据用户的要求步调一致,形成更为合理的供需关系,适应复杂多变的市场环境。

> **背景链接**

当用户的订货由多种产品组成,而各产品又是不同的供应商提供时,如用户要求所有的商品都一次性交货,这时企业必须对来自不同供应商的交货期进行协调。如果组织间缺乏协调与合作,会导致交货期延迟和服务水平下降,同时库存水平也由此而增加。

供应链的各个节点企业为了应付不确定性,都设有一定的安全库存,正如前面提到的,设置安全库存是企业采取的一种应急措施。问题在于,多厂商特别是全球化的供应链中,组织的协调涉及更多的利益群体,相互之间的信息透明度不高。在这样的情况下,企业不得不维持一个较高的安全库存,为此付出了较高的代价。组织之间存在的障碍有可能使库存控制变得更为困难,因为各自都有不同的目标、绩效评价尺度、不同的仓库,也不愿意去帮助其他部门共享资源。在分布式的组织体系中,组织之间的障碍对库存集中控制的阻力更大。要进行有效的合作与协调,组织之间需要一种有效的激励机制。在企业内部一般有各种各样的激励机制,以加强部门之间的合作与协调,但是当涉及企业之间的激励时,困难就大得多。问题还不止如此,信任风险的存在更加深了问题的严重性,相互之间缺乏有效的监督机制和激励机制是供应链企业之间合作性不稳固的原因。

(8)产品的过程设计没有考虑供应链上库存的影响。现代产品设计与先进制造技术的出现,使产品的生产效率大幅度提高,而且具有较高的成本效益,但是供应链库存的复杂性常常被忽视。结果所有节省下来的成本都被供应链上的分销与库存成本给抵消了。同样,在引进新产品时,如果不进行供应链的规划,也会因运输时间过长、库存成本高等原因而无法获得成功。如美国的一家计算机外围设备制造商,为世界各国分销商生产打印机,打印机有一些具有销售所在国特色的配件,如电源、说明书等。美国工厂按需求预测生产,但是随着时间的推移,当打印机到达各地区分销中心时,需求已经发生了改变。因为打印机是为特定国家而生产的,分销商没有办法来应付需求的变化,也就是说,这样的供应链缺乏柔性,其结果是造成产品积压,产生了高库存。后来,重新设计了供应链结构,主要对打印机的装配过程进行了改变,工厂只生产打印机的通用组件,让分销中心再根据所在国家的需求特点加入相应的特色组件,这样大量的库存就减少了,同时供应链也具有了柔性。在这里,分销中心参与了产品装配设计这样的设计活动,这里面涉及组织之间的协调与合作问题,因此合作关系很重要。另外,在供应链的结构设计中,同样需要考虑库存的影响。要在一条供应链中增加或关闭一个工厂或分销中心,一般是先考虑固定成本与相关的物流成本,至于网络变化对运作的影响因素,如库存投资、订单的响应时间等常常是放在第二位的。但是这些因素对供应链的影响是不可低估的。

> **背景链接**

美国一家 IC 芯片制造商的供应链结构是这样的:在美国加工晶片后运到新加坡检验,再运回美国生产地作最后的测试,包装后运到用户手中。供应链之所以这样设计,是因为考虑了新加坡的检验技术先进、劳动力素质高和税收低等因素。但是这样显然对库存和周转时间的考虑是欠缺的,因为从美国到新加坡的来回至少要两周,而且还有海关手续时间,这就延长了制造周期,增加了库存成本。

2. 供应链中的需求变异放大原理与库存波动

"需求变异加速放大原理"是美国著名的供应链管理专家对需求信息扭曲在供应链中传递的一种形象描述。其基本思想是:当供应链的各节点企业只根据来自其相邻的下级企业的需求信息进行生产或供应决策时,需求信息的不真实性会沿着供应链逆流而上,产生逐级放大的现象,达到最源头的供应商时,其获得的需求信息和实际消费市场中的顾客需求信息发生了很大的偏差,需求变异系数比分销商和零售商的需求变异系数大得多,如图4-3所示。由于这种需求放大效应的影响,上游供应商往往维持比下游供应商更高的库存水平。这种现象反映出供应链上需求的不同步现象,它说明供应链库存管理中的一个普遍现象:"看到的是非实际的"。

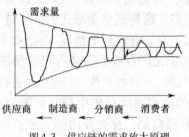

图4-3 供应链的需求放大原理

需求放大效应最先由宝洁公司(P&G)发现。宝洁公司在一次考察该公司最畅销的产品一次性尿布的订货规律时,发现零售商销售的波动性并不大,但当他们考察分销中心向宝洁公司的订货时,吃惊地发现波动性明显增大了,有趣的是,他们进一步考察宝洁公司向其供应商,如3M公司的订货时,他们发现其订货的变化更大,除了宝洁公司,其他公司如惠普公司在考察其打印机的销售状况时也曾发现这一现象。

需求放大效应是需求信息扭曲的结果,当经营者接到消费者发出的订单后,会根据本期从下游经销商收到的订单发出货物,并以此为依据参考销售记录预测未来需求的变化,结合本期期末库存量向上游供应商发出订单。订单的传递和货物的运送都需要两个经营周期,那么每个经营者从发出订单到得到该计单的订货需要四个经营周期。当消费者需求出现变化,零售商、批发商、分销商的订单及库存量自发出现波动,并且,越是处于供应链的后端,需求变化幅度越是会正数级放大。例如计算机市场需求预测轻微增长2%,放大到戴尔(制造商)时可能成了5%,传递到英特尔(首级供应商)时则可能是10%,而到了替英特尔生产制造处理器的设备商(次级供应商)时则可能变为20%,实际的销售量与订货量不同步。在供应链中,每个供应链的节点企业的信息都有一个信息的扭曲,这样逐级而上,即产生信息扭曲的放大。

根据斯坦福大学李效良教授及其同事的研究,需求放大效应有以下四大成因:

(1)多重需求预测。当处于供应链不同位置的企业预测需求时,都会包括一定的安全库存,以对付变化莫测的市场需求和供应商可能的供货中断。当供货周期长时,这种安全库存的数量将会非常显著。

背景链接

一美国计算机制造商预测到某型计算机的市场需求是10万台,但可能向中国的供应商下11万台的零件订单;同理,中国计算机零件供应商可能向其供应商定购12万台的原材料。依此类推,供应链各节点库存将逐级放大。

此外,有些预测方法也会系统地扭曲需求。以移动平均法为例,前三个月的趋势是每月递增10%,那第四个月的预测也将在前三个月的平均值上递增10%。但市场增长不是无限的,总有一天实际需求会降低,其间的差额就成了多余库存。如果供应链上各个企业采用同样的预测方法,并且根据上级客户的预测需求来更新预测,这种系统性的放大将会非常明显。

（2）批量生产/订购。为了达到生产、运输上的规模效应,厂家往往批量生产或购货,以积压一定库存的代价换取较高的生产效率和较低成本。在市场需求减缓或产品升级换代时,代价往往巨大,导致库存积压,库存品过期,或两者兼具。

（3）价格浮动和促销。厂家为促销往往会推出各种促销措施,其结果是买方大批量买进而导致部分积压。这在零售业尤为显著,使市场需求更加不规则、人为加剧需求变化幅度,严重影响整个供应链的正常运作。研究表明,价格浮动和促销只能把未来的需求提前实现,到头来整个供应链中谁也无法从中获利。

（4）非理性预期。如果某种产品的需求大于供给,且这种情况可能持续一段时间,厂家给供应商的订单可能大于其实际需求,以期供应商能多分配一些产品给它,但同时也传递虚假需求信息,导致供应商错误地解读市场需求,从而过量生产。随着市场供需渐趋平衡,有些订单会消失或被取消,导致供应商多余库存,使供应商更难判断需求趋势。等到供应商搞清实际需求已经为时过晚,产生"计划跟不上变化"现象。这种现象在2000年前后的电子行业得到充分体现,整条供应链都深受其害,积压了大量库存和生产能力。

基于上述种种成因,除了批量生产与生产模式有关外,别的都可以通过整个供应链范围的信息共享和组织协调来解决。例如企业之间共享市场需求信息,避免多重预测,减少信息的人为扭曲。在价格政策上,制造商应该固定产品价格,放弃价格促销,并与零售商共同实行"天天低价"。在理性预期上,供应商在产品短缺时应以历史需求为基础分配产品,从而避免用户单位虚报需求。在生产方式上,供应商应采用精益生产,使达到最佳经济生产批量的数量减小,从而减少供应链库存,提高对市场需求变化的响应速度。

无论如何,因为供应链本身就有缺陷,只要有需求的变化和订货周期的存在,必然会引起需求预测的失效。供应链的层次越多,这种矛盾就越明显。但我们可以在管理上避免一些非理性的行为,比如为避免短缺而发出过大的订单从而误导了上游供货商,由此给供应链带来蝴蝶效应的灾难性后果。诸如此类一时兴起的举动只要尽量控制,就可以减轻"牛鞭效应",即需求放大效应所带来的恶果。

3. 供应链中的不确定性与库存

1）供应链中的不确定性

从需求放大现象中我们看到,供应链的库存与供应链的不确定性有很密切的关系。从供应链整体的角度看,供应链上的库存无非有两种,一种是生产制造过程中的库存,一种是物流过程中的库存。库存存在的客观原因是为了应付各种各样的不确定性,保持供应链系统的正常性和稳定性,但是库存另一方面也同时产生和掩盖管理中的问题。供应链上的不确定性表现形式有3种:

（1）衔接不确定性（Uncertainty of Interface）。企业之间（或部门之间）不确定性,可以说是供应链的衔接不确定性,这种衔接的不确定性主要表现在合作性上,为了消除衔接不确定性,需要增加企业之间或部门之间的合作性。另一种不确定性是运作不确定性。

(2)系统运行不稳定(Uncertainty of Operation)。系统运行不稳定是组织内部缺乏有效的控制机制所致,控制失效是组织管理不稳定和不确定性的根源。为了消除运行中的不确定性,需要增加组织的控制,提高系统的可靠性。

(3)供应链的不确定性。供应链的不确定性的来源主要有三个方面:供应商不确定性、生产商不确定性和顾客不确定性。不同的原因造成的不确定性表现形式各不相同。

供应商不确定性表现在提前期的不确定性、订货量的不确定性等。供应不确定的原因是多方面的,供应商的生产系统发生故障延迟生产、供应商的供应商的延迟、意外的交通事故导致的运输延迟等。

生产商不确定性主要缘于制造商本身的生产系统的可靠性、机器的故障、计划执行的偏差等。造成生产者生产过程中在制品的库存的原因也表现在其对需求的处理方式上。生产计划是一种根据当前的生产系统的状态和未来情况做出的对生产过程的模拟,用计划的形式表达模拟的结果,用计划来驱动生产的管理方法。但是生产过程的复杂性使生产计划并不能精确地反映企业的实际生产条件和预测生产环境的改变,不可避免地造成计划与实际执行的偏差。生产控制的有效措施能够对生产的偏差给予一定的修补,但是生产控制必须建立在对生产信息的实时采集与处理上,使信息及时、准确、快速地转化为生产控制的有效信息。

顾客不确定性原因主要有:需求预测的偏差、购买力的波动、从众心理和个性特征等。通常,需求预测的方法都有一定的模式或假设条件,假设需求按照一定的规律运行或表现出一定的规律特征,但是任何需求预测方法都存在这样或那样的缺陷而无法确切地预测需求的波动和顾客心理性反应,在供应链中,不同的节点企业相互之间的需求预测的偏差进一步加剧了供应链的放大效应及信息的扭曲。

本质上讲,供应链上的不确定性,不管其来源于哪方面,根本上讲是由三方面原因造成的:

①需求预测水平造成的不确定性。预测水平与预测时间的长度有关,预测时间长,预测精度则差,另外,还有预测方法对预测的影响。

②决策信息的可获得性、透明性、可靠性。信息的准确性对预测同样造成影响,下游企业与顾客接触的机会多,可获的有用信息多;远离顾客需求,信息可获性和准确性差,因而预测的可靠性差。

③决策过程的影响,特别是决策人心理的影响。需求计划的取舍与修订,对信息的要求与共享,无不反映个人的心理偏好。

2)供应链的不确定性与库存的关系

供应链运行中衔接不确定性与运作不确定性对库存的影响如下。

(1)衔接不确定性对库存的影响。传统的供应链的衔接不确定性普遍存在,集中表现在企业之间的独立信息体系(信息孤岛)现象。为了竞争,企业总是为了各自的利益而进行资源的自我封闭(包括物质资源和信息资源),企业之间的合作仅仅是贸易上的短时性合作,人为地增加了企业之间的信息壁垒和沟通的障碍,企业不得不为应付不测而建立库存,库存的存在实际就是信息的堵塞与封闭的结果。虽然企业各个部门和企业之间都有信息的交流与沟通,但这远远不够。企业的信息交流更多的是在企业内部而非企业之间进行交流。信息共享程度差是传统的供应链不确定性增加的一个主要原因。传统的供应链中信息是逐级传递的,即上游供应链企业依据下游供应链企业的需求信息做生产或供应的决策。在集成的供应链系统中,每个供应链企业都能够共享顾客的需求信息,信息不再是线性的传递过程而是网络的传递过程和多信息源的反馈过程。建立合作伙伴关系的新型的企业合作模式以及跨组织的信息系统为供应链的各个合作企业提供了共同的需求信息,有利于推动企业之间的信息交流与沟通。企业有了确定的需求信息,在制订生产计划时,就可以减少为了吸收需求波动而设立的库存,使生产计划更加精确、可行。对于下游企业而言,合作性伙伴关系的供应链或供应链联盟可为企业提供综合的、稳定的供应信息,无论上游企业能否按期交货,下游企业都能预先得到相关信息而采取相应的措施,这样企业无须过多设立库存。

(2)运作不确定性对库存的影响。供应链企业之间的衔接不确定性通过建立战略伙伴关系的供应链联盟或供应链协作体而得以消减,同样,这种合作关系可以消除运作不确定性对库存的影响。当企业之间的合作关系得以改善时,企业的内部生产管理也大大得以改善。因为当企业之间的衔接不确定性因素减少时,企业的生产控制系统就能摆脱这种不确定性因素的影响,使生产系统的控制达到实时、准确,也只有在供应链的条件下,企业才能获得对生产系统有效控制的有利条件,消除生产过程中不必要的库存现象。在传统的企业生产决策过程中,供应商或分销商的信息是生产决策的外生变量,因而其无法预见外在需求或供应的变化信息,至少是延迟的信息;同时,库存管理的策略也是考虑独立的库存点而不是采用共享的信息,因而库存成了维系生产正常运行的必要条件。当生产系统形成网络时,不确定性就会在生产网络中传播,几乎所有的生产者都希望通过拥有库存来应付生产系统内外的不测变化,因为无法预测不确定性的大小和影响程度,人们只好按照保守的方法设立库存来对付不确定性。在不确定性较大的情形下,为了维护一定的用户服务水平,企业也常常维持一定的库存,以提高服务水平。在不确定性存在的情况下,高服务水平必然带来高库存水平。

分析了不确定性对库存的影响,得到的结论是:为了减少企业的库存水平,需要增加企业之间的信息交流与共享,减少不确定性因素对库存的影响,增加库存决策信息的透明性、可靠性和实时性。所有这些,需要企业之间的协调。供应链管理模式下的库存管理的最高理想是实现供应链企业的无缝连接,消除供应链企业之间的高库存现象。

三 供应链管理环境下的库存管理策略

以上分析了供应链管理环境下库存管理和传统的库存管理模式的差别,以及节点企业管理库存时所面临的新问题。为了解决库存管理难的问题,适应供应链管理的要求,采用供应链下的库存管理新方法。以下将介绍几种先进的供应链库存管理技术与方法,包括 VMI 管理系统、联合库存管理和战略库存管理等。

1. VMI 管理系统

长期以来,流通中的库存各自为政。流通环节中的每个部门都是各自管理自己的库存,零售商、批发商、供应商都有各自的库存,各个供应链环节都有自己的库存控制策略。由于各自的库存控制策略不同,因此不可避免地产生需求的扭曲现象,即所谓的需求放大现象,无法使供应商快速地响应用户的需求。在供应链管理环境下,供应链的各个环节的活动都应该是同步进行的,而传统的库存控制方法无法满足这一要求。近年来,国外出现了一种新的供应链库存管理方法——供应商管理用户库存(Vendor Managed Inventory, VMI),这种库存管理策略打破了传统的各自为政的库存管理模式,体现了供应链的集成化管理思想,适应市场变化的要求,是一种新的有代表性库存管理思想。

1) VMI 的基本思想

VMI 库存管理系统能够突破传统的条块分割的库存管理模式,以系统的、集成的管理思想进行库存管理,使供应链系统能够获得同步化的运作。

VMI 是一种很好的供应链库存管理策略。关于 VMI 的定义,国外学者认为:"VMI 是一种在用户和供应商之间的合作性策略,以对双方来说都是最低的成本优化产品的可获性,在一个相互统一的目标框架下由供应商管理库存,这样的目标框架被经常性监督和修正,以产生一种连续改进的环境。"

实施 VMI 系统时应遵循以下原则。

(1) 合作性原则。在实施该策略时,相互信任与信息透明是很重要的,供应商和用户(零售商)都要有较好的合作精神,才能够相互保持较好的合作。

(2) 互惠原则。VMI 不是关于成本如何分配或谁来支付的问题,而是关于减少成本的问题。通过该策略使双方的成本都获得减少。

(3) 目标一致性原则。双方都明白各自的责任,在观念上达成一致的目标。如库存放在哪里,什么时候支付,是否要管理费,要花费多少等问题都要回答,并且体现在框架协议中。

(4) 连续改进原则。使供需双方能共享利益和消除浪费。

VMI 的主要思想是供应商在用户的允许下设立库存,确定库存水平和补给策略,拥有库存控制权。精心设计与开发的 VMI 系统,不仅可以降低供应链的库存水平,降低成本,而且,用户外还可获得高水平的服务,改善资金流,与供应商共享需求变化的透明性和获得更高的用户信任度。

2) VMI 的实施方法

实施 VMI 策略,首先要改变订单的处理方式,建立基于标准的托付订单处理模式。首先,供应商和批发商一起确定供应商的订单业务处理过程所需要的信息和库存控制参数,然后建立一种订单的处理标准模式,如 EDI 标准报文,最后把订货、交货和票据处理各个业务功能集成在供应商一边。

库存状态透明性(对供应商)是实施供应商管理用户库存的关键。供应商能够随时跟踪和检查销售商的库存状态,从而快速地响应市场的需求变化,对企业的生产(供应)状态做出相应的调整。为此需要建立一种能够使供应商和用户(分销、批发商)的库存信息系统透明连接的方法。

供应商管理库存的策略可以分如下 4 个步骤实施。

(1) 建立顾客情报信息系统。要有效地管理销售库存,供应商必须能够获得顾客的有关信息。通过建立顾客的信息库,供应商能够掌握需求变化的有关情况,把由批发商(分销商)进行的需求预测与分析功能集成到供应商的系统中来。

(2) 建立销售网络管理系统。供应商要很好地管理库存,必须建立起完善的销售网络管理系统,保证自己的产品需求信息和物流畅通。为此,必须保证自己产品条码的可读性和唯一性;解决产品分类、编码的标准化问题;解决商品存储运输过程中的识别问题。目前已有许多企业开始采用制造资源计划系统(MRPII)或企业资源计划系统(ERP),这些软件系统都集成了销售管理的功能。通过对这些功能的扩展,可以建立完善的销售网络管理系统。

(3)建立供应商与分销商(批发商)的合作框架协议。供应商和分销商(批发商)一起通过协商,确定处理订单的业务流程以及控制库存的有关参数(如再订货点、最低库存水平等)、库存信息的传递方式(如EDI或Internet)等。

(4)组织机构的变革。这一点也很重要,因为VMI策略改变了供应商的组织模式。过去一般由会计经理处理与用户有关的事情,引入VMI策略后,在订货部门产生了一个新的职能负责用户库存的控制,库存补给和服务水平。一般来说,以下情况适合实施VMI策略:零售商或批发商没有IT系统或基础设施来有效管理他们的库存;制造商实力雄厚并且比零售商市场信息量大;有较高的直接存储交货水平,因而制造商能够有效规划运输。

3) VMI的支持技术

VMI的支持技术主要包括EDI/Internet、ID代码、条码、条码应用标识符、连续补给程序等。

(1) ID代码。供应商要有效地管理用户的库存,必须对用户的商品进行正确识别,为此对供应链商品进行编码,通过获得商品的标识(ID)代码并与供应商的产品数据库相连,以实现对用户商品的正确识别。供应商应尽量使自己的产品按国际标准进行编码,以便在用户库存中对本企业的产品进行快速跟踪和分拣。因为用户(批发商、分销商)的商品多种多样,有来自不同的供应商的同类产品,也有来自同一供应商的不同产品。实现ID代码标准化有利于采用EDI系统进行数据交换与传送,提高了供应商对库存管理的效率。目前,国际上通行的商品代码标准是国际物品编码协会(EAN)和美国统一代码委员会(UCC)共同编制的全球通用的ID代码标准。

(2) EDI/Internet。EDI是一种在处理商业或行政事务时,按照一个公认的标准,形成结构化的事务处理或信息数据格式,完成计算机到计算机的数据传输。这里主要介绍EDI如何应用到VMI方法体系中,如何实现供应商对用户的库存管理。供应商要有效地对用户(分销商、批发商)的库存进行管理,采用EDI进行供应链的商品数据交换,是一种安全可靠的方法。为了能够实现供应商对用户的库存进行实时测量,供应商必须每天都能了解用户的库存补给状态。因此采用基于EDIFACT标准的库存报告清单能够提高供应链的运作效率,每天的库存水平(或定期的库存检查报告)、最低的库存补给量都能自动地生成,这样可以大大提高供应商对库存的监控效率。

分销商(批发商)的库存状态也可以通过EDI报文的方式通知供应商。

在VMI管理系统中,供应商一方有关装运与发票等工作都不需要特殊的安排,主要的数据是顾客需求的物料信息记录、订货点水平和最小交货量等,需求一方(分销商、批发商)唯一需要做的是能够接受EDI订单确认和配送建议,以及利用该系统发放采购订单。

(3)条码。条码是ID代码的一种符号,是对ID代码进行自动识别且将数据自动输入计算机的方法和手段,条码技术的应用解决了数据录入与数据采集的"瓶颈",为供应商管理用户库存提供了有力支持。

条码是目前国际上供应链管理中普遍采用的一种技术手段。为有效实施VMI管理系统,应该尽可能地使供应商的产品条码化。条码技术对提高库存管理的效率是非常显著的,是实现库存管理电子化的重要工具手段,它使供应商对产品的库存控制一直可以延伸到和销售商的POS系统进行连接,实现用户库存的供应链网络化控制。

(4)连续补给程序。连续补给程序策略将零售商向供应商发出订单的传统订货方法,变为供应商根据用户库存和销售信息决定商品的补给数量。这是一种实现 VMI 管理策略的有力工具和手段。为了快速响应用户"降低库存"的要求,供应商通过和用户(分销商、批发商或零售商)建立合作伙伴关系,主动提高向用户交货的频率,使供应商从过去单纯地执行用户的采购订单变为主动地为用户分担补充库存的责任,在加快供应商响应用户需求的速度同时,也使用户方减少了库存水平。

2. 联合库存管理

1)基本思想

VMI 是一种供应链集成化运作的决策代理模式,它把用户的库存决策权代理给供应商,由供应商代理分销商或批发商行使库存决策的权力。联合库存管理则是一种风险分担的库存管理模式。

从分销中心的功能我们得到启发,我们对现有的供应链库存管理模式进行了新的拓展和重构,提出了联合库存管理新模式基于协调中心的联合库存管理系统。

近年来,在供应链企业之间的合作关系中,更加强调双方的互利合作关系,联合库存管理就体现了战略供应商联盟的新型企业合作关系。传统的库存管理,把库存分为独立需求和相关需求两种库存模式来进行管理。相关需求库存问题采用物料需求计划(MRP)处理,独立需求问题采用订货点办法处理。一般来说,产成品库存管理为独立需求库存问题,而制品和零部件以及原材料的库存控制问题为相关需求库存问题。在传统的供应链过程中,从供应商、制造商到分销商,各个供应链节点企业都有自己的库存。供应商作为独立的企业,其库存(即其产品库存)为独立需求库存。制造商的材料、半成品库存为相关需求库存,而产品库存为独立的需求库存。分销商为了应付顾客需求的不确定性也需要库存,其库存也为独立需求库存。

联合库存管理是解决供应链系统中由于各节点企业的相互独立库存运作模式导致的需求放大现象,提高供应链的同步化程度的一种有效方法。

联合库存管理和供应商管理用户库存不同,它强调双方同时参与,共同制订库存计划,使供应链过程中的每个库存管理者(供应商、制造商、分销商)都从相互之间的协调性考虑,保持供应链相邻的两个节点之间的库存管理者对需求的预期保持一致,从而消除了需求变异放大现象。任何相邻节点需求的确定都是供需双方协调的结果,库存管理不再是各自为政的独立运作过程,而是供需连接的纽带和协调中心。

2)联合库存管理的实施策略

(1)建立供需协调管理机制。建立供需协调管理机制是为了发挥联合库存管理的作用,供需双方应从合作的精神出发,建立供需协调管理的机制,明确各自的目标和责任,建立合作沟通的渠道,为供应链的联合库存管理提供有效的机制,没有一个协调的管理机制,就不可能进行有效的联合库存管理。建立供需协调管理机制,要从以下 4 个方面着手。

①建立共同合作目标要建立联合库存管理模式。首先供需双方必须本着互惠互利的原则,建立共同的合作目标。为此,要理解供需双方在市场目标中的共同之处和冲突点,通过协商形成共同的目标,如用户满意度、利润的共同增长和风险的减少等。

②建立联合库存的协调控制方法。联合库存管理中心担负着协调供需双方利益的角

色,起协调控制器的作用。因此需要对库存优化的方法进行明确确定。这些内容包括库存如何在多个需求商之间调节与分配,库存的最大量和最低库存水平、安全库存的确定,需求的预测等。

③建立一种信息沟通的渠道或系统信息共享是供应链管理的特色之一。为了提高整个供应链的需求信息的一致性和稳定性,减少由于多重预测导致的需求信息扭曲,应增加供应链各方对需求信息获得的及时性和透明性。为此应建立一种信息沟通的渠道或系统,以保证需求信息在供应链中的畅通和准确性。要将条码技术、扫描技术、POS系统和EDI集成起来,并且要充分利用因特网的优势,在供需双方之间建立一个畅通的信息沟通桥梁和联系纽带。

④建立利益的分配、激励机制要有效运行。基于协调中心的库存管理,必须建立一种公平的利益分配制度,并对参与协调库存管理中心的各个企业(供应商、制造商、分销商或批发商)进行有效的激励,防止机会主义行为,增加协作性和协调性。

(2) 发挥两种资源计划系统的作用。为了发挥联合库存管理的作用,在供应链库存管理中应充分利用目前比较成熟的两种资源管理系统:制造资源计划系统(MRP Ⅱ)和物资资源配送计划(DRP)。原材料库存协调管理中心应采用制造资源计划系统MRP Ⅱ,而在产品联合库存协调管理中心则应采用物资资源配送计划DRP。这样在供应链系统中把两种资源计划系统很好地结合起来。

(3) 建立快速响应系统。快速响应系统是在20世纪80年代末由美国服装行业发展起来的一种供应链管理策略,其目的在于减少供应链中从原材料到用户过程的时间和库存,最大限度地提高供应链的运作效率。快速响应系统在美国等西方国家的供应链管理中被认为是一种有效的管理策略,共经历了三个发展阶段。第一阶段是商品条码化,通过对商品的标准化识别处理加快订单的传输速度;第二阶段是内部业务处理的自动化,采用自动补库与EDI数据交换系统,提高业务自动化水平;第三阶段是采用更有效的企业间的合作,消除供应链组织之间的障碍,提高供应链的整体效率,如通过供需双方合作,确定库存水平和销售策略等。目前在欧美等西方国家,QR系统应用已到达第三阶段,通过联合计划、预测与补货等策略进行有效的用户需求反应。

背景链接

美国的Kurt Salmon协会调查分析认为,实施快速响应系统后供应链效率大有提高,缺货大大减少,通过供应商与零售商的联合协作保证24h供货;库存周转速度提高1~2倍;通过采用敏捷制造技术,企业的产品中的20%~30%是根据用户的需求而制造的。

快速响应系统需要供需双方的密切合作,因此协调库存管理中心的建立为快速响应系统发挥更大的作用创造了有利的条件。

(4) 发挥第三方物流系统的作用。第三方物流系统(Third Party Logistics,TPL)是供应链集成的一种技术手段。TPL也叫作物流服务提供者(Logistics Service Provider,LSP),它为用户提供各种服务,如产品运输、订单选择、库存管理等。第三方物流系统的产生是由一些大的公共仓储公司通过提供更多的附加服务演变而来,另外一种产生形式是由一些制造企业的运输和分销部门演变而来。把库存管理的部分功能代理给第三方物流系统管理,可以使企业能更加集中精力于自己的核心业务,第三方物流系统起到了供应商和用户之间联系的桥梁作用,为企业获得诸多好处:减少成本;使企业集中于核心业务;获得更多的市场信息;获得一流的物流咨询;改进服务质量;快速进入国际市场。

面向协调中心的第三方物流系统使供应与需求双方都取消了各自独立的库存,增加了供应链的敏捷性和协调性,并且能够大大改善供应链的用户服务水平和运作效率。

3. 战略库存管理

1) 关于库存管理问题的新理解

从深层次的研究发现,库存并不是简单的资源储备或闲置的问题,而是一种组织行为问题,这是我们关于库存管理新的理解:库存是企业之间或部门之间没有实现无缝连接的结果,因此,库存管理的真正本质不是针对物料的物流管理,而是针对企业业务过程的工作流管理。基于传统的库存观点,库存管理就是物料管理,于是人们花大量的时间与精力去优化库存(物料成本优化),但是效果却总达不到预期效果。这种只看树木不看森林的管理思维一直没有得到突破。而所谓的库存管理也总是围绕物流管理、仓库管理等问题展开,或者基于降低浪费的角度,采用JIT准时制进行无休止地改进以降低库存,虽然这些都是库存管理的有效方法,但是,从根本上说,仍然没有解决库存的本质问题。

2) 战略库存控制

工作流管理从传统的以物流控制为目的的库存管理向以过程控制为目的的库存管理转变是库存管理思维的变革。基于过程控制的库存管理将是全面质量管理、业务流程再造、工作流技术、物流技术的集成。

这种新的库存管理思想将对企业的组织行为产生重要的影响,组织结构将更加面向过程。供应链是多个组织的联合,通过有效的过程管理可以减少乃至消除库存。在供应链库存管理中,组织障碍是库存增加的一个重要因素。不管是企业内部还是企业之间,相互的合作与协调是实现供应链无缝连接的关键。

在供应链管理环境下,库存控制不再是一种运作问题,而是企业的战略性问题。要实现供应链管理的高效运行,必须增加企业的协作,建立有效的合作机制,不断进行流程革命。因而,库存管理并不是简单的物流过程管理,而是企业之间工作流的管理。

基于工作流的库存控制策略把供应链的集成推到了一个新的战略高度——企业间的协作与合作。

任务三 供应链环境下的生产计划与控制

(1) 了解传统的企业生产计划和控制与供应链管理模式存在差距;
(2) 理解供应链环境下生产计划的特点;
(3) 理解供应链环境下生产控制的内容;
(4) 理解供应链环境下生产计划管理的总体模型及特点;

(5)掌握供应链生产运营管理思想;
(6)掌握供应链环境下生产系统的协调机制。

教学方法

采用讲授、情境教学、案例教学和分组讨论等方法。

教学内容

企业经营活动是以顾客需求驱动的、以生产计划与控制为中心而展开的。生产的本质是运用材料(Material)、机械设备(Machine)、人(Man),结合作业方法(Method),使用相关检测手段(Measure),在适宜的环境(Environment)下,达到质量(Quality)、成本(Cost)、交期(Delivery)等方面的要求。

背景链接

风神物流生产作业标准化效果评价是围绕质量(Q)、时间(T)、成本(C)、安全(S)、士气(M)五个目标项目开展的,质量(Q)是维持及改善质量,降低不良率;交期(D)是遵守交货期限,完成生产计划;成本(C)是减少购入费用,提高效率,降低成本;安全(S)是做好场所环保,确保工作安全,达到零灾害;士气(M)是促成环境舒适化及创造团队的向心力。公司将五个目标项目细分,具体到影响班组作业的13项标准作业书中,即管理的充实、客户服务、成本管控、安全的确保、5S的固定、标准作业、作业要件一览表、管理项目一览表、技能管理、作业编制、改善活动、自主保全、品质保证13项,并通过定期的部门班组作业检查,不断地改进与完善。

一 传统的生产计划和控制

1. 与生产计划和控制相关的概念

企业生产计划是关于生产系统总体方面的计划。它所反映的是企业在计划期应达到的产品品种、质量、产量和产值等生产方面的指标、生产进度及相应的布置,它是指导企业计划期生产活动的纲领性方案。生产计划工作是指生产计划的具体编制工作。它将通过一系列综合平衡工作,完成生产计划的确定。我们设计生产计划系统,就是要通过努力,不断提高生产计划工作水平,为工业企业生产系统的运行提供一个优化的生产计划。生产控制的对象是生产过程,是经济控制系统中微观层次的一个分支。它的经济活动要素主要包括人、物资、设备、资金和信息。这些要素一方面分布在企业所有部门的各个环节中,另一方面这些要素每时每刻都处于变动之中,所以企业的生产计划与控制体系是企业经营的核心活动。

2. 现行生产计划和控制模式与供应链管理模式的差距

现行生产计划和控制模式与供应链管理模式的差距主要表现在如下几个方面:

(1)决策信息来源的差距(多源信息)。生产计划的制订要依据一定的决策信息,即基础数据。在传统的生产计划决策模式中,计划决策的信息来自两个方面,一方面是需求信息,另一方面是资源信息。需求信息又来自两个方面,一个是用户订单,另一个是需求预测。通过对这两方面信息的综合,得到制订生产计划所需要的需求信息。资源信息则是指生计划决策的约束条件。信息多源化是供应链管理环境下的主要特征,多源信息是供应链环境下生产计划的特点。另外,在供应链环境下,资源信息不仅仅来自企业内部,还来自供应商、分销商和用户。约束条件放宽了,资源的扩展也使生产计划的优化空间扩大了。

(2)决策模式的差距(决策群体性、分布性)。传统的生产计划决策模式是一种集中式决策,而供应链管理环境下的决策模式是分布式的群体决策过程。基于多代理的供应链系统是立体的网络,各个节点企业具有相同的地位,有本地数据库和领域知识库。在形成供应链时,各节点企业拥有暂时性的监视权和决策权,每个节点企业的生产计划决策都受到其他企业生产计划决策的影响,需要一种协调机制和冲突解决机制。当一个企业的生产计划发生改变时,需要其他企业的计划也做出相应的改变,这样供应链才能获得同步化的响应。

(3)信息反馈机制的差距(递阶、链式反馈与并行、网络反馈)。企业的计划若想得到很好的贯彻执行,需要有效的监督控制机制作为保证。要进行有效的监督控制,必须建立一种信息反馈机制。传统的企业生产计划的信息反馈机制是一种链式反馈机制,也就是说,信息反馈是企业内部从一个部门到另一个部门的直线性的传递。由于递阶组织结构的特点,信息的传递一般是从底层向高层信息处理中心(权力中心)反馈,形成和组织结构平行的信息递阶的传递模式。供应链管理环境下,企业信息的传递模式和传统企业的信息传递模式不同。以团队工作为特征的多代理组织模式使供应链具有网络化结构特征,因此供应链管理模式不是递阶管理,也不是矩阵管理,而是网络化管理。生产计划信息的传递不是沿着企业内部的递阶结构(权力结构),而是沿着供应链不同的节点方向(网络结构)传递。为了做到供应链的同步化运作,供应链企业之间信息的交互频率也比传统企业信息传递的频率大得多,因此应采用并强化信息传递模式。

(4)计划运行环境的差距(不确定性、动态性)。供应链管理的目的是使企业能够适应剧烈多变的市场环境需要。复杂多变的环境,增加了企业生产计划运行的不确定性和动态性因素。供应链管理环境下的生产计划是在不稳定的运行环境下进行的,因此要求生产计划与控制系统具有更高的柔性和敏捷性,比如提前期的柔性、生产批量的柔性等。传统的MRPⅡ(制造资源计划)就缺乏柔性,因为它以固定的环境约束变量应付不确定的市场环境,这显然是不行的。供应链管理环境下的生产计划涉及的多是订单化生产,这种生产模式动态性更强。因此生产计划与控制要更多地考虑不确定性和动态性因素,以使生产计划具有更高的柔性和敏捷性,使企业能对市场变化做出快速反应。

二 供应链环境下的生产计划和控制

1. 供应链企业计划的目的和要求

供应链是一个跨越多厂家、多部门的网络化组织,一个有效的供应链企业计划系统必须保证企业能快速响应市场需求。有效的供应链计划系统集成企业所有的计划和决策业务,包括需求预测、库存计划、资源配置、设备管理、渠道优化、生产作业计划、物料需求与采购计划等。供应链是由不同的企业组成的企业网络,有紧密型的联合体成员、有协作型的伙伴企业、有动态联盟型的战略伙伴。作为供应链的整体,以核心企业为龙头,把各个参与供应链的企业有效地组织起来,优化整个供应链的资源,以最低的成本和最快的速度生产最好的产品,最快地满足用户需求,以达到快速响应市场和用户需求的目的,这是供应链节点企业计划最根本的目的和要求。供应链节点企业计划工作需要考虑如下几个方面的问题：

(1)节点企业计划的方法与工具。节点企业计划的方法主要有：MRPⅡ管理方法，JIT(准时生产方式)管理方法，DRP(物流资源计划)/LRP(配送需求计划)管理方法。

(2)供应链节点企业计划的优化方法。供应链企业计划的优化方法可以采用：TOC(Theory Of Constraint)理论、线性规划、非线性及混合规划方法、随机库存理论与网络计划模型。

(3)供应链企业的计划类型。根据供应链企业计划对象和优化状态空间，有全局供应链计划和局部供应链计划。

(4)供应链企业计划层次性。根据供应链企业计划的决策空间，分为战略供应链计划、战术供应链计划和运作供应链计划三个层次。

2. 同步化供应链企业计划

供应链企业的同步化计划使计划的修改或执行中的问题能在整个供应链上获得共享与支持，物料和其他资源的管理是在实时的牵引方式下进行而不是无限能力的推动过程。供应链企业同步计划可通过改进MRPⅡ或在ERP中加入新的技术、充分利用开放系统的概念和集成工具来实现。同时，同步化计划能够支持供应链分布、异构环境下的"即插即用"要求。但要实现这一点，必须使供应链中的信息达到同步共享。一方面，建立在EDI/Internet之下的供应链信息集成平台，为供应链企业之间的信息交流提供了共享窗口和交流渠道，同时保证了供应链企业同步化计划的实现。另一方面，要建立起协调机制和冲突管理服务。供应链系统各个代理之间既有同步的协作功能，也有独立的自主功能，当供应链的整体利益和各个代理的个体利益相冲突时，必须快速协商解决，供应链的同步化才能得以实现。

背景链接

广州风神物流的同步化供应链是以"向下个工程轻松供给"为目标，到货的零件能及时供给下个工程的供给方式。即把必要的物品、必要的量，在必要的时间内，供到必要的场所，并能保持品质且按成本最低要求供给的最佳方法。通过同步供给方式，把东风日产总装生产顺序信息电传给供应商，供应商按生产顺序供给到线边(外制同步→轮胎、座椅等)。在工厂内，按内制顺序装载供给生产线(内制同步等)。

①供应商距离远：工厂周边设厂生产后供给；
②外制：工厂内建筑外由供应商生产后供给；
③内制：工厂内建筑里由供应商生产后供给，如图4-4所示。

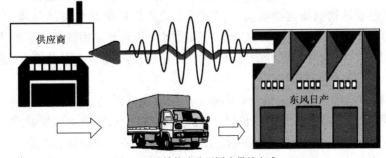

图4-4 风神物流公司同步供给方式

3. 供应链环境下的生产计划

供应链管理环境下的生产计划与传统生产计划有显著不同,因为在供应链管理下,与企业具有战略伙伴关系的企业资源通过物资流、信息流和资金流的紧密合作而成为企业制造资源的拓展。在制订生产计划的过程中,企业主要面临以下三方面的问题。

1) 柔性约束

柔性实际上是对承诺的一种完善。承诺是企业对合作伙伴的保证,只有在此基础上,企业间才能具有基本的相互信任,合作伙伴也因此获得了相对稳定的需求信息。然而,由于承诺的下达在时间上超前于承诺本身付诸实施的时间,因此,尽管承诺方一般来讲都尽力使承诺与未来的实际情况接近,但误差却是难以避免的。柔性的提出为承诺方缓解了这一矛盾,使承诺方有可能修正原有的承诺。可见,承诺与柔性是供应合同签订的关键要素。对生产计划而言,柔性具有如下多重含义:

(1) 柔性是双方共同制订的一个合同要素,对于需方而言,它代表着对未来变化的预期;对供方而言,它是对自身所能承受的需求波动的估计。本质上,供应合同使用有限的可预知的需求波动代替了可以预测但不可控制的需求波动。

(2) 下游企业的柔性对企业的计划产量造成的影响在于,企业必须选择一个在已知的需求波动下最为合理的产量。企业的产量不可能覆盖整个需求的变化区域,否则会造成不可避免的库存费用。在库存费用与缺货费用之间取得一个均衡点,是确定产量的一个标准。

(3) 供应链是首尾相通的,企业在确定生产计划时,还必须考虑上游企业的利益。在与上游企业的供应合同中,上游企业表达的含义除了对自身所能承受的需求波动的估计外,还表达了对自身生产能力的权衡。可以认为,上游企业合同中反映的是相对于该下游企业的最优产量。之所以提出是相对于该下游企业的最优产量,是因为上游企业可能同时为多家企业提供产品。因此,下游企业在制订生产计划时,应该尽量使需求与合同的承诺量接近,帮助供应企业达到最优产量。

2) 生产进度

生产进度信息是企业检查生产计划执行状况的重要依据,也是滚动制订生产计划过程中,用于修正原有计划和制订新计划的重要信息。在供应链管理环境下,生产进度计划属于可共享的信息。这一信息的作用在于以下2方面:

(1) 供应链上游企业通过了解对方的生产进度情况实现准时供应。企业的生产计划是在对未来需求做出预测的基础上制订的,它与生产过程的实际进度一般是不同的,生产计划信息不可能实时反映物流的运动状态。供应链企业可以借助现代网络技术,使实时的生产进度信息能为合作方所共享。上游企业可以通过网络和双方通用的软件了解下游企业真实需求信息,并准时提供物资。这种情况下,下游企业可以避免不必要的库存,而上游企业可以灵活主动地安排生产和调拨物资。

(2) 原材料和零部件的供应是企业进行生产的首要条件之一,供应链上游企业修正原有计划时,应该考虑到下游企业的生产状况。在供应链管理下,企业可以了解到上游企业的生产进度,然后适当调节生产计划,使供应链上的各个环节紧密地衔接在一起。其意义在于可以避免企业与企业之间出现供需脱节的现象,从而保证了供应链上的整体利益。

> 背景链接

广州风神调达物流公司作业时间要求

在主机厂装卸货作业,按车位表要求到达指定地点后,在45min内完成作业。

在供应商装卸货作业,到达作业指定地点后,在45min内完成作业。

车辆到达供应商时间以配车会议确定的时间为基本要求,提前或滞后1h内(含1h)视为正常,否则为异常情况。

(1)当车辆过度提前(提前1h以上)到达供应商时,供应商可以拒绝作业,不安排作业;如果需要提前作业,物流商需在车辆到达前4h与供应商沟通,得到对方同意的情况下进行提前作业。

(2)当车辆过度延迟(延迟1h以上)到达供应商时,物流商需在配车会议约定的到达时间前2h与供应商沟通,以便供应商给予生产作业的调整应对。

(3)当供应商不能按照配车会议约定的时间出货时,供应商应提前4h(取货距离在200km以外,供应商应提前8h)通知物流公司。由于调达物流是巡回取货,因此车辆在供应商处异常等待的时间原则上不得超过1h,否则,物流商可以取消本次取货作业(由供应商自行送货,费用自理,并对因此而造成的各种后果负责)。

3)生产能力

企业完成一份订单不能脱离上游企业的支持,因此,在编制生产计划时,要尽可能借助外部资源,有必要考虑如何利用上游企业的生产能力。任何企业在现有的技术水平和组织条件下都具有一个最大的生产能力,但最大的生产能力并不等于最优生产负荷。在上下游企业间稳定的供应关系形成后,上游企业从自身利益出发,更希望所有与之相关的下游企业在同一时期的总需求与自身的生产能力相匹配。上游企业的这种对生产负荷量的期望,可以通过合同、协议等形式反映出来,即上游企业提供给每个相关下游企业一定的生产能力,并允许一定程度上的浮动。这样,在下游企业编制生产计划时,就必须考虑到上游企业的这一能力上的约束。

4. 供应链环境下编制生产计划的特点

供应链管理环境下,企业的生产计划编制过程有了较大的变动,在原有的生产计划制订过程的基础上增加了新的特点。

1)具有纵向和横向的信息集成过程

这里的纵向指供应链由下游向上游的信息集成,而横向指生产相同或类似产品的企业之间的信息共享。在生产计划过程中,上游企业的生产能力信息在生产计划的能力分析中独立发挥作用。通过在主生产计划和投入出产计划中分别进行的粗、细能力平衡,上游企业承接订单的能力和意愿都反映到了下游企业的生产计划中。同时,上游企业的生产进度信息也和下游企业的生产进度信息一道作为滚动编制计划的依据,其目的在于保持上下游企业间生产活动的同步。外包决策和外包生产进度分析是集中体现供应链横向集成的环节。在外包中所涉及的企业都能够生产相同或类似的产品,或者说在供应链网络上是属于同一产品级别的企业。企业在编制主生产计划时所面临的订单,在两种情况下可能转向外包:一是企业本身或其上游企业的生产能力无法承受需求波动所带来的负荷;二是企业所承接的订单通过外包所获得的利润大于企业自己进行生产的利润。无论在何种情况下,企业都需要承接外包的企业的基本数据来支持本企业的获利分析,以确定是否外包。同时,由于企业对该订单的客户有着直接的责任,因此也需要承接外包的企业的生产进度信息来确保对客户的供应。

2)丰富了能力平衡在计划中的作用

在通常的概念中,能力平衡只是一种分析生产任务与生产能力之间差距的手段,并根据能力平衡的结果对计划进行修正。在供应链管理下,制订生产计划过程中,能力平衡发挥了以下作用:

(1)为修正主生产计划和投入出产计划提供依据,这也是能力平衡的传统作用。

(2)能力平衡是进行外包决策和零部件(原材料)急件外购的决策依据。

(3)在主生产计划和投入出产计划中所使用的上游企业能力数据,反映了其在合作中所愿意承担的生产负荷,可以为供应链管理的高效运作提供保证。

(4)在信息技术的支持下,对本企业和上游企业的能力状态进行实时更新,使生产计划具有较高的可行性。

3)计划的循环过程突破了企业的限制

在企业独立运行生产计划系统时,一般有三个信息流的闭环,而且都在企业内部。

(1)主生产计划→粗能力平衡→主生产计划。

(2)投入出产计划→能力需求分析(细能力平衡)→投入出产计划。

(3)投入出产计划→车间作业计划→生产进度状态→投入出产计划。

在供应链管理下,生产计划的信息流跨越了企业,从而增添了新的内容。

(1)主生产计划→供应链企业粗能力平衡→主生产计划。

(2)主生产计划→外包工程计划→外包工程进度→主生产计划。

(3)外包工程计划→主生产计划→供应链企业生产能力平衡→外包工程计划。

(4)投入出产计划→供应链企业能力需求分析(细能力平衡)→投入出产计划。

(5)投入出产计划→上游企业生产进度分析→投入出产计划。

(6)投入出产计划→车间作业计划→生产进度状态→投入出产计划。

需要说明的是,以上各循环中的信息流都只是各自循环所必需的信息流的一部分,但其可对计划的某个方面起决定性的作用。

4)生产控制的特点

供应链环境下的生产协调控制包括如下几个方面的内容:

(1)生产进度控制。生产进度控制的目的在于依据生产作业计划,检查零部件的投入和出产数量、出产时间和配套性,保证产品能准时装配出厂。供应链环境下的进度控制与传统生产模式的进度控制不同,因为许多产品是协作生产和转包的业务,和传统的企业内部的进度控制比较来说,供应链环境下的进度控制的难度更大,必须建立一种有效的跟踪机制进行生产进度信息的跟踪和反馈。生产进度控制在供应链管理中有重要作用,因此必须研究解决供应链企业之间的信息跟踪机制和快速反应机制。

(2)供应链的生产节奏控制。供应链的同步化计划需要解决供应链企业之间的生产同步化问题,只有各供应链企业之间以及企业内部各部门之间保持步调一致时,供应链的同步化才能实现。供应链形成的准时生产系统,要求上游企业准时为下游企业提供必需的零部件。如果供应链中任何一个企业不能准时交货,都会导致供应链不稳定或中断,导致供应链对用户的响应性下降,因此严格控制供应链的生产节奏对保持供应链的敏捷性是十分重要的,以下是风神物流公司在控制生产节拍时的标准设定,如图4-5所示。

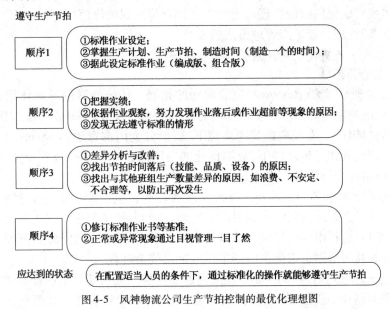

图4-5　风神物流公司生产节拍控制的最优化理想图

（3）提前期管理。基于时间的竞争是20世纪90年代的一种新的竞争策略,具体到企业的运作层,主要体现为提前期的管理,这是实现QCR、ECR策略的重要内容。供应链环境下的生产控制中,提前期管理是实现快速响应用户需求的有效途径。缩小提前期,提高交货期的准时性是保证供应链获得柔性和敏捷性的关键。缺乏对供应商不确定性有效控制是供应链提前期管理中一大难点,因此,建立有效的供应提前期的管理模式和交货期的设置系统是供应链提前期管理中值得研究的问题。

（4）库存控制和在制品管理。库存在应付需求不确定性时有其积极的作用,但是库存又是一种资源浪费。在供应链管理模式下,实施多级、多点、多方管理库存的策略,对提高供应链环境下的库存管理水平、降低制造成本有着重要意义。这种库存管理模式涉及的部门不仅仅是企业内部。基于JIT的供应与采购、供应商管理库存（Vendor Managed Inventory,VMI）、联合库存（Pooling）管理等是供应链库存管理的新方法,对降低库存都有重要作用。因此,建立供应链管理环境下的库存控制体系和运作模式对提高供应链的库存管理水平有重要作用,是供应链企业生产控制的重要手段。

三　供应链环境下生产计划管理的模型

在供应链管理环境下的集成生产计划与控制系统的集成研究中,到目前为止,较完善的理论模型是马士华教授于1995年提出的一个三级集成计划与控制系统模型,即把生产计划（MPS）、物料需求计划（MRP）和作业计划三级计划与订单控制、生产控制和作业控制三级控制系统集成于一体。该模型的核心在于提出了制造资源网络和能力状态集的概念，并对制造资源网络的建立和生产计划提前期的设置提出了相应模型和算法，并在MRPⅡ软件开发中运用了这一模型。在集成化供应链的概念没有出现之前，这一理论模型是完善的，但是理论总要随实际需求而不断发展，随着集成供应链管理思想的出现，该模型对资源概念、能力概念的界定都没有体现出供应链管理思想，没有体现扩展企业模型的特点。因此，我们需要研究出新的、体现集成化供应链管理思想的生产计划与控制理论模型，以适应全球化制造环境下的全球供应链管理企业生产管理模式的要求。

1. 供应链环境下的集成生产计划管理的总体概念

1) 几个概念的新拓展

(1) 供应链管理对资源(Resource)概念内涵的拓展。传统的制造资源计划MRPⅡ对企业资源这一概念的界定是局限于企业内部的，并统称为物料(Materials)，因此MRPⅡ的核心是物料需求计划(MRP)。在供应链管理环境下，资源分为内部资源(In-Source)和外部资源(Out-Source)。因此在供应链环境下，资源优化的空间由企业内部扩展到企业外部，即从供应链整体系统的角度进行资源的优化。

(2) 供应链管理对能力(Capacity)概念内涵的拓展。生产能力是企业资源的一种，在MRPⅡ系统中，常把资源问题归结为能力需求问题，或能力平衡问题。但正如对资源的概念一样，MRPⅡ对能力的利用也是局限于企业内部的。供应链管理把资源的范围扩展到供应链系统，其能力的利用范围也因此扩展到了供应链系统全过程。

(3) 供应链管理对提前(Lead Time)概念内涵的扩展。提前期是生产计划中一个重要的变量，在MRPⅡ系统中，这是一个重要的设置参数。但MRPⅡ系统一般把它作为一个静态的固定值来对待(为了反映不确定性，后来人们又提出了动态提前期的概念)。在供应链管理环境下，并不强调提前期的固定与否，重要的是交货期(Delivery Time)、准时交货，即供应链管理强调准时：准时采购、准时生产、准时配送。

2) 供应链环境下生产管理组织模式

在供应链管理环境下，生产管理组织模式和现行生产管理组织模式的一个显著不同就是，供应链管理环境下，生产管理是开放性的、以团队工作为组织单元的多代理制。在供应链联盟中，企业之间以合作生产的方式进行，企业生产决策信息通过EDI/Internet实时地在供应链联盟中由企业代理通过协商决定，企业建立一个合作公告栏，实时地和合作企业进行信息交流。在供应链中，要实现委托代理机制，对企业应设立一些行为规则，如自勉规则、鼓励规则、激励规则、信托规则、最佳伙伴规则。

企业内部也是基于多代理制的团队工作模式，团队有一主管，负责团队与团队之间的协调。协调是供应链管理的核心内容之一，供应链管理的协调主要有三种形式，即供应—生产协调、生产—分销协调、库存—销售协调。

3) 供应链管理环境下生产计划的信息组织与决策特征

供应链管理环境下的生产计划信息组织与决策过程具有如下几个方面的特征：

(1) 开放性。经济全球化使企业进入全球开放市场，不管是基于虚拟企业的供应链还是基于供应链的虚拟企业，开放性是当今企业组织发展的趋势。供应链是一种网络化组织，供应链管理环境下的企业生产计划信息已跨越了组织的界限，形成了开放性的信息系统。决策的信息资源来自企业的内部与外部，并与其他组织进行共享。

(2)动态性。供应链环境下的生产计划信息具有动态的特性,是市场经济发展的必然结果。为了适应不断变化的顾客需求,使企业具有敏捷性和柔性,生产计划的信息随市场需求的更新而变化,模糊的提前期和模糊的需求量,要求生产计划具有更多的柔性和敏捷性。

(3)集成性。供应链是集成的企业,是扩展的企业模型,因此供应链环境下的企业生产计划信息是不同信息源的信息集成,集成了供应商、分销商的信息,甚至消费者和竞争对手的信息。

(4)群体性。供应链环境下的生产计划决策过程具有群体特征,这是因为供应链是分布式的网络化组织,具有网络化管理的特征。供应链企业的生产计划决策过程是一种群体协商过程,企业在制订生产计划时,不但要考虑企业本身的能力和利益,同时还要考虑合作企业的需求与利益,这是群体协商决策过程。

(5)分布性。供应链企业的信息来源在地理上是具有分布性的,信息资源跨越部门和企业,甚至全球化,通过 Internet/Intranet、EDI 等信息通信和交流工具,企业能够把分布在不同区域和不同组织的信息进行有机的集成与协调,使供应链活动同步进行。

2. 生产计划管理总体模型及其特点

根据前面的分析,供应链管理环境下的生产计划与控制总体模型如图 4-6 所示。

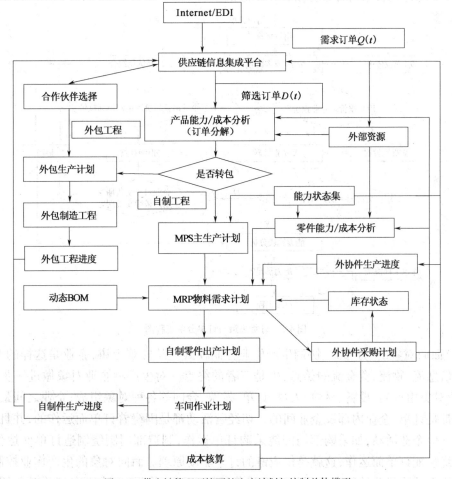

图 4-6 供应链管理环境下的生产计划与控制总体模型

1) 生产计划特点

(1) 本模型首次在 MRP Ⅱ 系统中提出了基于业务外包和资源外用的生产决策策略和算法模型,使生产计划与控制系统更加适应以顾客需求为导向的、多变的市场环境的需要。生产计划控制系统更具灵活与柔性,更能适应订货型企业(MTO 企业)的需要。

(2) 本模型把成本分析纳入了生产作业计划决策过程中,真正体现了以成本为核心的生产经营思想。传统的 MRP Ⅱ 系统中虽然有成本核算模块,但仅仅是用于事后结算和分析,并没有真正起到成本计划与控制的作用,而本模型是对 MRP Ⅱ 系统的一个改进。

(3) 基于该模型的生产计划与控制系统充分体现了本书提出的关于供应链管理思想,即基于价值增值与用户满意的供应链管理模式。

2) 生产控制模式的特点

(1) 订货决策与订单分解控制。在对用户订货与订单分解控制决策方面,本模型设立了订单控制系统,用户订单进入该系统后,要进行三个决策过程:价格/成本比较分析、交货期比较分析、能力比较分析。最后进行订单的分解决策,分解产生出两种订单:外包订单和自制订单。

图 4-7 为订货决策与订单分解控制示意图。

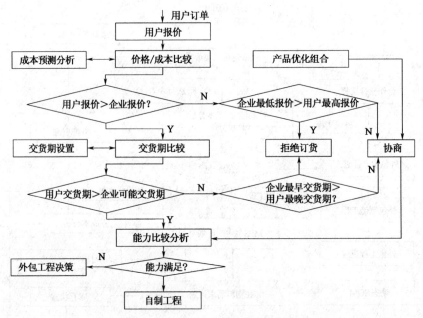

图 4-7　订货决策与订单分解流程图

(2) 面向对象的、分布式、协调生产作业控制模式。从宏观上讲,企业是这样的对象体:它既是信息流、物流、资金流的始点,也是三者的终点。对生产型企业对象做进一步分析可知,企业对象由产品、设备、材料、人员、订单、发票、合同等各种对象组成,企业之间最重要的联系纽带是订单,企业内部及企业间的一切经营活动都是围绕着订单而运作的,并且通过订单驱动其他企业活动,如采购部门围绕采购订单运作,制造部门围绕制造订单而运作,装配部门围绕装配订单而运作,这就是供应链的订单驱动原理。面向对象的生产作业控制模式,从订单概念的形成开始就考虑了物流系统各目标之间的关系,形成面向订单对象的控制系统。在控制过程中,订单主要完成如下几个方面作用和任务:对整个供应链过程(产供销)进行面向订单的监督和协调检查;规划一个订单工程的计划完成日期和完成工作量指标;对订单工程对象的运行状态进行跟踪监控;分析订单工程完成情况,与计划进行比较分析;根据顾客需求变化和订单工程完成情况提出切实可行的改进措施。订单控制过程可以用订单运行图简要说明,如图4-8所示。

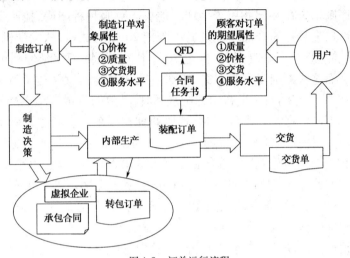

图4-8 订单运行流程

四 供应链生产运营管理

1. 精益生产

1)精益思想的起源

精益思想是对丰田生产系统(Toyota Production System)背后其核心原则的明确阐述,丰田生产系统被认为是当今世界上最有效的生产系统。虽然精益思想这个词是在20世纪90年代才出现的,但是这种思想已经有了很长历史。1855年,在美国康涅狄格州赫特福德的科尔特兵工厂中,将每个创造价值的步骤连贯起来,这一关键原则就已经明白地显现出来了。这可能就是今天我们所说的单次生产的最早的例子——制造步枪所需的每台机器,按照工艺步骤排列起来,每个零件都从一台机器转到另一台机器,直至完成整个生产过程。

1915年,亨利·福特将设在Highland Park的第一个大规模组装厂里的这一逻辑运用到了顶峰,这家工厂生产著名的T型车。工业的历史从这时开始转向了另一个方向。在流水作业中,所有的工具只生产单件产品,无须改变工具。通用汽车选择了另一种方法组织生产过程,即不同的部门致力于不同的生产活动,按照单个部门组织其生产工艺。这些部门中的机器总是非常忙碌,因为要确保有成批的零件等待加工。通用汽车公司不是按照产品流来组织生产,而是将不同的半成品的批次,从一个部门转交到另一个部门,直到完成整个装配过程。这样使得工程师能够专注于设计速度更快、适于进行大批量生产的机器。1931年,亨利·福特在其设于River Rouge的一个主要工厂中遵循了这一思路,并称之为"大规模生产"时代的开端。

20世纪30年代,在太平洋的另一边,丰田公司的创始人Sakichi Toyata和他的儿子按照他们自己对"流水作业"的认识,组织生产。他们阐明了两个关键原则,并且将这两个关键原则转化成了丰田生产系统,这两个原则是:发生错误时自动暂停流水线以及拉式系统。有了自动暂停流水线,发生错误时,部件就不会向前传递,而中断下面的生产(他们称之为 Jidoka);有了拉式生产,只有实际需要的部件才会被生产出来(被称为"准时制")。后来,丰田生产系统增加了第三个原则:工作负荷平衡。直到第二次世界大战结束之后,丰田公司的生产主管才将这些原则结合在一起并用于生产。他决心克服种种障碍,按照工艺步骤布置简单设备,生产小批量、多品种的产品。他进行了为期 20 年的试验,从发动机工厂开始,发展到冲压、车体焊接和组装工厂。直到 20 世纪 70 年代初,他将 TPS 延伸到供应领域时,TPS 才首次跃上纸面。而这些原则以书籍和文章的形式公开出版则又经过了 10 年。

当丰田公司在 1973 年的石油危机中持续赢利时,其他的日本汽车生产商意识到丰田正在寻求一条与自己不同的道路。直到那时,其他的日本汽车生产商才开始遵循丰田的质量路线,以提升绩效——特别是在质量方面。另一方面,TPS 致力于显著地压缩时间以挤出 Muda,改善质量并且只生产顾客订购的产品。日本的出口增长迅猛,以至于到了 1981 年美国和欧盟开始对日本汽车的进口拉响了警钟并开始使用配额。到了 1990 年,标杆研究指出,精益生产正是日本汽车厂商,特别是丰田汽车公司具有卓越竞争力的根本原因。日本公司在北美和欧洲建立的汽车制造厂成功地转向精益生产,引发了其竞争对手大规模的赶超运动。这种风潮道德从发动机和组装工厂开始,随即拓展到一级部件供应商。人们很快就清楚地意识到,复制丰田的所作所为并不是最终的答案,而且 TPS 的各个要素需要结合在一起才能发挥作用。因此,必须开始一场更加根本的改造,就像丰田及其供应商在 20 世纪 50 年代到六七十年代,从成批生产到精益生产时经历的那种重构。这就要求对 TPS 背后的原则进行更加深刻的理解。

20 世纪 90 年代,综合制造、航空航天和电子制造业开始贯彻精益思想,服装、食杂和快速变化的生活消费品行业,则通过快速反应和对顾客需求做出有效响应,使这一贯彻精益思想的运动走上了相同的道路。到了 20 世纪 90 年代末,建筑行业也像医疗保健行业一样,开始对此显露出兴趣。1999 年原材料生产商也走上了精益生产之路。与此同时,即使在日本和东南亚经济不景气时,丰田汽车公司也能持续获利并继续在全球建立工厂,而经济不景气则使日产公司和其他日本汽车制造商暴露出其关键弱点。

2)精益生产的含义

精益生产(Lean Production,简称 LP)是美国麻省理工学院数位国际汽车计划组织(IMVP)的专家对日本丰田准时化生产 JIT(Just in Time)生产方式的赞誉称呼。精,即少而精,不投入多余的生产要素,只是在适当的时间生产必要数量的市场急需产品(或下道工序急需的产品);益,即所有经营活动都要有益有效,具有经济效益。精益生产方式源于丰田生产方式,是由美国麻省理工学院组织世界上 14 个国家的专家、学者,花费 5 年时间,耗资 500 万美元,以汽车工业这一开创大批量生产方式和精益生产方式的典型工业为例,经理论化后总结出来的。它是当前工业界最佳的一种生产组织体系和方式。描述精益生产的最佳方式可能就是将它与另外两种人们进行生产的方式——手工生产和大规模生产进行比较。手工生产者运用熟练的工人、简单而灵活的工具满足顾客的需求——每次生产一件产品。订制的家具、装饰艺术品和一些样式奇特的运动汽车就是这样的例子。我们都很欣赏手工生产的理念,但它所带来的问题也很明显:手工生产的产品(过去就是这样的)——汽车的生产成本太高,以至于大多数人根本承受不起。因此,人们在20世纪初发展了大规模生产以替代手工生产。大规模生产则是使用熟练的专业人员设计产品,由半熟练或非熟练工人使用昂贵而用途专一的机器完成生产,这样可以生产出大量的标准化产品。由于机器的成本非常高,所以不能停工,因此进行大规模生产的制造商增加了很多缓冲——额外的供给、额外的工人和额外的空间——来保证顺利地生产。由于转而生产新产品即转产的成本更高,所以制造商尽可能长时间地保证生产中设计的标准化。这样做的结果是:消费者得到了低成本的产品,而付出的代价则是失去了产品的多样性,大多数员工则感到无聊和气馁。

相比之下,精益生产则是将手工生产和大规模生产的优点结合在一起,同时避免了前者的高成本和后者的刻板。为此,精益生产者在组织的各个层次使用了由擅长多种技能的熟练工人组成的小组,使用高度灵活、日益自动化的机器大量生产数量众多的产品。

3)精益生产的目标

精益生产(这个词是由IMVP研究者John Krafcik创造的)是"精益的",因为它使用的一切都比大规模生产更少——只需要一半的工人、一半的制造空间、一半的工具投资、一半的设计工时,使得开发新产品的时间减半。同样,所需要的现场库存也要减少一多半,这就大大减少了生产和产品中的缺陷,并且能够生产种类众多的产品。

大规模生产和精益生产之间最显著的差别可能就是它们的最终目标。大规模生产者为自己设定了有限的目标——"足够好",这可以理解为可接受的缺陷数量,库存的最大可接受水平,范围较窄的标准化产品。他们认为,做得更好会花费太多或者超过内在人员的能力。相反,精益生产者将他们的目标直接放在尽善尽美上面:持续降低成本、零缺陷、零库存和无限的产品种类。当然,没有一个精益生产者曾经到达这个"希望之乡"——而且可能永远也达不到,但是对尽善尽美的无限追求会不断产生令人吃惊的结果。举例来说,精益生产改变了人们工作的方式,但这却并不总是按照人们的意愿发展的。大多数人——包括所谓的蓝领——会发现他们的工作随着精益生产的展开而更具挑战性,同时他们的确更加多产。与此同时,他们可能会发现工作压力也越来越大,因为精益生产的一个关键目标是让组织的各个层级承担更大的责任,责任在很大程度上意味着能够控制工作,但是这也增加了造成重大损失的忧虑。同样的,精益生产改变了职业生涯的含义。在西方,我们习惯于将职业生涯当作在一个更窄的专业领域不断寻求更高层次的技术诀窍和效率的过程,也就是管理更多下级的责任——会计主管、生产主管和主管工程师等。精益生产提倡学习更多的专业技能,并在小组而不是在等级森严的组织结构中创造性地加以运用。有一个自相矛盾的现象:你在集体工作中做得越好,你对特定的专业知识知道得就越少,其实本来你可以将专业知识带到另一家公司或开展新的业务领域。很多员工还会很失望地发现,缺乏更高头衔——职务级别的提升机会,这也会让员工感到忧虑。要在这种环境中获得成功,公司就必须不断地向员工提出挑战。而员工则会感到自己的技能得到了磨炼,并认为习得的各种专业知识物有所值。如果没有这些不断的挑战,员工可能会感到在自己的职业生涯的早期阶段就走到了尽头。因此,可能使他们隐瞒自己的专门技能,不承担责任,这样,精益生产的主要优点就丧失了。

2. 精益思想

在一些公司对精益方法的实际应用展开探索的同时,美国和英国的研究人员也对精益方法的理论基础进行了深入的探讨和详细的说明。精益方法的日本发明者是从基层干起的,他们所谈论和思考的问题,大多数是应用于设计所、采购部门、销售小组和工厂的特定活动的特定方法:专门的产品开发小组、目标定价、层次计划、单元制造。其结果是,许多经理在实施精益系统时,都陷入了相互孤立的方法之中,即对精益生产缺乏完整的认识。

精益思想可以总结为五个原则:准确地确定特定产品的价值;识别每种产品的价值流;使价值的流动连续不断;由顾客拉动生产商创造价值,以及追求完美。通过明确地理解这些原则并加以应用,经理们可以充分地运用精益技术并坚持下去。

关于转化过程,有一个伟大的事例,那就是丰田公司在第二次世界大战刚刚结束之时,由于进行精益生产带来了生产上的飞跃。最引人注目的例子是20世纪80年代,日本汽车公司在西方从零开始建立新的工厂,这是重大的成就。因为它们驱散了当时较为普遍的质疑,即精益生产在一定程度上依赖于日本的文化风俗。然而,新的工厂、新的砖墙和电机、新的员工和新的工具,几乎不存在旧工厂中大多数经理们长期以来需要解决的问题。在先进的工业化国家众多的产业中,也存在已经或正在从大规模生产转向精益生产的企业组织。

在精益思想中有5个关键原则对于消除浪费而言是至关重要的。

(1)从客户的角度,而不是从单独的企业、职能和部门的角度确定什么创造价值,什么不创造价值。

(2)识别在价值流中设计、订购和生产产品所需的所有步骤,突出非增值的浪费。

(3)使那些创造价值的活动的流程不产生中断、逆转、等待或废弃物。

(4)只按照客户的需求进行拉式生产。

(5)通过持续揭示并消除连续不断的浪费做到完美。

精益思想关键的成功因素:

(1)绩效指标与战略一致。

(2)物流战略适合于公司战略和生产战略。

(3)物流战略要素的成本和收益得到了证实和承认。

(4)公司中的员工意识清楚,有教养,并且接受了生产和物流战略。

(5)外部管理的发展与战略协调一致。

为了实现精益生产,企业必须了解消费者以及他们的价值取向。这就要求必须定义企业的内部价值流(公司内部的用于满足消费者需求的活动)和外部价值流(供应链内公司满足消费者需求的活动)。为了满足消费者的愿望,必须消除所确定的公司内的全部浪费。当已经做完这些准备工作后,下一步是确定改进的方向、目标和审查改进成果的方式。然后,需要一个能够给消费者带来更多价值的内部(稍后是外部的)框架和一些用于实施变革的工具。

如果能够有效地完成这些工作,无须通过将某个竞争对手作为基准来设定那些武断且不具有可比性目标;尽善尽美或彻底消除浪费就是你的目标。这听起来很好,但是冷静地想一想,如果精益方案是如此简单可行,为什么其他人没有考虑采用这个方法呢? 我们经常问自己这个问题,而当我们已经收集了关于某个公司的一些真实资料后,我们也会问他们同样的问题。他们的答案通常是"根本不会如此简单"或者"实际上也许就是这样,但我们从没有这样考虑过"。之所以有这样的回答,原因可能如下:

(1)管理人员在摆脱最新的危机和采取事后补救措施方面,投入了过多时间,以至于没有时间考虑实际发生的事情;

(2)相关的建议通常来自于专业咨询人员,这些建议复杂且不合实际需要。你曾经考虑过为什么大部分的咨询人员如此看重信息化吗?

(3)引导时尚的教科书和MBA案例只是一味地迎合大众口味而很少关心那些新方法是否真的具有价值。

所有的这些理由对公司而言意味着:整个变革方案可能是非常难于理解的,至少表面上看起来应该如此。在这种情况下,公司为了实践这些复杂的变革方案和全新的理念,很可能被误导去接受一些不适当并且代价高昂的计算机系统或者其他实体的基础设施。

3. 精益生产的支撑体系——看板管理

1)看板管理的概念

看板管理,常作"Kanban 管理"(来自日语"看板",カンバン,日语罗马拼写:Kanban),是丰田生产模式中的重要概念,指为了达到及时生产(JIT)方式控制现场生产流程的工具。及时生产方式中的拉式(Push)生产系统可以使信息的流程缩短,并配合定量、固定装货容器等方式,而使生产过程中的物料流动顺畅。

看板管理方法是在同一道工序或者前后工序之间进行物流或信息流的传递。JIT是一种拉动式的管理方式,它需要从最后一道工序通过信息流向上一道工序传递信息,这种传递信息的载体就是看板。没有看板,JIT是无法进行的。因此,JIT生产方式有时也被称作看板生产方式。一旦主生产计划确定以后,就会向各个生产车间下达生产指令,然后每个生产车间又向前面的各道工序下达生产指令,最后再向仓库管理部门、采购部门下达相应的指令。这些生产指令的传递都是通过看板来完成的。

2)看板的机能

最初是丰田汽车公司于20世纪50年代从超级市场的运行机制中得到"看板"的启示的,看板是作为一种生产、运送指令的传递工具而被创造出来的。经过60多年的发展和完善,目前已经在很多方面发挥着重要的机能。

(1)生产及运送工作指令。生产及运送工作指令是看板最基本的机能。公司总部的生产管理部根据市场预测及订货而制定的生产指令只下达到总装配线,各道前工序的生产都根据看板来进行。看板中记载着生产和运送的数量、时间、目的地、放置场所、搬运工具等信息,从装配工序逐次向前工序追溯。在装配线将所使用的零部件上所带的看板取下,以此再去前一道工序领取。前工序则只生产被这些看板所领走的量,"后工序领取"及"适时适量生产"就是通过这些看板来实现的。

(2)防止过量生产和过量运送。看板必须按照既定的运用规则来使用。其中规则之一是:"没有看板不能生产,也不能运送。"根据这一规则,各工序如果没有看板,就既不进行生产,也不进行运送;看板数量减少,则生产量也相应减少。由于看板所标示的只是必要的量,因此运用看板能够做到自动防止过量生产、过量运送。

(3)进行"目视管理"的工具。看板的另一条运用规则是"看板必须附在实物上存放"、"前工序按照看板取下的顺序进行生产"。根据这一规则,作业现场的管理人员对生产的优先顺序能够一目了然,很容易管理。只要通过看板所表示的信息,就可知道后工序的作业进展情况、本工序的生产能力利用情况、库存情况以及人员的配置情况等。

(4)改善的工具。看板的改善功能主要通过减少看板的数量来实现。看板数量的减少意味着工序间在制品库存量的减少。如果在制品存量较高，即使设备出现故障、不良产品数目增加，也不会影响到后工序的生产，所以容易掩盖问题。在JIT生产方式中，通过不断减少数量来减少在制品库存，就使得上述问题不可能被无视。这样，通过改善活动不仅解决了问题，还使生产线的"体质"得到了加强。

4. 敏捷制造

1)敏捷制造的含义

(1)敏捷制造提出的背景。从20世纪70年代到80年代初，由于片面强调第三产业的重要而忽视了制造业对国民经济健康发展的保障作用，美国的制造业严重地衰退，逐步丧失了其世界霸主的地位，出现巨额的贸易赤字。1986年，在国家科学基金会(NSF)和企业界支持下，美国麻省理工学院(MIT)的"工业生产率委员会"开始深入研究衰退原因和振兴对策。研究的结论是："一个国家要生活得好，必须生产得好"，重申作为人类社会赖以生存的物质生产基础产业——制造业的社会功能，提出以技术先进、有强大竞争力的国内制造业夺回生产优势、振兴制造业的对策。在所提出的一系列制造业发展战略中，1988年由美国通用汽车公司和美国里海大学工业工程系共同提出的一种新的制造企业战略——"敏捷制造"倍受重视，为此成立了国家制造科学中心和制造资源中心，得到国家科学基金会、国防部、商业部和许多公司的支持，经国会听证后向联邦政府提出建议，现已成为政府部门主持，企业和大学共同参与，有重要影响的研究、开发和应用领域，被称为"21世纪制造企业战略"。

(2)敏捷制造的实质。敏捷制造是美国针对当前各项技术迅速发展、渗透，国际市场竞争日益激烈的形势，为维护其世界第一大国地位，维持美国人民的高生活水准而提出的一种制造生产组织模式和战略计划。敏捷制造思想的出发点是基于对市场发展和未来产品以及自身状况的分析。一方面，随着生活水准的不断提高，人们对产品的需求和评价标准将从质量、功能的角度转为最大客户满意、资源保护、污染控制等，产品市场总的发展趋势将从当今的标准化和大批量到未来的多元化和个人化；另一方面，在工业界存在一个普遍而重要的问题，那就是商务环境变化的速度超过了企业跟踪、调整的能力；再有，美国的信息技术系统比较发达。因此，提出敏捷制造这一思想应用于制造业，旨在以变应变。

(3)敏捷制造的内涵。敏捷性意指企业在不断变化、不可预测的经营环境中善于应变的能力，它是企业在市场中生存和领先能力的综合表现。敏捷制造是指制造企业采用现代通信手段，通过快速配置各种资源(包括技术、管理和人)，以有效和协调的方式响应用户需求，实现制造的敏捷性。敏捷制造依赖于各种现代技术和方法，而最具代表性的是敏捷虚拟企业(简称虚拟企业)的组织方式和虚拟制造的开发手段。

竞争环境快速变化，因此要求虚拟企业(也叫动态联盟)做出快速反应。而现在产品越来越复杂，对某些产品，一个企业已不可能快速、经济地独立开发和制造其全部。因此，根据任务，由一个公司内部某些部门或不同公司按照资源、技术和人员的最优配置，快速组成临时性企业即虚拟企业，才有可能迅速完成既定目标。这种动态联盟的虚拟企业组织方式可以降低企业风险，使生产能力前所未有地提高，从而缩短产品的上市时间，减少相关的开发工作量，降低生产成本。组成虚拟企业，利用各方的资源优势，迅速响应用户需求是21世纪生产方式——社会集成的具体表现。实际上,敏捷虚拟企业并不限于制造,但制造却是最令人感兴趣又是最困难的领域,它更清晰地体现了过程的集成,且控制概念在运行结构中占有重要地位,使虚拟企业的形成更具挑战性。

虚拟制造,亦称虚拟产品开发。它综合运用仿真、建模、虚拟现实等技术,提供三维可视交互环境,对从产品概念产生、设计到制造全过程进行模拟实现,以期在真实制造之前,预估产品的功能及可制造性,获取产品的实现方法,从而大大缩短产品上市时间,降低产品开发、制造成本。其组织方式是由从事产品设计、分析、仿真、制造和支持等方面的人员组成"虚拟"产品设计小组,通过网络合作并行工作;其应用过程是用数字形式"虚拟"地创造产品,即完全在计算机上建立产品数字模型,并在计算机上对这一模型产生的形式、配合和功能进行评审、修改,这样常常只需作一次最终的实物原形,并可使新产品开发一次获得成功。

可以说,以上两项方法和技术是敏捷制造区别于其他生产方式的显著特征。但敏捷制造的精髓在于提高企业的应变能力,所以对于一个具体的应用,并不是说必须具备这两方面内容才算在实施敏捷制造,而应理解为通过各种途径提高企业响应能力都是在向敏捷制造前进。

2)敏捷制造的概念与特点

(1)敏捷制造的概念。美国 Agility Forum(敏捷制造的研究组织)将敏捷制造 AM 定义为:能在不可预测的持续变化的竞争环境中使企业繁荣和成长,并具有面对由顾客需求的产品和服务驱动的市场做出迅速响应的能力。

(2)敏捷制造的要素。敏捷制造有三大组成要素:

①集成(Integration, among people, technology and organization);

②高速(Quick turn around, shorter innovation time, on time delivery, fast installation);

③各级工作人员的自信心和责任心(Skillful, knowledgeable and empowered employees)。

敏捷制造模式强调将柔性的、先进的、实用的制造技术,熟练掌握生产技能的、高素质的劳动者以及企业之间和企业内部灵活的管理三者有机地集成起来,实现总体最佳化,对千变万化的市场做出快速反应。

(3)敏捷制造的特点。敏捷制造要求企业具备的特点有如下几方面:

①技术研发能力。高技术含量的产品带来高附加值。技术成为决定产品利润的重要因素。这也正是美国企业赖以抗衡日本企业的武器。日本人提出了精益生产模式,主要是通过降低成本的方法来提高利润。而美国人的敏捷制造模式认为,决定产品成本、产品利润和产品竞争能力的主要因素是开发、生产该产品所需的知识的价值而不是材料,设备或劳动力。

②生产的柔性能力。现在生产潮流由大批量生产转向小批量多品种的方式,因此刚性生产模式也要改成敏捷化生产。即通过可重组的、模块化的加工单元,实现快速生产新产品及各种各样的变形产品,从而使生产小批量、高性能产品能达到与大批量生产同样的效益,达到同一产品的价格和生产批量无关。

③个性化生产。敏捷制造型企业按订单组织生产,以合适的价格生产顾客的订制产品或顾客个性化产品。这种方式取代了单一品种的生产模式,满足了顾客多种多样的要求。

④企业间的动态合作。敏捷制造要求企业对内部的生产工艺、流程、机构能迅速进行重组,以对市场机遇做出敏捷反应,生产出用户所需要的产品。当企业发现单独不能做出敏捷反应时,就要进行企业间的合作。

⑤激发员工的创造精神。敏捷制造型企业建立一种能充分调动员工积极性、保持员工创造性的环境,以巩固和提升企业持续的创新能力。有远见的领导者将具有创新能力的员工看成是企业的主要财富,而把对员工的培养和再教育作为企业长期投资行为。

⑥新型的用户关系。

五 供应链环境下生产系统的协调机制

1. 供应链的协调控制机制

要实现供应链的同步化运作,需要建立一种供应链的协调机制。协调供应链的目的在于使信息能无缝地、顺畅地在供应链中传递,减少因信息失真而导致过量生产、过量库存现象的发生,使整个供应链能根据顾客的需求而步调一致,也就是使供应链获得同步化,以响应市场需求变化。供应链的协调机制有两种划分方法。根据协调的职能可划分为两类:一类是不同职能活动之间的协调与集成,如生产—供应协调、生产—销售协调、库存—销售协调等协调关系;另一类是根据同一职能在不同层次活动的协调,如多个工厂之间的生产协调。根据协调的内容划分,供应链的协调可划分为信息协调和非信息协调。

2. 供应链的协调控制模式

供应链的协调控制模式分为中心化协调、非中心化协调和混合式协调3种。中心化协调控制模式把供应链作为一个整体纳入一个系统,采用集中方式决策,因而忽视了代理的自主性,也容易导致"组合约束爆炸",对不确定性的反应比较迟缓,很难适应市场需求的变化。分散协调控制过分强调代理模块的独立性,对资源的共享程度低,缺乏通信与交流,很难做到供应链的同步化。比较好的控制模式是分散与集中相结合的混合模式。各个代理一方面保持各自的独立性运作,另一方面参与整个供应链的同步化运作体系,保持了独立性与协调性的统一。

3. 供应链的信息跟踪机制

供应链各个代理之间的关系是服务与被服务的关系,服务信号的跟踪和反馈机制可使企业生产与供应关系同步进行,消除不确定性对供应链的影响。因此,应该在供应链系统中建立服务跟踪机制,以降低不确定性对供应链同步化的影响。供应链的服务跟踪机制给供应链提供两方面的协调辅助:信息协调和非信息协调。非信息协调主要指完善供应链运作的实物供需,采用JIT生产与采购、运输调度等;信息协调主要通过企业之间的生产进度的跟踪与反馈来协调各个企业的生产进度,保证按时完成用户的订单并及时交货。供应链企业在生产系统中使用跟踪机制的根本目的是保证对下游企业的服务质量。在企业集成化管理的条件下,跟踪机制才能够发挥其最大的作用。

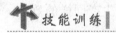

技能训练一　采购计划的编制

背景链接

森博公司利用买进的部件组装有一个平面和四个腿的餐桌。桌面和桌腿的前置期分别为

2周和3周,组装桌子的前置期为1周。公司收到的订单要求在第5周送20张桌子,第7周送40张。公司存货中有2张成品餐桌、40个桌腿和22个桌面。那么,应该如何订购零部件呢?

1. 技能训练的目的

通过对提供材料的内容,分析材料中的采购计划,提出相应的采购结果,掌握基本的采购策略,进行供应链环境下采购管理的学习。

2. 技能训练的报告要求

学生分组讨论,每组派一个代表讲述讨论结果。

技能训练二　VMI在海尔的应用

背景链接

海尔的供应商提供物料,并将它们存储在海尔的物流中心,物料在寄存耗用之前,物料的物权属于供应商,供应商通过海尔的B2B网站,随时查看库存信息。当生产用料时,在海尔的ERP系统中做寄售释放,此时系统会将其物权转移到海尔公司下,在系统中产生结算的凭证,供应商提出支付后给予结算。

海尔之所以实现VMI,因为其已经具备了以下4个条件:

(1) ERP企业资源计划系统。2000年10月份,海尔ERP企业资源计划系统成功上线,该系统集成了销售管理的功能,通过对这些功能的扩展,可以建立完善的销售网络管理系统。实现了库存状态的透明化以及业务处理的标准化使供应商对海尔的库存状态能随时进行跟踪调查和检查。

(2) 基于Internet的电子数据传递。海尔B2B网站是基于Internet建立的与供应商之间零距离的信息沟通手段,供应商可借助因特网,通过高速数据专用线与Internet实现联网,通过路由器与自己的Intranet相连,再由Intranet内服务器的库存管理部门提供各种信息存取、处理等服务。

(3) 条码技术的应用。海尔的出入库实现条码扫描,实现对物料的准确识别,便于供应商随时跟踪和检查海尔的库存状况,对需求做出快速反应。

(4) 供应商与海尔之间互动双赢的合作框架协议。海尔通过与供应商协商来确定库存检查周期、库存的维持水平、订货点等有关库存控制的核心问题,以及合作双方之间如何进行信息的交流与存取、订单的传递和处理等有关业务流程的问题。

目前,80%以上的海尔供应商实现了VMI管理,不但实现了海尔零库存的目标,而且降低了供应商的库存,使库存信息达到共享,实现了供应商的成本最低,提高了整条供应链的响应速度,达到了互动双赢。

海尔实施VMI可以降低存货,提高海尔的核心竞争力;减少供应商的数目;通过改进供应商之间、供应商与用户之间的流程,节约采购时间;提高供应链的持续改进能力;加强供应商的伙伴关系;降低采购订单、发票、付款、运输、收货等交易成本。VMI可以实现海尔和供应商的双赢。

1. 技能训练的目的

通过对提供的案例企业库存分析的实训,学习供应链环境下VMI计划与控制策略,掌握基本的库存知识,进行供应链库存策略学习,并结合案例把握实施 VMI 策略应具备的条件。

2. 技能训练的报告要求

根据提供的案例,分析该企业的 VMI 实施策略。

3. 提交实训报告内容

(1) 海尔实施 VMI 的背景原因;

(2) 海尔实现 VMI 的条件;

(3) 海尔实施 VMI 的具体做法。

技能训练三　供应链管理环境下企业业务流程再造方案

> 背景链接

1990 年,美国麻省理工学院(MIT)的哈默教授首先提出业务流程重组(Business Process Reengineering,BPR)的概念。但哈默在业务流程重组的方法中并没有为企业提供一种基本范例。不同行业、不同性质的企业,流程重组的形式不可能完全相同。企业可根据竞争策略、业务处理的基本特征和所采用的信息技术的水平来选择实施不同类型的 BPR。

根据流程范围和重组特征,可将 BPR 分为以下三类:

1) 功能内的 BPR

功能内的 BPR 通常是指对职能内部的流程进行重组。在旧体制下,各职能管理机构重叠、中间层次多,而这些中间管理层一般只执行一些非创造性的统计、汇总、填表等工作,计算机完全可以取代这些业务而将中间层取消,使每项职能从头至尾只有一个职能机构管理,做到机构不重叠、业务不重复。例如,物资管理由分层管理改为集中管理,取消二级仓库;财务核算系统将原始数据输入计算机,全部核算工作由计算机完成,变多级核算为一级核算等。

宝钢实行的纵向结构集中管理就是功能内 BPR 的一种体现。按纵向划分,宝钢有总厂、二级厂、分厂、车间、作业区五个层次。在 1990 年年底的深化改革中,宝钢将专业管理集中到总厂,二级厂及以下层次取消全部职能机构,使职能机构扁平化,做到集中决策、统一经营,增强了企业的应变能力。

2) 功能间的 BPR

功能间的 BPR 是指在企业范围内,跨越多个职能部门边界的业务流程重组。例如,北京第一机床厂进行的新产品开发机构重组,以开发某一新产品为目标,组织集设计、工艺、生产、供应、检验人员为一体的承包组,打破部门的界限,实行团队管理,以及将设计、工艺、生产制造并行交叉的作业管理等。这种组织结构灵活机动、适应性强,将各部门人员组织在一起,使许多工作可平行处理,从而可大幅度地缩短新产品的开发周期。

又如宝钢的管理体制在横向组织结构方面实行一贯管理的原则。所谓一贯管理,就是在横向组织方面适当简化专业分工,实行结构综合化。凡是能由一个部门或一个人管理的业务,就不设多个部门或多个人去管;在管理方式上,实现各种物流、业务流自始至终连贯起来的全过程管理,克服传统管理中存在的机构设置分工过细及业务分段管理的情况。

3) 组织间的 BPR

组织间的 BPR 是指发生在两个以上企业之间的业务重组,如通用汽车公司(GM)与土星(SATURN)轿车配件供应商之间的购销协作关系,就是企业间 BPR 的典型例子。GM 公司采用共享数据库、EDI 等信息技术,将公司的经营活动与配件供应商的经营活动连接起来。配件供应商通过 GM 的数据库了解其生产进度,拟订自己的生产计划、采购计划和发货计划,同时通过计算机将发货信息传给 GM 公司。GM 的收货员在扫描条码确认收到货物的同时,通过 EDI 自动向供应商付款。这样,使 GM 与其零部件供应商的运转像一个公司一样,实现了对整个供应链的有效管理,缩短了生产周期、销售周期和订货周期,减少了非生产性成本,简化了工作流程。这类 BPR 是目前业务流程重组的最高层次,也是重组的最终目标。

宝洁公司与沃尔玛的合作,改变了两家企业的运营模式,实现了双赢。与此同时,它们合作的四个理念也演变成供应链管理的标准。这四个理念可以用四个字母代表,C(Collaboration,合作)、P(Planning,规划)、F(Forcasting,预测)和 R(Re-plenishment,补充)。

"C"——合作:这不是两家企业普通买卖关系的合作,而是为同一目标创造双赢的合作。零售商店不存货,而把存货推给供货商、增加供货商的成本,这就不叫合作。如果零售商与供货商共同以零售店顾客的满意为最高目标,通力合作,就可让双方都成为赢家。这样的合作是长期的、开放的,而且要共享彼此信息,双方不但在策略上合作,在运营的执行上也要合作。双方先要协议对对方信息的保密,制订解决争端的机制,设定运营的监控方法以及利润分配的策略。双方的目标是,在使销售获得最大利润的同时,缩减成本与开销。

"P"——规划:两家企业合作,要规划的事很多。在运营上,有产品的类别、品牌、项目;在财务上,有销售、价格策略、存货、安全存量、毛利等。双方在这些问题上的规划,可以维系共同目标。另外,双方可以对产品促销、存货、新产品上架、旧产品下架等一些事情进行共同规划。

"F"——预测:对销售的预测,双方可有不同的看法、不同的资料。供货商可能对某类商品预测的准确,而零售商店可以根据实际销售对某项商品预测的准确,但双方最后必须制订出大家都同意的预测方式。系统可依据原始信息,自动做出基础性的预测,但是季节性、时时性的变化,以及促销活动、顾客的反应,都会使预测出现变化。双方预先要制订好规则,来研讨并解决预测可能产生的差异。

"R"——补充:销售预测可以换算成订单预测,而供货商的接单处理时间、待料时间、最小订货量等因素,都需要列入考虑范围之内。货物的运送,也由双方合作进行。零售商订货,应包括存货比率、预测的准确程度、安全存量、交货时间等因素,而且双方要经常评估这些因素。在补充程序上,双方要维持一种弹性空间,以共同应对危机事宜。成功地补充程序,是用细水长流的方式,减小双方存货的压力。

在沃尔玛的库存管理流程中,沃尔玛允许供应商参与,双方同步控制商品存货。沃尔玛为供应商提供从分销中心运送到商店的存货数量;反之,供应商同时又为沃尔玛提供重复订货数量,供应商据此预测沃尔玛的需求量,并安排生产以持续不断补充沃尔玛的库存,双方实现了以最低库存满足顾客的目标,都受益匪浅。再比如,海尔的物流系统再造,通过建立现代化的共享数据库,产品开发、生产和流通并行、互动,产品分销效率大大提高,企业的顾客服务能力也随之提高。

1. 技能训练的目的

通过对提供的案例企业业务流程再造的实训,掌握基本的供应链节点企业生产过程的业务重组类型,进行企业业务流程重组的学习。

2. 技能训练的报告要求

(1) 技能训练的原理;

(2) 分析技能训练的结果,并写出技能训练报告。

项目五　供应链运作模拟

 **内容简介**

本项目阐述了国际和国内供应链管理的现状,介绍了两种供应链模拟:制造供应链模拟和服务供应链模拟。为了描述供应链管理的现状,并对存在的问题提出应对方案,本项目对案例进行了研究,其中以汽车供应链模拟操作为例,介绍了制造供应链模拟;以港口服务供应链模拟操作为例,介绍了服务供应链模拟,并通过案例介绍了相应的供应链管理软件(ERP 软件)。

 **教学目标**

1. 知识目标

(1)理解汽车工业供应链管理,尤其是我国汽车工业供应链管理的现状和对策;

(2)了解港口服务供应链管理的现状和对策。

2. 技能目标

(1)能够分析汽车工业供应链管理存在的问题,并能初步提出解决对策;

(2)能够分析港口服务供应链管理存在的问题,并能初步提出解决对策;

(3)能够初步了解供应链管理软件(ERP 软件)在汽车工业、港口服务供应链管理模拟操作上的应用。

 **案例导入**

克莱斯勒公司进行的供应链关系的变革

克莱斯勒供应链关系改造是一项以企业外部的价值链的改革为核心,带动企业内部供应链环节改造的整体价值创造过程的变革。

在整个 20 世纪 80 年代期间,克莱斯勒公司的汽车产量及其利润率与它的主要竞争对手福特与通用汽车公司相比,都处于不断下滑的局面。与此同时,以本田汽车为首的日本汽车制造商却步步为营,不断蚕食美国的本土市场,在美国建立了自己的制造与销售基地。

面对如此严峻的内忧外患,克莱斯勒公司对日本本田公司的供应链关系进行了有针对性的研究。研究发现,本田汽车模式是一个一体化的供应链关系,同供应商长期合作,拥有供应商部分股权；供应商参与生产的全过程，关心汽车最终的市场效应，有创新的动力。而在克莱斯勒的模式中，供应商只是一个给老板打临时工的角色，按项目——竞标，按要求提供零部件，因此创新的愿望极其淡薄。

该项研究结果最终导致克莱斯勒的决策层于1989年开始对其供应链关系实施改革，这项改革的主要内容是：减少供应商的数量，稳定供应商的利益关系，鼓励供应商更多地参与汽车生产的全过程，奖励供应商的创新活动与建议。在实施开始的前两年，1991—1992年，这项行动共产生了875个改进生产的新建议，每年降低成本约1.7亿美元；1994年，供应商提供了3786个新的建议，降低成本5.04亿美元；至1995年年底，克莱斯勒公司共实施了5300多项新建议，节省了17亿美元的开支。改革前克莱斯勒公司一辆新款汽车的研发时间平均为234周，改革后缩短至166周；改革前克莱斯勒公司车均利润是250美元，改革后一辆车的平均利润增至2110美元；改革前克莱斯勒的资产利润率低于福特与通用汽车平均2个百分点，改革后资产利润率平均高于上两个公司4个百分点。克莱斯勒一跃成为美国最具赢利性的汽车制造公司。

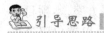

(1) 克莱斯勒公司未实施供应链关系改造之前的主要问题是什么？
(2) 实施供应链改造之后，分别给克莱斯勒公司和供应商两方面都来什么收益？

任务一　制造业供应链管理的现状及对策——以汽车工业供应链为例

(1) 制造业供应链管理的现状及对策；
(2) 汽车工业供应链管理的现状和问题分析及对策。

采用案例教学、分组讨论和上机实验等方法。

一　制造业供应链管理概述

供应链管理包括从原材料到最终消费者整个过程中，供应链上下游企业所发生的与物流、信息流相关的所有活动。在制造业中，制造商是位于中间商的上游企业，它在供应链中向下游中间商提供产品，而自身又根据中间商的订单向原料供应商购买生产所需的原料。所以，制造业的供应链管理又具有自身的特点。制造业供应链以最终客户为中心，根据客户需求定制生产方式、制造产品，对整个生产制造过程进行有效的管理，同时还应注意减少库存、采购和物流成本。利用信息技术将设计、制造和物流的流程连接起来,从而应使企业的制造流程和物流流程完全同步。

供应链管理理论已经在发达国家得到了较为成功的应用。国际上著名的大型制造业,如美国克莱斯勒公司、戴尔公司、可口可乐公司等都成功地运用了供应链管理理论,极大地降低了制造成本、库存成本,缩短了从客户发出订单到获取满意交货的整个供应链的总周期,实现了供应链的全过程管理、全方位质量的最优化。制造业供应链示意如图5-1所示。

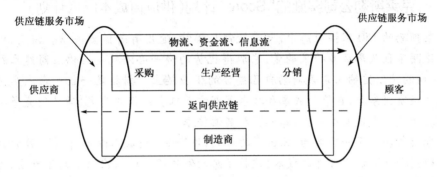

图5-1 制造业供应链示意图

二 汽车工业供应链管理的现状

1. 汽车行业供应链概述

1)汽车行业供应链的含义

从广义上讲,汽车行业的供应链是以汽车制造企业为核心,包括从零部件的供应到整车交付之间的所有流程,其中既有运输、储存、加工组装、车辆配送、维修和保养等物理过程,也包含相关信息的收集、处理和交换。通过供应链,可以将上游的供应商、中游的制造商、下游的分销商和零售商,直到最终用户连成一个整体。汽车零部件的采购环节只是整个汽车供应链中的一部分。

2)汽车行业供应链的结构及特点

在汽车行业供应链发展的过程中,最早的汽车生产供应直接由一个厂商通过不同的流水线部门生产并装配整车,同时兼顾销售和维修。随着社会进步和市场需求变化,汽车行业供应链为了追求市场最大化而日趋成熟。在供应链管理环境中,业务流程更为细分和复杂:供应链包括作为核心企业的整车装配企业,为汽车提供传动系统以及内饰系统等整套系统的一级(系统)供应商、为汽车各系统提供关键部件的二级供应商、为二级供应商提供零件的三级供应商、为三级供应商提供基本原材料及生产辅料的四级供应商、销售商和维修服务商以及最终用户等。

2. 国际汽车工业供应链管理的发展现状

(1)从采购领域看,各大汽车公司都实行战略采购策略。

(2)从需求管理的领域看,各大汽车公司都实施了客户关系管理系统,独到地把握目标客户的需求,为客户提供个性化的产品和服务。

(3)从生产领域看,各大汽车公司都着眼于准时化生产方式,工业园区的建设成为一种时尚。

（4）从物流领域看，各大汽车公司主要是运用同一信息系统实现一体化管理，并在此基础上通过优化使之不断精益，使整个物流链的反应能力不断提高，运行成本不断下降。

> **背景链接**

克莱斯勒公司实施的"Score"计划（供应商成本降低计划）

在克莱斯勒的150家供应商中，大多数都与福特、通用有着供货关系。但是，由于克莱斯勒没有这两家巨头那么多的采购量，它取得优势的唯一办法就是与供应商建立融洽的关系，把供应商的产销链纳入克莱斯勒自己整合的供应链上。措施之一就是在汽车设计过程中尽早地让供货商参与，在节约成本和技术革新方面征求他们的意见，结果使克莱斯勒比其他汽车制造商更早发现新型材料、零部件和其他技术。

克莱斯勒曾实施了一项名为"Score"的计划，即"供应商成本降低计划"，目的是与供应商一起来研究如何降低零部件的成本，这种互惠的做法不仅使供应商节约了开支，克莱斯勒也获得了较便宜的零部件。目前，克莱斯勒收到的建议每周约达100条以上，节约开支约25亿美元，当然供应商也获得了差不多一样的收益。相应地，供应商又要求他们的下游供应商增强成本意识，整个系统形成了良性循环的态势。与供应商商量也使克莱斯勒对它的供应环节的复杂性有了不同寻常的了解。为了使供应商更密切地合作，克莱斯勒指定其中一家供应商作为组长来监督其他供应商设计和制造诸如座椅之类的部件。过去，克莱斯勒在装配线上把150家供应商提供的军需部件装配成桌椅；今天，公司直接从供货厂采购装配好的座椅。这种办法抵消了克莱斯勒的库存费用，节约了上千万美元。

3．我国汽车工业供应链管理的现状及问题分析

1）产业集中度低

汽车工业形成之初就是以产业集群为基础的，是通过产业集群效应的形成与释放而不断发展的。作为汽车工业发展的追赶型国家，日本创造了精益生产方式，但精益生产方式的有效实施也是以产业集群为基础的。作为汽车工业发展的后起国家，西班牙是通过跨国汽车集团的本地化生产形成产业集群而实现的。这一切表明，产业集群是培育与提升汽车工业竞争优势的重要途径，汽车工业的发展必须以产业集群为基础。

而我国汽车产业的基本现状是：无论是整个汽车整车业，还是单个的汽车零部件提供商，都缺乏生产的规模经济性，同时，各大汽车制造厂之间合作协调性较差。

2）产业垂直分工不足

我国汽车产业的垂直化分工不足，大型、独立、专业化的零部件生产商较少，且其实力也相当薄弱。我国的汽车零部件工业长期以配套厂的形式建设，较大的零部件生产部门都附属于制造厂家，规模经济性和专业化生产的效率仍然处于较低水平，企业的自主开发能力、系统适应能力都极为薄弱。而通用、福特等汽车巨头的零部件外购一般达到60%～70%，它们一般只把握关键零部件，如发动机、车身等零部件专业化生产，其他的则采用来自于全球的、最好的专业零部件生产厂商的产品，将性价比控制在最优状态，形成汽车制造与零部件生产双赢的合作发展的良好机制。

3)信息化投入费用低

供应链管理的主要有效手段之一就是通过应用现代信息技术,实现不同业务流程之间的信息共享和不同业务系统的信息交换,帮助提高流程作业效率,降低每个环节的库存,实现降低整个供应链成本的目的。投入信息技术的费用是体现信息化程度最直观的标志。调查显示,企业信息化应用程度较低,信息化投入一般都比较少,而合资企业在这方面的开销比国内企业大。国内企业中,不到 1/4 的企业使用企业资源规划管理(ERP)软件,没有使用 ERP 软件的汽车企业占 75%。

4)物流配送不能达到要求

面对快速变化的市场,企业制订计划的周期相应缩短了。根据市场个性化需要,整车企业采取柔性化生产,零部件供应商要根据主机厂需要即时供货。汽车制造企业每隔一定周期就会根据市场需求和工厂实际制造能力制订出汽车生产计划,并据此计算出具体零部件送货月计划或周计划。在调查的供应商中,达到主机厂要求的并不多,而订单的传输方式也比较原始。只有 1/4 的合资企业能做到及时供给,但国内企业能做到此的只有该数字的一半;有 1/2 的公司是通过传真接收与发送订单,另外有 1/4 的公司只用电子邮件或电话。在物流配送方面,输出物流难度大于输入物流。在所有企业中,有 3/4 的企业可以自己选择它们的交货或物流合作伙伴;大多数公司都认为出货物流比进货物流更加头疼,相对于输入物流,它们更担心输出物流。

三 汽车工业供应链管理的对策

1. 提升中国汽车工业供应链管理水平的宏观对策

(1)应制定积极的扶持和发展第三方物流公司的政策。

(2)国家财政要加大对交通基础设施的投入,通过降低交通税费的征收水平来降低供应链的运输成本。

(3)做好国家整体交通基础设施资源网络的规划,加快发展速度,突破资源对经济增长的约束,创造优越的供应链运行的宏观发展环境。

2. 发展中国汽车工业供应链的微观对策

(1)顺应汽车发展趋势。经济全球化是不可避免的趋势,汽车产业的全球化是经济全球化的重要表现形式,它包括汽车开发全球化、采购和供应的竞争。

汽车产业的发展趋势对于供应链的影响是根本性的。在大的趋势面前,代工生产(OEM)厂商在本能上采取了避免风险的措施:一是从原来大而全的垂直一体化转向剥离零部件供应商,减轻了包袱;二是将风险向上游转移,将一部分开发设计的费用、物流供应的工作和资金的风险向零部件供应商转移。然而,由于 OEM 之间的竞争已经演化为供应链之间的竞争,这种简单的转移风险的方式实际上不能起到预想的作用,风险最后还是回到自身。OEM 必须在转移风险的同时加强与供应商的全方位合作。在这一背景下,出现了采用以信息技术为支撑的快速响应、协同开发、订单拉动、排序供货等合作手段。

(2)顺应技术潮流。国际汽车产业的最新发展动向是电子商务化供应链管理革命。电子商务化供应链管理的根本优势在于通过网络技术方便迅捷地收集和处理大量的产业供应链信息,供应商和制造商因此可以制订切实可行的需求、生产和供货计划,使信息沿着整个供应链顺畅流动,有助于整个产业运行的组织和协调。

通过信息技术的应用,可以对供应链大量的信息资源进行有效的管理,提高整个供应链的运作效率。电子商务化的供应链管理,可以提供诸如信息自动处理、客户订单执行、采购管理、存货控制以及后勤配送等服务系统,以提高货物和服务在供应链中的流动效率。其中,关键是要将单个商业应用提升为能够运作于整个商业过程的集成系统,也就是要有一套适用于整个供应链的电子商务解决方案,包括实施框架、优化业务流程、技术标准、通信技术及软硬件设备等。

供应链管理的电子商务化可以实现技术支持与企业管理战略的有效结合。中国汽车产业可以参与以行业联盟形式组建的供应链电子交易中介,推进供应链管理的电子化和现代化,以此为先机,促进企业生产和管理的全面变革,优化运作结构,提高生产组织的效率,实现自身素质的全面提升。减少政府(尤其是地方政府)对汽车产业的约束,寻求市场化的途径,推进国内汽车产业的纵向整合,组建市场化的产业集团。

(3)重视供应链管理。21世纪的竞争将是供应链上的竞争,这就要求从战略视角来看待汽车产业上的供应链管理问题。供应链管理模式已经发生革命性变化,供应商的作用日趋重要、日益明显。汽车制造商与供应商的战略管理体系相互融合,实现需求和技术集成与合作,在信息共享与服务支持方面进一步加以完善,以使产业链更具竞争力。

四 丰田汽车供应链管理的对策

众所周知,丰田公司能够以其产品的高品质、低成本、低油耗打进美国等发达国家的市场,而且形成了相当大的竞争优势,主要不在于它采用的生产制造技术,而是由于在生产组织和管理上采取了一系列先进的生产经营理念、管理模式、组织体系、管理技术和方法以及推行了良好的企业文化,被世人称为丰田生产方式(TOYOTA Production System,TPS),又被称作精益生产(LPS),还被称为准时生产制(JIT)。仅仅从这些名称上就不难看出,车辆生产管理与零件的采购是其中起最关键作用的一环。它是实体工厂生产的前工程,是降低汽车生产成本的捷径。

从整体上看,车辆生产与零部件采购的基本状况如图5-2所示。在整体的需求链中,可以分为车辆的需求链与零件的需求链。

供应商生产零件,并通过物流站将其运送至装配工厂。在装配工厂,车辆在车身区成型,然后运向喷漆区,再经过装配区,最后进行质量检查。生产出成品车后,成车就通过出厂运送到经销商处。这个过程看似简单,实则非常复杂,因为车辆体积巨大且笨重,并由数以千计的零部件组成,这些零部件又是由上百家供应商提供的,因此,一辆车的装配组合有好几千种。

1. 丰田生产方式(TOYOTA Production System,TPS)

事实上,丰田汽车的供应链管理模式来源于丰田生产方式(TPS),TPS是一种精益生产方式,即将必要的产品,在必要的时间,生产出必要的数量。可以说,TPS成就了今日的丰田。

这种由订单和需求驱动的生产方式,致力于通过消除供应链上下游一切形式的浪费,包括订单处理的浪费、运输的浪费、谈判的浪费、库存的浪费,以及零部件质量不合格或是交货期不准所产生的浪费等,以达到降低成本的最终目的。TPS一改传统生产方式下,大而全、小而全的特点,建立了一条由核心企业主导并统领的精益化供应链,供应链企业之间深入合

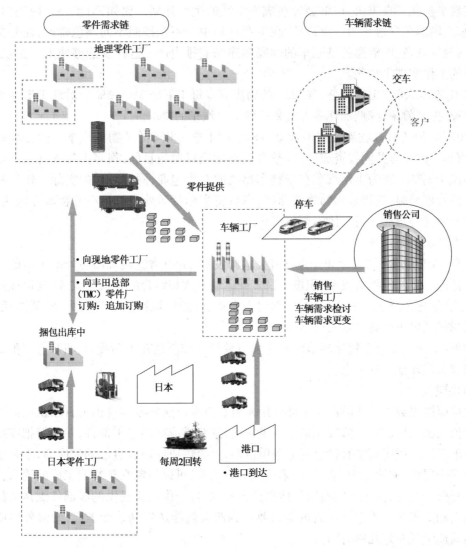

图 5-2　丰田供应链的构造

作、优势互补,互为战略联盟,其优势显而易见。一方面,可以确保零部件与整车高度匹配;另一方面,也便于丰田汽车控制零部件成本。

丰田精益生产方式所要求的精益供应链体系,能够实现生产数量和交货时间的精准性。这使得丰田汽车供应链体系效率一直高于美国公司,相关统计数据显示,在全球金融危机爆发之前,丰田的供应链成本比美国汽车公司低8%左右。

与此同时,准确的数量和交货时间控制,亦帮助丰田汽车实现"零库存"。事实上,"零库存"正是TPS中的核心物流理念之一。"零库存"作为一种物流管理理念,并不是指实际库存为零,而真正含义是没有多余的库存。站在面积为5600多平方米、每天运作能力达500多立方米的泰达第三仓库里,只有在冬季天气异常导致交通或运输不畅等极少数的情况时,这个中转基地才会保持一至两天的库存,以保障丰田汽车正常生产。

TPS中的另一个核心物流理念是"平整化"。丰田的生产订单也好,物流运输也好,都要尽量实现平整化。在丰田，订单会转换成平整性的生产计划。比如，对于一个两辆白色、四辆红色、八辆黑色皇冠车的一批订单，在生产计划中并不是按照不同颜色排产，而是按照一辆白色、两辆红色、四辆黑色皇冠车的间隔顺序来安排生产。这样就能够使上下游供应商、物流商的工作实现平整化。

丰田汽车要求丰田物流公司（TFL）的物流成本每年下降3%~5%。对此TFL主要通过改革流程、提高效率、降低油耗等方式来达到丰田汽车的要求。

2007年，同方环球物流公司的成立，亦使丰田进一步降低了物流成本。同方环球由丰田、一汽和广汽三方共同投资成立，以整合三方物流资源为目的，很多人员来自日本丰田汽车的物流企划部。作为丰田汽车在华整车物流的总承包商，同方环球的实际工作是利用丰田先进的管理经验，安排合理的物流路线，然后将实际货运外包给第三方物流公司执行，并且常常对物流分包商进行具体问题的指导。

2. 丰田物流的发展趋势

结合"绿色物流"的理念和先进物流技术的发展，丰田物流表现出另外两个新的发展趋势。一是进一步降低物流成本，积极研讨多种运输方式相结合的物流方式，改变以往陆运为主的方式，倡导公路运输节能减排，比如对卡车进行改造，以减少空气阻力、降低油耗等；二是越来越强调电子信息技术的应用。

此外，丰田汽车对于物流环节的安全和质量管理控制也在不断提高，TFL仓库里如同银行的摄像头就印证了这一点。

1）供应商

供应商提供数以千计的汽车零部件用来组装汽车。这些零部件由上百家供应商通过工厂外物流运抵工厂。第一阶段包括一级供应商，这些供应商制造零部件，并直接把零部件运输至装配工厂。供应商也有自己的上级供应商，上级供应商还有自己的供应商，于是供应链就出现多个层级，如第一级、第二级、第三级等。因此，可以想象汽车装配工厂的输入供应链有多么复杂。此外，由于供应商所处地理位置不同，每个供应商提供的零部件到达装配工厂的时间会相差很久。当地供应商可能只要一到两天就能送货到装配工厂，而海外供应商则要在运输途中耗费好几周时间。

2）输入物流

供应商完成零件生产后，就要把零件运往装配工厂。很多供应商把零件运输向装配工厂的过程称为输入物流。在丰田，零件会以两种方式发货。当火车一到达生产工厂的车站，货物就被卸载到货车上，并运往装配码头，从日本来的海外零件通过海运，再通过铁路运输到达当地装配厂。为生产满足顾客需要的高品质汽车，丰田汽车公司的零部件采购遵循如下3个原则：

（1）实行开放公平的竞争，采取全球采购战略。

（2）建立长期稳定、相互依赖和互惠互利的合作关系。

（3）作优秀企业市民，积极推进海外整车的现地化生产，优先选择当地的零部件供应商。

部分零件在当地生产，并通过协议物流公司的货车运输。丰田全权负责供应商提货和运输至工厂的整个过程。丰田公司的"准时到货"理念，对零件库存输入物流的可靠性有非常高的要求。丰田将供应商根据相邻地区分组，零件所在供应商的地理位置决定了货车路线,随后,零件又被运到地区性的交叉转运处。为了提高效率,同一辆货车不仅从多级供应商那里提取零件,而且要根据供应商要求运送至指定的丰田工厂。

一旦货车到达交叉转运处,零件就会被卸载,并准备运往各个装配工厂。随后,零件又被装上货车,直接运送到每个工厂。货车根据生产进程在工厂卸载。如果工厂按时间表运行,货车最多只能在工厂等待几小时。零件被卸载后,货车会再装上可重复利用的空集装箱。这些可回收集装箱通过交叉转运处储备,再回收到供应商那里,以备未来装箱再利用。

经过数百家供应商提供零件后,整车在最后一个装配厂完成生产。典型的装配工厂至少有一个独立生产线用来安装整车。工厂再被细分到生产区域。汽车就是在车身生产区完成生产的,这也是车身和框架的生产区域。车身部分在冲压区完成冲压。车身组装完成后,汽车被送到喷漆区域,进行车身外部喷漆。

汽车喷漆完成后,下生产线进行最后组装。此时,大部分供应商提供的零件都已经装配完毕。每个零件被分配到指定生产线,这样,每个零件都可以从不同的中转站直接运送到生产线,供应商会在各零件上贴上生产线所在地的编码标识。在整车装配完成后,会被装满汽油,就此正式下线。但直到此时,整个流程尚未完全结束,因为汽车还需要经质检步骤,保证汽车装配质量。当车辆完成最后检测,就真正开始了从工厂向经销商运输的过程。

3)输出物流

装配厂生产的成车必须被运送至各经销商处。整个过程被称为"输出物流"。在美国,汽车都用两种方式运输:火车和货车。由于运输距离较长,因此车辆运输的过程中,有75%的路程是通过火车来运送的,然后再由货车转运至经销商处。直接由货车运至经销商处的运输只占25%,而这类经销商往往位于离工厂两三天车程的地方。在欧洲,大部分汽车是由货车运输的;当运输路线横跨大块水域时,还需要依赖船运。

一般,在装配厂外都有很大的场地,用以放置装运前的车辆。在丰田,这些场地被称为"编组场"。

有两种铁路车用于轨道运输:Bi 级与 Tri 级。Bi 级表示用双层汽车物流用车,而 Tri 就表示三层汽车物流用车。Bi 级的铁路车的装载能力是 9~10 辆车;Tri 级的铁路车的装载能力是 14~15 辆车。因此,根据目的地和铁路车的装载能力,会对汽车进行相应排列。

汽车用货车运输到目的地,再由经销商签收,之后再停到专门的货车待运区。根据货车运输路线安排,货车运输公司会负责选择每辆汽车分别装载到哪辆货车上。为保证货车运输公司和轨道公司有足够的装载量,装配公司需要每天提供不同目的地的汽车运送数量。

4)经销商

由于经销商们直接面对丰田公司和客户,他们在供应链中占据了重要地位,即负责把生产商的汽车销售给客户。除了销售汽车,经销商对顾客产品满意度也有深远影响。客户满意度指标主要通过"JD 权威测试"来猎取。

> 背景链接

什么是"JD 权威测试"

"JD 权威测试"是一项权威客户调查,用于衡量顾客在不同种类概念上的满意度。最主要的两种类别是:对汽车最初质量满意度和顾客对销售过程的满意度。顾客对销售过程的评价低,就预示着顾客对于汽车最初质量的满意度的评分也将会很低。在JD权威测试中取得高分,是汽车制造商一个有力的市场工具。因此,值得注意的是,除了汽车本身质量要求很高之外,客户的购买体验也应该是正面的。雷克萨斯汽车在JD权威调查中总是获得高分的两个原因是:车辆的组装非常注重细节,顾客总是可以在经销商那里获得"顾客是上帝"的感觉。

经销商在配套设施上进行充足投资势在必行,只有设施完备才可以有效发挥作用,达到甚至超越销售目标。高效供应链中的一个重要因素就是最佳水平的经销商储备。对于经销商来说,有可以直接为各类顾客提货的充足库存尤为重要。另外,经销商也不会因为过多的库存积压而困扰。

汽车从装配工厂或者港口入场处直接运输给经销商。此时,车辆都由货车运输,经销商将根据自己所在地和操作时间对运输时间表进行调整。大部分经销商会在工作时间接收车辆;也有些经销商可能不愿意在繁忙时间被打扰。因此,汽车公司必须知道经销商的时间表,再安排相应的发货时间。大部分货车会运输一批汽车到不同的经销商那里,所以装车顺序必须由送货路线决定。

销售人员的一项重要职责就是引导顾客需求。丰田的销售模型的设计是为了用相对较少的库存比例卖出相对较多的汽车。这个目标意味着,在每个市场,20%的生产结构可以适用于80%的在售汽车。一些经销商为达到目标,会采用广告推广受欢迎车型以及在展示厅展示模型,或在一些客户易见的地方展示模型等各种方法。

一旦汽车订出,经销商必须为汽车发货做准备。这通常意味着,经销商需要组装轮胎表层,清洗汽车,为油箱加满油,对车辆进行测试,保证汽车没有任何瑕疵。此外,经销商还必须准备相应文件。发货时,经销商必须指导客户如何操作不同形态的汽车,完成文件工作,接收车款,走财务流程,有时甚至还要安排换购汽车的事务。

丰田树立了一个和通用汽车、福特汽车完全相反的供应链管理战略的典型。丰田不是努力地压榨供应商的利润空间,而是和所有合作伙伴协作,寻找成本削减机会,在整个生产流程中实施削减举措。它同时让供应商至少在一定时间内能够保留部分剩下的利润。通过这种方式,供应商的激励目标和丰田保持一致。所有供应链上的企业有机会从协作中获利。

但是丰田模式的内涵远远不止激励目标的协调。丰田花费大量的时间在评估很多潜在供应商上,考虑除了价格外的很多其他因素;目标是建立长期的相互信任的协作关系。评估后,丰田和关键部件的关键供应商建立长期的供货协议(至少持续该型号汽车的整个周期,大约4年),这并不意味着供应商就可以高枕无忧。恰恰相反,丰田从很多维度持续评估每个供应商的绩效,包括质量、可靠性、创意的提出以及和其他供应商的协作等,当然,也包括成本。同时,丰田设立了30%全供应链成本削减的目标要求。丰田的生产专家和生产商合作,寻找达到目标的方法。一旦目标达到后,双方就开始赢利共享;供应商保留半数赢利,同时设立新的成本水平作为下一阶段的成本削减目标。如果绩效无法达到,丰田会在合同期末把更多的采购额分配给竞争供应商。最终,实现奖优罚劣的目标。

因为丰田给绩效卓越的供应商提供长期的协议,因此供应商也愿意投入大量资金满足丰田的特殊需要。丰田会提前把它的新产品计划和规格通知供应商,供应商也会为丰田的设计工作提供帮助。丰田没有为了寻求短期利益而把供应商的设计提供给其竞争对手以获取更低的采购价格,因为这种短期利益弥补不了对长期利益合作关系造成的损害。而且,其他的供应商也会知道丰田的这种行动,从而危害到这些重要的合作关系。

丰田所采取的供应链模式与通用和福特的供应链模式的另外一个不同点是,丰田通过与供应商签订长期合同,保持所要监控和管理的供应商数量的稳定。把较大的订单下给有限的几个生产商,可以让供应商获得规模经济,而由此获得的成本削减就由供应商和丰田共享。

丰田供应链的改革措施主要集中在三个关键领域:协作规划、协作设计、透明度。丰田的供应商在新产品规划的时候就参与进来,这样就能确保尽早解决工程问题,缩短更新和引入设备的时间。供应商也可以了解丰田的生产调度计划,从而调整自己的生产计划。减少整个供应链的过多库存也给双方带来回报。

丰田所采取的模式是一套整合了各种因素的系统,它包括对有潜力的供应商的评估和建立信任等大量前端的工作。合同本身并不复杂,它仅仅提出了合同期的承诺,建立了一个相互协作的基础。然而,建立一个长期的承诺就必须确保供应商能针对丰田的投资获得合理的回报。丰田受益于技术改进的成果,丰田的长期计划是建立多个年度成本降低的基准,使供应链能够持续改进效率。丰田与供应商合作,通过把生产专家送到供应商的厂里,帮助供应商识别和执行新的工厂生产举措,以实现改进目标。供应商从改进中获得确定时间内一半的获利,降低后的成本成为更进一步改进目标的基准。

效仿丰田模式不能采纳部分而忽略其他。每个部分都对整个体系的成果产生影响,某部分未成功就会减少整个供应链的收益。因此,一般企业很难仿效丰田的供应链组织,这也是丰田公司的竞争优势所在。

5) 管理战略

在丰田,TPS系统的实践和理论超越了工厂范畴,将供应链也囊括到该体系之中,并通过一系列重要措施,保证了供应链的高效运转。

丰田是世界汽车巨头,产品线齐全、市场广阔。其产品在全球市场的区域化差异(如美国、欧洲和日本),需要不同的供应链支撑。此外,不同的车型,如丰田、雷克萨斯和新贵轿车的供应链流程也不同。纵然存在共通性,但其差异性能引发我们更多的思考。

6) V4L 原则

V4L 原则结合了所有丰田供应链管理的流程,系统地致力于实现 V4L 平衡。

Variety(差异性)——产品品种需要仔细挑选,平衡市场需要和生产效率。当我们认识到产品品种对市场需求、制造加工及供应链成本的影响时,我们在选择品种做决策时,必须考虑到这一点。从某种意义上说,选择一个品种就代表选择了一个关键的供应链,它影响到供应链各环节参与方。品种选择的一个重要议题就是,我们需要有反馈回路来确保选择的品种能最恰当地反映当前市场行情。

Velocity(速度性)——供应链流动的速度是一个重要的概念,体现在整个供应链的所有流程之中。它把重点放在稳定整个系统,需要保证容量计划与整个供应链保持同步。

Variability(变化性)——供应链流程中,订单和运输的变化可以细化到如何执行个体流程。减少变化性可以使整个供应链流程在低风险层次上运营。除此之外,变化性也可以确保质量提高流程不受干扰,从而持续降低成本,不断提升服务质量。值得注意的是,品种、速度和变化都是为了稳定供应链的整体业绩。

Visibility(可视性)——所有流程的可视化是为了确保使用正确的指标和要求,故在做任何计划更改前,各方均需达成共识。在丰田,业绩指标的50%看结果,另外50%则是看流程的遵循情况。换句话说,最后不仅是要奖励短期结果,也要检查企业是否遵循了正确的流程。这种办法能及时观察到企业的瓶颈,并且得到迅速反映,确保主动的变革和效率的优化、产品品种与需求的同步和突发事件的最小化。可视化确保了公司的持续学习,从而保证流程的执行与市场现实状况同步反馈。

丰田公司的成功经验显示,竞争的优势能够被创造出来并且能够通过供应链的知识共享而得以持续。任何一个公司要想走在它的竞争者之前,与供应商进行有效的知识共享,提高公司动态的学习能力至关重要。

背景链接

风神汽车的供应链管理

风神汽车有限公司是东风汽车公司、台湾裕隆汽车制造股份有限公司(裕隆集团为台湾省内第一大汽车制造厂,其市场占有率高达51%,年销量20万辆)、广州京安云豹汽车有限公司等共同合资组建的,由东风汽车公司控股的三资企业。在竞争日益激烈的大环境下,风神公司采用供应链管理思想和模式及其支持技术方法,取得了当年组建、当年获利的好成绩。通过供应链系统,风神汽车有限公司确立了自己的竞争优势:通过与供应商、花都工厂、襄樊工厂等企业建立战略合作伙伴关系,优化了链上成员间的协同运作管理模式,实现了合作伙伴企业之间的信息共享,促进了物流通畅,提高了客户反应速度,创造了竞争中的时间和空间优势;通过设立中间仓库,实现了准时化采购,从而减少了各个环节上的库存量,避免了许多不必要的库存成本消耗;通过在全球范围内优化合作,各个节点企业将资源集中于核心业务,充分发挥其专业优势和核心能力,最大限度地减少了产品开发、生产、分销、服务的时间和空间距离,实现了对客户需求的快速有效反应,大幅缩短了订货的提前期;通过战略合作,充分发挥链上企业的核心竞争力,实现优势互补和资源共享,共生出更强的整体核心竞争能力与竞争优势。风神公司目前的管理模式无疑是成功有效的,值得深入研究和学习借鉴。

五、风神公司的供应链运作

1. 风神供应链结构

在风神供应链中,核心企业风神汽车公司的总部设在深圳,生产基地设在湖北的襄樊、广东的花都和惠州。"两地生产、委托加工"的供应链组织结构模式使得公司组织结构既灵活又科学。风神供应链中,所有企业得以有效连接起来形成一体化的供应链,并和从原材料到向顾客按时交货的信息流相协调。同时,在所有供应链成员之中建立起了合作伙伴型的业务关系,促进了供应链活动的协调进行。

在风神供应链中,风神汽车公司通过自己所处的核心地位,对整个供应链的运行进行信息流和物流的协调,各节点企业(供应商、中间仓库、工厂、专营店)在需求信息的驱动下,通过供应链的职能分工与合作(供应、库存、生产、分销等),以资金流、物流或以服务流为媒介,使整个风神供应链不断增值。

2. 风神供应链的结构特征

为了适应产品生命周期的不断缩短、企业之间的合作日益复杂以及顾客的要求更加挑剔的环境,风神供应链中的供应商、产品(整车)制造商和分销商(专营店)被有机组织起来,形成了供应—生产—销售的供应链。风神的供应商包括了多家国内供应商和多家国外供应商(KD件),并且在全国各地设有多家专营店。供应商、制造商和分销商在战略、任务、资源和能力方面相互依赖,构成了十分复杂的供应—生产—销售网链。通过分析发现,风神供应链具有如下特征:

(1)风神供应链的结构具有层次性。从组织边界的角度看,虽然每个业务实体都是供应链的成员,但是它们可以通过不同的组织边界体现出来。这些实体在法律上是平等的,在业务关系上是有层次的,这与产品结构的层次是一致的。

(2)风神供应链的结构表现为双向性。在风神供应链的企业中,使用某一共同资源(如原材料、半成品或产品)的实体之间既相互竞争又相互合作,如襄樊和花都厂都是汽车制造厂,两者必然在产量、质量等很多方面存在竞争,但是在整个风神供应链运作中又是紧密合作的。花都厂为襄樊厂提供冲压件,在备件、零部件发生短缺时,相互之间又会进行协调调拨,以保证生产的连续性,最终保证供应链系统的整体最优。

(3)风神供应链的结构呈多级性。随着供应、生产和销售关系的复杂化,风神供应链的成员越来越多。如果把供应链网中相邻两个业务实体的关系看作一对"供应—购买"关系,对于风神供应链这样的网链结构,这种关系应该是多级的,而且同一级涉及多个供应商和购买商。供应链的多级结构增加了供应链管理的困难,同时也为供应链的优化组合提供了基础,可以使风神公司根据市场变化随时在备选伙伴中进行组合,省去了重新寻找合作伙伴的时间。

(4)风神供应链的结构是动态的。供应链的成员通过物流和信息流联结起来,但是它们之间的关系并不是一成不变的。根据风神公司战略转变和适应市场变化的需要,风神供应链中的节点企业需要动态地进行更新。而且供应链成员之间的关系也由于顾客需求的变化而经常做出适应性的调整。

利用风神供应链的这些特征,风神公司找到了管理的重点。例如,风神公司对供应链系统进行了层次区分,确定出了主干供应链和分支供应链,在此基础上建立起了最具竞争力的一体化供应链。另外,利用供应链的多级性特征,对供应链进行等级排列,对供应商/分销商做进一步细分,进而制订出具体的供应/营销组合策略。利用供应链结构的动态性特点指导风神公司建立供应链适时修正战略,使之不断适应外部环境的变化。世界著名的耐克公司之所以取得全球化经营的成功,关键在于它准确地分析了公司供应链的多级结构,有效地运用了供应商多级细分策略,这一点在风神公司的供应链上也得到了体现。这说明充分掌握供应链的结构特征对制订恰当管理策略的重要性。

3. 风神供应链的管理策略

风神供应链在结构上具有层次性、双向性、多级性、动态性和跨地域性等特点,在管理上涉及生产设计部门、计划与控制部门、采购与市场营销部门等多个业务实体,因此,各部门在实现供应链的目标、运作过程和成员类型等方面存在较大的差异。面对如此复杂的供应链系统,如何选择恰当的管理策略是非常重要的。

(1) 供应链核心企业的选址战略。风神汽车供应链中的核心企业设在广东的深圳,这是因为深圳有优惠的税收政策和发育的资本市场,并且可为今后的增资扩股、发行企业债券等提供财力支援,此外,在便利的口岸、交通、技术引进及资讯等方面,深圳也具有无可替代的地理优势,这些都是构成风神供应链核心竞争力的重要因素。而位于湖北的襄樊工厂有资金、管理及技术资源的优势,广东花都具有整车组装能力,这样就形成了以深圳作为供应链的销售、财务、技术、服务及管理的枢纽,而将整车装配等生产过程放在襄樊和花都,又以襄樊和花都为中心联结起众多的上游供应商,从而可以集中公司的核心竞争力,完成销售、采购等核心业务。在整个供应链中,深圳就像扁担一样扛起了襄樊、花都两大生产基地。

(2) 业务外包战略。风神公司"总体规划、分期吸纳、优化组合"的方式很好地体现了供应链管理中的业务外包及扩展企业思想。这种组合的优势体现在充分利用国际大平台的制造基础,根据市场需求的变化选择新的产品,并且可以最大限度降低基建投资及缩短生产准备期,同时还可以共享销售网络和市场,共同摊销研发成本、生产成本和物流成本,从而减少供应链整体运行的总成本,最终确保风神汽车公司能生产出最具个性化、最适合中国国情的中高档轿车,同时还具有最强的竞争力。风神公司紧紧抓住"总体规划、分期吸纳、优化组合"的核心业务,而将其他业务(如制造、仓储、物流等)外包出去。

(3) 全球性资源优化配置。风神公司的技术引进战略以及KD件的采购战略体现了全球资源优化配置的思想。风神公司大部分的整车设计技术是由日产和台湾裕隆提供的,而采购则包括了KD件的国外进口采购和零部件的国内采购,整车装配在国内的花都和襄樊两个不同地方进行,销售也在国内不同地区的专营店进行,这就实现了从国内资源整合到全球资源优化配置的供应链管理,大大增强了整个供应链的竞争能力。

(4) 供应商管理库存的管理方式。在风神供应链的运作模式中,有一点很值得学习和借鉴,就是其供应商管理库存的思想。风神公司的VMI管理策略和模式,通过与风神公司的供应商之间建立的战略性长期合作伙伴关系,打破了传统的各自为政的库存管理模式,体现了供应链的集成化管理和双赢思想,能更好地适应市场变化的要求。VMI是一种供应链集成化运作的决策代理模式,它把用户的库存决策权代理给供应商,由供应商代理客户行使库存管理的决策权。例如,在风神公司的采购过程中,风神公司每六个月与供应商签订一个开口合同或者闭口合同,在每个月初告诉供应商每个月的要货计划,然后供应商根据这个要货计划安排自己的生产,然后将产品运送到风神公司的中间仓库,而风神公司的装配厂只需要按照生产计划凭领料单按时到中间仓库提取产品即可,库存的消耗信息由供应商采集并及时做出补充库存的决策。采用这种管理方式实现了准时化供货,节约了库存成本,为提高整个供应链的竞争力做出了贡献。

(5) 战略联盟的合作意识。风神公司通过业务外包的资源整合,实现了强强联合,达到了共赢的目的。通过利用全球采购供应资源和产品开发技术,以及国内第三方物流公司的优势,不仅风神汽车公司获得了投资仅一年就获利的良好开端,而且也为花都工厂、襄樊工厂以及两地中间仓库和供应商带来了巨大商机,使所有的企业都能在风神供应链中得到好的发展。风神供应链中的合作企业都已经认识到,它们已经构成了相互依存的联合体,各方都十分珍惜这种合作伙伴关系,并培育出了与合作伙伴结成长期战略联盟的意识。可以说,这种意识才是风神供应链真正的价值。

一个一体化的、协调的供应链超级组织具有对市场需求变化的高度反应力,能迅速支持一个伙伴公司的快速发展,这已经为事实所证明。能取得这样的成效,得益于供应链上的伙伴能够共同分享它们所需要的各种信息,从而使它们能够协调运作。当供应链中每个成员企业的活动都像乐队队员按乐谱演奏那样时,供应商就知道何时增加、减少生产,物流公司能够掌握何时提供准时物流服务,分销商也可及时进行调整。这样就能够把传统经营中经常出现流通中断或库存积压过长等问题消除或者降低到最低限度,真正实现精细生产。这就是供应链管理的魅力。

六 ERP 软件在汽车工业供应链管理上的应用

1. ERP 导入对汽车工业供应链运作效率的影响

目前,影响中国经济整体效益的因素突出表现在交易成本过高,产业链配合效率低严重地拖了经济效益的后腿。产业链不稳定、企业间信任度差,是导致企业间信息化合作较少的重要原因之一。由于企业间缺乏信任,为了建立高效供应,生产企业不得不使用股权这根魔杖打通整条产业链,但反过来影响到企业的创新精神,最终又可能影响整个供应链条的效率。企业间的信任是建立高效供应链的"物质基础",但企业间的信任不是单纯说就能建立的,而是以稳定的产业链和诚信的合作环境为前提。

如果说,以往 ERP 实现了单个企业的价值最大化,而 SCM 则实现了整个社会的价值最大化。企业内部信息化体现在 ERP、CRM 等信息系统的应用。目前,一些规模大、业务状况好的企业,都会自主地决定自己的信息化政策。但如果要取得更大的经济效益,仅有企业内部的信息化是不够的,企业之间的协作信息化改造将发挥更大作用。相应地,大中型企业信息化建设的重点将从企业内部信息化改造转向整个产业链信息化建设。高效供应链的建立,除了企业积极建设供应链管理系统外,政府也应发挥引导、教育作用,包括促进信息合作环境建设、加强第三方协调中介组织的建设以及组织一些产业链信息合作项目的试点等。

供应链固然需要高效率,但公司若想超过竞争对手,只有效率是不够的,只有具备了反应敏捷、适应性强并能协调各方利益的供应链,才能在竞争中处于领先地位。运作效率可以用敏捷性、适应性和一致性 3 方面去考量。

1)敏捷(Agility)反应能力

如今,多数行业中的供需波动速度更快,幅度也更大。多数供应链只能以牺牲成本为代价来换取速度,或以牺牲速度为代价来换取成本,但反应敏捷的供应链既能保证速度又能控制成本。目前,大部分公司关注的依旧是供应链的速度和成本,却没有意识到自己因为忽视培养敏捷反应的能力而付出巨大的代价。

相比之下,聪明的公司则建立反应敏捷的供应链,以使自己在竞争中脱颖而出。以 H&M、Mango 和 Zara 公司为例,通过使供应链中的每个环节都保持高度的灵活性,这些公司如今已成为欧洲市场中最赚钱的服装品牌。在产品供应链的一头,这三家公司建立了反应迅捷的产品设计流程：设计师只要发现潜在的流行趋势，就立即画出服装设计草图，订购面料。不过，只有从各分销店获得可靠信息之后，这些公司才会最终决定设计方案，并开始生产服装。这样，他们便能生产出符合顾客喜好的产品，也就减少了需要折价处理的产品数量。在产品供应链的另一头，这三家公司都拥有"超高效"的配送中心，采用最先进的分拣和物料搬运技术，从而防止公司在应对产品需求波动时，配送环节成为供应链中的瓶颈。

2）适应性（Adaptability）

成功的公司在市场或公司战略发生变化时，不是一成不变地死守着原有的供应链，而是不断对自身进行改进，使之适应市场需求的变化。除了面临供需突然变化外，供应链几乎永远处于市场变化之中。经济的发展、社会政治变革、人口构成变化以及技术的进步，都会导致市场结构的变化。

那些在战略改变时对供应链进行相应调整的公司，常常能成功地推出新产品或占领新市场。十几年前，微软公司决定进军视频游戏市场，并将硬件生产外包给总部位于新加坡的Flextronics公司。微软公司要求Xbox游戏机必须在2001年12月之前摆放进商店，为确保该产品成功上市，Flextronics公司决定在墨西哥和匈牙利的工厂中生产Xbox游戏机。虽然生产成本相对较高，但那里的工程师能够配合微软公司迅速修改设计及变更技术要求，最终微软公司以创纪录的速度推出了这一产品。但索尼公司不甘示弱，对PlayStation 2游戏机进行大幅降价来还以颜色。这时Flextronics公司意识到，相对于速度来说，产品的成本对中长期发展来说更为关键，于是便将Xbox游戏机的供应链转到中国。到2003年，Xbox已从PlayStation 2那里抢走了20%视频游戏的市场份额。因此，建立有适应力的供应链，有两个关键之处：既要有洞察市场趋势的敏锐目光，又要有改造供应链的能力。

3）各方利益保持一致（Alignment）

成功的公司总力图使供应链上所有其他各方与自己保持利益一致，因为每家公司，无论原料供应商、装配厂、经销商或零售商都只想使自身的利益最大化。供应链中若有任何一家公司与其他公司的利益产生分歧，其所作所为就会影响整个供应链运作的最优化。

即便供应链中的伙伴是同一公司中的不同部门，如果有利益分歧存在，也将酿成恶果。聪明的公司往往采取各种方法，使供应链各方的利益协调一致。它们首先做到信息一致，一视同仁地向供应链中所有公司提供各种信息预测、销售数据及工作计划；其次是做到各司其职，也就是说，制造商必须明确界定每个合作伙伴的作用及责任，从而避免彼此间产生冲突；再者，公司必须协调激励机制，使供应链各成员在使自身收益最大化的同时，不断地改善整个供应链的运作水平。若要做到这点，公司必须能正确预测供应链伙伴在现有的激励机制之下可能会采取哪些行动。这就像公司在提高产品价格或进军新市场时，常常会采用此类分析来预测竞争对手的反应一样，在此基础上，公司必须重新制订奖励计划，以激励供应链伙伴朝着最有利于整个供应链前进的方向不断努力。

背景链接

东南汽车的 ERP 导入

东南（福建）汽车工程有限公司，简称东南汽车，于1995年11月在福建省福州市成立，由福建省汽车工业集团公司与台湾最大的汽车企业裕隆集团所属中华汽车公司合资成立，车型主要有得利卡、富利卡、菱帅等，目前年产销汽车超过6万辆，30多家配套厂分布在主厂周围，形成占地200万平方米的东南汽车城。东南汽车公司在创立的同时，引进35家专业汽车零部件厂商，紧密环绕于整车厂东南汽车周围，形成一个具有国际先进水准和自主发展能力的专业汽车生产基地，其独具一格的高效率、低成本与柔性化作业生产方式，打造了令业界惊叹的"东南模式"。

1996年，东南汽车工厂开建，零配件配套厂商也陆续搬了过来。在建设"新家"过程中，东南汽车的决策者们就预见到，未来汽车业的竞争将不再局限于整车厂对整车厂的竞争，而是整条供应链与供应链之间的竞争。2002年3月，全兴、泰全等几家配套厂谋划实施ERP，东南汽车及时出招，引导配套厂采用统一的ERP系统，并启动了"东南汽车网络制造及供应链协作项目"。当时东南汽车已实施完ERP，正计划推动供应链管理和B2B电子商务，东南汽车生产管理部经理刘建成和资讯中心经理黄振昌表示，利用东南汽车城配套体系的群聚优势，要推动供应链管理系统的建设，鼓励配套厂选择使用相同的ERP系统，可以避免将来为信息共享而开发太多的接口。

2002年8月到2003年12月，全兴、泰全、联泓等30多家配套厂先后实施了易飞ERP系统。随后，东南汽车又建立了完善的供应链管理系统。截至2004年年底，东南汽车城所有的配套厂全部实施了供应链管理系统，包括配套厂、物流中心等，2006年实施了其他城市配套厂的供应链管理系统。黄振昌说，由于所有配套厂使用的都是同一家ERP系统，信息资源可充分共享，为东南汽车城区域网络和信息交换平台的建立奠定了基础。

2. 看板管理的应用

"看板"来源于日语KanBan，是用于标明生产流水线中每批零部件的品名、数量、上道工序是什么、下道工序是什么的一张指示牌，是对生产需求信息进行实时控制的一种信息载体。"看板"管理可以保证配套厂在正确的时间把正确数量的正确配件送到东南汽车生产线的正确地点。

长期以来，东南汽车实行的是"看板"管理。东南汽车每旬都会向配套厂下计划订单，但这些订单并不是要求供应厂商交货的通知依据，而是给厂商作生产物料准备之用。配套厂向总装生产线交货的实际依据是东南汽车给它的一个"看板"。东南汽车每小时到装配流水线上收集一次"看板"，收回来后通过条码扫描的方式采集"看板"上的信息，然后通过信息系统和网络传递给配套厂。同时，配套厂在交货的时候，让货车司机把"看板"带回去，然后配套厂依据"看板"生产、交货。这样，生产线用掉多少物料，配套厂就交多少过来。目前30多家配套厂的库存普遍为4~8h，每次到东南汽车交货的时间为5~20min。

目前，东南汽车的ERP系统根据"看板"信息，自动上传供应链管理系统的信息，通过东南汽车城内部的百兆光纤网，自动发送给联泓、全兴等配套厂。几乎在同一时间，配套厂的工作人员登录东南汽车供应链网站，下载东南汽车最新的需求计划，包括整车生产顺序、供货时间、供货数量以及配件型号等。以生产汽车座椅的联泓公司为例，联泓工作人员下载的需求计划自动导入联泓公司的ERP系统，与联泓的库存自动对接后，形成联泓给东南汽车的供货计划和联泓给自己的供货商的物料需求计划，并同步发送给东南汽车和联泓的供货商。从联泓接到东南汽车的需求计划，到联泓的供货商接到联泓的物料需求计划，整个过程几乎同步。东南汽车接到联泓公司的供货回复后,就可以立即着手准备接货,包括填写单据、安排接货人员等。而联泓公司的生产线则根据东南汽车的最新需求计划微调生产顺序,包括调整产品型号、生产数量等。这样,联泓生产的多数座椅几乎在下线的同时,又装上小拖车,送到东南汽车的整车装配线。

背景链接

ERP系统给予配件厂的"一双慧眼"

目前,东南汽车城的配套厂和东南汽车之间通过百兆光纤城域网构成一个大的作业平台,每天在作业平台上往来的交货笔数有上万件,而其他城市的配套厂通过Internet远程访问供应链平台。黄振昌说,信息系统和网络给了东南汽车的配件厂"一双慧眼",让他们知道,东南汽车现在准备生产什么车型,生产顺序怎样排,什么时间需要多少物料,配件厂就根据现有库存安排生产和采购等,并按照这个顺序及时交货到东南汽车的汽车装配线。

3. 两小时库存

联泓和东南汽车有着长期的合作关系,再加上地理位置便利,库存时间本来就极短,只有4h,实施供应链管理后,联泓的库存降低到了2h。联泓的2h库存是如何实现的呢?

首先,是高效的信息传递。过去,联泓主要通过传真和电子邮件接收东南汽车的看板信息,然后用手工方式录入到联泓的ERP系统,形成生产计划和物料需求计划;经过手工审批形成采购计划后,再发传真或者电子邮件给供货商。在信息传递过程中,由于工作人员疏忽难免出现各种错误,不仅造成了管理混乱而且影响了市场反应灵敏度。2004年10月,联泓实施供应链管理系统后,东南汽车的看板信息自动导入联泓的ERP系统。系统自动生成联泓对东南汽车的供货序列信息以及供应商对联泓的序列供货信息。联泓公司资讯中心经理说,过去联泓的采购信息经手工批示后,再传真给供应商。现在由系统自动生成,然后上传供应链管理系统,供应商定时登录供应链网站下载打印联泓的采购计划。

其次,是一致的生产顺序。目前,汽车装配是小批量、多品种,经常这一台装配的是得利卡,后面一台可能就是富利卡或者菱利。而每个车型展开后都有三四十个零部件品种系列,比如座椅有十几种,车灯也有十几种。以前,配套厂不能准确掌握总装厂的生产计划,只好按批量生产,这个批号生产60台套,下个批号生产40台套,这就难免造成库存积压。东南汽车生管部经理说,现在东南汽车提前3h把生产顺序提供给配套厂,配套厂按照东南汽车的生产顺序生产零配件,因为双方的生产顺序一致,零配件从配套厂生产线上下线后,直接就送到东南汽车的装配线。他还表示,未来东南汽车供应链建设的重点是推动配套厂的供应商实施供应链管理系统,即实现汽车城内AP2AP(Application to Application)的供应链管理,并最终实现东南汽车供应链的整体"零库存"。

再次,是交货时间进一步缩短。以前,配套厂交货的小拖车要在东南汽车停留大约40min,包括核对配件型号、清点配件数量、办理相关手续以及排队等候等。如今,小拖车在东南汽车最多停留20min,甚至不到5min。东南汽车生产管理部经理说,现在小拖车还没有到厂区,物流人员已经知道要送哪些配件来,分别是什么型号、数量多少等,从而利用前置时间办理相关手续;小拖车到达厂区后,直接把配件送到装配线上,根本不需要先送到东南汽车的仓库,再从仓库货架搬到装配线。过去,东南汽车的库存一般在四天左右,现在一般控制在一天到一天半,因为部分核心部件和在其他城市的配套厂提供的配件需要大量库存,而东南汽车城内的绝大多数配套厂的库存已经降低到 2~4h。

4. 东南汽车供应链运作效率分析

近几年,东南汽车的产销量快速增长,库存没有增加反倒不断减少,而且实现了与配套厂库存同步减少(少数外省市配套厂除外),东南汽车保持骄人业绩的秘诀何在?

(1)对需求变化做出快速反应。信息沟通使供应链能及时发现东南汽车的需求波动,提醒配套厂及时调整各自的生产计划,同时提醒配套厂的供货商也调整供货计划。东南汽车给每家配套厂安排的送货计划紧凑有序,交货时间的误差均控制在 10min 以内,否则将面临罚款。

(2)供应链不断跟上企业战略变化的需求。20 世纪 90 年代末,东南汽车以前瞻性规划全盘导入 35 家中国台湾专业汽车零部件厂,紧密环绕于主机厂周围,组成占地近 200 万平方米的东南汽车城,为今天的高效供应链奠定了基础。试想,如果东南汽车的配套厂遍布全国各地,即使信息化水平再高恐怕也难以实现两小时库存。2002 年,全兴、泰全等配套厂计划实施 ERP,东南汽车又及时采取措施,邀请 IT 专家提供辅导,并选定神州数码的易飞 ERP 作为配套厂统一的 ERP 软件。此举大大减少了日后实施供应链过程中软件接口的开发数量,也为供应链系统和 ERP 系统间信息的平滑对接奠定了软件基础。

(3)与合作伙伴同呼吸共命运。东南汽车供应链运作的根本思想是将公司自身的利益与合作伙伴的利益紧紧地联系在一起。供应链中许多失败的运作都是由于利益不一致造成的,即便供应链中的伙伴是同一公司中的不同部门,如果有利益分歧存在,也可能酿成恶果。配套厂在实施 ERP 和供应链过程中,东南汽车派出指导员给予辅导,对成功上线的配套厂进行奖励。ERP 上线后,东南汽车每半年对配套厂 ERP 系统和供应链系统的运行情况评审一次,如果不能保持系统上线的成果,将可能被处罚。

由此看来,实施供应链管理不仅要求速度快、成本低,而且还必须反应敏捷,适应力强,并且能使各方利益协调一致。

任务二 服务业供应链管理的现状及对策——以港口服务供应链为例

(1)了解服务业供应链管理的现状及对策;
(2)了解港口服务供应链管理的现状和问题分析及对策。

采用案例教学、分组讨论和上机实验等方法。

教学内容

一、服务业供应链管理概述

供应链作为一种高效率新思路的管理模式和方法,在理论和实践中都得到了快速的发展。但目前大量对于供应链的研究是围绕以制造部门为主导的供应链展开,对于服务业供应链的相关研究较少,且没有明确的定义和框架结构。服务供应链作为新兴的研究领域,各项研究都还处于起步阶段。

关于服务供应链的准确定义,也仍然处于争论阶段,不同的角度,得出的定义有所不同。

1. 从产品服务化的角度

服务供应链是以现代信息技术、物流技术、系统工程等现代科学技术为基础,以最大限度满足消费者需求为出发点,把与服务有关的各方面,如银行、保险、政府等,按照一定的方式有机地组织起来,形成完整的消费者服务网络。

2. 从服务企业内部运作的角度

制造企业主要生产有形的"物质产品",服务企业主要生产无形的"服务产品"。同制造企业的"生产流水线"一样,服务企业"服务产品"的生产与消费也存在一条"流水线",谓之"服务链"。思想本质侧重于服务企业内生产运作的模式。

3. 服务采购的角度

物业服务中运用供应链的思想采购专业的服务。旅游服务中可以运用供应链的思想采购其他服务供应商的服务产品,以圆满完成旅游服务要求。物流服务供应链是以集成物流服务供应商为核心企业的新型供应链,它的作用是为物流需求提供全方位的物流服务。

二、服务业运营的特征

服务业的运营不同于制造业,具有以下七个方面的特点。

1) 顾客参与服务过程

顾客的知识、经验、动机乃至诚实都会直接影响服务系统的效率。首先,顾客的参与使得需要管理的人员减少,如福利支出等也相应减少;其次,由于顾客在需要时付出了劳动,因此,服务能力直接随需求而变化,而不是完全受制于员工的人数。

2) 服务的生产和消费同时发生

服务的生产和消费同时发生,因而服务不能储存,这一事实是服务管理的显著特征。服务无法储存,使得服务业不能像制造业那样依靠存货来缓冲和适应需求变化。服务是开放系统,要受到传递系统中的需求变化的全面影响。服务生产与消费同时进行也使得产品的预先检测成为不可能,所以必须依靠其他的指标来保证服务质量。

3) 随时间消失的能力

服务是易逝性商品。例如,飞机上的空座位、医院或旅馆里的空房间。在这种情况下,发生了机会损失。由于服务不能储存,如不使用将会永远失去。服务能力的充分利用成为一个管理挑战。因为顾客需求变化大,所以利用库存适应需求的波动是不可行的。

4)场所的选择取决于顾客

在服务业,顾客和提供者必须亲自见面。可能是顾客前往服务地点,也可能是服务人员前往顾客所在地(如救护车)。路程时间和费用在场所选择经济学中得到体现。结果是,许多小型服务中心设置在离潜在顾客很近的地方。当然,还要权衡设施的固定成本和顾客的路程成本。由于互联网的广泛使用,服务业也发生了一些变化。例如,顾客可以通过电话或调制解调器购买股票,通过远程会议系统修大学课程。

5)劳动力密集

在大多数服务组织中,劳动力是决定组织效益的关键资源。对这些组织来说,新设备投资不足以解决技术落后问题;新知识出现后过时的员工技能是造成这些组织技能落后的主要原因。在一个不断扩充的组织中,招聘是获得新知识的重要途径;而在一个发展缓慢或停滞不前的组织中,唯一可行的策略是不断地再培养。

服务中顾客与员工之间的交互为员工获得更为全面的工作经验提供了可能。标准的制定和以适当的方式进行员工培训,是保证服务一致性的关键。在服务业,没有满意的员工,也就不会有满意的顾客。只有认真培训和真正关心员工福利,组织的目标才能实现。

6)无形性

服务只是一种观点和概念,因此服务的创新没有专利。为了从新的服务中获取效益,企业必须快速扩张,阻止任何竞争者。特许经营是保护市场和建立品牌的工具。通过特许经营,母公司将新观点出售给当地企业家,这样不仅可以保持控制和降低风险,而且可以减少资本投资。服务的无形性给顾客带来了问题。

在选择服务提供者时,顾客只能依赖服务企业的声誉。在很多服务领域,为确保服务水准,政府要干预。通过登记注册,签发执照和管制,政府可以向消费者承诺,某些服务企业的培训和服务测试水准达到了特定标准。

7)衡量产出的困难

服务的测试非常复杂。有一种服务业绩的评估方法是:测量从服务投入到服务产出状态,每位顾客的变化,这种过程被称为交易分析。

三 港口供应链管理概述

港口供应链是指以港口为核心企业,将各类服务供应商(包括装卸、加工、运输、仓储、报关、配送,甚至金融、商业服务等企业)和客户(包括付货人和船公司等)有效结合成一体,并把正确数量的商品在正确的时间配送到正确地点,实现整个供应链成本最低。与典型制造型供应链不同的是,港口供应链没有制造环节,它是以港口作为主导供应链的核心企业。

港口的完整功能,应该是以港口为中心、在适当范围内以星罗棋布的配套设施为辅助的形态下,才能完整发挥。深圳的特殊海关监管区域、场所主要有保税港、保税区、物流园区、监管仓、保税仓等。充分发挥港口和上述区域、场所的联动,能使港口的功能最大化、最优化。

港口供应链实现协同,要求节点企业基于技术和因特网的信息共享和知识创新成果共享,要求各节点企业树立"共赢"意识,为实现同一目标而努力,要求合作伙伴在信任、承诺和弹性协议的基础上进行合作。

同时,要求进行协同的节点企业进行供应链的重新整合,改变以前拼凑式的信息系统、EDI 等,即协同港口供应链应以信息的自由交流和共同的战略目标为基础,建设一体化的国际采购分销物流中心,实现大港口供应链的拓展。

我国港口存在如下问题:

中国港口对经济社会发展的适应度不足,结构性矛盾突出。大部分港口只能提供单项或分段式物流服务,不能形成完整的物流服务供应链,难以提供多方位的高质量物流服务。

1) 港口内部劣势分析

(1) 港区后方堆场功能单一,能够从事物流的较少。开展港口物流活动,需要后方堆场的配合,从事仓储、运输、配送以及信息服务等业务。以青岛港为例,目前的堆场功能相对比较单一,以运输和堆存为主,在现代化仓库的管理方面的经验比较缺乏,对于提供物流的信息服务方面的能力更加匮乏,不具备开展物流的条件。

(2) 物流信息网络尚未形成。大部分港口的信息技术的应用还停留在单项作业的信息化上,码头、堆场内部实现了联网,日常办公和作业可内部流转,但对于物流链软件的开发和应用比较缺乏,缺少货物跟踪、条码应用、存货控制等方面系统化、网络化软件的开发应用,开展物流的信息网络有待进一步建设。

(3) 物流管理和开发还处于低水平。港口物流企业经营管理水平较低,物流服务质量有待进一步提高。多数从事物流服务的企业缺乏必要的服务规范和内部管理规程,经营管理粗放,很难提供规范化的物流服务,服务质量较低。

2) 港口外部劣势分析

与国内外排名靠前的主要港口相比,我国很多港口还有许多不足的地方。这主要表现在以下几个方面:

(1) 区域物流基础配套设施缺乏统一规划,周边地区物流服务缺乏协调,物流公司常常处于无序竞争状态。

(2) 物流设施和装备的标准化程度较低,各种运输方式之间装备标准不统一,如海运与铁路集装箱标准不一,影响海铁联运规模和效率。

(3) 物流信息管理和技术手段较落后,大多数物流公司的管理运作仍停留在传统经验的模式。物流人才缺乏,尤其缺乏物流系统规划等高级管理人员。

例如,广东省的两个港口虽然在吞吐量方面已经日益逼近香港港,但从港口供应链的竞争力上来看,广州港、深圳港还不足以与香港港"三足鼎立"。根据欧洲地中海、美国西海岸港口群的发展经历,一个港口群最终只有一两个枢纽性的大港口,其他港口将逐渐沦为喂给港。所以,深圳、广州等港口若要在未来的竞争中占得一席之地就要抓住目前良好的外贸环境和港口管理体制改革的机遇,尽快组建和完善供应链。

四 港口服务供应链分析

1. 港口物流服务供应链的形成与发展

经济全球化和信息技术的发展,促进了现代物流和供应链的快速发展。这种时代背景强化了港口在综合运输体系以及整个供应链中的作用,促进了港口的转变和发展。港口已经从单一的货物装卸和储存转变为物流服务供应链的中心节点,成为世界参与消费的重要环节。同时,由于港口通过相连的运输商(船公司和陆上运输商),与世界各地的供应商和消费者相连,从而形成了一条集成多种运输方式和物流形态的港口物流服务供应链。

服务供应链类似于制造供应链,是一种新的企业组织形态和经营方式。制造供应链提供的是各种工业品(有形产品),服务供应链提供的是各类服务(无形产品)。服务供应链是一个由具有高度协同和分布特性的复杂行为构成的社会化系统。港口物流服务供应链是以港口为核心,利用现代信息技术有效地整合各类物流服务供应商(包括仓储、装卸、报关、运输、流通、配送以及金融、信息服务等)和客户(付货人、货代、船代和船公司等)以及相关政府监管机构(港口管理、海关、海、检验检疫、边防等口岸部门)。通过对链上的物流、信息流、资金流等进行有效管理来实现用户价值与服务增值。如图 5-3 所示。

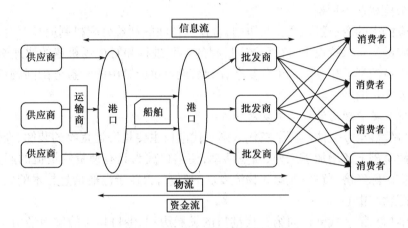

图 5-3 港口服务供应链流程示意图

港口物流服务供应链的港口企业,具有得天独厚的地理环境,在供应链上具有明显的优势。

(1)港口是水路、公路、铁路等运输方式的交会点,是交通运输的枢纽,是货物流通的集散地,基础设施完善,综合功能齐全。

(2)和港口相关的有货运商、批发商、物流企业、海关、商品检验机构及其他各种有关机构,汇集了大量的货源信息、技术信息和服务信息,促使港口成为供应链的信息中心。

(3)港口上下游物流供应链极其明晰,港口能方便地与上下游供应链企业形成战略合作关系。

基于这些优势,港口具有供应链上其他企业不可比拟的优势,能够成为整个物流服务供应链的领导者和控制者。

2. 港口供应链面临的问题

1)运作流程中存在着资源浪费

港口供应链物流模式各个节点在信息、智能、技术、人力资源、设施设备的业务衔接上存在着不完善性,导致港口供应链的整个过程中存在着不同程度的浪费,主要包括超出增加产品价值所必需的绝对最少的物料、设备和人力资源、场地、时间等各种资源部分。

2) 合作关系决策问题

港口供应链的敏捷性要求企业间的合作关系围绕港口企业构建,但合作企业分布广和角色多样等特点可能影响合作关系的建立。例如,港口企业需要针对运输市场出现的某种运输需求选择集疏运企业,但由于集疏运企业信息不完备以及集疏运企业相对自治的特点,对港口企业而言,选择合适的集疏运企业比较困难。

3) 缺少港口供应链企业间的协调机制

企业间的合作和协调机制是港口供应链强调的重点。在理论上,当港口供应链中各成员作为港口供应链的子系统,从港口供应链总体效率最大化的角度出发规划自己的生产经营活动时,港口供应链才有可能实现全局最优。在现实中,企业在加盟港口供应链后,往往从自身利益出发展开合作,使全局最优难以实现。因此,如何制定成员间的协调机制是实现港口供应链敏捷性首先要解决的问题。

4) 利益分配机制不明确

港口供应链中的企业强调合作与协同,合作伙伴间的利益分配机制应具有合理性,这有助于港口供应链运营保持稳定,确保合作过程的顺利进行和对市场机遇的快速响应。由于港口供应链成员的利益相关因素十分复杂,因此,港口供应链中的利益分配问题往往是合作关系中矛盾最突出的问题。

3. 全球供应链管理的港口物流发展模式

世界港口发展至今大体经历了三代。第一代港口主要是海运货物的装卸、仓储中心;第二代港口在此基础上还增加了工业、商业活动,使港口成为具有使货物增值的服务中心;第三代港口适应国际经济、贸易、航运和物流发展的要求,得益于港航信息技术的发展,使港口逐步走向国际物流中心。

伴随着港口从第一代港口向第三代港口的发展历程,港口物流的发展经历了从传统物流到配送物流、综合物流和供应链物流几个发展阶段。

(1) 传统物流阶段。20 世纪 70 年代末,港口作为纯粹的"运输中心",主要功能是"运输 + 转运 + 储存",港口物流处于传统物流阶段。

(2) 配送物流阶段。20 世纪 80 年代至 90 年代初,电子数据交换、准时制生产以及其他物流技术不断涌现;与此同时,集装箱运输的高速发展和集装箱运输船舶的大型化对港口的生产能力和效率提出新的要求,国际贸易的发展也带来了对国际配送的需求,港口物流的发展逐渐步入集"运输 + 转运 + 储存 + 装拆箱 + 仓储管理 + 加工"功能于一体的配送物流阶段。

(3) 综合物流阶段。20 世纪 90 年代中末期,电子商务的发展带来了交易方式的变革,使物流向信息化并进一步向网络化方向发展。现代港口逐渐发展成为集商品流、信息流、资金流、人才流于一体的重要的物流中心。

(4) 港口供应链阶段。21 世纪以来,现代物流的发展步入一个新的阶段,全球物流、共同配送成为物流发展的重要趋势,港口除了继续发挥其运输功能外,还主动参与和组织与现代物流有关的各个物流环节的业务活动及其彼此之间的衔接与协调,成为全球国际贸易和运输体系中的主要基地,港口物流正积极谋求融入某一条或几条物流链,以进一步增强港口的竞争力。

4. 港口供应链的类型

港口供应链按其战略伙伴关系的紧密程度，可分为四种形式。

1) 基于"内部集成化"的港口供应链

"内部集成化"的港口供应链模式是通过纵向兼并将上下游企业"内部化"，从而实现企业内部供应链与外部供应链中供应商和用户管理部分的集成，形成内部集成化供应链，达到降低交易成本的目的。

构建基于"内部集成化"的港口供应链是为了加强港口企业对运输、装卸、报关、仓储、加工、配送等全过程的控制和协调，使港口企业能在竞争中掌握主动，增加各个业务活动阶段的利润。基于"内部集成化"的港口供应链主要采用供应链计划和港口企业内的资源计划系统来实施集成化计划和控制。有效的供应链计划集成企业所有主要的计划和决策业务，包括需求预测、库存计划、资源配置、设备管理、优化路径、基于能力约束的生产计划、作业计划、物料计划、采购计划等。企业资源计划系统集成企业业务流程中的主要执行机构，涵盖订单管理、财务管理、库存管理、生产制造管理、采购管理等职能。两者通过基于事件的集成技术联结在一起，采用同步的需求管理，将用户需求与制造计划和供应商的物料管理同步化，减少不增值的业务，通过广泛的信息网络获取巨大的利润。

2) 基于"分包制"的港口供应链

"分包制"的港口供应链模式是一种以供应链合作伙伴之间订立长期交易契约为基础的"准结合"方式，它以契约将存在供求依赖关系的企业"衔接"起来，从而有效解决"内部集成化"存在的内部摩擦、反应迟缓、效率不高等问题。这种模式的组织保证是一组存在于供应链上所有企业之间的正式或非正式的"关系型契约"。基于"分包制"的港口供应链以面向最终需求的灵活调整运输能力为核心，与目前客户需求的多样化相适应。通过长期交易纽带所结成的一条从初级供应商到最终销售商和消费者的链条，能够实现港口供应链诸环节之间的"无缝衔接"。

3) 基于"合作协议制"的港口供应链

基于"合作协议制"的港口供应链模式是供应链上的相关企业通过签订一系列业务或战略协议来结成联盟的一种合作组织形式。它以港口为核心企业，为了某一共同的特定目标，由港口供应链上下游企业形成合作协议或组成网络式协作关系，旨在运用港口的核心资源，通过结盟更好地降低整个港口供应链的成本，实现"双赢"，并在合作中提升竞争力。

4) 基于"集成化动态联盟"的港口供应链

"集成化动态联盟"的港口供应链模式是基于一定市场需求，根据共同目标组成，通过实时信息共享来实现集成化的形式。它应用的主要信息技术是 Internet/Intranet 的集成，同步化的、扩展的供应链计划和控制系统是其主要工具。基于"集成化动态联盟"的港口供应链是指港口供应链的上下游企业为了实现特定的战略目标，在信息集成的基础上，采取任何股权或非股权形式，共担风险、共享利益的联合行动。它是一个能够快速重构的动态组织结构，因此能很好地适应市场变化的需要，无法适应需求的企业将从供应链联盟中被淘汰。在集成化港口供应链动态联盟中，企业通过 Internet 等信息技术集成在一起以满足用户的需求，一旦用户需求消失，联盟也随之解体，而当另一需求出现时，这样的组织结构又将由新的企业重新动态组成。

5. 进入全球供应链管理时代的国内外典型港口物流概况

1) 鹿特丹港模式,基于建设信息港发展增值物流

鹿特丹港位于莱茵河和马斯河入海的三角洲,濒临世界海运最繁忙的多佛尔海峡,是荷兰和欧盟的货物集散中心,有"欧洲门户"之称。目前,该港年吞吐量有超过5亿吨的纪录,当之无愧地占据着世界第一大港的地位。鹿特丹港口物流的发展经验与模式分析如下:

(1) 多样化的集装箱运输形式。鹿特丹港是欧洲最大的集装箱码头,它的装卸过程完全用电脑控制,集装箱装卸量已超过320万箱。鹿特丹的集装箱运输形式主要有公路集装箱运输、铁路集装箱运输和驳船集装箱运输。

(2) 港城一体化的国际城市。鹿特丹作为重要的国际贸易中心和工业基地,在港区内实行"比自由港还自由"的政策,是一个典型的港城一体化的国际城市,拥有大约3500家国际贸易公司,拥有一条包括炼油、石油化工、船舶修造、港口机械、食品等部门的临海沿河工业带。

(3) 现代化的港口建设。鹿特丹港以新航道为主轴,港池多采用挖入式,雁列于主航道两侧,按功能分设干散货、集装箱、滚装船、液货及原油等专用和多用码头,实行"保税仓库区"制度,构成由港口铁路、公路、内河、管道和城市交通系统及机场连接的集疏运系统。

(4) 功能齐全的配送园区。鹿特丹港在离货物码头和联运设施附近大力规划建设物流园区,其主要功能有拆装箱、仓储、再包装、组装、贴标、分拣、测试、报关、集装箱堆存修理以及向欧洲各收货点配送等,发挥港口物流功能,提供一体化服务。

(5) 不断创新的管理机制。鹿特丹港务管理局在不断地进行功能调整,由先前的港务管理功能向物流链管理功能转变,继续扩大港口区域,尝试使用近海运输、驳船和铁路等方式来促进对物流专家的教育和培训,建设信息港,发展增值物流。

2) 安特卫普港模式实现信息服务现代化

安特卫普港位于比利时北部斯海尔德河下游,距北海约80km处,是欧洲第二大港、世界第四大港,港口接近于欧洲主要生产和消费中心,吞吐量的一半为转口贸易,是欧洲汽车、纸张、新鲜水果等产品的分拨中心,运输量几乎100%是国际运输。其港口物流发展的经验与模式分析如下:

(1) 完善的交通网络。安特卫普港与世界上100多个国家和地区建立了贸易关系,拥有300多条班轮航线与世界上800多个港口相连,水运与密集的高速公路、铁路为核心的陆运相衔接,形成完善的交通运输网络。

(2) 良好的硬件设施。安特卫普港拥有汽车、钢材、煤炭、水果、粮食、木材、化肥、纸张、集装箱等专业码头,备有各式仓库和专用设备,建有炼油、化工、石化、汽车装备和船舶修理等工业开发区。

(3) 现代化的信息服务。安特卫普港拥有现代化的EDI信息控制和电子数据交换系统,使用"安特卫普信息控制系统(APICS)"。私营行业还建立了"安特卫普电子数据交换信息系统(SEAGHA)",并与海关使用的"SADMEL系统"以及比利时铁路公司使用的"中央电脑系统"等其他电子数据交换网相连。

3) 香港港模式依托中国内地连接世界

香港连续7年保持世界第一繁忙货柜港的美誉,是世界最大的港口物流中心。其港口

物流发展的经验与模式分析如下：

(1) 发挥自身特点，利用独特的地理优势。香港以中国内地特别是经济发达的珠江三角洲为腹地发挥自身特点，依托中国内地，连接欧美，面向东南亚，重点做好占其港口吞吐量83%以上的转口贸易中的中转货运物流，把香港建设成为虚拟供应链控制中心，使香港物流业的覆盖面遍及整个中国内地。

(2) 建设基础设施，提供良好的发展条件。香港是世界最大的集装箱港口，其港口物流的基础设施建设投入大、起点高，先进的港口设备堪称世界一流，其物流运作的速度和效率也是首屈一指。

(3) 政府扶持，创造优越的发展软环境。香港政府一直重视物流业的发展，提出要把香港建成国际及地区首选的运输及物流枢纽中心，香港成立了物流发展督导委员会和香港物流发展局，强化与港口物流相匹配的服务功能，健全法律制度，提供金融与保险等一系列物流援助或服务、快捷高效的海关通关服务等。

(4) 重视人才，提高物流管理水平。香港与大学和教育机构合作，培养一流的港口物流操作管理人才，同时通过建立全球公认的公务员廉洁制度，提高港口物流从业人员全员素质，从而提供优质的物流服务。

4) 新加坡港模式发展"一条龙"物流

新加坡不仅有优良的深水港，还兴建了4个集装箱码头，每年可装卸超过1500万个集装箱，是世界上第二大集装箱枢纽港。新加坡的远景目标是把该国发展成为集海、陆、空、仓储为一体的全方位综合物流枢纽中心。

新加坡港口采取了一系列新举措实现这一目标：一方面，调整港口管理策略并制订新措施，准备开放港口允许船舶公司以合资方式拥有自营码头，并欢迎国际上的港口经营集团到新加坡投资发展码头。另一方面，注重技术改造，通过挖掘内部潜力来提高生产力。2002年3月，新加坡海事及港务管理局进行了一项试验性计划，在新加坡海港采用自动识别系统，避免船舶相撞并提高港口航行的安全。其港口物流发展的经验与模式分析如下：

(1) 政府支持"一条龙"发展物流。1997年7月，新加坡物流倡导委员会制定发展纲领，同年新加坡贸易发展局联合13个政府机构，展开"1997年物流业提升及应用计划"，先后推出了"1999年物流业提升及应用计划"以及"2001年物流业提升及应用计划"，成功地将运输、仓储、配送等物流环节整合成"一条龙"服务。

(2) 物流与高科技的结合。新加坡物流公司基本实现了整个运作过程的自动化，新加坡政府启动"贸易网络"系统，实现企业与政府部门之间的在线信息交换，物流企业都先后斥资建成了电脑技术平台。

(3) 专业性强，服务周全。新加坡境内的物流公司专业化、社会化程度高，可以为某一行业的企业提供全方位的物流服务，也可以为各行业的客户提供某一环节的物流服务，物流企业以满足客户需要为出发点和最终归宿点，由物流公司和客户共同研究选择出一种或几种最理想的服务方式，最终找出能最大限度为客户提供低成本的解决方案。

从以上四大港口发展的状况和措施可以看出，向国际化、规模化、系统化发展形成高度整合的"大物流"、进一步拓展服务功能的"增值物流"、打造技术密集型的"智能港"以及发展"虚拟物流链控制中心"是当前港口物流发展的主要特点和趋势。

五 港口服务供应链的合作

以港口企业为核心企业的供应链中,要实现供应链中的信息流、物流、资金流在整个供应链上的畅顺流动,需要上下游相关企业形成紧密合作的服务型的企业供应网链结构。港口与上下游企业之间建立供应链合作伙伴关系,可以从以下几类对象入手。

1. 航运企业

船公司和港口的服务对象都是货主。在这一过程中,船公司和港口共同构成了四通八达的水路运输网络。远洋运输船舶的专业化和大型化已经成为趋势,这使得港口也必须朝着大型化的方向发展。如今,港口和船公司联合投资码头建设,已成为适应船舶大型化的一种新趋势。这对于枢纽港减轻投资压力和风险有着重要的意义;并且由于大型航运公司掌握众多箱源,港口与他们合作就等于掌握了较稳定的、大量的货源,因此这种合作与港口的根本利益也是一致的。因此,港口和航运之间的天然联系以及存在着的共同利益使得他们之间的合作是完全可能的,也是顺应发展要求的。

2. 其他相关物流企业

现代综合物流服务是一个庞大的系统工程,几乎没有一个港口能独立完成全部物流服务。所以,港口拓展其服务内容,就需要与其他相关物流企业进行联合,走合作化经营的道路,这类企业包括仓储、配送、流通加工等物流企业。港口与物流链上的其他相关物流企业是一种相辅相成的关系,加强与它们之间的合作是港口发展优质服务的正确选择。

3. 其他运输方式提供者

目前,主要运输方式除水运之外,还包括公路、铁路、航空和管道。由于现在大部分集装箱运输是门到门的服务,使得海上、铁路和公路运输在港口、内陆集装箱货运站衔接起来,形成一个综合运输网络。对港口来说,凝聚和辐射功能的实现依赖于其集疏运能力的大小,集疏运条件直接影响到港口功能的发挥,是港口保证供应链畅通的重要条件。因此,港口应加强与各种运输方式的合作。

4. 口岸单位

顺畅的贸易渠道和信息渠道对于港口也是非常重要的,货物的通关效率对整个系统的效率产生很大的影响。因此,港口企业应该与海关等口岸单位通力合作,不断改善通关环境,提高效率,为保证整个供应链顺畅创造良好的环境。

5. 内陆节点

港口与内陆节点进行合作,让内陆节点充当港口在内陆的代理人,可以将港口的转运和配送服务延伸至内陆市场。凭借与内陆节点的合作,港口在腹地所建立的支撑点可以最大限度地扩大港口的服务范围。而且,通过发展这种新的模式港口能够更好地利用JIT技术,减少储存,增加作业的柔性,减少流程中的缺陷和浪费,降低不确定性,更好地利用设备和劳动力,并由此获得更好的效益。

背景链接

香港的港口服务型供应链

从20世纪70年代起,香港港是我国(主要是广东省)的转口枢纽。目前,广东省的进口货物仍有70%以上经香港港转出。据广东海关统计,广东省与欧盟、日本、韩国间的贸易,经由香港港口中转的物流量分别达60%、49%、35%和20%。大批外国商品经香港转口至广东,其中包括大宗货物,如纺织原料和半制成品、电机、电器及零件,在广东加工后大部分又输往香港,并经香港转运至其他国家。

内地货源一直占香港港总处理量的很大比例,但从2000年开始,这个比例开始下降,主要原因是深圳港和广州港的快速发展分流了部分市场。可是,香港港在内地的中转枢纽地位仍然牢固。2003年,内地经香港港中转物流量达到1.1亿吨,同年深圳港中转的货物总量为1.12亿吨,也就是说,内地仍有相当于一个深圳港的物流量选择在香港港中转。香港港口的服务价格比深圳港、广州港高,但香港港仍能在珠三角港口群"四面楚歌"的激烈竞争中独占鳌头有它独特的优势。1998年前香港港的优势主要源于香港的自由贸易制度和港口硬件设施,而1998年后香港港所取得的成绩则是在服务价格以外找到了新的竞争力——整合港口物流服务商、提供"一站式"物流服务和快速反应,这种竞争力正是源于港口供应链的运作。

六 香港港的供应链运作模式

广东省尤其是珠三角工业区是香港港最主要的货源地,也是香港港与深圳、广州等港口竞争的主要经济腹地。近年来,香港政府、港口发展局以及港口企业方除了不断开拓香港与内地的物流路线与通关方便外,还致力于拓展港区的综合物流服务功能,以实现整个港区的"一站式"服务。

1. 集成服务供应商实现一体化运作

目前,香港港与内地之间共有五条物流线路,即道路运输物流、铁路运输物流、内河运输物流、公铁联运和海运。从物流线路上看,每条线路都是由运输(包括拖车、内河货船、铁路、公路运输等公司)、装卸、报关、仓储、配送等一系列相对独立的企业合作完成的,如果其中一个环节受阻,整个供应链将因此受损,这也是"一站式"物流服务的困难所在。香港港对这一系列的第三方物流企业的整合,使得这些企业与港口企业之间构成了休戚相关的供应链上下游关系。港口对其他物流企业的整合表现在三个方面:

(1) 在港区引入大量的第三方物流企业,构建港口供应链。引入港区的企业包括拖车公司、仓储企业、报关行、趸船企业、装卸企业、配送公司、加工企业和配套服务企业,以及与货物流通相关的金融、保险、贸易、信息等服务企业。这些企业依赖港口业务但又独立于港口,在业务上,他们是港口的服务供应商,在经济上他们有自己的利润目标。

(2) 促使各企业之间形成共同目标,减少全程物流时间和物流费用。从港口装卸货到堆场起卸、港区运输、报关和出港后的运输时间,香港政府和港口发展局对内地与香港港口之间的五条线路的物流时间都做过详细的统计。对于货物被滞留或耽搁的供应链节点,比如落马洲的清关等待、拖车的道路拥挤、香港跨境车在内地的"四上四落(即司机、拖头、拖架及货柜须一并进出内地)"限制等问题,港口物流企业则督促政府出面解决。

(3) 树立港口作为核心企业的地位。供应链上的核心企业需在两个方面具备主导力,一是信息方面,由港口方搭建统一的信息平台对第三方物流企业进行统一管理;二是协调能力方面,香港港口企业在要求政府降低对跨境拖车的收费,开通与内地通关的便利性、敦促政府投资更多的道路和铁路、修建西部通道等方面发挥了主导作用。

2. 搭建信息网促进供应链的信息集成

香港港口的国际货柜码头操作现场都借助电子模拟的码头实时监测屏进行控制,配合闭路电视系统的运用,控制和协调整个港口的操作。港口以外,HIT 还通过开发和革新第三方计划,提升码头的堆叠能力、处理能力和整体的操作效率。在船舶停泊前,各项主要资料包括货柜数量、重量、尺寸和类型已透过码头的电子数据交换系统和网上客户服务系统传送到 HIT 信息系统,码头利用全新船位策划系统预先策划和编定船只的货柜起卸,确保高效的货柜处理服务和船上资源调配。在与第三方物流企业的协作方面,HIT 引入了趸船 ID 卡等系统,凡停泊香港国际货柜码头的趸船,经扫描器查核条码后,系统即可与趸船营运中心自动核对有关资料,有效地提高了客户服务质量。不久又开发了趸船电子数据交换系统,简化趸船抵达前的资讯交换流程。

3. 凭借供应链的快速反应吸引时间敏感性货源

在遭遇 2000—2001 年的低谷后,香港港口管理开始推行凭借供应链的快速反应,争取"时间敏感性"货源,以时间和服务取胜。这一定位基于香港快速反应的供应链优势,包括香港海关的通关效率、香港港口的航线密度和"一站式"物流服务。香港海关对进出口货物的核查宽松,货物在香港清关极为方便快捷;通关税费用也很低,2004 年,平均每次贸易的报关费仅为 60 港元左右。与其相比,内地海关除了征关税外,相关的手续费也较高。2004 年 1 月 1 日,由香港海关牵头,与深圳海关合作启用的统一载货清单模式再一次加快了内地货物进出香港的通关速度。目前,香港港每周开通的远洋航线达到 400 多条,对加急货源有很大的吸引力,加上周全的物流配送服务,香港港吸引并稳住了那些价值较高、对物流时间较为敏感的工业制成品货源,自 2002 年开始,香港港重新恢复了平均 7% 以上的增长率。

香港港口供应链的敏捷性还表现在其服务模式的灵活性。以广东省的某一批电子信息产品为例,整批进口的元器件如果选择香港中转,可以先进口后报关,进口后 14 日内补齐报关资料即可。货物上岸后,客户可以选择灵活的进口模式,既可以一次性全部进入内地,也可以存放在港区的物流企业,分批进口或与其他货物拼箱进入内地,这样不但可节省物流成本、降低库存风险,还可以分批缴纳进口关税。出口企业则可以一次性出内地海关以尽快争取出口退税,货物可以存放在香港仓库里,分批出口,这就是所谓的"供应商库存管理(VMI)",只不过这里的供应商是提供物流服务的港口企业。而同样的一批货物如果选择深圳港进口,则必须一次性报关,一次性运出港区,进口方也必须一次性缴纳所有的关税,这样进口企业不但增加了成本,还要有大量的库存。

4. 改变策略建立"拉式"港口供应链

1998 年以后,随着内地港口的竞争日益激烈,香港港口开始主动出击,想方设法延揽内地货源,变被动的推式供应链为主动的拉式供应链。香港港于 20 世纪 90 年代后期大力发展与珠三角各工业城市间的内河货运,以降低货物抵港的物流成本。进入 21 世纪,内河运输相继在深圳、广州等各大港口遍地开花,深圳的西部港区、广州的南沙港都相继开通了至珠三角各个工业城市的驳船快运,成本较香港内河运输更低,速度更快。在这种步步相逼的竞争局面下,香港港再一次快速调整战略战术,积极倡导兴建连接港深的西部通道和港珠澳大桥以吸纳广东省西南部的货源,并抢先在深圳等地建设物流村,直接延揽内地货源。

七 港口供应链构建与运作

1. 港口供应链的构建原则

1) 高效精简

为提高供应链管理的绩效,建立高效精简的供应链非常必要。结构简洁是构建港口供应链的重要原则。为使港口供应链能灵活快速地响应市场,港口供应链的每个节点都应该是精简的和具有活力的。例如,在选择港口集疏运企业时就应以少而精为原则,通过与少量运输企业建立战略伙伴关系,减少运输等待时间,实现运输环节的无缝衔接。

2) 反应敏捷

进入21世纪,港口物流的市场环境发生巨大变化,尤其是信息技术的不断进步和经济全球化的发展,使得以客户为中心的港口物流管理面临更为复杂的竞争环境和更为强劲的竞争对手。港口之间的竞争由简单的服务质量、服务性能竞争转向供应链竞争。同时,影响港口生存发展的共性问题,如竞争环境、客户需求等因素也变化迅速。因此,港口供应链的构建应满足供应链反应敏捷的要求。要使港口供应链面对市场竞争反应敏捷,必须增强港口供应链对于不断变化的客户需求的适应能力,以动态联盟的快速重构为基本着眼点,以网络技术为依托,实现供应链企业间的合作和优势互补。在强调从整个供应链的角度综合考虑问题的同时,注重速度和质量,实现利益各方的"共赢"。

3) 结构柔性

柔性组织结构是相对于传统的刚性组织结构而言的。它适应现代市场需求,结构简洁、反应灵敏,能适应现代化生产组织的需要。港口供应链的柔性组织结构具有以下特点:

(1) 组织结构模块化。柔性组织结构是按功能划分的模块化组织结构,组织结构之间有标准化的接口,可以便捷地与其他模块化组织结构进行合并重组。

(2) 组织结构具有动态组织特征。在垂直方向上,允许各个部门具有一定的自主权;在水平方向上,允许不同部门之间的相互协作;在对角方向上,允许信息和任务在不同级别间进行流动和分配。不但新的组织单元可以很容易地添加进来,而且结构内的组织单元可以被别的组织单元取代或删除,它们在组织结构内的权限和职责也可以很方便地被修改。

4) 智能化

美国斯坦福大学商学院教授李效良认为,"世界级水准的供应链管理应该有3层含义:迅捷、灵活和协作。市场的不确定性要求迅捷,产品和技术周期缩短要求灵活,垂直联合和业务外包要求协作。"为了适应迅速变化的市场和客户需求,港口供应链的智能化是其构建的必然要求。通过智能化的供应链,合作伙伴能保持供求之间的紧密衔接,更迅速地对市场变化做出反应,提高港口供应链的整体效率。智能化的供应链要求以信息共享为基础,以最佳方式为客户开发最佳产品,最大限度地提高客户满意度,实现潜在价值最大化。

2.港口供应链的运作要求

港口供应链的构建是一项系统工程,它涉及不同企业组织间的集成与信息传递和交换。建立港口供应链的目的是为了达到对港口供应链的集成管理,实现港口供应链的协同运作。为满足客户对于港口物流的需求,港口供应链的构建应满足以下几方面要求:

(1)构建过程迅速、高效。

(2)单个企业可以挂靠于不同的港口供应链。

(3)港口供应链的体系结构具有分布式、可伸缩的特点。

(4)解决异构系统间的通信交互问题。

(5)成员企业内部控制机制和成员企业之间的交互操作得到有效协调。港口供应链中的核心企业(一般指港口企业)可以借助 Internet/Intranet 构建实现上述要求的港口供应链。其中,协同物流过程由若干个物流活动组成,第一个活动由港口供应链核心企业(即港口企业)下达指令开始触发,其余活动在满足活动间逻辑关系的前提下,由前驱活动触发执行,活动的执行结果由后继活动在交接时进行评估。由于有明确的责任划分区域,后继物流活动会自觉地对前驱活动进行监督,最后由客户在接收时对物流服务进行总体的监督和评价,从而形成跨越各项活动的监督流。在这个监督流中,每个环节的监督情况都能通过信息系统反映给港口供应链的核心企业即港口企业。港口企业根据这些情况,在需要时给予指导和支持,或处理一些突发事件等。因协同物流企业的失误而造成的损失,应当协议赔偿。在业务发生较大变动时,应提前与协同物流企业进行沟通,说明情况,以便做出相应的调整和安排。同时,协同物流企业也可以对核心企业的运作协调、业务配合以及自身的业务环节履行情况等提出建议。也可以定期请客户对服务质量的完成情况提出建议和批评。通过这样的信息沟通和反馈机制,帮助各企业共同完善物流服务,提高服务水平。

技能训练

1.技能训练的目的

通过本次实训,使学生学会运用生产型企业执行管理软件,模拟生产线上所有设备仪器的联网与集中管理、生产信息的自动采集与数据传输、设备运行状态及生产过程远程监控和自动控制,从而使学生了解汽车精益生产、数字化生产、可视化车间、看板管理、智能制造等管理模式,并提高学生在实际工作中发现问题、分析问题和解决问题的能力,培养学生的团队合作精神以及交往沟通能力。

2.技能训练的内容

生产型企业模拟业务流程如图5-4所示。使用该软件模拟完成以下内容:当企业接到订单后,制订主生产计划(MPS),根据主生产计划制订(MRP),制订后的 MPS 分解表分别发给相应的供应商,供应商根据现有的库存信息、MPS 信息以及和客户签订的 VMI 约定库存,及时准确地补货到 VMI 仓,并合理安排自身生产,并在相应的日期内,及时、准确地将产品送达客户手中,当客户确认交付后,货物的归属权才转变为制造商,制造商支付协议价格的货款,完成交易,并撰写实训报告。

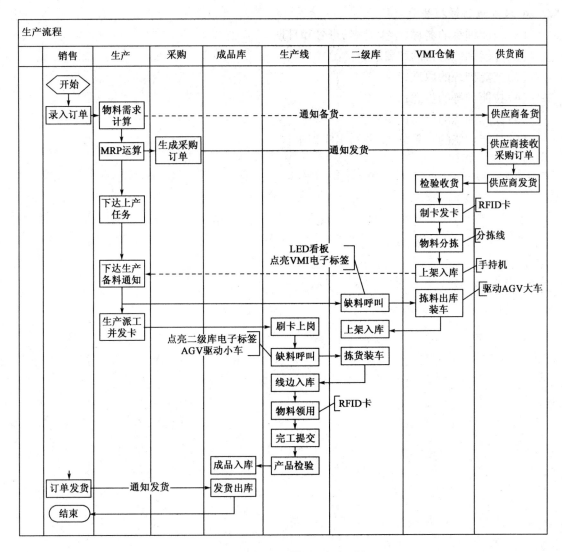

图 5-4 生产型企业模拟业务流程图

3. 技能训练的步骤

(1)走进河南汽车制造公司(模拟)

认识仓储系统;认识生产系统,熟悉其中的"生产"模块、"设计"模块、"质量"模块;了解市场关系,熟悉"销售"模块和"采购"模块。

(2)河南汽车制造公司日常业务模拟

①需求处理:订单处理、需料分析计划。

②原材料采购:采购单生成与跟踪、供应商处理订单、质检、VMI 仓入库。

③生产准备,学习使用软件完成生产任务打印、领料单、出库环节。

④生产完工:了解物料送线的过程与流程;了解实验室生产工序的完成方式;学会使用软件并结合模拟生产线等硬件,完成生产任务。

⑤成品入库与发货:会用软件中成品的入库操作;针对销售订单进行发货。

4.技能训练的报告要求

(1)技能训练的名称、学生姓名、班号和日期；

(2)技能训练的目的和要求；

(3)技能训练的原理；

(4)技能训练的步骤；

(5)技能训练的原始记录；

(6)技能训练的结果分析,并写出实训报告。

项目六　供应链金融

本项目阐述了供应链金融的定义,介绍了供应链金融产品的适用范围及功能,以及从信用风险、操作风险、法律风险的角度进行供应链金融风险管理。

1. 知识目标
(1)理解供应链金融定义,掌握供应链金融产品;
(2)了解供应链金融的风险。
2. 技能目标
(1)能够分析供应链金融产品,并能初步进行运作;
(2)能够分析供应链金融存在的风险,并能初步提出解决对策。

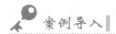

武钢的供应链金融

武钢现需采购原材料煤炭,价值1亿元,要求供应商将煤炭运送到武钢仓库验收后付款。同时,当地有大秦公司拥有武钢所需原材料,但大秦公司要求采购商先付款,款项到账后发货,两家可通过中间商进行合作,但中间商仅拥有资金2000万元。

(1)如何制定操作流程?
(2)如何防范风险,并且使存款最大化?

任务一　供应链金融概述

(1)理解供应链金融的含义;

（2）掌握供应链金融的服务范围。

采用案例教学、小组讨论、问题驱动等方法。以真实案例与情境模拟为依托，提出问题，在问题的驱动下，带领学生掌握供应链金融的含义。

一、供应链金融

关于供应链金融的定义，至今仍然有多种，我们从供应链交易与金融服务机构角度和供应链的基本活动过程来讨论供应链金融。当生产商进行商品销售前，生产商需要进行商品的研发、人员与原料计划、启动资金的准备。当正式生产前，制造商将采购原材料会支付货款给供应商，制造出商品后，将生产出的完整商品销售给下一个环节，会产生应收入的销售货款。供应链中每个环节都会产生类似的业务过程，一个特定商品从原材料采购，到制成中间及最终产品，最后由销售网络把产品送到消费者手中，商流、物流、资金流将供应商、制造商、分销商、零售商、直到最终用户连成一个整体，形成供应链。

供应链整个生态链条中，往往存在相对竞争力较强，规模较大的核心企业，在整个供应链中占据主导地位。稳定供应链运转需要上下游小企业能畅通地进行资金的营运，由于中小企业行业地位与本身的经营特点，很难从传统的银行信贷中获得及时、充足的融资，结果会造成整个行业内的资金循环紧张，供应链失衡。针对这一问题，供应链金融将融资管理的视角放在供应链整体上，从中寻找出一个大的核心企业，以核心企业为出发点，为供应链提供金融支持。

简单地说，供应链金融就是银行将交易核心企业和上下游企业联系在一起提供灵活运用的金融产品和服务的一种融资模式，即贸易、生产、物流、贷款、支付等全产业链环节的金融服务。

从供应链交易供给方的角度看，是商业银行信贷业务的一个专业领域，即银行向客户（核心企业）提供融资和其他结算、理财服务，同时向这些客户的供应商提供贷款及时收达的便利，或者向其分销商提供预付款代付及存货融资服务；而对于供应链交易需求方而言，供应链融资可以满足企业以信息、信用和解决方案为主的多方面需求，是能够完全实现表外化的融资渠道。

供应链金融从性质上看，是金融服务机构从整个供应链管理的角度出发，提供综合的财务金融服务，把供应链上的相关企业作为一个整体，根据交易中构成的链条关系和行业特点设定融资方案，将资金有效注入供应链上的相关企业，提供灵活运用的金融产品和服务的一种融资创新解决方案。具体形式是核心企业与银行间达成的，一种面向供应链所有成员企业的系统性融资安排。

二、供应链金融的服务范围

目前，国内供应链金融是从中小企业的存货融资业务发展而来，大多集中在核心企业的下游一级经销商。国内商业银行从供应链的角度对核心企业的上游供应商以及终端用户提供的金融服务相对较少。随着供应链金融服务在国内诸多银行的实践，一些银行已经有意识地从核心企业出发，开始对上游供应商、二级经销商以及终端用户提供金融服务，包括上游供应商、核心企业、经销商、零售商、终端用户等节点。如果要达到供应链整体竞争力的提高和财务供应链成本最小化的目标，相应的金融服务也应该覆盖整个网络链条，因此从理论和国内外的业务实践来看，商业银行供应链金融服务范围将逐步扩大，直至覆盖整个链条。

三 供应链金融发展和前沿

1. 国内发展和前沿

我国的金融服务业正面临着越来越大的市场挑战，一方面，大型企业金融脱媒化使"影子银行"抢夺了传统商业银行的市场，另一方面，利率市场化的加速推进削弱了银行对存贷息差的依赖。

1）市场尚未形成统一的格局

早在2001年国内银行业就在业内率先推出供应链金融服务，尽管随后各大银行纷纷在供应链金融的市场上投入更多的关注，总体而言国内整体的供应链金融市场却并不成熟，目前各家银行都处于吸收客户、发展客户的成长期，尚未形成统一的市场格局。作为银行客户的企业，普遍对提供供应链金融产品的银行没有显著的区分度。

2）业务特点的固有局限性

首先，供应链金融要求企业提供远远超过财务报表之外的经营信息给商业银行，甚至包括较为复杂的知识产权协议这类的核心经营机密，企业可能不愿意接受这样的融资条款。

其次，由于供应链的边界处于动态变化之中，处于支配地位的"链主"可能通过公司并购等形式，对产业上下游进行前后一体化的重新整合产业链，因此供应链中的一些成员也担心在资金链上的进一步紧密协同可能影响自身的独立性，也会对供应链金融敬而远之。

3）来自小微信贷的挑战

来自网络平台的小微信贷与供应链金融市场存在一部分重叠，可能对银行业务造成冲击。

以阿里信贷为例，为符合条件的小微企业提供信贷放贷额度为5万至100万元的贷款，期限为12个月，贷款形式为循环贷+固定贷。其中，循环贷是指额度获得后，不提款不收利息，可随借随还，日利率万分之六左右，单利计息。固定贷是指贷款一次性发放，日利率则在万分之五左右。这个条件对小微企业来说是非常有吸引力的。

另外，阿里信贷使得贷款企业免于和交易对手信用捆绑，上下游企业可以获得更高的自由度。供应链金融是银行进入中小企业信贷市场的重要工具，但在实务中借款企业的融资申请是否能得到批准，通常与核心企业关系非常直接。中小企业在小微信贷平台上更容易获得贷款。

银行出于风险控制的要求，对信贷对象的选择相对更加严苛，这是难以避免的固有劣势。在未来发展中，小微信贷可能与供应链金融市场实现市场分化，银行也可以通过产品创新来满足更多客户的需求。

2. 国际发展和前沿

国际上,供应链金融业务应用最广的是在北美(美国和加拿大)以及菲律宾等地。以美国为例,其供应链金融的主要业务模式之一是仓单质押。近年来,随着国际贸易供应链渐趋成熟和稳定,伴随着电子商务及互联网技术水平的不断提高,供应链金融业务在国际市场上不断出现突破性的产品概念创新和运作模式创新。特别是在2008年的金融危机之后,供应链金融迅速成为各界关注的焦点,并在市场和技术的力量推动下不断发展。

1)市场竞争激烈,激励产品和服务创新

国外市场上,目前中小商业银行和金融公司是供应链金融业务的主要供应商。由于被其背后蕴藏着巨大的未开发的中小企业市场和中间业务市场所吸引,越来越多大型商业银行开始介入到这一领域,由于所具有的和核心企业在传统融资业务上关系密切的优势,它们很容易切入到该业务领域,并且对供应链进行批量的系统性开发。

这一趋势增加了市场竞争的激烈程度,继而激励金融服务机构不断推出新的产品和服务。在保理、资产支持型贷款及中间业务方面,均涌现出大量的创新成果,除了传统的仓单质押、保兑仓、融通仓、未来货权质押和应收账款融资外,还新增了厂商银、购销通和全程物流监管等供应链金融产品。

2)市场环境较为成熟

国外与供应链金融有关的法规相对国内更加完善,有利于信贷市场的发展。具体来说,体现为在正式的法律文本中对信贷人权利保护的具体规定。供应链金融业务主要是资产支持型信贷业务,因此,上述有关信贷人权利的法律安排(尤其是涉及动产质押的内容)将直接影响金融机构开展此类业务的积极性。国外的相关法律框架已经比较完善,这为市场发展提供了良好的环境。

3)依靠电子信息技术平台

在国外先进的金融机构中,供应链金融正越来越依靠电子信息技术平台进行日常的操作和维护,这方面的产品创新也必须以电子信息技术作为开发基础。许多银行通过大力开发网上银行,增加渠道服务项目及开发银企直联等方法与客户建立起信息共享平台,帮助客户降低操作成本。

例如,荷兰银行的 MaxTrad 系统,通过提供24小时的在线服务,为买卖双方自动处理贸易交易及管理应收、预付账款提供了良好的解决方案。技术创新之处体现在:在系统中融入供应链金融模型,为客户提供了缩短变现周期、获取实时信息及降低纸质文件传递的网络工具。使用者亦可以根据需要,在网上实时将其应收账款货币化。

4)金融经济与实体经济的融合

供应链金融的组织主体和融资主体已经不局限于金融机构,许多大的物流公司,如UPS、德国邮政,甚至GE、沃尔玛这样的供应链上的核心企业都越来越多地发挥着供应链金融的主导作用。

在具体的创新思路方面,摩根大通银行则实现了实体和金融供应链的融合。作为世界上最大的现金管理服务商,摩根大通银行的资金清算部门在全球的美元清算业务中拥有举足轻重的地位。在为全球供应链提供收付货款、支付运费、支付保险费、支付关税等服务的过程中,摩根大通银行可以自动获得各类金融贸易数据。而利用运输单据制作和管理的自

动化,其固有的流程和技术有力地支持了"实体货物"的跨境流动。而现金管理与贸易融资业务相辅相成,提高了业务运作效率。

供应链金融服务主要涉及物流、贸易、金融三大领域,业务的地理空间跨度大、专业化程度高。通过对供应链成员间的信息流、资金流、物流的有效整合,运用各种金融产品向供应链中所有企业,尤其是中小企业提供的,组织和调节供应链运作过程中货币资金的运动,从而提高资金运行效率。

任务二　供应链金融产品及运作

(1)理解自偿性贸易融资概念的含义;
(2)掌握供应链金融产品类型、适用范围和功能。

可采用案例教学、小组讨论、问题驱动等方法。

一　自偿性贸易融资

1. 自偿性贸易概念

在传统的银行融资模式中,银行根据单个企业的规模、财务水平、经营状况以及抵质押物品价值等发放贷款,如图6-1所示。大企业凭借其自身稳定的财务现金流和收益,以及社会品牌价值带来的信用保证,受到银行的青睐,能够以较低的利率获得银行融资。而中小企业规模小,固定资产有限,财务实力薄弱,内部管理不规范,信息披露也无法达到大型企业标准,一向被认为是高风险贷款主体而被排斥在银行信贷市场之外,或只能以高额利率获得贷款。供应链金融从另一个角度考量了企业信用状况,不以单个企业独立状况评估,利用流动资产作为企业贷款的信用支持,综合企业在供应链中的交易信息,以及与核心企业的贸易关系,从供应链整体出发,为每个节点企业提供相应的融资方案,如图6-2所示。

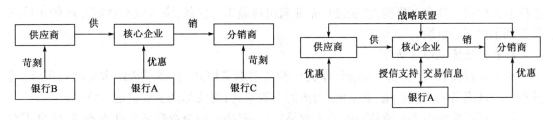

图6-1　传统银行融资模式　　　　　图6-2　供应链金融融资模式

供应链金融就是银行将核心企业和上下游企业联系在一起提供灵活运用的金融产品和服务的一种融资模式,是核心企业与银行间达成的一种面向供应链所有成员企业的系统性融资安排,是各种不同的自偿性贸易融资产品有机组合或搭配使用而形成的综合解决方案。

供应链金融可以看作是各种不同自偿性贸易融资(Self-liquidating Trade Finance,STF)产品有机组合的系统集成,核心产品基础便是自偿性贸易融资产品。

自偿性贸易融资就是根据企业真实贸易背景和上下游客户资信实力,基于企业商品交易中的存货、预付款或应收账款等资产,以单笔或额度授信方式,提供结构性短期贸易融资和封闭贷款,以企业销售收入或贸易所产生的确定的未来现金流作为直接还款来源的融资业务。整个过程中,银行对融资项下的资产及其产生的收入有相当程度的控制权,确保客户的该笔贸易的销售收入作为第一还款来源。这样的融资模式打破了传统的单纯注重动产、不动产抵押的做法,注重真实贸易背景,盘活了贸易资源,降低了授信门槛。

自偿性贸易融资可以分为两类:商品融资(Commodities Finance)和贸易融资(Trade Finance)。商品融资是为存货、预付款、应收款等提供的结构性短期资金融通,贸易融资则一般是为个体交易或一系列交易所进行的融资。2003年深圳发展银行(现平安银行)率先将这两个概念引入实践,并取名为"自偿性贸易融资"。

根据《巴塞尔协议》(2004年6月版)第244条定义,商品融资是指基于存货、预付款、应收账款等资产的短期结构性融资,商品销售收入作为还款的主要来源。银行委托第三方物流公司对借款企业合法拥有的储备物、存货或交易应收的商品进行监管,这些商品存放于物流公司监管下的仓库作为质押。中小企业一般实质性资产比较少,商品融资利用存货、预付款、应收账款的自偿性,弥补了这些借款企业较低的信用等级。商品融资以动产作为质物提供质押担保,在质押物所有权不转移、不影响企业正常生产经营的基础上,满足了可供抵押的不动产欠缺的企业的融资需求。《中国工商银行商品融资业务管理办法(修订)》(简称《办法》)中将商品贸易分为静态质押和动态质押两种模式。《办法》中规定:静态质押式指在质押期间质物处于封存状态(不改变质物形态、数量和占有人),直至质物所担保的融资完全清偿后方可解除质押;动态质押式指银行确定质物种类、数量、质量和价值的最低要求,在质押期间借款人可自由存储或提取超出银行规定的最低要求的部分质物。

贸易融资是指银行对进口商或出口商提供的与进出口贸易结算相关的短期融资或信用便利。在进出口贸易过程中,出口商一般希望进口企业在货物运输前支付款项,而进口企业为了避免风险,往往要求货物运输后付款,银行贸易融资的设计便是为了解决国际贸易中的货款矛盾。美国商务部国际贸易局出版的《贸易融资指南》中指出,出口商单一的货前付款模式使得他们丢失了许多出口机会,当银行以贸易融资形式介入到整个国际贸易流程中时,进口方银行或其他金融机构,代表进口企业向出口商先行付款,资金流与物流之间的矛盾问题得到了很好的解决。

2. 自偿性贸易融资功能

对于银行而言,自偿性贸易融资作为一种新型融资模式,突破了传统融资的局限性,通过对供应链成员间的信息流、资金流、物流的有效整合,有效提高了资金运行效率。

银行可以掌握中小企业核心的真实贸易信息,解决中小企业经营活动不透明、信息不对称的问题。企业贸易链条和贸易活动往往难以伪造,凭借全套合同单据和上下游企业配合,以及监控企业的日常经营活动和现金流量,可以清晰地判断企业交易背景的真实性。

提升了银行资产的安全性。自偿性贸易融资的发放是严格依据企业的生产、销售情况进行的,一旦其生产、销售停滞,资金回笼情况有变,则银行放款的脚步也将停止,并会立即启动风险预警,从而为银行赢得了快速应对危机的时间。

帮助供应链中小企业实现信用增级。在自偿性贸易融资业务中,供应链中的中小企业可借助核心企业的实力实现信用增级,解决其融资规模小、实力弱的问题;同样,也可使核心企业的生产和销售随着上下游企业的融资增加而得以扩大,稳固了核心企业上下游贸易关系,培育了销售渠道,强化了供应质量,且压缩了自身融资,财务费用得到有效减少。

3. 自偿性贸易融资与传统流动资金授信的区别

传统流动资金授信中,银行根据对企业经营稳定性的预测,以及对其财务特征的分析,以不动产抵押、保证担保为主要担保方式,为企业提供短期资金融资,一般适用于生产加工型经济活跃、诚信环境较好的地区。但由于流动资金授信产品缺乏对资金流的监控,企业长期占用资金,进行盲目扩张,造成了很大的信贷风险;银行本身对企业的识别、把握和判断只停留在财务报表层面,单一授信模式无法全面了解企业经营状况,且不能跟踪资金的使用方向,贷后风险管理存在较大难度。

自偿性贸易融资与传统流动资金授信的具体区别如下:

(1)授信依据不同。传统流动资金授信主要考虑行业地位、财务特征和担保方式,从财务、市场等角度对主体企业进行信用评级,是针对基于企业生产经营能力的授信模式,而自偿性贸易融资具有真实的贸易背景,针对某一具体交易给出信用评估,从客户层面深入到交易层面。

(2)还款来源不同。相较于流动资金贷款还款来源来自企业的综合偿债能力,自偿性贸易融资强调的是还款来源的自偿性,将授信企业的销售收入自动导回授信银行的特定账户中,以商品交易收入作为第一还款来源。

(3)贷款用途不同。自偿性贸易融资中每笔融资都对应一笔真实的交易,融资用途明确,仅用于特定贸易需求,这个特性决定了其另一个本质——"封闭性",即银行对交易过程中的现金流与物流自始至终进行跟踪与监控,保证贷款资金的专款专用。传统流动资金信贷由于资金直接进入企业内部循环,难以对资金用途进行跟踪监控,导致了很大的贷后风险。

(4)风险控制方式不同。传统流动资金授信注重贷前准入,企业财务报表评价占有很大权重,对企业的日常经营活动缺乏关注,风险监控仅仅依赖于每个月或者每个季度一次的贷后管理,往往是流于形式,没有达到真正意义上的风险控制。而自偿性贸易融资以贷后操作作为风险控制的核心,强调操作模式的自偿性和封闭性评估,注重操作控制和过程管理,介入到借款人本身经营活动中,实施贷后全流程控制。

(5)期限结构不同。流动资金贷款的融资资金进入了企业生产经营活动中,伴随生产周期,易被铺底占用,最长贷款可达3年。自偿性贸易融资则伴随特定交易过程,以商品交易周期为基础,融资期限短、周转快、流动性高。

二 供应链金融产品体系

随着国内供应链金融的发展与创新,市场上出现了许多融资产品,针对不同供应链中不同节点上企业的融资需求,提供个性化的整体解决方案。

根据借款人在不同贸易环节中融资需求以及风险控制体系的差别,将自偿性贸易融资基础产品分为三类:预付款融资、存货融资和应收账款融资。

企业生产过程包括采购、制造和销售三个环节,不同环节对于资金的需求有着很大的差异。企业接受订单后进入原料采购阶段,支付采购预付款是融资的主要目的。在此之后的生产阶段,企业一方面要保证原材料的持续供应,另一方面不断产生半成品和产成品库存,销售没有开始时,库存不能很好地变现,资金需求进一步上升。随着产品卖出,成本回收,企业资金需求才开始慢慢减少,如图6-3所示。为了满足不同时期企业的资金需求,银行在每个阶段为其提供了相应的自偿性融资产品:采购阶段的预付款融资、生产阶段的存货融资和销售阶段的应收账款融资。

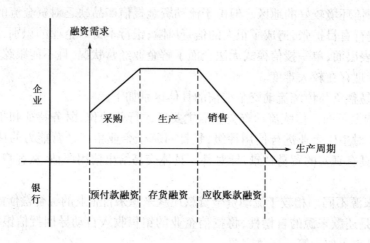

图6-3 企业生产过程融资需求

1. 预付款融资体系

预付账款类融资是指以卖方与买方签订真实贸易合同产生的预付账款为基础,为买方提供的,并以合同项下的商品及其产生的收入作为第一还款来源的融资业务。主要业务品种有:厂商银三方业务、国内信用证等。

1)先票/款后货授信

先票/款后货模式授信是指企业从银行取得授信专项用于向上游卖方支付货款,上游卖方按照购销合同以及合作协议书的约定发运货物,到货后企业直接赎货或转为现货质押的业务。

与保兑仓相比,该模式多引入物流监管企业,核心企业收到款项后不再按照银行通知逐步发货,而是直接在一定时间内将货物发给银行指定的物流监管企业,物流监管企业代理银行占有货物,并按照银行的通知发货给经销商。

功能特点:对于客户而言,购货阶段融资,解决资金缺口,授信时间覆盖了上游排产周期和在途时间,而且货到后可转为现货质押,解决企业采购形成的资金缺口;企业利用银行资金批量采购,实现大额销售,获取较高商业折扣;货权归属仍为企业,不影响其日常经营。对于上游供应商而言,实现大额销售,取得预付账款,改善当期现金流状况。对于银行而言,利用贸易链条的延伸,进一步开发上游核心企业业务资源;由供应商承担未发货部分差额退款责任,化解客户违约情况下的变现风险;货物直接从卖方发给客户,货物的权属直观清晰。

2) 担保提货(保兑仓)授信

保兑仓是指在商品交易中,银行为经销商提供授信支持,用于向生产商支付预付款项。生产商根据经销商的销售进度及其在银行的保证金余额,分批向经销商发货。客户交纳一定保证金的前提下,银行贷出全额贷款供客户向生产商采购,卖方出具全额提单作为授信的抵质押物,客户分次向银行提交提货保证金,银行再分次通知卖方向客户发货。卖方就发货不足部分的价值承担向银行的退款责任。

功能特点:对于客户而言,保兑仓业务解决了小企业资金不足问题,从而使企业能够有足够的流动资金进行周转,解决了资金问题;大批量的采购可以获得价格优惠,降低销售成本。对于上游供应商而言,生产商实现了商品销售,获得预收款,缓解流动资金瓶颈。对于银行而言,"保兑仓"业务通过大厂商保证到期前的商品赎回,最大限度地防范了信用风险,在最大限度防范信用风险的同时也带来了可观的收益;该产品核心企业的介入较深,有利于银行对核心企业自身资源的进一步开发。

3) 进口信用证项下未来货权质押开证业务

进口信用证项下未来货权是根据进口商的申请,在进口商根据授信审批规定缴纳一定比例的保证金后,对减免保证金部分以信用证项下未来货权作为质押而为进口商开立信用证,银行通过控制信用证项下货权,监控进口商的买卖行为。

功能特点:对于客户而言,在没有其他抵质押物品或担保的情况下,从银行获得授信;利用少量保证金扩大采购规模,在商品价格上涨的情况下获得杠杆收益;有可能因为信用证方式一次性大量采购从商品卖方处获得较高折扣;有可能提前锁定价格,防涨价风险。对于银行而言,放弃了传统开证业务中对抵质押和保证担保的要求,扩大了客户开发半径,同时,由于控制了货权,银行风险并未放大。

4) 商业承兑汇票保贴

在事先审定的贴现额度内,银行承诺对特定承兑人承兑的商业汇票或特定持有人持有的商业承兑汇票办理贴现的业务。申请商业承兑汇票保贴(以下简称"商票保贴")额度的企业既可以是票据承兑人,也可以是票据持票人。业务种类可分为给予贴现人的商业承兑汇票保贴额度和给予承兑人商业承兑汇票保贴额度两种。

功能特点:对承兑人,以商业信誉购买商品,节约营运资金和资金成本;同时,省去了开立银票需缴纳的费用和保证金,节约成本;保贴额度循环使用,且出票无须在银行柜台办理,操作简便。对于持票:以买方的信用获得资金融通,贴现无须另外的担保,手续比普通商票贴现简便快捷。对于银行,项目封闭运作,可以控制资金流向,提高了风险控制能力;票据责任形成的隐形连带责任担保,降低了操作风险和操作成本;通过票据业务,充分借助核心企业的结算链条,方便银行营销核心企业的上游企业,实现链式营销。

5) 国内信用证

国内信用证是开证行依照申请人的申请开出的,凭符合信用证条款的单据支付的付款承诺。国内信用证为不可撤销、不可转让的跟单信用证,适用于国内企业之间的商品交易结算,只限于转账结算,不得支取现金。

在国内信用证结算中,各有关当事人处理的只是单据,而不是与单据有关的货物及劳务。国内信用证与作为其依据的购销合同相互独立,银行在处理国内信用证业务时,不受购销合同的约束。一家银行做出的付款、议付或履行国内信用证项下其他义务的承诺不受申请人与开证行、申请人与受益人之间关系的制约。受益人在任何情况下,不得利用银行之间或申请人与开证行之间的契约关系。

功能特点:对于开证申请人,改善谈判地位,变商业信用为银行信用,只需缴纳一定保证金即可启动商品交易行为,扩大购买能力,增加谈判筹码,争取更好的交易条件;节约成本,国内信用证议付利率参照贴现利率,一般较流动资金贷款业务利率低;控制交易风险,通过单据和单据化条款,有效控制货权、装期以及货物质量等交易要素,促进交易行为实现;信用证期限、金额或其他条款可修改,满足贸易需求;改善财务报表,国内信用证开立时反映在开证人表外。

受益人通过议付可及时获得货款,不改变买卖双方现款交易的要求,如采用买方付息方式,卖方可取得交易全款。

对于银行,国内信用证是有条件的付款承诺,付款的前提是提交相符单据,因此银行可通过相关单据确保贸易背景的真实性。

2. 存货融资体系

存货类融资是指授信主体以其存货为抵押或质押,并以该存货及其产生的收入作为第一还款来源的融资业务,主要业务品种有:动产质押项下贸易融资、仓单质押项下贸易融资、控货权项下国际贸易融资。

1)动产抵(质)押

指企业以银行认可的货物为抵(质)押申请融资。企业将自有或第三人合法拥有的存货交付银行认定的仓储监管公司监管,不转移所有权,银行据此给予一定比例的融资。此项业务有静态或动态抵(质)押两种操作方式。静态抵质押授信是动产及货权抵质押授信最基础的产品,指客户以自由或第三人合法拥有的动产为抵质押的授信业务,这种方式下客户提货时必须打款赎货,不能以货换货;动态抵质押授信是静态抵质押授信的延伸产品,该种业务下,银行对客户抵押押的商品价值设定最低限额,允许在限额以上的商品出库,可以用以货易货的方式,用符合银行要求的、新的等值货物替代打算提取的货物。

功能特点:动产质押融资支持多种融资方式,包括贷款、开立银行承兑汇票、信用证、保函、保证贴现商业承兑汇票等,企业可以根据自身的情况,灵活选择合适的方式使用融资;企业在没有其他抵质押品或第三人保证担保的情况下即可获取银行融资,从而可以扩大生产销售;将原本占压在存货上的资金加以盘活,加速资金周转;可采用逐批质押、逐批融资、逐批提取的方式,企业需要销售时可以交付保证金提取货物,也可以采用以货换货的方式提取货物。企业既可以取得融资,又不影响正常生产。

2)标准仓单质押融资

标准仓单是指由期货交易所统一制定,由交易所指定交割仓库完成入库商品的验收、确认后,在标准仓单管理系统中签发给货主的,用于提取商品的电子凭证。标准仓单质押融资业务,是指企业以自有的标准仓单作为质押物,银行基于一定质押率向企业发放信贷资金,用于满足短期流动资金需求,或用于满足交割标准仓单资金需求的一种短期融资业务。该业务可接受的标准仓单,可以是企业将商品按规定入库后由指定交割仓库签发所得,也可以是企业自交易所交割所得。

功能特点:可有效解决标准仓单占压资金出现的流动性问题,或在没有其他抵质押品或第三方保证担保的情况下,为企业提供资金购买标准仓单,在期货价格较低时完成原料采购,从而锁定价格、降低成本。

3)普通仓单质押融资

普通仓单质押授信是指客户提供由仓库或其他第三方物流公司提供的非期货交割用仓单作为质押物,并对仓单做出质背书,银行提供融资的一种银行产品。

3. 应收账款融资体系

应收账款类融资是指以卖方与买方签订真实贸易合同产生的应收账款为基础,为卖方提供的并以合同项下的应收账款作为第一还款来源的融资业务。

1)应收账款质押融资

借款人以其应收账款的预期收益作为担保,并在中国人民银行应收账款质押登记公示系统办理质押登记手续后取得的授信业务。银行一般以如下两种方式提供应收账款质押融资:

(1)应收账款质押单笔授信。根据借款申请人产生的单笔应收账款确定授信额度,为借款申请人提供授信,主要适用于应收账款发生频率较小,单笔金额较大的情况;

(2)应收账款质押循环授信。根据借款人一段时间内连续稳定的应收账款余额,为其核定应收账款质押最高授信额度,主要适用于应收账款发生频密、回款期短、周转快,特别是连续发生的小额应收账款,且应收账款存量余额保持较为稳定的情况。

功能特点:对于卖方(即应收账款债权人),通过应收账款质押融资让未来的现金流提前变现,加速流动资金周转,改善经营状况,缓解由于应收账款积压而造成的流动资金不足状况;满足了企业尤其是中小企业传统抵(质)押担保资源不足情况下的融资需求;由于银行对用以质押的应收账款有较高的要求,因此侧面督促了企业加强应收账款的管理,提高了企业整体的管理水平;操作手续简便,融资效率高。

对于买方(应收账款债务人),卖方将应收账款质押给银行获得融资后,将降低对应收账款账期的敏感性,能为买方提供更有竞争力的远期付款条件,提高其资金使用效率;稳定了上游供应渠道,且不用付出额外成本。

对于银行,创造了向供应链上游延伸业务的渠道,扩大了客户群体,拓展了业务范围,提高了综合收益;锁定核心企业的上游供应渠道,进一步深化与核心企业的合作关系。

2)国内保理

在国内赊销、托收贸易背景下,卖方将在国内采用延期收款的方式销售商品或提供劳务所形成的应收债权转让给银行,由银行为其提供融资、信用风险控制、销售分账户管理和应收账款催收及坏账担保等各项相关金融服务。

功能特点:对于卖方,将未到期的应收账款立即转换为销售收入,改善财务报表;对买方提供更有竞争力的远期付款条件,拓展市场,增加销售;买方的信用风险转由应收账款受让银行承担,收款有保障;资信调查、账务管理和账款追收等由应收账款受让银行负责,节约管理成本;节约担保资源,减少由互保等行为产生的风险;融资期限可以突破单笔应收账款的金额和期限,降低企业资金管理的难度。对于买方,利用优惠的远期付款条件,加速资金周转,创造更大效益;节省开立银行承兑汇票、信用证等付出的额外费用;在不需付出额外成本的前提下借助银行稳定了上游供应渠道。对于银行,创造了向供应链上游延伸业务的渠道,扩大了客户群体,拓展了业务范围;扩大资产业务,获得息差收入;收取保理费用,扩大中间业务收入,提高了综合收益;通过为核心企业上游企业提供保理服务,帮助核心企业稳定了上游供应渠道,能进一步深化与核心企业的合作关系;贯穿供应链上下游,利于风险控制。

3) 出口保理

卖方(出口商)在采用赊销(O/A)、承兑交单(D/A)等信用方式向债务人(进口商)销售货物时,由出口保理商(在卖方所在国和卖方签有协议的保理商)和进口保理商(在债务人所在国与出口保理商签有协议的保理商)共同提供的一项集商业资信调查、应收账款催收与管理、信用风险控制及贸易融资于一体的综合性金融服务。

出口双保理业务是指出口商将其现在或将来的基于其与进口商(债务人)订立的货物销售合同项下产生的应收账款转让给银行,再由银行转让给国外进口保理商。其中,银行为出口商提供贸易融资、销售分账户管理服务,进口保理商为其提供应收账款催收及信用风险控制与坏账担保服务。出口双保理融资是银行在出口双保理项下向出口商提供的短期资金融通,其第一还款来源为进口商的付款。

功能特点:对于出口商,可以向进口商提供更有竞争力的付款条件,如O/A、D/A,有利于拓展市场,提高销售额;提前获得银行融资,加快企业的资金周转,同时将应收账款转为现金收入,可以优化财务报表,有助于提高企业的资信等级和融资能力;保理商承担其核准额度范围内的进口商信用风险,提高了应收账款质量;资信调查、账务管理和账款追收由保理商负责,减轻企业的相关负担,降低管理成本;根据现行的外管政策,出口保理融资可在银行融资时提前出具收汇核销联,提高出口商的出口退税效率;省却了一般信用证交易的烦琐手续,提高了业务效率。对于进口商,得到优惠的付款条件,减轻财务压力,加快资金流动,扩大营业额;仅靠公司的信誉和良好的财务表即可获得信用额度,无须提供额外担保,进口手续简化,进货便捷;节省了开立信用证和处理繁杂文件的费用和时间。对于银行,获得利息收入和中间业务收入(保理业务的收费普遍要高于信用证等常规融资业务);增加国际业务结算量。

4) 国内保理池融资

企业将一个或多个不同买方、不同期限和金额的应收账款转让给银行,由银行提供应收账款融资、账务管理、账款催收等一项或多项的综合金融服务,包含以下两种融资方式:

(1)一次通知:卖方将银行认可买方的应收账款全部转让给银行,银行向买方一次性发出转让通知;

(2)循环融资:只要应收账款持续保持在一定余额之上,企业就可在银行核定的授信额度内获得较长期限的融资,且融资金额、期限可超过单笔应收账款的金额、期限。

功能特点:蓄水成"池"。"池"由一个或多个买方的多笔不同金额、不同期限的应收账款积聚而成,用以企业融资;融资方式灵活,不仅限于流动资金贷款,还可以开立银行承兑汇票、信用证、保函以及商票保贴等多种方式,以满足企业的不同需求。简化了银行操作手续,降低了操作成本。银行可以利用这一产品锁定所有销售回笼到银行账户,获得最大化的结算存款沉淀。

5) 出口信用险项下融资

出口信用险项下短期融资,是银行为解决出口企业资金周转难题,专为在指定保险公司投保出口信用险的企业设计的短期融资产品。包括出口信用险项下授信额度、出口押汇和短期人民币贷款。已投保出口信用保险的客户将赔款权益转让给银行后,银行向其提供短期资金融通,在发生保险责任范围内的损失时,保险公司根据相关规定,按照保险单规定理赔后应付给客户的赔款,直接全额支付给融资银行。

功能特点:对于客户,出口信用险项下短期融资,是对企业免担保的融资支持,拓宽了企业融资渠道,降低商业和政治风险。对于银行,规避了来自进口商的信用风险、收汇风险和贷款损失风险。

6)出口应收账款池融资

针对中小出口企业应收账款提供的贸易融资业务,企业将连续、多笔、单笔金额较小的应收账款汇聚成"池",整体转予银行,从银行获得融资支持。一般银行认可的出口应收账款包括以赊销(O/A)、托收(D/P和D/A)、信用证(L/C)为结算方式的出口商品交易下产生的应收账款。

功能特点:将应收账款汇聚成"池"作为贷款基础,获得银行融资,解决了流动性资金不足的问题。

7)出口发票池融资

出口发票池融资是针对出口规模较大的企业所提供的出口应收账款项下的贸易融资业务。出口商在完成出口交货业务后,向银行提交列明转让条款的出口发票和其他贸易单据,银行根据累计发票余额,按一定融资比例向出口商提供的短期融资业务,以赊销(O/A)、跟单托收(D/P或D/A)、信用证(L/C)为结算方式的出口商品交易下产生的应收账款均可溶入发票池进行融资。

功能特点:聚小成池。零散、小额的应收账款也可汇聚成"池"申请融资,无须其他抵押和担保资金;随需随取,只要应收账款保持在一定余额之上,企业可在银行核定的授信额度内,批量或分次支取贷款,一站式融资,手续简便;相比单笔发票融资,出口发票池融资可实现跨账期融资、在额度内随时支取,相比出口应收账款池融资,应收账款结构更宽松、融资更便利。

三 供应链金融衍生商业运作模式介绍

1. "1+1"衍生商业模式

"1+1"即大型企业之间的直接交易,不经过银行等金融机构中介。这种商业模式,需要双方都是大型企业且对对方的信息都十分了解且处于同一生产链,比如钢铁生产商通过抵押钢铁的形式从煤炭生产商获得煤炭。如图6-4,大型企业(加工厂商)利用支付给大型企业(生产商)的订单抵押给银行,银行贷款给原料生产商。

2. "1+N"商业模式

"1+N"中的"1"是指供应链中的核心企业,一般都是大型高端企业,构成银行信贷风险管理的"安全港";"N"是指核心企业上下游的供应链成员企业,即利用供应链产业集群的伴生网络关

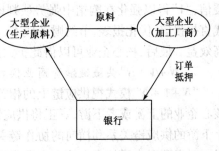

图6-4 "1+1"衍生商业模式

系,将核心企业的信用引入对其上下游的授信服务之中,并开展面向供应链成员企业的批发性营销。2003年7月,深圳发展银行(现已被平安银行收购)在业内率先提出了"1+N"范式,"1+N"服务模式如图6-5所示。

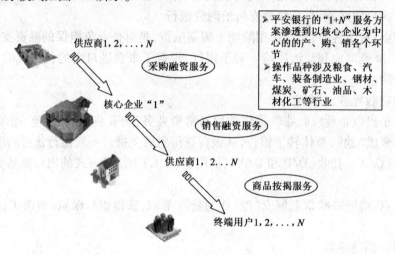

图6-5 平安银行"1+N"服务模式

供应链金融是对一个产业供应链中上下游多个企业提供全面的金融服务,围绕某"1"家核心企业,从原材料采购,到制成中间及最终产品,最后由销售网络把产品送到消费者手中这一供应链链条,将供应商、制造商、分销商、零售商、直到最终客户连成一个整体,全方位地为链条上的"N"个企业提供融资服务,通过相关企业的职能分工与合作,实现整个供应链的不断增值。"1+N"供应链融资是自偿性贸易融资和结构性融资在融资模式与风险控制方面的深化。这种融资既包括对供应链单个企业的融资,也包括该企业与上游卖家或下游买家的段落供应链的融资安排,更可覆盖整个"供—产—销"链条提供整体供应链贸易融资解决方案,针对企业生产和交易过程的特点与需求,预付款融资、存货融资与应收款融资三种基础的供应链融资模式可以组合为更复杂的整体解决方案。

"1+N"供应链融资模式显著地改善了贸易融资风险状况。与核心企业建立直接授信关系或紧密合作关系,有利于消除核心企业的信息不对称造成的风险,达到业务操作过程中物流、资金流和信息流的高度统一,解决对配套中小企业融资授信中风险判断和风险控制的难题。对核心企业而言,"1+N"也为其创造了宝贵价值。首先,稳定了与上下游购、销关系,强化了对上下游企业的控制力度,提升了供应链整体竞争力。其次,配合银行为上下游授信,"1"得以强化在购销中强势谈判地位,改善自身资金流状况。再次,"1"以间接授信替代直接授信,优化报表,节约财务成本,可以制定、优化现金使用计划,适当进行理财规划,提高效益。最后,核心企业可以借此扩大产销量及客户群体,提升行业竞争力和品牌地位。

3. "N+1+N"共赢链融资商业模式

"N+1+N"模式视供应链上的相关企业为一个整体,有别于传统"1+N"模式单向针对核心企业的上游或者下游,真正将供应链中的核心企业及其上下游企业贯通起来,依照企业上下游的供应链关系和横向的协作链关系,构成完整产业链网络。单个或多个融资企业可以同时得到联合后的多个核心企业集团的担保,很大程度上提高了供应链融资业务开展的可能性。

其特点在于:银行方面,核心企业的联合担保,使未来资金回收的风险降低,可办理业务增加,银行的相关收益相应增加。企业方面,联合担保很好地解决了核心企业的上下游企业因传统担保不足而产生的融资瓶颈问题,拓宽了企业融资渠道,使中小企业能够更快地获得所需资金。中小企业经营稳定又能帮助供应链网络中的多个核心企业稳定供销渠道,从而提升供应链系统的整体竞争力。"$N+1+N$"模式中的相关企业与银行关系如图 6-6 所示。

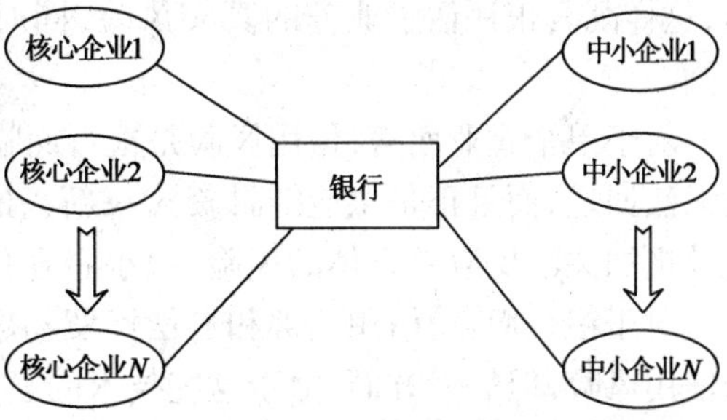

图 6-6 "$N+1+N$"服务模式

任务三　供应链金融风险管理

(1)理解供应链金融风险管理的概念;
(2)了解各种供应链金融风险的流程、识别方法。

采用案例教学、小组讨论、问题驱动等方法。

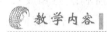

一　风险管理的基本框架

供应链金融是从供应链角度对中小企业开展综合授信,并将针对单个企业的风险管理转变为供应链的风险管理。商业银行一方面通过核心企业担保转嫁风险,另一方面通过运作,使中小企业贷款风险降低,从而使银行的经营风险得以有效降低。但是,商业银行提供的供应链金融产品才是产生风险的源头,因此,在商业银行提供供应链金融服务中,仍有一部分风险留存。

商业银行风险管理的目的在于实现风险回报的替换关系最优化,并为业务发展制订计划和筹集资金。风险管理既是一套工具和技术,也是执行银行战略应经过的程序。狭义地讲,风险管理仅指对风险的度量,它包括收集风险方面的数据,识别风险并使之量化。广义地讲,风险管理的含义主要是指风险控制,目的在于监测银行各部门从事经营活动所面临的风险。它还包括依据适用于整个企业的风险管理规章来监督企业部门行为是否恰当,以及采取何种行动重新认识风险的性质,风险管理者在综合考虑业绩、风险管理和战略规划的基础上,设计企业资金配置的规章制度等。风险管理的基本框架包括三个方面:风险管理主要对象、风险管理原则和风险管理流程。

1. 风险管理的主要对象

以往银行对风险的评判,主要是把单个企业作为主体,关注的也是静态的财务数据,而中小企业往往财务信息的透明度比较低,财务指标难以符合评判标准,可抵押资产少,因此很难从银行融资。因此,对风险的评估不再只是对主体进行评估,而是更多地对交易进行评估,这样既真正评估了业务的真实风险,同时也使更多的中小企业能够进入到银行的服务范围。

对于单个企业而言,信用风险是银行面临的首要风险,中小企业所固有的高风险问题不仅无法回避,而且正是供应链融资这一新兴的风险管理技术所着力应对的。供应链融资的设计更加关注供应链整体的风险,中小企业信用通过物流和资金流与核心企业进行捆绑提升。对于银行而言,信用捆绑和自偿性贸易融资的特点在某种程度上隔离了部分中小企业的信用风险,但另一方面,由于这些技术的复杂性,带来了大量的贷后操作风险,操作制度的严密性和操作制度的执行力直接关系到"防火墙"的效力,进而决定信用风险是否被有效屏蔽。

2. 银行供应链金融进行风险管理考虑的因素

1) 对核心企业的风险管理

由于供应链融资通常会涉及应收账款融资、存货融资和预付账款融资,这些融资都与核心企业的信用风险紧密相关,对核心企业的风险管理非常重要,必须深入了解供应链核心企业所处的行业。该行业目前所处的发展周期以及宏观经济环境对行业的影响,严格按照银行自身的评价体系考察核心企业的经营能力、信用实力,尤其是企业所处供应链整体运营绩效。

2) 对上下游中小企业的风险管理

对于上下游中小企业而言,考察企业的基本素质、偿债能力、营运能力、盈利能力和成长能力十分关键,也要重点分析其与核心企业的合作状况、交易记录、信用记录等。供应链中小企业的资金实力较弱,偿债风险较大,在加强对企业的现金流,即第一还款来源分析和把握的基础上,还需要采用质押担保等方式落实第二还款来源。

3) 对贸易环节的风险管理

首先,要保证贸易背景的真实性,认真查验各类票据的金额和数量与销售合同是否一致,定期巡查存放货物的仓库,清点库存数量,尤其要关注货物的流动性如何。其次,要与可靠的有信用实力的物流公司合作,核实企业的市场销售情况。

3. 风险管理的原则

虽然供应链金融业务不同于传统信贷融资,其风险有着一定的特殊性,但对于供应链金融风险的管理也需要满足商业银行风险管理的一般原则。

(1) 收益最大化原则。商业银行风险管理的目标是在资本、人力资源、风险管理能力和其他各种资源允许的范围内,在银行自身可承受的风险范围内开展业务活动,稳妥地管理已经承担的风险,在风险和收益之间取得适当的平衡,得到经风险调整后收益率的最大化和股东价值最大化。

(2) 全面性原则。首先,单一的风险管理已经越来越难以适应外面复杂的经营环境,全面风险管理原则要求商业银行的风险管理组织结构设计安排,应充分满足现代商业银行全面风险管理的要求。不仅要重视信用风险、市场风险、操作风险、流动风险等传统风险,而且还应重视结算风险、法律风险、声誉风险等更全面的风险因素。其次,供应链融资业务的风险管理作为一个整体,应在商业银行全面风险管理的范畴内,与其他公司业务、零售业务等纳入统一的管理体系中,依据各类业务的相关性,对全部资产组合风险进行控制和管理。

(3)集中性原则。风险集中管理原则要求商业银行在风险管理组织结构设计时,应同时设立风险管理委员会和具体的业务风险管理部门。风险管理委员会负责制定宏观风险政策,具体业务风险管理部门则进行具体的风险管理。

(4)独立性原则。独立性原则要求风险内控的检查、评价部门应当独立于风险内控的建立和执行部门,并有直接向董事会和高级管理层报告的渠道。它主要表现在,商业银行风险管理在组织制度上形成由董事会、风险管理委员会直接领导的,以独立风险管理部门为中心,与各个业务部门紧密联系的职能上独立的风险管理系统。

(5)垂直性原则。垂直管理原则要求商业银行董事会和高级管理层应当充分认识到自身对内部控制所承担的责任。董事会应明确建立银行对风险的态度、偏好以及承担和控制风险的责任分配。高级管理层应将风险管理作为日常管理事项,并在风险管理中发布前后一致的指令和原则,使之得到有效贯彻和执行。

4. 风险管理的流程

供应链风险管理基本流程同商业银行其他业务的风险管理流程类似,分为风险识别、风险度量与风险评估、风险控制等环节,但是侧重点不同。

风险识别是风险管理工作的第一步,也是风险管理的基础。具体是指对可能带来损失的风险因素加以判断,分析风险的性质并进行系统分类。商业银行的风险识别内容包括:客户信用风险识别;商业银行市场风险识别;商业银行操作风险识别。由于供应链融资的对象包括了很多中小企业,因此信用风险是供应链融资中最首要的风险来源。供应链金融所处的经济环境相对传统信贷更加复杂,涉及多个行业、多个市场、多个区域,利率、汇率、法律法规政策的变动对其影响是很大的,市场风险识别是控制风险的重要组成。同时,在供应链融资的风险管理中,由于需要大量的审核、环节控制、监管工作以及多种融资解决方案中大量使用了信用支持技术,这衍生出供应链融资的另一个重要风险来源,即操作风险。

风险度量是指商业银行通过风险识别后,对风险进行定量分析和描述,对风险事件发生的概率和可能造成的损失进行量化,把握风险在量上可能达到的程度。常见的风险估计方法有以下几种:客观概率法、主观概率法、统计估值法、假设检验法、回归分析法等。风险评估是在风险度量的基础上,分析银行对于风险的承受能力,判断是否要采取合适的风险控制措施。供应链金融业务是一个比较新的金融服务领域,在我国还处于起步阶段,数据积累少,且客户群中小企业较多,目前并不具备量化模型评估的条件,难以对不同风险进行定量。

风险控制就是根据风险评估的结果,采取相应的措施,把风险可能造成的损失控制在可接受的范围内。银行对于风险可采取的措施包括:风险回避、风险防范、风险抑制、风险分散、风险转移、风险补偿、风险保险和风险自留等。在供应链融资中,风险防范和风险抑制主要通过操作控制来完成,因此操作风险管理是供应链融资的一个重要内容。

二 信用风险管理

传统观点认为,信用风险是指债务人未能如期偿还其债务造成违约而给银行带来的风险。随着现代风险环境的变化和风险管理技术的发展,传统的定义已经不能反映现在信用风险及其管理的本质。现在意义上的信用风险是指由于借款人或市场交易对手违约而导致的损失的可能性,更一般地讲,信用风险还包括由于借款人的信用评级的变动和履约能力的变化导致其债务的市场价值变动而引起的损失的可能性。

1. 供应链金融信用风险的特点

在传统的融资业务中,银行针对的是单个企业,对企业静态的财务报表非常关注。供应链金融有别于过去传统流动资金授信,不再看重主体信用水平、财务实力以及担保方式,而从整个供应链角度考量企业的融资需求和信用支持,评估风险时也不是只对授信主体进行评估,而更多对交易情况进行评估。中小企业的信用等级也通过核心企业的资信及供应链的整体实力获得提升。

供应链中的交易信息可以弥补中小企业信息不充分、信息采集成本高的问题,通过来自核心企业的综合信息和供应链中各企业之间的交互信息,银行即可基本判断供应链上各节点企业的生产、交易情况,评估其财务状况和信用水平。

在供应链金融中,银行将供应链中的交易过程看作信息流、物流和资金流的封闭集成,每笔交易都有对应的产品和资金交互,可以利用这些交易过程中产生的支持性资产进行抵质押,例如预付、存货和应收,进而对融资企业的物流和资金流进行有效的监控与把握,控制风险。

2. 信用风险识别

信用风险识别指的是信用管理部门对新市场上潜在的各种风险因素进行全面的辨别和系统归类,需要客观和周密的调查研究,以揭示潜在的风险程度及其性质。供应链金融信用风险形成原因主要有以下几项:企业自身原因造成的信用风险、外部经济环境变化带来的信用风险和道德风险三个部分。

企业自身原因主要是企业的经营情况不利给银行回收贷款带来的风险。供应链中的中小企业与核心企业之间存在稳定的合作关系,基于供应链中真实贸易背景设计的融资模式虽然有效降低了一定的非系统性风险,但是授信企业自身的经营决策仍然会给银行带来一定的风险。中小企业的管理不规范,信息披露制度不透明,有的企业会利用银行的贷款从事投机性投资,甚至企业会通过民间借贷的渠道来经营非企业本职的业务,一旦经营失败,企业的资金链就会断裂,将直接影响企业的还款能力。此外,企业如果因生产质量等其他问题经营不善、卷入债务纠纷、甚至违反法律偷税漏税,也会给银行的授信带来很大的风险。

外部经济环境变化带来的信用风险是指由于宏观经济周期或行业发展要素发生变化造成的企业亏损情况。供应链上的各个节点是相互联系,彼此依赖的,任何一个环节出现问题,都可能影响到其他环节。中小企业所处行业的变动,尤其是核心企业所处行业的变动将给供应链环境带来显著的影响。为此,银行必须对核心企业主导的供应链在行业经济中的竞争地位变化做出实时跟踪和评估,降低这种系统性风险带来的灾难。

信用风险中还有一个重要部分是道德风险。道德风险形成的主要原因是信息的不对称性。在我国,信息不对称是很明显的,主要体现在缺乏一个有效的社会信用信息系统,在无法完全掌握供应链中中小企业和核心企业信息的情况下,银行难以准确对风险进行评估与把握,使道德风险带来的损失成为可能。例如隐瞒质押物的质量问题、受贿、不履行自身的职责等道德风险也给银行带来了极大的损失。道德风险也是银行在授信过程中要重点识别的信用风险。

3. 信用风险度量

信用风险度量方法大致可以分为三个发展阶段：

1970年以前，金融机构基本上采取专家分析法，以及依照专家的经验和主观分析来评估信用风险，主要分析工具有5C分析法、LAPP法、五级分类法等。

20世纪70年代到80年代底，金融机构主要采用基于财务指标的信用评分方法，如线性概率模型、Logit模型、Probit模型、Altman. Z值模型与ZETA模型等。

20世纪90年代以来，金融机构开始运用现代金融理论和数学工具来定量评估信用风险，建立了以风险价值为基础、以违约概率和预期损失为核心指标的度量模型，如信用监控模型(KMV模型)、Credit Metrics模型、信贷组合观点(Credit Portfolio View)、Credit Risk + 模型等。

目前，国际上常用的度量信用风险高级模型主要为四种：一是由美国JP Morgan公司开发的Credit Metrics模型，该模型的基础是在给定的时间段内估计贷款及债券产品资产组合将来价值变化的分布状况。二是以计算预期违约概率而见长的KMV模型，对所有股权公开交易的主要公司和银行的违约可能性做出预测并实时更新。三是由瑞士信贷银行金融产品部(CSFP)开发的Credit Risk + 模型，采用保险精算学的分析框架来推导信贷组合的损失分布，模型具有非常规整的数学形式。四是麦肯锡公司开发研制的Credit Portfolio View模型，提出了联系宏观经济变量和违约及转移概率的方法。

4. 信用风险评估

在对信用风险进行度量后，银行需要评估风险对银行的影响。信用风险评估是基于供应链金融的思想，银行等金融机构在对信用风险识别的基础上从供应链的视角对中小企业的信用风险进行评估，以及从各类风险对商业银行的影响大小进行评估。将评估重心从单个企业的经营状况转移到供应链整体，从物流、资金流和信息流角度分析贷款信用风险是否和收益相匹配。这些评估是基于信用风险度量而进行的，应当注重信息的收集、处理和应用。

对供应链的贸易状况评估是供应链金融信用风险评估的主要部分。在这一过程中，银行等金融机构要关注以下几个要点：

(1)对供应链上各主体及相互关系的仔细研究。这些研究包括对借款企业自身的经营状况、资金实力、发展战略的研究；对核心企业的经营状况及实力的研究；对借款企业所处供应链的位置及其与核心企业的交易状况、谈判地位的研究；对借款企业在供应链中与核心企业的依赖程度、核心企业对借款企业的依赖程度、相互之间交易的稳定性的研究；对供应链的交易关系和产业流程的研究。

(2)对整个供应链的研究。即指对企业所处供应链在同业中的稳定性、市场份额、整体实力以及对同产业中不同供应链之间的竞争情况的研究。

(3)对供应链资金流、物流和信息流的掌控。了解信息流的流动情况，评估物流，尤其是资金流的流动是否顺畅。

根据信用风险的识别，评估企业自身经营因素、供应链环境变动因素、供应链各主体道德因素给银行造成的信用风险大小。

因此,供应链金融建立了其特有的风险评估体系指标。除了与传统授信一样,要对申请人资质进行评估,供应链金融还关注申请人交易对手的资质、融资项下资产情况以及整个供应链运营状况和能力,图6-7中虚线部分所示为供应链金融特有的风险评估体系指标。

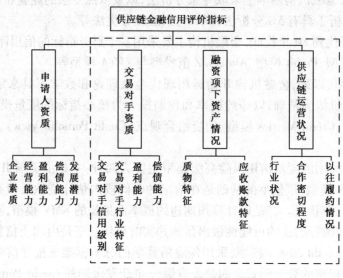

图6-7　供应链金融风险评估体系指标

5. 信用风险控制

信用风险控制是指针对不同类型、不同概率和规模的风险,选择不同的有针对性的措施或方法,使风险损失减少到最低程度。商业银行信用风险处理方法一般为风险回避、风险分散、风险转移与风险补偿。

风险回避是指银行的决策者已经意识到高风险的存在,主动放弃某些贷款业务,这是一种保守的风险控制技术,回避了风险损失,同样也意味着放弃了风险收益的机会。

风险分散是为了控制风险过于集中而将风险组合多元化的一种措施。是非风险偏好者进行风险控制的第一选择。在供应链金融服务中,这种风险控制方式也得到了普遍应用。动产质押模式中,银行往往要求借款企业在动产质押外同时结合不动产抵押,不动产抵押的风险较低,且有一定折率,发生风险时可增强担保作用,银行这么做可以分散风险。与第三方机构的合作,这是供应链金融中银行进行风险控制的特有方式,通过第三方机构,银行能有效地控制风险。例如,银行与物流企业展开合作,加强对客户的信用管理。因为物流企业拥有掌握客户及质押物第一手资料的优势,银行以此建立起对客户的资料收集制度、资信调查核实制度、资信档案管理制度、信用动态分级制度、合同与结算过程中的信用风险防范制度、信用额度稽核制度、财务管理制度等一系列制度。对客户进行全方位信用管理,形成互动的监管和控制机制。

风险转移是一种事前控制的手段,指在贷款风险发生之前,通过各种手段,把可能发生的风险转移给其他人承担,从而保证商业银行贷款的安全。通过风险转移过程有时可大大降低经济主体的风险程度。风险转移的主要形式是合同和保险。(1)合同转移。通过签订合同,可以将部分或全部风险转移给一个或多个其他参与者。(2)保险转移。保险是使用最为广泛的风险转移方式。风险转移是一种事前控制,即在风险发生之前,通过各种交易活动把可能发生的风险转移给其他人承担。担保就是一种风险转移方式。

风险补偿是供应链金融服务开展运用的主要风险控制方法。供应链金融就是通过授信资产抵质押获得贷款,当借款人不能按照抵押贷款合同如期履约偿付本息时,银行有权接管、占有抵质押品,并且在进一步的延期、催收均无效时,有权拍卖抵质押品,通过收益弥补银行的损失,保证债权的实现。

三 操作风险管理

巴塞尔银行监管委员会对操作风险的正式定义是:操作风险是指由于不完善或有问题的内部操作过程、人员、系统或外部事件而导致的直接或间接损失的风险。这一定义包含了法律风险,但是不包含策略性风险和声誉风险。巴塞尔委员会将操作风险分为以下七类:

(1)内部欺诈。有机构内部人员参与的诈骗、盗用资产、违犯法律以及公司的规章制度的行为。

(2)外部欺诈。第三方的诈骗、盗用资产、违犯法律的行为。

(3)雇用合同以及工作状况带来的风险事件。由于不履行合同,或者不符合劳动健康、安全法规所引起的赔偿要求。

(4)客户、产品以及商业行为引起的风险事件。有意或无意造成的无法满足某一顾客的特定需求,或者是由于产品的性质、设计问题造成的失误。

(5)有形资产的损失。由于灾难性事件或其他事件引起的有形资产的损坏或损失。

(6)经营中断和系统出错。例如,软件或者硬件错误、通信问题以及设备老化。

(7)涉及执行、交割以及交易过程管理的风险事件。例如,交易失败、与合作伙伴的合作失败、交易数据输入错误、不完备的法律文件、未经批准访问客户账户,以及卖方纠纷等。

自 2005 年起,我国逐渐重视对信贷业务操作风险进行管理。目前各商业银行在实际业务中仍然存在许多问题:在环境建设方面主要表现出对信贷业务操作风险认识不全面、风险管理模式缺乏效率、组织结构不合理、数据库数据短缺、风险管理文化未形成等问题;在管理流程方面主要表现出风险识别方法不能满足需要、风险计量模型缺乏统一标准、准备金提取不足、内部控制措施不完善、风险缓释实行条件不充分、内控测评部门监督职能较弱、风险预警指标及工具有待完善、风险报告传递不畅等问题。

1. 供应链金融操作风险的特点

供应链金融在信用风险控制方面采用了多种"风险屏蔽"措施,通过授信模式中物流、资金流控制等自偿性技术的运用,中小企业低信用水平对授信安全性的作用机制被有效地隔离和阻断,银行面临的信用风险大幅降低。但是,在实施上述"风险屏蔽"过程中,银行操作环节显著增加、操作的复杂程度明显高于传统信贷业务、涉及专业领域问题多,要求专业技能水平高。简而言之,风险屏蔽技术导致了信用风险向操作风险的转移。

2. 操作风险识别

风险识别是整个操作风险管理中非常关键的一个环节,为此,白塞尔委员会专门建立了分析操作风险的基本框架。将操作风险分为 4 类:人员因素导致的操作风险、流程因素导致的操作风险、系统因素导致的操作风险、外部事件导致的操作风险。

人员因素导致的操作风险包括内部欺诈、失职违规、知识/技能匮乏、核心雇员流失、违反用工法等。大部分商业银行操作风险是由于某个人或几个人的行为而产生的人为因素，在操作风险损失事件中占了绝大多数，而内部人员的风险更是其产生的重要根源。

内部流程导致的操作风险包括财务/会计错误、文件/合同缺陷、产品设计缺陷、错误监控/报告、结算/支付错误、交易/定价错误等。随着金融业全球化的发展，内控制度在防范与化解银行风险，保护银行资金安全，以及完善银行业务的操作流程方面起到了重要的作用。有些银行从业人员对这些制度视而不见，没有严格执行内控制度或者对其违规操作存在侥幸心理，从而致使银行损失的发生。

系统缺陷导致的操作风险包括数据/信息质量，违反系统安全规定，系统设计/开发的战略风险，系统的稳定性、兼容性、适宜性。随着科学技术的进步，银行业电子化与信息化的发展速度飞快，互联网在银行业务中的运用给人们带来了极大的便利，但同时，网络安全的问题也使得银行在其间产生了损失。

外部事件导致的操作风险包括外部欺诈/盗窃、洗钱、政治风险、监管规定、业务外包、自然灾害、恐怖威胁等。

与信用风险、法律风险相比，操作风险有其显著的特点。①主体性。融资业务依存于银行等金融机构，操作风险的管理也应该从每个银行的具体情况出发。②内生性。银行在信用风险的控制方面有风险回避、风险转移、风险补偿、损失控制等手段。在实施这些手段的同时，银行的操作环节也在不断地增加，操作的复杂度也比传统的贷款业务高，相应地产生了较高的操作风险。这些操作环节都产生于银行内部。③人的重要性。和其他风险相比，银行员工的素质、能力对操作风险的大小起着至关重要的作用。④模糊性。操作风险存在于银行授信的每个环节，银行往往很难将其从日常的信用风险及法律风险中区分开来。

3. 操作风险度量

2001年，巴塞尔银行监管委员会提出"银行应当披露更为详细的操作风险的信息"，并提供了三种计算操作风险资本的方法：基本指标法（Basic Indicator Approach）、标准法（The Standardized Approach）以及高级计量法（Advanced Measurement Approach，AMA法）。基本指标法即将银行视为一个整体来衡量操作风险，只分析银行整体的操作风险水平，而不对其构成进行分析。这种方法的缺陷在于对操作风险的衡量缺乏敏感性，难以将银行自身的操作风险与其他银行和整个银行业的操作风险进行直接比较，而且没有办法对银行各个业务领域或产品领域的操作风险进行衡量。标准法将金融机构划分为不同的业务线，对于每种业务线，其所需的资本为 β 乘以敞口系数。这种方法要比基本指标法对操作风险的衡量具体一些，但它并没有克服基本指标法的缺陷。高级衡量法要对每种业务线和每种类型的损失从内部采集数据并计算。这种方法大都是建立模型，估计出操作风险在一定时间内的概率分布，并对数量模型分类。只是这种方法中模型的度量效果还有待检验。

4. 操作风险评估

操作风险评估的主要方法包括自我评估法、损失事件数据方法和流程图等。其中，运用最广泛、方法最成熟的自我评估法被称为操作管理的三大基础管理工具之一。

1）自我评估法

自我评估法就是在商业银行内部控制体系的基础上，通过开展全员风险识别，识别出全行经营管理中存在的风险点,并从损失金额和发生概率两个角度来评估风险大小。银行对其经营和业务活动中的一系列可能遇到的潜在风险进行评估,并且经常通过列出清单、使用工作组的形势来识别操作风险环境的优劣。

2)计分法

影响计分卡:在自我评估的基础上找出银行潜在的操作风险因素,并对其分类,针对每种操作风险,设计一套衡量其可能影响的指标,由风险管理专家对其打分,最终对每种潜在操作风险进行分类。

频率计分卡:用以评估风险发生的可能性和频率。

3)情景分析法(Scenario Analysis)

情景分析法指专家根据自身的专业知识和丰富的经验,对未来出现的情景进行判断,并判断该情景出现的可能性及可能造成的损失,多用于数据不充分的情况。

5. 操作风险控制

在选择操作风险控制方法时,必须考虑成本与收益的匹配,主要可以从以下几个方面对操作风险进行控制。

1)建立科学的风险管理理念

这要求银行自上而下地树立科学的风险管理理念,营造浓厚的风险管理文化。银行董事会和高层管理人员应当首先了解主要的操作风险所在,对操作风险有一个全面的把握,制定相关的政策、程序和步骤。在全行内部倡导操作风险的管理理念,强化每个岗位,每个人的风险意识,树立全方位风险管理理念。推行事前防范、事中管理、事后处置的风险管理模式,做到以科学的理念管理风险。

2)构建完善的内部风险管理体系

建立一个完整且权责明确的风险管理体系,首先要设立一个独立的操作风险管理中心,用于协调和监督各部门的风险管理工作。改变目前多级风险管理的模式,建立集中、自上而下的风险管理机制,对操作风险进行集中的管理,逐步形成横向延展、纵向深入的扁平化模式。其次是在这个体系中建立操作风险的识别、评估、监测、缓释、控制和整改等环节,并在此基础上建立覆盖整个银行的操作风险管理战略和政策。做到风险发生之前评估,风险变动时监测,并有相应的策略、方法来控制风险。再次是要定期对重要岗位工作人员进行轮岗和强制休假。建立员工行为防范检察制度,严格规范重要岗位和敏感环节人员八小时内外的行为。

3)要优化制度和流程设计,提高制度的可执行性

商业银行要定期在各级机构各业务组织开展操作风险的识别与评估,查找新出现的"风险点",建立"风险库"。根据预测,确定相应的控制措施,不断优化和完善各类经营管理流程,制定出具有前瞻性、综合性、可操作性的作业流程。通过对业务和管理流程实施连续监控和对制度的不断改进,不断地识别风险、评估风险和控制风险。

4)提高操作风险的管理水平

在国内商业银行的管理实践中,内部审计占据着重要的地位。要想提高管理水平,首先,应当赋予内部审计系统以极大的独立性和权威性,使其直接归董事会领导。同时对审计部门建立严格的问责制,对其不作为和过失行为进行责任追究。内部审计部门应当定期组

织实施检查活动,建立对疑点和薄弱环节的持续跟踪检查。其次,各部门应当建立良好的分工协作关系,风险管理部门要从经营环境中提取必要的风险信息,并及时上交风险报告,制定相应的控制政策;其他业务部门各司其职,根据自身实际情况防范和管理风险。再次,要注重技术创新,积极推进操作风险管理工具的开发和运用。根据巴塞尔协议和以往商业银行的实践进行参考和研究,选择适合本行的风险管理和缓释方法。

5)加强操作风险的度量

各商业银行应该加快建立操作风险的历史损失数据库,积累内部数据,为操作风险的度量提供强大的数据基础。根据银行风险状况建立一定的风险指标,可以包括交易失败的次数、员工流动比率、错误和遗漏的频率或严重程度,从而量化操作风险。各商业银行可以立足于现有管理实际,对新巴塞尔协议建议的三种计量方法进行研究和选择,将主观风险控制经验与历史损失数据有机地结合起来,开发适合本行特点的操作风险计量模型。

四　法律风险管理

法律风险的定义一直是存在争议的问题,目前《巴塞尔新资本协议》也只是对法律风险作一个尝试性的规定:"法律风险包括但不限于因监管措施和解决民商事争议而支付的罚款、罚金或者惩罚性赔偿所导致的风险敞口。"

1. 供应链金融法律风险的特点

商业银行法律风险有如下特点:法律风险不是一线风险,其发生具有隐蔽性;法律风险的产生具有或然性;法律风险涉及范围广,几乎覆盖了商业银行所有的经营管理活动。其防范和化解具有专业性。

供应链金融法律风险的特点:供应链金融作为一种商业银行业务,没有良好的对信贷人权利的保护是难以发展起来的,其关键在于营造一个良好的供应链金融生态环境。供应链金融生态环境中最重要的是法律环境,而法律环境(系统)的核心功能在于如何提供对信贷人权利的良好保护。从法律的角度看,供应链金融主要涉及动产质押及应收账款担保,涉及的法律法规主要包括:《物权法》、《担保法》及担保法司法解释、《合同法》、《动产抵押登记办法》和《应收账款质押登记办法》等。目前我国在具体实践中仍然存在诸多问题,说明现有法律及执行体系还存在明显的漏洞。

2007年《物权法》对动产担保做出诸多制度安排,如明确动产抵押效力、明确动产抵押登记原则、引入动产浮动抵押以及丰富权利质押内容等,但受困于一些法律"瓶颈",银行在业务操作中依然面临较大法律风险。从法律层面看,供应链金融业务链的出质人、质权人、监管人之间的法律关系需要进行明确的界定,但在实际操作过程中,法律关系受到运营模式的影响而存在模糊区间。

2. 法律风险的识别

供应链金融业务开展时间尚短,目前国内相关机构还没有制定专门的法律条款,也缺乏行业性的指导文件。目前该业务的开展所需要的合同文本等还是建立在传统的融资业务上,产生的法律风险不容忽视。

我们将法律风险定义为"由于违反法律规定或对经营与操作行为的合法性评估失误而可能造成损失的风险,以及在对风险后果认识不足、处理不当而可能扩大损失的风险"。根据这个定义,法律风险包括三个层面:第一,决策中未充分考虑法律的约束性,或者相关法律制度不规范等原因而形成的法律风险;第二,操作风险的转化,包括依法合规经营、人员授权控制、业务管理控制等方面出现问题及外部法规变动带来的法律风险;第三,由信用风险及市场风险转化而成的法律风险,包括授信管理、准入退出制度、授信制度、风险政策及风险目标出现问题和交易性风险、流动性风险及利率风险控制失当带来的法律风险。

3. 法律风险的评估

供应链金融中的主要业务模式有存货融资模式、应收账款模式和预付款模式,针对每种业务模式,都要有相应的法律规范来指导金融机构的行为。对存货融资业务来说,法律风险主要体现在对动产物权的设定和动产物权的担保上。在动产物权设定方面,《物权法》扩大了动产担保物的范围,动产能否用来贷款也有法可依;在动产物权担保方面,相关法律可保护银行的债权能够实现。

4. 法律风险的控制

银行法律风险的防控首要的是在决策层、管理层及操作层都强调依法合规经营问题,重视法律风险可能给银行带来损失的巨大程度和广泛影响。银行法律风险的防控还需要在决策中、经营中及观念上制定切实有效的防控体系,在内部机制上及经营过程中贯彻具体、可操作的防控措施,建立良好的银行法律文化。

中国人民银行和银监会等监管机构要加强信贷政策指导,加强对金融机构的支持力度,鼓励商业银行调整信贷结构。银行在与各融资主体签订协议时,要在协议中明确供应链金融中各主体的权利和义务,将法律风险降到最低。

结合图6-8,可以从以下两方面来理解结构授信:

第一,"结构"是指授信申请人及其供应链上的贸易伙伴形成的交易关系及价值循环的组合。更广义的理解是申请人及其产业链上的贸易伙伴以及商品流通关系所延伸到的跨业协作者之间形成的交易关系及价值循环的组合,如图6-8中,①、②和③可以分别形成独立"结构",如①和②,②和③,①、②和③组合均可以分别形成复合的"结构"。授信申请人、交易对手、跨业协作者是"结构图"上的节点,资金流、物流是连接线,信息流将整个供应链贯通起来。银行通过对结构图中不同节点及其相互之间交易关系和价值循环的分析,可以对其隐含的总体融资需求及个体的融资需求进行估算和规划,并提供不同的产品组合和差异化服务。

第二,"结构授信"使银行审查的重点从关注单一客户到关注某一系统的交易背景,亦即"结构"包括与业务相关的两个或两个以上的企业。对某一业务所涉及的市场风险及操作风险予以考察,是推进全面风险组合管理的有效手段。银行从被动的风险控制逐步转向主动的风险管理;从以覆盖风险敞口为绝对导向,转向主动全面认识、衡量风险并分散风险。

结构授信的构建可以分4个步骤进行:

(1)明晰交易"结构"关系。勾画供应链条流程,了解各参与主体在供应链上的作用、其经营性质和资信情况。必要时,可加上其与跨业协作者的交易关系。通过上下游约定的结算方式了解资金流及物流的流向与特征,评估供应链条是否成熟、清晰,资金流与物流循环是否完整。

(2)评估用以支撑授信的贸易背景的经济强度。对整个供应链条的行业状况、市场份

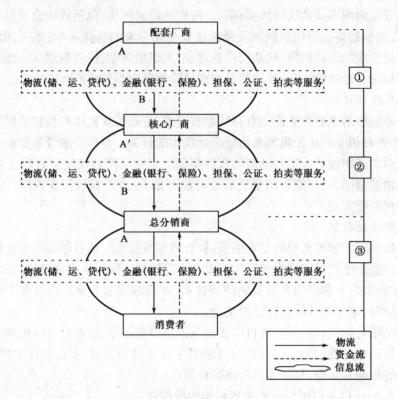

图6-8 供应链金融结构授信

额、市场容量进行分析,评估银行授信资金介入后的增值空间。以授信申请人为切入点,沿上下游考虑其在供应链条上的位置、谈判地位、判断其交易完成的可能性,主动选择有利于供应链巩固的企业参与结构授信。

(3)给予"结构"适量的授信安排。参照授信申请人的额度需要,分析供应链交易关系和各参与主体的经营特征,以及完成交易实际所需的资金量,确定授信限额,对包括授信申请人及其交易"结构"内的交易对手,主动给予结构授信安排。需要注意的是,供应链上交易是逐个环节完成的,资金流随着物流逐个环节结算并实现增值,这一特点使得授信限额的确定,不是各环节所需资金的累加,而是取决于商品本身所具有的市场价值,即并非"1+1+1=3",而是"1+1+1=1+环节增值"。

(4)进行风险定价和条款约束。根据各主体承担风险的差异和利益区间,给予相应的风险定价和商务条款约束。

解决了供应链融资业务风险管理中的2个突出矛盾:

①解决了授信承载主体单一和融资中多主体的实际资金需求与资金使用的矛盾。由于供应链融资中多主体产生的资金需求和资金实际使用,银行理应基于对市场容量、交易对手资信的判断,将信贷资金渗透到交易的关键环节,以现金流管理和风险分散、责任捆绑等原则来把握超过受信人承受能力的那部分授信风险。

②解决了授信主体信用与供应链整体信用不对称的矛盾。结构授信综合掌握供应链风

险捆绑延伸、过渡转移、现金流控制、风险分散等因素,对贸易本身及其涉及的交易主体进行综合测评。银行在风险管理过程中不再片面强调受信主体的财务特征和行业地位,而是注重结合真实贸易背景下交易各方全面的信用评估、结构授信组合下供应链条面临的市场风险、流程设计对操作风险的控制效果以及对企业违约成本的评估等,做出对具体节点的信贷决策。总之,银行在把握贸易真实性的基础上,将风险评估由过往简单的主体信用抵偿转向了贸易"自偿性"的视角。这种安排一定程度上是银行风险管理观念的转变,也是授信评审价值取向由形式转向实质的一大进步。

结构授信提高银行授信资金的使用效率和营销效率。"结构"中沿供应链连续的交易过程,使得授信资金沿上下游交易环节顺次反复利用,使信贷资金使用效率得以提高和优化。同时,"结构"授信安排下,供应链上下游交易方关系围绕银行信用和银行主导的交易方式得到巩固并日益加强对银行的依赖,也使得银行真正从技术层面捆绑客户群体,实现网络性占有,提高客户忠诚度和竞争对手的进入门槛。

与此同时,结构授信也利于分散和降低风险。首先,风险敞口不再集中于单个客户,分散到供应链条上的风险将以合同、协议、票据等手段实现对相关客户群体的责任捆绑。其次,结构授信使供应链各环节参与者尽可能地纳入银行的监控范围,并提供了资金回流控制的解决方案。最后,银行信用的介入和相关产品与业务流程模式的应用,促使企业规范经营,保证资金安排的合理性和及时性,促进、约束交易关系的顺利完成,有利于巩固交易链条,推动原有商业信用关系的扩展,提高商业信用并形成对银行信用的有益补充。

技能训练

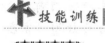

平安银行供应链金融

《孙子兵法》中说"凡先处战地而待敌者佚,后处战地而趋敌者劳。"说得通俗一点就是先下手为强。只要你能先行一步,在别人还没反应过来时把策略研究清楚,在别人还犹豫不决时抢先行动,就把握了最大的胜算。深圳发展银行(以下简称"深发展")作为国内最早试水供应链金融服务的银行,总是先行一步成为其一直领跑供应链金融服务的不二法门。

深发展早在2000年就率先试水供应链金融服务,并于2001年推出了"动产及货权质押授信"。出于与大型商业银行差异化竞争的需要,深发展在2003年进一步提出供应链金融的"1+N"模式,随后又将其提升至"自偿性贸易融资"概念,并逐步奠定了在该领域的领导地位。其中,"1"是指核心企业,"N"是指其上下游中小企业。

近几年该业务发展迅速,目前已几乎覆盖全部的商业银行,且涉及领域不断扩大、融资模式不断创新。

深发展在供应链金融服务中一个很大的特点是,独创了债项主导的评级体系对企业风险进行评估。而债项评级体系则淡化对授信主体的资质要求,更注重将交易类别、交易背景、交易对手、是否能有效地控制交易中的物流和资金流、交易的标的物变现能力如何等一系列相关因素作为主要的信贷决策依据。因此很多无法达到传统银行评级体系的中小企业,可以通过供应链金融的服务体系获得融资。

深发展从2005年开始使用这一体系,此前包括深发展在内的银行一般只有一套评级体系,即主体评级体系。该体系中企业资产负债率、总资产、流动比等财务指标的动态评价占了超过80%的权重,这仍然是当前国内银行普遍运用的评级体系。

2010年9月9日,深发展推出的线上供应链金融正式突破1000家用户,这标志着作为行业领先的线上供应链金融服务平台正式迈入成熟运作阶段。

线上供应链金融是指,通过银行服务平台与供应链协同电子商务平台、物流仓储管理平台无缝衔接,将供应链企业之间交易所引发的商流、资金流、物流展现在多方共用的网络平台之上,实现供应链服务和管理的整体电子化,银行据此为企业提供无纸化、标准化、便捷高效、低运营成本的金融服务。

与其他银行传统的线上系统比较而言,深发展的"线上供应链金融"有显著的创新点。以融资业务为例,首先,国内其他银行线上融资系统基本上是银行内部的独立操作系统,审批仍在线下进行。而深发展的供应链金融则是多方协同,完全线上操作;其次,与国内其他银行侧重于保理业务、应收账款融资等比较单一的融资模式不同,深发展开创了供应链上下游及终端消费全链条服务模式:包括上游供应商订单融资、下游经销商预付款融资,库存现货融资,终端消费贷款等,提供整套线上化融资方案;再次,深发展线上供应链金融的运作和企业的生产经营活动贴合,融资审批时间可缩短到不到一小时,赎货(还款)审批时间最短几分钟即可办结。

2010年9月,该平台已经超过2000家客户。在IT应用水平较高的汽车行业,目前国内主要的主流核心厂商已经使用该行线上供应链金融服务,汽车类总对总业务的1600多家客户基本实现线上操作。

供应链金融涉及主体众多,行业广泛,深发展目前的供应链贸易融资服务涉及钢铁、汽车、有色金属等十几个行业,几十个大类、上百个品牌。将这些商品一一编码,然后在"1+N"供应链成员、物流公司和银行之间做到商品数据互联互通,共用共享,是实现线上供应链金融面临的最大难题却又是必须跨越的鸿沟。

2008年,深发展在经过大量调研,以及考虑物流公司、银行实际工作需求的基础上,创造性的以标准商品编码为基准统一了供应链金融的商品"语言",给商品颁发一个自由穿行多个主体的"通行证"。

线上供应链金融标准商品编码体系,可系统识别商品品名以及商品价值的关键要素,可以支持银行开展商品货权抵/质押业务的抵质押物品数据化管理,可以支持第三方服务商(如中华商务网)按统一商品编码向银行及供应链相关方提供商品的实时动态价格信息。

现在,在核心企业主导的"供应链协同电子商务平台+线上供应链金融系统"之上,中小企业享有的金融便利更加具有变革意义。

首先,供应链企业交易信息、押品信息、监管信息、额度信息在线上供应链金融平台"一切清晰可见",更易融资。金晓龙表示,自偿性贸易融资重点"看生意",特别注重分析的关键信息包括做什么生意(商品),和谁做生意(应收账款/货物的品质)等,其大多信息都可以在电子商务平台上共享,这样既省却了银行的信息甄别成本,也增加了信息可信度,中小企业融资更加容易快捷。

其次,通过核心企业"有组织"的融资安排,中小企业融资更快、成本更低。核心企业凭着很高的信用等级,将经过信用考察评估之后的成员中小企业推荐给银行,并且开放与成员企业的交易信息,有的核心企业更进一步给予银行必要的协助,以帮助中小企业获得融资,银行得以引入核心企业作为风险控制的重要变量之后,风险控制就更有把握了。

最后,享有真正的在线融资。上下游中小企业在取得深发展授信额度并签署相关线上化合同、协议,开通企业网银线上供应链金融服务后,可通过网上银行或银企直联实现在线自助融资申请、在线保证金转入、在线提前还贷申请、在线质押申请、在线赎货申请等融资服务。

产品升级

"贸易融资"和"现金管理"是深发展正在实施的"最佳银行战略"中,最为重要的几个战略子项目之一。随着供应链管理日趋强化和企业现金流趋紧,深发展发挥自身在供应链金融方面的优势,适时推出了"财富1+N"现金管理产品,开创了"贸易融资+现金管理"的融合模式,成为深发展在供应链金融上做出的又一篇好文章。金晓龙认为,贸易融资是为供应链注入资金,现金管理是帮助供应链快速归集和管好资金。深发展将两者结合起来,首先是要帮助客户完善财务管理的两大基础功能。

从某种程度而言,企业财务管理是"商流—物流—资金流—信息流"的综合反映,"四流"协调运转更是供应链管理的核心要旨。为了促进供应链"四流"衔接与融合,深发展下了大功夫。

"我们的目标,不仅在于通过现金管理帮助企业提升集团内部财务管理效率,更重要的是协助供应链核心企业打通财务供应链,将企业内部的'四流'与其供应链'四流'有机衔接起来,"金晓龙称,"为企业提供一个供应链综合金融服务平台。"

1. 技能训练的目的

通过对提供案例企业供应链金融分析的实训,学习供应链金融的具体方法,了解一般供应链金融的内容,掌握基本的供应链金融的模式。

2. 技能训练的内容

根据提供的案例,分析该案例企业如何进行供应链金融运作。

3. 技能训练的步骤

(1)分析案例资料;

(2)收集企业供应链金融资料;

(3)绘制供应链金融发展示意图;

(4)对该品牌供应链金融进行分析。

4. 技能训练的报告要求

(1)技能训练的名称、学生姓名、班号和日期;

(2)技能训练的目的和要求;

(3)技能训练的原理;

(4)技能训练的步骤;

(5)技能训练的原始记录;

(6)技能训练的结果分析,并写出技能训练报告。

项目七　供应链成本与绩效管理

内容简介

本项目主要对供应链成本、成本的核算方法、供应链绩效以及绩效管理的方法进行概述。通过研究供应链绩效评价的方法,制定相应的标杆管理方法以及供应链企业的激励措施。

教学目标

1. 知识目标

(1) 理清当前供应链成本以及绩效管理的相关研究;
(2) 掌握供应链绩效评价的原则;
(3) 能根据不同的供应链绩效制订相应的激励措施。

2. 技能目标

(1) 能对特定的供应链企业绩效进行分析,理清企业目前绩效现状;
(2) 明晰不同企业的绩效现状以及绩效评价体系的指标;
(3) 能为企业制订合理有效的绩效激励政策。

案例导入

麦当劳公司绩效评价简介

麦当劳是大型的连锁快餐集团,在世界上大约拥有三万间分店,餐厅遍布在全世界六大洲百余个国家。在很多国家,麦当劳代表着一种美国式的生活方式。麦当劳的供应链是三腿凳模式,即公司—专营商—供应商模式。我们通过研究和整理并对麦当劳的供应链情况进行分析,得出麦当劳供应链状况为"一站式购物",从而对麦当劳的供应链进行绩效分析。通过对麦当劳供应链绩效分析,我们认为,交付、供应链反应能力、资产与库存、成本指标是衡量供应链管理绩效的四大方面。

1. 交付绩效

(1) 服务水平。麦当劳"麦乐送"服务的启动是麦当劳对传统餐厅经营模式的延伸,旨在为消费者提供更为便捷的就餐体验,令消费者无论在家还是在办公场所都能随时享用到与麦当劳餐厅内同样高品质的食品。

（2）订单履行率。订单履行率＝在24h内履行的订单数/总订单数，该比例越高，表明对市场的供给越充分，但可能造成过高的库存持有成本。

（3）预测准确性。麦当劳在全球118个国家有超过31000家餐厅，每天就餐人数超过5800万人。然而过去的几十年里，一些声音也始终伴随麦当劳的成长，如油炸食品令人上瘾等。而麦当劳的菜单在过去几十年里也逐步包含更复杂、更健康的口味要求，和这些新口味相关的销售收入正在呈逐步上升趋势。在这种情况下，预测的准确性显得尤为重要。事实证明，麦当劳的运营团队比较成功地为全球各地餐厅提供了本地市场的变化趋势，提升了麦当劳的餐厅运营绩效。

2. 供应链反应能力

供应链具有的能力越高，其反应能力也越高。然而反应能力的提高也必须付出成本增加的代价，例如，要满足需求量的大幅变动，就需要较高的库存水平，成本也随之增加，而成本增加，盈利水平就要下降。因此，每种提高反应能力的战略都会付出额外的成本，从而降低盈利水平。麦当劳和供应商的关系，也是世界上最奇怪的关系，虽然大部分事情都由供应商完成，但麦当劳对供应商的影响和渗透却胜过供应链企业自身，麦当劳有一套全球统一的产品品质规范和要求，供应商的每个生产和运输环节都一丝不苟地按照麦当劳的要求完成，分毫不差。麦当劳与其全球供应商合作伙伴的良好关系使其所在的供应链的反应能力很强，可以很好地应对需求的变动。

3. 资产与库存

（1）资产周转次数。资产周转次数也叫作资产周转率。资产周转率是衡量供应链企业资产管理效率的重要财务比率，在财务分析指标体系中具有重要地位。其表明总资产在1年中的周转次数，反映了单位资产投资所产生的营业收入。在营业收入利润率不变的情况下，资金周转的次数越多，资产的运营效率越高，产生的利润越多。

（2）库存周转率。库存周转率对于供应链企业的库存管理来说具有非常重要的意义。例如制造商，它的利益是在资金→原材料→产品→销售→资金的循环活动中产生的，如果这种循环进行得很快也就是周转快时，在同额资金下的利益率也就高。因此，周转的速度代表了供应链企业利益的测定值，被称为库存周转率。麦当劳公司降低库存水平，减少存储传输，简化订购流程，加快库存周转率，使得该公司的利益率较高，并且能够调整菜单价格、成本控制和大量的财产持有，使其有能力管理通货膨胀引起的成本上升。

（3）库存期。库存期是指在一定范围内，库存物品从入库到出库的平均时间。其含义是指采购单发出后，需要多少前置时间才能拿到货，这样就可以做简单的出货排程应用，也可以计算安全库存和最佳采购补货的时间。麦当劳公司应该尽量减少库存期以减少库存费用，与供应商建立合作伙伴关系，将原材料的库存由供应商管理，对于价值不高、用量大且占用很大存储空间的材料，以及价值不高但存储空间很大的材料，采用压缩供应链时间的方法来管理。这类材料大概占所有材料的15%。对于这类材料，不能只采取传统的库存方法，因为高频率、小批量、多变的生产方式，对材料供应的要求更高。如果供应时间长，则要求工厂备有很大的安全库存，因此，只有通过压缩时间的方法才能保持材料的及时供应和库存不变或者降低。

4. 成本指标

（1）利润。营业收入净利润是指利润额与营业收入的比值,反映了单位营业收入创造利润的能力。营业收入净利润的影响因素是净利润和营业收入,营业利润率的影响因素是营业收入和销售额,营业收入受供应链企业的行业竞争力、产品结构及各种产品销售额的影响。麦当劳员工人数超过5万人,其中99.97%是中国员工,总投资达5亿美元,有60%的房地产权属于麦当劳总部,另40%是由总部出面向当地房地产主承租的。虽然麦当劳的营业收入和销售收入都较高,但是净利润却较低,提高净利润无疑是麦当劳应该关注的重要环节。

（2）成本。成本是商品经济的价值范畴,是商品价值的组成部分,人们要进行生产经营活动或达到一定的目的,就必须耗费一定的资源（人力、物力和财力）,其所费资源的货币表现及其对象化称之为成本。并且随着商品经济的不断发展,成本概念的内涵和外延都处于不断变化发展之中。从供应链上游到下游,逐步分析,减少不必要的环节;保证质量的前提下,减少废物原料,优化仓储管理,降低库存从而减少库存费用,将采购与销售相结合,降低采购费用。

（3）员工增值生产率。麦当劳非常重视员工培训,并建立了较完备的培训体系,这为受许人成功经营麦当劳餐厅、塑造麦当劳品牌统一形象提供了可靠保障。1992年在北京开办的中国第一家麦当劳餐馆的4名管理人员就毕业于汉堡大学。目前,中国地区汉堡大学已经由香港迁至上海。麦当劳要求员工洗手分"六步走":第一,洗两遍;第二,用麦当劳的专业洗手液;第三,放在60℃的温水里洗;第四,消毒液在手上揉搓时间不少于60s;第五,放在烘干机下烘干,不要用纸或布擦;第六,关水龙头不要用手指而要用肘,以避免再次污染。

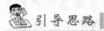

（1）麦当劳供应链绩效管理成功的原因是什么?
（2）影响麦当劳企业供应链绩效管理的因素有哪些?

任务一 供应链成本

（1）了解供应链成本的内容,理解供应链成本的理论基础,明晰供应链成本的核算内容;
（2）深入探讨供应链成本的核算内容;
（3）了解供应链成本的方法,理解供应链内部构造,明晰供应链管理的概念;
（4）深入探讨供应链管理概念,理解经济现象中集成供应链的内容形式;
（5）了解客户收益以及直接产品收益的相关内容;
（6）深入探讨客户收益以及直接产品收益的基本模型。

教学方法

采用课堂讲授、多媒体情境教学、案例教学和分组讨论的方法。

教学内容

首先介绍供应链成本的相关概念,从其必要性、理论基础进行分析,分析供应链成本核算的内容;接着介绍 ABC、VCA 方法的概念、基本思想以及这种核算方法的基本步骤,并根据企业的实际核算内容进行例证。最后介绍了客户收益的相关内容,从客户收益的作用、模型出发,展现客户收益分析的相关内容。

一 供应链成本及成本核算内容

1. 供应链成本

供应链成本是指供应链在全运作流程和周期内的成本,包括企业在采购、生产、销售过程中为支撑供应链运转所发生的一切物料成本、劳动成本、运输成本、设备成本等。供应链成本管理可以说是以成本为手段的供应链管理方法,也是有效管理供应链的一种新思路。供应链成本管理是一种跨企业的成本管理,其视野超越了企业内部,是将成本的含义延伸到整个供应链上企业的作业成本和企业之间的交易成本,其目标是优化、降低整个供应链上的总成本。

1)供应链成本管理的必要性

进入 21 世纪,市场竞争日益加剧,企业面临着比以前更激烈的价格竞争。在许多西方国家,商业街和购物城都在持续降价,不仅如此,包括上游的供货商原材料和工业产品也都在降价。全球竞争加剧已经使得价格达到有史以来的最低点,形成目前这种市场环境的因素主要有以下 4 个方面:

(1)国外竞争者涌入市场,参与竞争,而他们的生产成本比较低。作为主要生产商,中国的迅速崛起就是一个很好的例子。

(2)贸易壁垒的消除,市场自由度的增加都使得新的竞争者更加易于进入市场,这一现象使得许多行业的企业过剩,导致供给过剩,增加了降价的压力。

(3)网络技术的应用使得价格信息的对比十分便捷。网络技术同时使得拍卖和交易在整个行业范围内进行,这也助长了降价的趋势。

(4)顾客和消费者越来越看重产品的价值。曾经,品牌和供应商具有一定的价格号召力,因为当时市场认为不可能以较低的价格生产出高质量的产品。

为了缓解不断的降价压力,保证一定的利润水平,企业必须寻求降低成本的方法。由于企业已经实施了许多降低成本的方法与策略,所以想寻找到新的成本降低方法将是一个很大的挑战。降低成本最后的机会就存在于供应链而非企业自身的运作中。因此,加强供应链成本管理,降低包括物流成本在内的供应链总成本已经成为企业提高效益的重要途径。

2)供应链成本管理的基础理论

供应链成本管理是 20 世纪 90 年代提出的一种新的成本管理模式。供应链成本管理理论基础主要包括价值链理论、委托代理理论、交易成本理论和组织间成本管理理论等。

(1)价值链理论。迈克尔·波特 1985 年在其《竞争优势》一书中首先提出了价值链的概念,倡导运用价值链进行战略规划和管理,以帮助企业获取并维持竞争优势。这种作业链既是一种产品的生产过程,也是价值创造和增值的过程,从而形成竞争战略上的价值链。

价值链分为三种:企业内部价值链、行业价值链和竞争对手价值链。企业内部在运作过程中可以分解为多个单元价值链,每个单元价值链既会产生价值,也会消耗成本。某一个价值链单元是否创造价值,关键看它是否提供了后续价值链单元的所需,是否降低了后续价值链单元的成本。同时,任何一个企业均处于某行业价值链的某一段,价值链的上游是它的原材料或产品的供应商,下游是其分销商或最终顾客。这种价值链的相互联系成为降低价值链单元的成本及最终成本的重要因素,而价值链中各个环节的成本降低则是企业竞争优势的来源。价值链分析对于成本管理理论的最大贡献就在于它拓展了成本管理的视角,将成本管理的重心延伸到了组织边界,不只是局限于企业内部,而是包括了价值链伙伴。

(2)委托代理理论。委托代理理论的核心是解决在利益相冲突和信息不对称情况下,委托人对代理人的激励问题,即代理问题,包括提高代理效果和降低代理成本。从广义上说,存在合作的地方就存在委托代理关系,而供应链成本管理强调的就是关系管理,也就是合作与协调,因此委托代理理论为其提供了分析的理论基础和方法框架。根据委托代理理论来分析处于供应链中的企业,处于上游的企业所扮演的是代理方的角色,而下游企业是委托方角色。存在委托代理关系就必然要发生代理成本,包括激励成本、协调成本和代理人问题成本等。供应链成本管理中就需要对这些成本进行分析,以期降低代理成本,优化代理效果,使链条间企业的关系成本最低的同时达到良好的合作效果。

(3)交易成本理论。交易成本(Transaction Costs),又称交易费用,最早由罗纳德·科斯在研究企业性质时提出,是指交易过程中产生的成本。交易成本包括"发现相对价格的工作"、谈判、签约、激励、监督履约等的费用。毫无疑问,利用外部资源将带来大量的交易成本。这就需要一种"围绕核心企业,通过信息流、物流、资金流的控制,从采购原材料开始,制成中间产品以及最终产品,最后由销售网络把产品送到消费者手中的,将供应商、分销商、零销商,直到最终用户连成一个整体的功能性网链结构模式",这就是供应链。

根据交易成本理论对供应链成本进行分析,可以发现供应链企业之间的交易成本大致包括:寻找价格的费用、识别产品部件的信息费用、考核费用、贡献测度费用。

(4)组织间成本管理。组织间成本管理(Inter-organizational Cost Management,ICM)是对供应链中有合作关系的相关企业进行的一种成本管理方法。目标是通过共同的努力来降低成本。所有参与的企业应该认同这个观点:"我们同坐一条船",并且要鼓励他们增加整个供应链的效率而不是他们自身的效率,效率越高,那么他们分得的利润也就更多。因此,组织间成本管理是一种增加整个供应链利润的方法。由于它很大程度上依赖于协调,所以它只适用于精细型供应链,因为在精细型供应链中,买卖双方互相影响,信息共享程度也很高。这种共享可以刺激所有参与企业可以更好地共同合作。在供应链中,企业可以应用以下3种组织间成本管理活动来协调降低成本。

①帮助企业、顾客和供应商寻求到新的方法来设计产品,以使得企业在较低的成本下生产产品。

②帮助企业及其供应商寻求方法,在生产的过程中更进一步地降低产品成本。

③帮助企业寻求方法,使得企业间的交接更有效率。

供应链成本管理理论基础除了上述的理论之外,还包括博弈论、约束理论、生命周期成本理论等。

2.供应链成本核算内容

1)生产、关系和成本3个方面的整合

(1)成本管理的相关评论。从传统上讲,管理和成本会计方法的重点都是将已经发生的成本进行反向分配。这些信息对各个层次的管理人员进行成本分析和控制已经失去作用,并会改变企业的成本结构,特别是会造成间接成本的大幅上升。于是引发了用于支持特定决策和组织整体管理方法的发展。成本管理包含以事先影响成本结构和成本行为目标的所有(控制)措施。通过这些活动来评估、计划、控制和评价价值链中的成本。大量新成本管理工具由此产生。目标成本上升法和作业成本法就是其中最为常见的新方法,它们强调了成本数据在管理中的应用,并引发了前瞻式的成本管理。Ellram 所提出的所有权总成本概念的最新发展与 Cooper 和 Slagmulder 所提出的跨组织成本管理为如何将供应链的相关问题整合进成本管理思想提供了实例。所有权总成本有助于分析企业与供应商之间的相互关系,它着眼于供应商选择和优化企业与供应商的相互作用,属于生产—关系矩阵的第四个决策区域。跨组织成本管理所提出的方法则是以精益管理为基础,产生了大量改善供应商网络的精益设计和运作的管理方法。

(2)供应链成本核算的层次结构。大多数成本管理方法都着眼于公司的内部成本,直接成本和间接成本根据引起这些成本的决策分别进行管理。许多供应链决策必须考虑供应商和客户的需要和能力才能做出,因此需要采用能够对供应链成本进行分类的管理工具,用这些工具分析和控制供应链中的成本。这种供应链成本核算方法必须将生产成本和交易成本全部纳入考虑范围。这一术语来源于在新制度经济学中占据重要地位的交易成本的概念。在直接成本和间接成本的传统划分及作业成本法的基础上产生了3个成本层次的划分:直接成本、作业成本和交易成本,如图7-1所示。

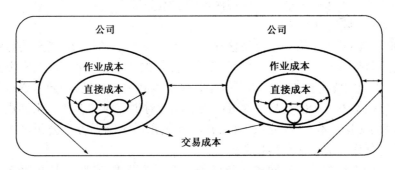

图7-1 供应链成本核算中的三个成本层次

这3个术语的定义如下:

①直接成本:是由生产每单位产品所引起的,包括原材料成本、人工成本和机器成本等。这些成本主要是由原材料和劳动力的价格决定的。

②作业成本:是由那些与产品没有直接关联,但与产品的生产和交付相关的管理活动所引起的成本。这些成本因公司的组织结构而生。

③交易成本:包括处理供应商和客户信息及沟通所产生的所有成本。因此,这些成本源自公司同供应链上其他公司的相互交流。这三个成本层次为分析和优化供应链成本奠定了

基础，但只有将它们整合进行，生产—关系矩阵才能产生作用。

2）四个决策区域的成本分析

(1) 生产、关系和成本3个方面的整合。前面引入了作为供应链管理概念的生产—关系矩阵和3个成本层次。将这些源自供应链管理和成本管理的概念综合到一起就产生了一种供应链成本核算的概念框架(图7-2)。供应链成本核算需要分析和控制供应链中发生的全部成本。这一概念可以直接评估成本，但没有提到替代标准，例如周期和库存。这种方法还融合了所有权总成本的观点，所有权总成本考虑了三个成本层次，但只考虑了生产阶段和交互界面优化。跨组织成本管理的概念也描述了生产和关系两个方面，但既没有进行融合，也没有将成本考虑进去。

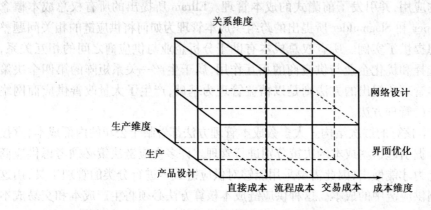

图7-2 供应链成本核算的概念框架

下面介绍生产—关系矩阵的4个决策区域的成本分析。

(2) 四个决策区域的成本分析。

①生产和网络的结构。第一个决策区域是生产和网络的结构，决定提供哪些产品和服务及相关的合作伙伴等。这些决策通常可以看作独立的决定，因此不存在成本问题。采购主要考虑价格，因此只需考虑直接成本。战略外包决策必须有远见，必须考虑相关活动及与供应商和客户之间必不可少的交易。这可能会引起针对供应商和客户关系而进行的战略投资，将引起极高的交易成本。这些投资可以整合和优化供应链上各个公司之间的流程可以通过长期合作降低作业成本而获得投资回报。

②供应链中的产品设计。不同产品和服务有不同的要求，有些产品和服务要求相关公司在设计阶段就进行紧密的合作。公司之间的合作在很大程度上取决于产品及产品的特性，因此，初次建立合作关系时的交易成本将在总成本中占大部分。供应商的能力较低，交易成本较高，因为通常需要频繁地同这类供应商签订严格的合同。然而，成本重心是作业成本。研发活动的成本只能分摊到整体产品，而且要取决于内部结构。如果将专有技术(know-how)转让给供应商，可能会缩短研发时间。这同样会增加交易成本，但会降低作业成本。由于在设计和开发流程需要用到某些原材料，因此会产生少量直接成本，但事实上，大部分直接成本都已经由这些决策决定了。

③产品网络的形成。产品和供应链管理必须相互兼容，必须遵循这些决策所做出的成

本要求。信息技术方面的投资必须能显著降低公司之间数据交换的运作成本,这样才会影响到交易成本和作业成本。然而必须遵守这种方法的限制。如果产品的需求稳定且可以预测,那就必须保证高效的供货。如果是服饰等时尚产品,那就需要定期检查供应链中的发货量和库存量。未售出的产品必须在季末削价处理,但失销(lost sale)机会则无法弥补。因此,要想设计出理想的供应链,就会经常在公司内部或供应链范围内的流程中引起交易成本和作业成本。

④供应链的流程优化。供应链流程优化主要强调成本缩减措施,通常是缩减直接成本和作业成本。分析供应链整体的生产流程和库存点有助于找出供应链的薄弱环节,从由于错误地使用某些原材料而导致废品率较高,到重新设计生产流程或优化公司与供应商之间的订单履行等。如果引入电子数据交换系统或者将决策提前到前一决策区域,信息所引起的直接成本和作业成本就会显著降低。

(3)整合供应链成本核算的四个决策区域。

现在我们将四个决策区域的讨论综合为一体。如图7-3所示,随着供应链活动操作提高,成本一步步地从交易成本转向作业成本和直接成本。

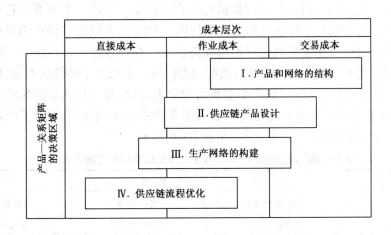

图7-3 生产—关系矩阵中的主要成本

三个成本层次的相对重要性在很大程度上取决于企业提供的产品和服务。例如,生命周期较长的产品在供应商选择、关系构建及产品和流程设计方面所需的交易成本较低。流行周期或技术周期较短的产品在初期决策阶段所需的成本较大。由于这些产品在市场上流通的时间通常短于产品开发时间,因此投资无法收回的风险较高。这就决定了交易成本和作业成本的重要性,需要进行积极主动的管理。从以上解释可以看出,决策区域之间的边界十分模糊。但供应链成本核算的概念框架被证实适用于供应链成本的分析和控制。生产、关系和成本包含了供应链中的所有重要决策,突出了它们在成本方面的影响。

在竞争日益激烈的全球竞争环境中,必须考虑供应链的整体竞争能力。成本管理将形成一个针对供应链各个环节的一体化供应链管理部门。除此之外,供应链合作伙伴应将供应链看作一个独立的实体,只有通过共同努力并关注共同利益,才能提升供应链的竞争能力和客户满意度。

二 成本核算的方法（ABC、VCA）

1. 基于活动的成本控制——ABC法

ABC法是根据事物的经济、技术等方面的主要特征,运用数理统计方法,进行统计、排列和分析,抓住主要矛盾,分清重点与一般,从而有区别地采取管理方式的一种定量管理方法。

1）基于活动的成本控制方法（ABC法）的由来

20世纪杰出的会计大师科勒教授在1952年编著的《会计师词典》中,首次提出了作业、作业账户、作业会计等概念。1971年,乔治·斯托布斯（George Staubus）教授在《作业成本计算和投入产出会计》（Activity Costing and Input-Output Accounting）中对"作业"、"成本"、"作业会计"、"作业投入产出系统"等概念作了全面系统的讨论。20世纪80年代后期,美国芝加哥大学的青年学者库伯（Robin Cooper）和哈佛大学教授开普兰（Robert Skaplan）注意到这种情况,在对美国公司调查研究之后,发展了斯托布斯的思想,提出了以作业为基础的成本计算（1988）（Activity Based Costing,简称ABC法）。

2）基于活动的成本控制方法（ABC法）与传统成本会计方法的比较

ABC法是一个过程,同时也是进行价值链分析的前提。它的一个重要的特点在于它不是仅就成本论成本,它超越了传统成本会计的界限。ABC法不仅能够提供相对精确的产品成本信息,而且能对所有作业活动进行追踪动态反应。在作业链中,每完成一项作业,就消耗一定资源,同时能对所有作业活动进行追踪动态反应。它超越了传统成本会计的界限,将企业的直接成本与间接成本分配到各个主要活动中去,然后将这些活动分配给相关的产品和服务。通过把企业主要活动和特定的产品或服务联系起来,帮助管理者了解耗费资源的真正原因和每项产品与服务的真实成本（如表7-1所示）。

基于活动的成本控制（ABC）方法与传统成本会计方法的比较　　表7-1

传 统 方 法	ABC 方 法	传 统 方 法	ABC 方 法
工资 $100	门窗清理 $40	管理 $45	门窗装配 $55
设备 $80	门窗油漆 $75	总成本 $245	总成本 $245
供给 $20	门窗检测 $75		

传统方法ABC为我们提供成本是如何被消耗掉的真实信息。在这个例子中,如果你打算降低成本,根据传统方法提供的信息,你只有选择降低工资成本或供给成本的可能,因为不能细化设备或者管理成本。利用ABC分析方法所提供的信息,才能清楚地划分另外两项活动的成本,并把它们纳入企业的降低成本的行动中。

为了正确地处理成本与产品和服务的关系,ABC方法按照活动所耗用的资源,把成本分配给单个的活动。然后,再把成本分配给成本对象,诸如按照生产产品或者提供服务所进行的活动把成本分配给产品或服务。ABC所提供的信息有助于定价、外包、资本支出、运作效率的分析和决策。

3）基于活动的成本控制方法（ABC法）的基本思想

作业成本法（ABC法）是一种通过对所有作业活动进行追踪动态反应,计量作业和成本对象的成本,评价作业业绩和资源的利用情况的成本计算和管理方法。它以作业为中心,根据作业对资源耗费的情况将资源的成本分配到作业中，然后根据产品和服务所耗用的作业量，最终将成本分配到产品与服务(如图7-4所示)。

资源：人和机器设备。

资源动因：活动消耗资源的频率和强度的量度标准

作业：人和机器设备所执行的流程

作业动因：成本对象所需活动的频率和强度的量度，使成本按照成本对象分配。

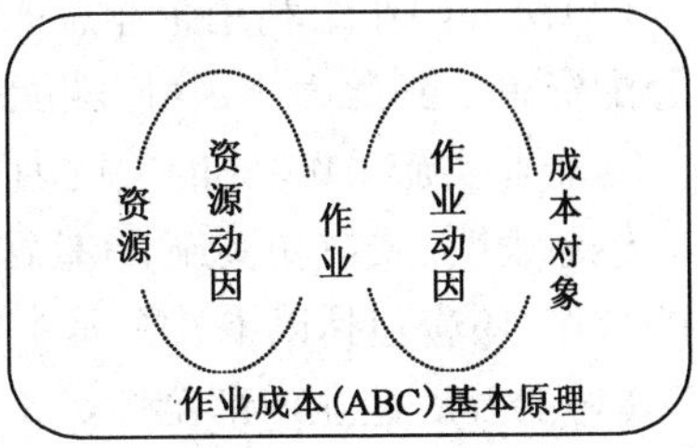

成本对象：生产的产品和提供的服务。

成本动因：影响一个活动成本的因素，如不合格的产品质量。

图7-4 作业成本基本模型

ABC成本法应用于物流成本核算作业成本法的理论基础是：产品消耗作业，作业消耗资源并导致成本的发生。其中资源动因反映了作业中心对资源的消耗情况，是资源成本分配到作业中心的标准；作业动因是将作业中心的成本分配到产品、劳务或顾客中的标准，它也是将资源消耗与最终产出相沟通的中介。

4) 基于活动的成本控制方法(ABC法)的基本步骤

(1) 界定企业物流系统中涉及的各个作业。作业是工作的各个单位(Units of Work)，作业的类型和数量会随着企业的不同而不同。

(2) 确认企业物流系统中涉及的资源。一个企业的资源包括直接人工、直接材料、生产维持成本(如采购人员的工资成本)、间接制造费用以及生产过程以外的成本(如广告费用)。资源的界定是在作业界定的基础上进行的，每项作业必涉及相关的资源，与作业无关的资源应从物流核算中剔除。

(3) 确认资源动因，将资源分配到作业。作业决定着资源的耗用量，这种关系称作资源动因。资源动因联系着资源和作业，它把总分类账上的资源成本分配到作业。

(4) 确认成本动因，将作业成本分配到产品或服务中。作业动因反映了成本对象对作业消耗的逻辑关系。例如，问题最多的产品会产生最多顾客服务的电话，故按照电话数的多少(此处的作业动因)把解决顾客问题的作业成本分配到相应的产品中去。

2. 企业实施ABC法的步骤和关键因素

作业成本法没有固定的框架和统一的模式，不同的企业有不同的实施目的和核算体系，因此在多个行业的具体应用中，必须结合企业的实际开展。

1) 企业实施ABC法的步骤

实施ABC法从数据、关系和成本的总量来看，ABC法非常适合应用计算机进行操作。现有的ABC法软件已经显示了强大的功能，并大大减少了实施ABC法所有的步骤的时间。

(1) 获得最高管理层的支持和同意。这一步非常关键，原因如下：ABC法要求与企业不同部门的代表组成跨部门小组，最高管理层的支持会鼓励小组成员相互合作。ABC法将对企业及其活动的传统观念形成挑战，可能会要求企业机构的改革。高层管理者必须能够支持这种根本性的改革。

(2) 小组必须获得必要的信息以确定资源、活动成本指示器和成本对象。可以从企业的总账和平衡账目中获取必要的财务数据。

(3)跨部门小组利用企业总账及平衡账目的信息来为各个成本对象分配活动,为各项活动分配资源。到此为止,我们就能确定出各个产品和服务的实际成本和主赢利能力了。

2)企业实施 ABC 法的关键因素

经验表明,要成功实施 ABC 法,其关键因素不仅包括上述高层管理的支持和跨部门小组的合作,还应包括以下几个基本要求:

(1)要开展企业内部全体员工针对 ABC 法的教育学习。因为 ABC 法有潜力渗透到企业内部的各个角落,因而有必要让每个员工了解 ABC 法的过程、目的和好处。例如中层管理人员应了解 ABC 法可以提供一些实际信息以帮助他们理解降低成本。

(2)要有适当的定位。必须把 ABC 法当作一个积极行动来引进,这项行动将成为企业业务过程中不可分割的一部分,而不是作为一项会计政策,也不是一个短命的时髦新体系。

(3)企业要有清晰的目标沟通,并鼓励企业内部各部门提供各种帮助,并且识别相应的行为。企业内部的教育学习还应包括与 ABC 法有关的其他相关的信息。参与 ABC 法过程的各个员工必须广泛地获取各种信息,收集来自各个部门的意见。

(4)要用实验项目开始实施过程。企业内部要先对 ABC 法进行实验,这个实验一定要包含企业业务过程中最重要的方面,从而既有利于成本的分配,又能显示可测量的结果。

(5)要能看到实施 ABC 法所带来的好处和成功。当试验完成以后,其结果应在企业内部进行传达,这样,在企业继续把 ABC 法项目推广到其他业务时就能获得充分的支持。

(6)要确定好实施小组组长。这个人要能够始终将其精力全部放在 ABC 法项目上,并且至少要坚持到 ABC 法建立之后。

3. 价值链分析——VCA 方法

1)VCA 方法的含义与特征

(1)VCA 方法的含义。

价值链分析法(VAC)是由美国哈佛商学院教授迈克尔·波特提出来的,是一种寻求确定企业竞争优势的工具。企业的许多资源、能力和竞争优势,如果把企业作为一个整体来考虑,又无法识别这些竞争优势,这就必须把企业活动进行分解。通过考虑这些单个的活动本身及其相互之间的关系来确定企业的竞争优势。价值链分析法,是为国际知名公司麦肯锡和其他国际知名公司主要使用的方法。通过对委托者的价值链和资金状况入手,研究优势、劣势和管理(主要是财务管理)中存在的问题,从而对企业的发展提出研究报告。这种方法的特点是在揭示问题方面简捷、明确,解决问题可操作性强。这种方法的应用在美国市场较有效,主要基于美国市场发达和法制环境好,在目前的中国市场环境中应用功效极为有限。VCA 是一个过程,用来评估当前的经营状况,评价拟订的改进措施的潜在影响。

VCA 不同于传统方法,它为企业内部影响其产品或服务价值的所有活动分配成本,同时也能从贸易伙伴的角度来看待成本。在提升企业的价值方面,它要求不仅要抓住产品、销售等价值链来分析如何提升企业价值,还要求开阔思路,从增强、扩展、重构和再造价值链方面来分析研究,使企业的价值获得提升。

（2）VCA 的特征。

VCA 的特征主要有以下几方面：

①价值链分析法的基础是价值，各种价值活动构成价值链。价值是买方愿意为企业提供给他们的产品所支付的价格，也代表着需求的满足的实现。价值活动是企业所从事的物质上和技术上的界限分明的各项活动。它们是企业制造对企业买方有价值的产品的基石。

②价值活动可分为基本活动和辅助活动。基本活动涉及产品的物质及其销售、转移给买方和售后服务的各种活动。辅助活动是辅助基本活动并通过提供外购投入、技术、人力资源以及各种公司范围的职能以相互支持。

③价值链列示了总价值。价值链除包括价值活动外，还包括利润，利润是总价值与从事各种价值活动的总成本之差。

④价值链的整体性。企业的价值链体现在更广泛的价值系统中。供应商拥有创造和交付企业价值链所使用的外购输入的价值链，许多产品通过渠道价值链到达买方手中，企业产品最终成为买方价值链的一部分，这些价值链都在影响企业的价值链。因此，获取并保持竞争优势不仅要理解企业自身的价值链，而且也要理解企业价值链所处的价值系统。

⑤价值链的异质性。不同的产业具有不同的价值链。在同一产业，不同的企业的价值链也不同，这反映了他们各自的历史、战略以及实施战略的途径等方面的不同，同时也代表着企业竞争优势的一种潜在来源。

（3）VCA 方法的内容。

①识别价值活动。识别价值活动要求在技术上和战略上有显著差别的多种活动相互独立。价值活动有基本活动和辅助活动两类。

a. 基本活动。

a）内部后勤：指与接收、存储和分配相关联的各种活动。

b）生产经营：指与将各种投入转化为最终产品发送给买方相关联的各种活动。

c）外部后勤：指与集中、仓储和将产品发送给买方相关联的各种活动。

d）市场营销：指与提供一种买方购买产品的方式和引导他们进行购买的相关联的各种活动。

e）服务：指因购买产品而向顾客提供的、能使产品保值增值的各种服务，如安装、维修、零部件供应等。

b. 辅助活动。

a）采购：指购买用于企业价值链各种投入的活动。

b）技术开发：每项价值活动都包含着技术成分，无论是技术诀窍、程序，还是在工艺设备中所体现的技术。技术开发由一定范围的各项活动组成，这些活动可以被广泛地分为改善产品和工艺的各种努力。技术开发可以发生在企业中的许多部门，与产品有关的技术开发对整个价值链起辅助作用。

c）人力资源管理：指与各种人员的招聘、培训、职员评价以及工资、福利相关联的各种活动。它不仅对单个基本辅助活动起作用，而且支配着整个价值链。

d）企业基础设施：企业基本设施由大量活动组成，包括总体管理、计划、财务、会计、法律、政治事务和质量管理等。它与其他辅助活动不同，它不是通过单个活动而是通过整个价值链起辅助作用。

②确立活动类型。

每类基本辅助活动都可分为以下三种类型：

a. 直接活动，涉及直接为买方创造价值的各种活动，例如零部件加工、安装、产品设计、销售、人员招聘等。

b. 间接活动，指那些使直接活动持续进行成为可能的各种活动，如设备维修与管理、工具制造、原材料供应与储存、新产品开发等。

c. 质量保证，指确保其他活动质量的各种活动，例如监督、视察、检测、核对、调整和返工等。这些活动有着完全不同的经济效果，对竞争优势的确立起着不同的作用，应该加以区分，权衡取舍，以确定核心和非核心活动。

③分析企业的竞争优势。企业竞争优势有3个主要来源：

a. 价值活动本身。它是构筑竞争优势的基石，企业从事各种不同价值活动，虽然所有这些活动对企业的成功都是必需的，但是确认那些支持企业竞争地位的价值活动仍然很重要。

b. 价值链内部联系。价值链并不是一些独立活动的综合，而且是由相互依存的活动构成的一个系统。价值活动是由价值链的内部联系联结起来的，基本活动之间，不同支持活动之间、基本活动与支持活动之间存在着联系，这些联系是某一价值活动进行的方式和成本与另一活动之间的关系，竞争优势往往来源于这些联系，如成本高昂的产品设计，严格的材料规格或严密的工艺检查也许会大大减少服务成本的支出，而使总成本下降。

c. 价值链的外部联系。联系不仅存在于企业价值链的内部，而且存在于企业价值链与供应商、渠道价值链和买方价值链之间，供应商、渠道、买方的各种活动进行的方式会影响企业活动的成本或利益，反之也是如此。

企业应对价值链的内部联系、外部联系给予高度的关注。对这些联系进行规划，既可以提供独特的成本优势，又可以以此为基础将组织的产品与服务和其他组织的区分开来，即可以实现差异化。而竞争者常常会仿效组织的某项活动或某个行为，但却很难抄袭到价值链之间的这些联系。

(4) VCA方法的步骤。价值链分析的基本步骤如下：

①分析企业内部价值链，划分企业的主要价值活动。在划分过程中，关键在于确定影响各项价值活动的成本动因。成本动因主要分为两大类，一种是结构性成本动因，包括产品规模，产品的技术、范围、多样性等；另一种是执行性成本动因，包括员工责任感、质量管理、生产能力利用程度、产品设计合理程度等。通过这种可以量化的成本分析，找出自己优势的价值活动。

②分析外部产业价值链。企业要获得竞争优势，需要把企业置身于整个产业价值链，从战略高度分析、考虑是否可以利用产业链的上游、下游来帮助企业进一步降低成本，或者调整企业在整个产业价值链所处的位置。

③分析竞争对手价值链。在充分识别竞争对手价值链和价值活动的基础上，通过对其价值链的调查、测算和模拟，确定本企业与竞争对手相比在各价值环节的优势和劣势。通过对以上对价值链的综合分析，就可以找出企业的战略环节。

三　客户收益和直接产品收益

1. 客户收益分析

1) 客户收益分析的作用

常规核算体系常常很难回答这样一个基本的问题：此客户与彼客户相比较，赢利性差别有多大？通常，客户收益都是以毛利润为标准而计算。换句话说，也就是一个周期内客户所产生的净销售收入，减去购买的商品组合中产品的成本。然而，在可以明确知晓单独客户的真实赢利性前，仍有许多费用需要考虑。同理，在确定不同细分市场或配送渠道的收益率时，也有更多的费用需要考虑。按照物流战略逐步展开，由服务客户而产生的成本就显得意义重大。

首先，客户收益分析通常能够揭示对企业业绩产生负面效应的客户的比例，如图7-5所示。这一现象的原因是，客户服务的成本千变万化，即使两个采购量相同的客户，他们的成本可能性是完全不同的。

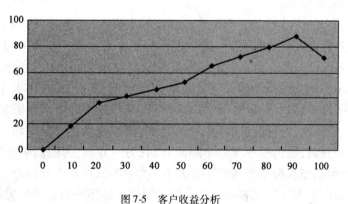

图7-5　客户收益分析

如果我们考虑一家企业从接到客户订单到收到客户付款这一过程中的所有费用，客户与客户之间很可能存在十分重大的成本差异。同时，不同的客户订购的产品的组合也不尽相同，因此他们产生的毛利也会相差甚远。

如表7-2所示，要精确地计算客户收益，许多相关的成本需要得到确认。

客　户　损　益　表　　　　　　　表7-2

销售收入	·净销售额
减	
成本 （仅指可归属成本）	·销售成本（实际产品组合） ·佣金 ·销售拜访成本 ·大客户管理时间 ·销售奖励及特殊折扣 ·订单处理成本 ·促销成本（显性成本及隐性成本）

续上表

收益	·净销售额
	·促销成本
	·非标准包装或单元化成本
	·专用库存的持有成本
	·专用仓库面积
	·物料装卸搬运成本
	·运输成本
	·单证制作/通信成本
	·退货或拒收货物
	·贸易信用(实际付款周期)

2)客户收益分析模型。

(1)客户收益分析基本模型。明确客户收益的最好方法,是采用"可避免"成本与增量收益的概念,即先假设失去这位客户,然后进行分析企业能够省掉哪些成本和失掉哪些收益。运用这一原理,可以避开由于固定成本被各个客户分摊而引起的各种问题。

A. T. Keamey 咨询公司所做的一项研究显示,客户导向产生的成本并不都是所有客户服务成本的均值,明显受客户、订单数额、订单种类以及其他关键因素的影响。客户的平均成本可以很容易地被算出,但可能没有哪一位客户的服务成本正好是平均成本。处于成本范围两端的客户,一方面,提供服务可能会缩减利润;另一方面,为他们服务能够生产高利润,但交易也容易因为竞相减价而遭到破坏。表7-3 为一些以客户为导向产生的成本的数值范围,由在净销售额中所占百分比表示。这一例子说明了运用均值会产生怎样的偏差。

客户成本在净销售额中所占比例(%) 表7-3

	低	中	高
订单处理	0.2	2.6	7.4
持有库存	1.1	2.6	10.2
装货和运输	0.3	0.7	2.5
运出货物	2.8	7.1	14.1
佣金	2.4	3.1	4.4

图 7-6 所示为与客户相关的可避免成本的基本模型(也就是某客户退出交易后所省下的那些成本)。

该模型以订单销售总额为起点,减去给予客户的折扣,得出净销售额,这其中包含了直接生产成本和销售成本。除非间接成本均由客户产生,否则不能将全部的间接成本分摊给客户。同样的道理适用于销售和市场成本中间接成本的分摊。例如,全国广告的费用若要硬性分摊,则有强迫和误导之嫌。随后,分派配送可归属成本以得到来自客户的毛利。

(2)客户分类模型。还有一种方法是对客户进行分类,针对不同类型的客户采用个性化的提高利润的解决方案和客户服务策略,从而提高利润。图 7-7 所示的是一个简单的客户

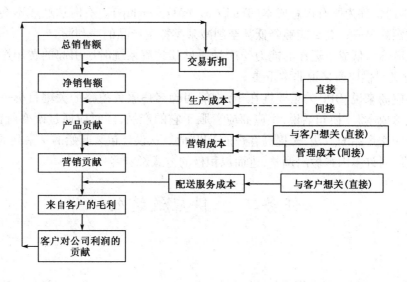

图 7-6 客户收益分析:基本模型

分类模型,两坐标分别为本期内总净销售额和对客户的服务成本。

起步区,这类客户的服务低廉,且净销售额也低。我们的销售团队应着重考虑能否采用收益率更高的销售组合来增加客户的购买量。

危险区,要慎重考虑针对这类客户的对策。在中长期远景中,能否提高净销售额或降低服务成本?是否有继续保持这些客户的强大动力?当从他们身上获取的利润很低时,我们是否仍需要他们的订货?

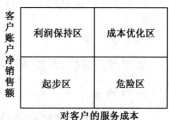

图 7-7 客户收益矩阵

成本优化区,能够降低服务成本的话,我们可以从这类客户身上获取利润。成本降低是否还有富余的空间?是否能够统一送货?如果在同一区域开发新客户,是否能让送货更加经济?是否有一种更低廉的手法(如运用网络)来收集这些客户的订单?

利润保持区,净销售额高、服务成本低的客户如黄金般珍贵。如何让这类客户放弃选择其他供应商是谋划策略的关键。在理想状态下,企业开发的会计系统能够收集和分析客户收益数据。但目前大多数成本核算体系更多地将重心放在生产方面而不是客户身上,成本报告通常情况下也是以职能部门为基础的,而不是以客户为基础的。事实上,一般情况下我们只知道总运输成本,或者制造一件特殊产品的成本,但不能确切得知将某个特定的产品组合送达给某位特定客户所花费的成本。企业在应用产品导向的核算体系时,迫切需要建立客户和市场导向的核算体系,这两种体系应该并驾齐驱。正如我们所知,利润的源泉是客户,而不是产品。

2. 直接产品收益

在物流成本分析上,直接产品收益(Direct Product Profitability,DPP)的方法被广泛接受,特别在零售业更是如此。本质上,由于DPP试图确定的是一种产品或一份订单通过整个流通渠道时产生的所有相关成本,这使得它有些类似于客户收益分析。

DPP的含义在于,在许多交易中,客户除了按产品价格支付费用外,还要支付其他的费用,这些成本通常称为所有权总成本(Total Cost of Ownership)。有时这些成本会被隐藏,而实际上又数额高昂——高到能够降低甚至削减某类特定产品的净利润。

由于供应商以低成本运作的能力受产品通过其物流系统时所引起的费用影响,所以理解DPP的意义对供应商来说非常重要。

对于供应商来说,DPP的重要性在于,它能明确客户服务战略的关键目标——"减少客户的所有权总成本"。换句话说,供应商应着眼于它的产品,同时应通过改变所销售的产品的特征或者配送产品的方法,来提高客户的DPP值。从设计包装开始的一系列活动,生产商或供应商可以对许多因素做出调整,进而以积极的方式影响客户。

任务二 供应链绩效

(1)了解供应链管理绩效相关内容;
(2)深入探讨供应链绩效评价指标体系;
(3)掌握供应链绩效提升的方法。

采用课堂讲授、多媒体情境教学、案例教学和分组讨论的方法。

教学内容

首先介绍供应链管理绩效的相关内容,在此基础上讨论供应链绩效评价指标体系,明确供应链绩效的各种方法,最后讨论供应链绩效提升的方法。

一 供应链管理绩效的含义及要点

供应链管理绩效是指供应链的运作过程或运作效果。供应链管理的绩效与一般单个企业绩效的最大不同之处在于:供应链运作绩效不仅受到该节点企业或供应商运营绩效的影响,而且还要考虑该节点企业或供应商的运营绩效对其上层节点企业或整个供应链的影响等。

供应链管理绩效一般包含3个方面的内容:内部绩效、外部绩效及综合供应链绩效。

内部绩效主要指供应链上企业的内部绩效,包括成本、客户服务、生产、管理、质量等方面的内容;外部绩效主要指供应链上企业之间的运行状况,包括用户满意度、最佳实施基准等方面的内容;综合供应链绩效指供应链的整体绩效,包括供应链运作的总体效果方面的内容。

供应链管理绩效的含义也可以从价值链的角度来理解,即将供应链管理绩效看作供应链各成员通过信息协调和共享,在供应链基础设施、人力资源和技术开发等内外资源的支持下,通过物流管理、生产操作、市场营销、顾客服务、信息开发等活动增加和创造的价值总和。

供应链管理绩效的获取主要来源于3个重要原因:

（1）信息化所带来的管理效率提高,以及企业对市场反应时间的缩短。以美国零售业霸主沃尔玛为例,它的计算机系统规模仅次于五角大楼,在其总部的信息中心存储着大量信息,支持着18万多用户,每周处理12万多个复杂提问,每分钟可接受840万条商品信息。他们把目光敏锐地盯在顾客身上,以分、秒来衡量经营业绩。

（2）高效率的物流配送体系大大降低了库存率,加快了资金周转。

（3）可以使一个企业在更大的范围内进行资源的集成和整合,从而提高供应质量,保证最终产品的品质。

供应链的绩效管理要点有以下2个方面：

（1）强调过程的监控,通过对行动过程中各项指标的观察与评估,保证战略目标的实现。

（2）事实的管理(MBF)而非目标管理(MBO),而基于 HR 的绩效管理更注重结果和目标的管理。

信息系统的绩效评价经历了几个发展阶段,实际也随着评价理论的发展同步发展的。国内研究界比较认同的是以下4个：

（1）观察性绩效评价阶段。主要在19世纪以前,企业规模小,对其评价意义不大,评价以观察为主。

（2）统计性绩效评价阶段。19世纪工业革命后,企业规模扩大,评价工作愈显重要,供应链设计了一些统计性的业绩评价指标,但这些指标与财务会计无必然联系,只是统计性的。

（3）财务性绩效评价阶段。20世纪五六十年代,卖方市场,以低成本实现利润最大化,供应链以财会指标(投资报酬率、经营收入、投资回收期等)来衡量经营管理绩效。

（4）财务指标和业务指标相结合的综合绩效评价阶段。20世纪70年代后,买方市场由成本管理向客户关系管理发展,80年代后期和90年代,设计出综合的供应链绩效评价指标体系。

二 供应链绩效评价指标体系

1. 供应链绩效评价指标体系概述

供应链评价指标体系是供应链绩效评价的基础,首先从绩效定义、概况、评价原则、方法等出发,介绍供应链绩效评价的相关知识。

本节首先介绍了供应链管理绩效的含义以及过程,并系统地介绍有关供应链绩效评价的指标体系以及绩效管理方法。

绩效,从管理学的角度看,包括个人绩效和组织绩效两个方面。从字面意思分析,绩效是绩与效的组合。绩就是业绩,体现企业的利润目标,它又包括两部分:目标管理(MBO)和职责要求。企业要有企业的目标,个人要有个人的目标,目标管理能保证企业向着希望的方向前进,实现目标或者超额完成目标可以给予奖励,比如奖金、提成、效益工资等。职责要求就是对员工日常工作的要求,比如业务员除了完成销售目标外,还要做新客户开发、市场分析报告等工作,对这些职责工作也有要求,这个要求的体现形式就是工资。效就是效率、效果、态度、品行、行为、方法、方式。效是一种行为,体现的是企业的管理成熟度目标。效又包括纪律和品行两方面,纪律包括企业的规章制度、规范等。纪律严明的员工可以得到荣誉和肯定,比如表彰、发奖状/奖杯等。品行指个人的行为,"小用看业绩,大用看品行",只有业绩突出且品行优秀的人员才能够得到晋升和重用。

21世纪的竞争是供应链与供应链之间的竞争,因此供应链绩效成为关键。而供应链绩效评价既是判别供应链有效性的基本手段,也是供应链绩效改进的基本前提。

绩效评价是指运用数量统计和运筹学方法,采用特定的指标体系,对照统一的评价标准,按照一定的程序,通过定量、定性分析,对特定主体在一定期间内做出的效益和成绩做出客观、公正和准确的综合评判。从系统分析角度来看,绩效评价是整个系统分析的一个有机组成部分。其目的主要有两个:一是判断各方案是否达到了各项预定的性能指标,能否在满足各种内外约束条件下实现系统的预定目标;二是按照预定的评价指标体系评出方案的优劣,做好决策支持,为进行最优决策,选择系统实施方案服务。

目前国内对供应链管理绩效评价的概念未能统一。一般认为,供应链管理绩效评价是指围绕供应链的目标,基于供应链业务流程,对供应链整体、各环节运营状况,以及各环节之间的营运关系等所进行的事前、事中和事后分析评价。供应链绩效评价指标以非财务指标为主,包括反映供应链动态运营状况,以及上下节点企业之间运营关系的一系列评价指标。对供应链绩效评价而言,其目的是为了辅助供应链成员企业进行战略、战术与运营的决策,及时发现供应链中存在的问题,规范各成员的行为。其主要内容是通过评价供应链运作结果的有效性,分析供应链创造价值、满足顾客需求的能力,通过建立科学、客观的绩效评价体系,判断供应链运作是否有助于企业战略的实现,并根据供应链目标的实现程度对运作过程进行调整和优化,选择最适宜的供应链类型,最终提高整个供应链的竞争能力。

随着国内供应链间竞争逐步转化为供应链企业经济共同体之间的竞争,摆在任何大型供应链企业面前最头痛的问题就是,如何使得自己供应链企业内部的管理和效率延伸到供应商、经销商,使得诸多的水平不一的供应链上的主体能够以比较协调的节奏和质量保障实现产品供应链的整体竞争优势。

这些客观的现状都使得SCM成为下一个供应链企业信息化的热点。而真正地实现SCM大规模推进必须解决信息系统固有的"生产率悖论"问题。也就是信息系统的投入和产生明显效益的巨大差异的问题。而供应链管理信息化和ERP等巨大的IT黑洞相比,它实施后的绩效如何?它能为供应链产生商业价值吗?

2. 供应链绩效评价的作用

(1)通过供应链绩效评价,供应链节点企业能够明确自身对于供应链所做的贡献,从而更好地协调供应链战略目标和企业自身战略目标的关系。

(2)通过供应链绩效评价,供应链节点企业有了统一客观的参照体系,能够明确自身在供应链中所处的地位,以及在供应链中的运行状况,从而及时调整自身的运行状态,以更好地适应供应链的需求。

(3)通过供应链绩效评价,对供应链节点企业起到激励作用,包括核心企业对非核心企业的激励,也包括供应商、制造商和分销商之间的相互激励。

(4)通过供应链绩效评价,使供应链决策者适时掌握供应链的运行状态,经过分析与研究,及时调整和改进供应链的业务流程和运行状态,充分发挥供应链管理的作用。

(5)通过供应链绩效评价,可以对整个供应链的运行效果做出客观评价,并通过与同行业的竞争者进行比较,使决策者明确自身与竞争者供应链的比较优势与劣势,促进供应链在竞争中不断进步与发展。

3. 供应链绩效评价与传统企业的绩效评价区别

由于供应链管理是以部门、组织、流程以及地理分布上的物流网络集成为基础的,这种特征决定了其不同于一般企业的基于所有权控制管理及层次型的纵向集成,而是更为强调组织之间的协调、合作和运营的管理,这也就决定了其绩效评价的内容和特点不同于传统企业的绩效评价。

(1)评价目标的不同。企业绩效评价的主要目标是通过对企业内部各职能部门或员工工作完成情况的评价,促进企业效率和效益的提高。而供应链评价的主要目标是站在系统的高度,综合考虑企业内部、成员企业之间的业务流程衔接、上下游关系、整个供应链系统效率、效益等因素,以优化供应链的资源配置,降低整个供应链的运作成本。

(2)评价基点的不同。企业绩效评价是基于内部职能部门或员工工作的评价,而供应链绩效评价则是基于业务流程的评价。

(3)评价范围的不同。供应链管理的范围包括由供应商的供应商、客户的客户所构成的网链结构及所涉及的资源范畴,所以相对一般企业的绩效评价,供应链绩效评价除了对企业内部运作的基本评价之外,还更注重外部链的测控,以保证内外绩效一致,因此供应链绩效评价更为集成化。

(4)评价时效的不同。现行企业绩效评价主要通过财务指标进行事后分析与评价,时间上存在滞后性,而供应链绩效评价则强调将财务指标与非财务指标相结合,采用实时分析与评价。这是由供应链网络关系这一特征决定的,因为节点企业之间即使存在联盟关系也是一种松散的关系,完全不同于企业内部各职能部门之间关系的紧密程度。

4. 供应链绩效评价应遵循的原则

(1)指标应分出评价层次,在每个层次的指标选取中应突出重点,要对关键的绩效指标进行重点分析。

(2)要能反映整个供应链的运营情况,而不仅仅反映单个节点(或部门)的运营情况。

(3)应重视对供应链业务流程的动态评价,而不仅仅是对静态经营结果的考核衡量。

(4)要能反映供应链各节点(部门)之间的关系,注重相互间的利益相关性。

(5)应尽可能采用实时分析与评价的方法,要把绩效度量范围扩大到能反映供应链实时运营的信息上去,这比仅做事后分析有价值。

(6)在衡量供应链绩效时,要采用能反映供应商、制造商及用户之间关系的绩效评价指标,把评价的对象扩大到供应链上的相关企业。

(7)定性衡量和定量衡量相结合,内部评价和外部评价相结合,并注意相互间的协调。

对某个特定绩效指标的维持和改进不应以牺牲其他任何指标标准为代价,否则,任何绩效都是无法接受的。同时,还应重视对企业长期利益和长远发展潜力的评价。

三 供应链绩效评价体系

1. 供应链绩效评价内容

根据供应链管理运行机制的基本特征和目标,供应链绩效评价主要包括内部绩效评价、外部绩效评价、供应链综合绩效评价3个方面的内容。

(1)内部绩效评价。主要是对供应链上的企业内部绩效进行评价,侧重于考虑供应链对企业的激励。因此,进行供应链绩效评价需要立足于供应链整体的角度,而不同于一般意义上的企业立足于自身对内部绩效的评价。评价的主要内容包括成本、质量、顾客服务、生产率、资产等。内部绩效评价将注意力集中在内部效益的产生或服务客户的活动上,并可与最强的竞争对手或其他行业中表现最佳的公司进行比较。这种比较可以克服内部比较所产生的不切合实际的安全感、骄傲情绪,以及员工之间的敌对情绪,并将这种情绪转化为面向市场的竞争力。内部绩效评价的传统方法着重于财务指标的衡量,包括赢利能力、资本营运状况、偿债能力等。近几年企业发展能力和风险管理能力等也得到了关注。

(2)外部绩效评价。主要是对供应链上的企业之间的运行状况进行评价,包括从用户满意度的角度评价上下游企业之间的合作伙伴关系、核心企业对其他节点企业的激励,以及供应商、制造商、零售商之间的相互激励等。其度量的主要指标有用户满意度、下游企业合作关系、最佳实施准则比较等。用户满意度指标反映了供应链上下节点企业之间的关系融洽程度,是衡量外部绩效的主要指标。

国内有学者提出了客户满意度指标的量化公式,即"满意度 $C_j = \alpha_j \times$ 供应商 j 准时交货率 $+ \beta_j \times$ 供应商 j 成本利润率 $+ \lambda_j \times$ 供应商 j 产品质量合格率",其中,α_j、β_j、λ_j 为权数,且"$(\alpha_j + \beta_j + \lambda_j)/3 = 1$"。权数的取值可随着供应商的不同而不同,同一层次供应商应取相同值。这样,通过满意度指标就可以评价不同供应商的运行绩效,以及不同的绩效对其上层供应商的影响。供应商成本利润率反映的是供应商的赢利能力,而顾客关心的是供应商的报价,即上层节点企业提供给下层节点企业的利润空间,同时顾客满意度函数应该是多元函数,而不仅仅是三元函数。因此,满意度指标量化公式可以设计为:满意度 $C_j = \alpha_j \times$ 供应商 j 准时交货率 $+ \beta_j \times$ (顾客对产品或服务的期望价格/实际价格) $+ \lambda_j \times$ 供应商 j 产品质量合格率 $+ \cdots\cdots$,其中,α_j、β_j、λ_j 为权数,且 $(\alpha_j + \beta_j + \lambda_j + \cdots)/n = 1$,$n$ 为自变量数。

外部绩效的另一个重要指标——最佳实施基准,是将目标企业运作状况与该行业或相关行业,甚至非相关行业的优秀企业进行比较的方法,这种方法又叫标杆法(Benchmarking)。标杆法隐含这样的假设,即企业成功的结果与被识别的因素密切相连,通过模仿这些因素,其他企业也可以获得类似的成功。标杆法是结果的比较,重要的是要采用逆向查找的方法找出公司的最优决策。必须明确,向目标企业看齐旨在识别企业行动背后的普遍原则,发现企业存在的问题,从而创造新的超越对手的途径。因此,采用此方法的前提是充分地获取目标企业的信息。

(3)供应链综合绩效评价。主要是从整体角度考虑不同供应链之间的竞争,为供应链在市场中的生存、组建、运行、撤销的决策提供依据。其主要目的是通过绩效评价,获得对整个供应链运行状况的了解,找出供应链运营中的问题,及时予以纠正。评价内容主要包括成本、时间、顾客满意度、资产等几个方面。

2. 企业对供应链绩效评价的侧重点

(1)侧重于物流评价。物流的改进对于改进整个供应链的顾客服务水平、减少库存量、降低运输成本都起着很大的作用。供应链的物流角度评价主要包括:物流速度,即物流中相关行为的数据传递、计划变动以及执行的速度;物流可变性,主要指对客户需求变动以及运输方面的柔性处理能力;物流可视性,描述了内部员工参与内部计划,与合作伙伴的信息相互共享,以及合作伙伴进入企业内部服务器获取相关信息等,以实现供应链整体运作。

(2)侧重于采购与供应评价。从这个角度分析,供应链管理是要扩展传统企业外的行为,通过达到一个共识的优化和效率目标建立交易伙伴,形成供应链战略伙伴关系。该角度评价的主要内容包括:提前期评价,它是一种有效考虑整个组织经营的全面指标,仅降低提前期就可触及订货、设计蓝图的错误或问题,如过长的调整准备期、频繁的停机时间、不协调的工作日程,不可靠的供应商、过长的运输时间,以及大规模的存货等一系列问题。过长的提前期具体表示为供应链管理的运输、加工、储存的高额成本;成本评价,从采购和供应的角度来考虑供应商,供应链成本集中在供应链总运营成本指标,供应链总运营成本包括供应链通信成本、供应链库存费用及各节点企业外部运输总费用,用以反映供应链运营的效率。

(3)侧重于组织评价。供应链的组织角度评价和业务流程重组相近。评价供应链组织绩效对提高整体重组效果很重要。该角度的评价内容主要包括:柔性,即更好地适应激烈竞争的市场,提高对用户的服务水平,及时满足用户要求的能力和灵活性,如交货期、交货数量、商品质量以及用户的某些特殊要求等。柔性的高低已成为评价供应链组织结构合理性的一个重要指标。集成性:供应链是将供应链中的企业加以集成的形式,因此要特别关注如何使得链中企业的资源能够共享,获得优势互补的整体效益,具体包括信息集成、物资集成、管理集成等。协调性:供应链的协调主要包括利益协调和管理协调。利益协调必须在供应链组织结构构建时将链中各企业之间的利益分配加以明确,管理协调则要求适应供应链组织结构要求的计划和控制管理,以及信息技术的支持,协调物流、信息流的有效流动,降低整个供应链的运行成本,提高供应链对市场的响应速度。稳定性:供应链是一种相对稳定的组织结构形式,影响供应链稳定的一个因素就是供应链中的企业,它必须是具有优势的企业,即要有竞争力。如果供应链中的企业不能在竞争中长期存在,必然影响到整个供应链的存在;另一个因素是供应链的组织结构,比如说供应链的长度,如果供应链的环节过多,信息传递中就会存在扭曲信息,造成整个供应链的波动,稳定性也就相应较差。

四 供应链绩效评价指标体系

根据供应链绩效评价内容,可以设计供应链绩效评价指标体系。结合"供应链管理的发展"中所提到的相关内容,提出如下供应链绩效评价框架表7-4:

供应链绩效评价框架　　　　　　　　　　表 7-4

供应链管理绩效评价指标体系	业务流程	客户服务	总运营成本
			核心企业产品成本
		财务价值	产销率
			产需率
			平均产销绝对偏差
		敏捷度	合格率
			废品率
			退货率
			产品破损率
	客户服务	服务水平	客户满意率
			客户保有率
			供应比率
			准时交货率
		产品服务情况	产品保修率
			产品退货率
	财务价值		资本营运
			偿债能力
			发展能力
			资本收益
	敏捷度	响应时间	合作关系建立时间
			主导企业发现机遇时间
			产品产出或投产循环期
		产品与交货柔性	
	绿色环保	资源利用	材料利用率
			能源利用率
		经济效益	环保资金投入率
			环保效率

五　供应链绩效评价主要模型

1. 供应链绩效评价主要模型

供应链管理的绩效评价目前研究界主要有以下模型。

供应链管理操作参考 SCOR 模式：由供应链协会制订其指标，从周转期（Cycle Time）、成本、服务/品质、资产等项目评估供应链管理绩效。但而后由 PRTM 子公司 PMG 进一步发展成为供应链管理绩效计分卡。PRTM 在 SCOR 模型中提出了度量供应链绩效的 11 项指标，它们是：交货情况、订货满足情况（包括满足率和满足订货的提前期）、完美的订货满足情况、供应链响应时间、生产柔性、总物流管理成本、附加价值生产率、担保成本、现金流周转时间、供应周转的库存天数和资产周转率。目前,供应链委员会(Supply Chain Council)的170多个成员企业在使用该评价指标。在供应链建模方面,目前使用的绩效评价指标主要是成本和顾客满意度。

BSC模型:平衡计分卡自诞生以来获得供应链企业界普遍认可。目前应用在很多供应链企业绩效的评价领域。平衡计分卡于1992年由Robert S. Kaplan与David P. Norton等提出,可从财务(Financial)、顾客(Customer)、内部(Internal)、创新与学习(Innovative & Learning)等四大观点,检视供应链管理的平衡度。

Roger模型:Roger(1999)认为,客户服务质量是评价供应链管理应用绩效的最重要手段。具体来说,主要应从以下7个方面进行:

(1)有形的外在绩效(Tangibles),评价供应链管理的具体功能、易用性。

(2)可靠性(Reliability),评价模型要具有可靠性,要根据客观事实进行精确评价。

(3)响应速度(Responsiveness),供应链管理本身的响应速度以及供应链企业通过供应链管理对客户提供服务的迅捷性,时间是该指标的主要度量变量。

(4)能力(Competence),既定的服务水平必须掌握的技能和知识。

(5)可信性(Credibility),供应链按时交货的能力。

(6)安全性(Security),供应链要具有较高安全性,保证企业以及其他资料安全。

(7)可接近性(Access),反映了供应链管理平台的信息共享和管控能力。

从上面三个模型,我们看到对供应链绩效的评价主要集中在订单反应、客户服务质量、财务等几个方面的指标。但是客户服务质量难以量化考核,需要通过二级指标综合获得;财务指标由于信息系统效益的综合性、不确定性也很难明确归属考核。

2. 供应链绩效评价指标的创新

任何事物的评价都要抓住他的关键点,明确它的主线。供应链绩效评价也是一样,VMI、SRM只是供应链管理发展后出现的延伸,主线还是订单和计划。供应链管理作为一个多主体参与的协同业务管理系统,最大的实现难点在于供应链管理的覆盖面和渠道深入梯度。供应链的效益实现和网络经济学比较相似。网络外部的梅特卡夫法则,使得网络的效益和使用的人数成正比。网络的正反馈使得赢家更多地接纳它使用它,形成强者愈强的特性。

因此基于这样的业务模式,我们制定供应链绩效评价指标参考模型的原则是:

(1)基于中国供应链实践,指标体系的设计,充分考虑中国供应链实践的具体情况,同时遵循国际供应链绩效评价的一般原则。指标体系为政府了解供应链绩效状况和进行相关决策服务,为供应链企业提高供应链管理水平服务,从领导、战略、应用、效益、人力资源、信息安全等多个方面,引导中国供应链管理的健康发展。

(2)指标体系要简约,尽量选取较少的指标反映较全面的情况,为此,所选指标要具有一定的综合性,指标之间的逻辑关联要强。

(3)指标体系可操作性,所选取的指标应该尽量与供应链现有数据衔接,必要的新指标应定义明确,便于数据采集。

(4)指标体系可延续性,所设计的指标体系不仅可在时间上延续,而且可以在内容上拓展。

3. 供应链绩效评价指标体系遵循的原则

（1）重点性原则：建立的供应链绩效评价指标体系对关键绩效评价指标要能进行重点分析。

（2）客观性原则：建立的供应链绩效评价指标体系要能够反映供应链业务流程。

（3）整体性原则：建立的供应链绩效评价指标体系要能够反映整个供应链的运营情况，而不是仅仅反映单个节点供应链企业的运营情况。

（4）实时性原则：建立的供应链绩效评价指标体系能对供应链运营信息做出实时的评价和分析。

（5）系统性原则：建立的供应链绩效评价指标体系要能够反映供应商、制造商、分销商及用户之间关系，能涵盖供应链上的相关企业。

（6）目的性原则：供应链绩效评价指标的选择应以实现供应链战略目标、提高供应链绩效为最终目的。

六 供应链绩效评价方法

数据包络分析是著名运筹学家 Charnes 等人，以相对效率概念为基础发展起来的一种效率评价方法，其分析原理是帕累托最优原理。它的优点是客观性强、不考虑指标量纲、计算简便、应用广泛、实用性强。它是数学规划法，利用观察到的样本数据，对决策单元投入与产出的合理性、有效性，特别是多个样本相对优略性进行评价，比较适用于多输入、多输出的相同单位的有效性评价。数据包络法的局限性是，它只能区分被评价模型是有效还是无效，而且不能对被评价模型做进一步的排序，无法为企业评价出综合效率最佳的决策模型。当出现多个决策有效时，没法达到企业评价模型的最终目的。

1. 层次分析法（AHP）

层次分析法适用于难于完全定量分析的复杂问题，对一些复杂、模糊的问题作决策时，在实际情况下会使用将定性与定量分析方法相结合的多目标决策分析方法，建立判断矩阵，通过计算最大特征值以及对应特征向量，得出不同方案重要性程度的权重，为最佳方案的选择提供依据。层次分析法依据建立递阶层次结构模型、构造判断矩阵、层次单排序及一致性检验这四个步骤进行。

层次分析法主要适用于评价模型中层次感较强的方案模型，用来比较不同的方案，可以用来排序也可以用来评价某一个模型的某一个阶段。具体形式如图7-8所示。

层次分析法是一种系统、简洁而实用的决策方法，最终结果能为决策层提供分层依据的优先顺序，但是不能为决策者提供新的方案，而且指标量大时，权重数据难以确定。层次可以大致分为目标层、中间层、决策层等，但不局限于三层。

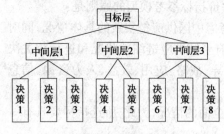

图7-8 层次分析法图式

2. 模糊综合评价法

模糊综合评价法是根据模糊数学的思想和方法，对不易明确界定的事物进行综合评判的一种数学方法。

模糊综合评价法考虑定性、定量因素,将定性指标实行定量分析,运用模糊变换的原理,能比较顺利地解决传统方法难以解决模糊性评判与决策的问题,应用模糊变换的原理和最大隶属度原则,考虑与被评价事物相关的各个因素所作出的综合评价。

模糊综合评价法能较好地解决以自然语言形式给出评估,不能精确定量表述评价因素的评估问题,适用于需要同时考虑多项评价因素的综合评估问题。但是模糊综合评价法不能给出具有明确物理意义的定量评估结果,确定评价因素集或评价因素的层次递阶结构以及评价因素的权重需要依赖或借鉴系统分析、层次分析等其他方法。

3. 灰色—模糊综合评判法

灰色理论是系统思想的一种深化和发展,是一种科学性的思维理论,该理论1982年由华中理工大学邓聚龙教授首先提出,引起国际上高度关注,并给予了高度评价。

它是一门研究信息部分清楚、部分不清楚并带有不确定性现象的应用数学学科。基本理论如下:

(1)系统是否会出现信息不完全的情况,取决于认识的层次、信息的层次和决策的层次,要充分利用已知的信息去揭示系统的规律。

(2)应从事物的内部结构和参数去研究系统,灰色系统的内涵更为明确具体。

(3)突破原有方法的局限,用灰色数、灰色矩阵、灰色群等来描述。

(4)用灰色系统理论研究社会经济系统的意义,把问题具体化、量化,从变化规律不明显的情况中找出规律,并通过规律去分析事物的变化和发展。

灰色模糊综合评判以灰色模糊数学理论为基础,将隶属度和灰度综合到评判过程中,可以处理同时具有灰色性和模糊性的综合评判问题。它是一种将定性与定量的有效方法,在确定因素集、评语集后,建立因素集和评语集的模糊映射关系,将自然语言的评语转化成隶属度表示的定量化评价过程。

使用灰色—模糊综合评价法,目标是供应链绩效指标体系,该指标体系具有灰色理论特色。首先,在指标数据采集的过程中,数据有明确的和不明确的,因此需要从定性到定量的数据处理过程,这是数据从灰色到白色量化的过程。其次,数据的模糊性需要我们利用模糊综合评判法来实现评价指标的客观评估。

七 绩效评价指标的确定

1. 反映整个供应链业务流程的绩效评价指标

在这里,整个供应链是指从最初供应商开始直至最终用户为止的整条供应链,反映的是整个供应链运营的绩效评价指标。目前,国内外对此研究得很少,本部分综合考虑指标评价的客观性和实际可操作性,提出如下反映整个供应链运营绩效的评价指标:

(1)产销率指标。产销率是指在一定时间内,已销售出去的产品与已生产的产品数量的比值,供应链核心企业产销率计算如公式(7-1)所示。产销率指标又可分成如下三个具体的指标:

$$供应链核心企业产销率 = \frac{核心企业已销售的产品数量}{核心企业已生产的产品数量} \times 100\% \qquad (7-1)$$

供应链产销率:该指标反映了供应链在一定时间内的产销经营状况,其时间单位可以是年、月、日。随着供应链管理水平的提高,时间单位可以取得越来越小,甚至可以做到以日为单位。该指标也反映了供应链资源(包括人、财、物、信息等)的有效利用程度,产销率越接近1,说明资源利用程度越高。同时,该指标也反映了供应链库存水平和产品质量,其值越接近1,说明供应链成品库存量越小。

例如,某核心企业第二季度生产产品数量为23万件,同时销售产量为22.96万件,那么该企业的产销率计算如下:

$$企业产销率 = \frac{22.96}{23.00} \times 100\% = 99.83\%$$

此企业的产品滞销率为0.17%,企业的产品利用率较高,其值越接近1,这也表明供应链库存水平和产品质量越高,供应链成品库存量越小。

(2)平均产销绝对偏差指标。该指标反映了在一定时间内供应链总体库存水平,其值越大,说明供应链成品库存量越大,库存费用越高。反之,说明供应链成品库存量越小,库存费用越低,平均产销绝对偏差计算方法如公式(7-2)所示。

$$平均产销绝对偏差 = \frac{供应链各节点企业已生产的产品数量与已销售的产品数量的差值之和}{供应链节点企业的个数} \times 100\% \quad (7\text{-}2)$$

例如,某区域制造业生产灯具,共有30个灯具制造厂商,2011年经过调查确认:30个厂家共生产122.96万个节能灯,同时本年度滞销的产品为1.88万个,则此供应链节点企业的平均产销率:

$$平均产销率 = \frac{1.88}{30} \times 100\% = 6.3\%$$

(3)产需率指标。产需率是指在一定时间内,供应链节点企业已生产的产品数量与其上层供应链节点企业(或用户)对该产品的需求量的比值。具体分为如下2个指标:

①供应链节点企业产需率:该指标反映上下层供应链节点企业之间的供需关系。产需率越接近1,说明上下层供应链节点企业之间的供需关系越协调,准时交货率越高;反之,则说明上下层供应链节点企业准时交货率低或者综合管理水平较低,供应链节点企业产需率计算方法如公式(7-3)所示。

$$供应链节点企业产需率 = \frac{节点企业已生产的产品数量}{上层节点企业对该产品的需求量} \times 100\% \quad (7\text{-}3)$$

②供应链核心企业产需率:该指标反映供应链整体生产能力和快速响应市场能力。若该指标数值大于或等于1,说明供应链整体生产能力较强,能快速响应市场需求,具有较强的市场竞争能力;若该指标数值小于1,则说明供应链生产能力不足,不能快速响应市场需求,供应链核心企业产需率计算方法如公式(7-4)所示。

$$供应链核心企业产需率 = \frac{核心企业已生产的产品数量}{用户对该产品的需求量} \times 100\% \quad (7\text{-}4)$$

例如,某油脂公司以生产大豆非转基因食用油为主,2011年该厂商共生产食用油30万桶,经过调查确认,市场上对非转基因使用油的需求量大于100万桶,则该企业的产需率为:

$$企业产需率 = \frac{30}{100} \times 100\% = 30\%$$

说明此企业对市场的供给只满足了30%的需求,产能不足,不能快速响应市场需求。

(4)供应链产品出产(或投产)循环期或节拍指标。当供应链节点企业生产的产品为单一品种时,产品出产循环期是指产品的出产节拍;当供应链节点企业生产的产品品种较多时,产品出产循环期是指混流生产线上同一种产品的出产间隔。由于供应链管理是在市场需求多样化经营环境中产生的一种新的管理模式,其节点供应链企业(包括核心供应链企业)生产的产品品种较多,因此,供应链产品生产循环期一般是指节点供应链企业混流生产线上同一种产品的出产间隔期。它可分为如下2个具体的指标:

①供应链节点企业(或供应商)零部件出产循环期:该循环期指标反映了节点企业库存水平以及对其上层节点供应链需求的响应程度。该循环期越短,说明该节点企业对其上层节点企业需求的快速响应性越好。

②供应链核心企业的产品出产循环期:该循环期指标反映了整个供应链的在制品库存水平和成品库存水平,同时也反映了整个供应链对市场或用户需求的快速响应能力。该循环期越短,说明整个供应链的在制品库存量和成品库存量都比较少,总的库存费用都比较低;另外,也说明供应链管理水平比较高,能快速响应市场需求,并具有较强的市场竞争能力。缩短供应链核心企业产品出产循环期,应采取如下措施:

a. 使供应链各节点企业产品出产循环期与核心供应链企业产品出产循环期合拍,而核心企业产品出产循环期与用户需求合拍。

b. 可采用优化产品投产计划或采用高效生产设备或加班加点来缩短核心供应链企业(或节点供应链企业)产品出产循环期。

(5)供应链总运营成本指标。供应链总运营成本包括供应链通信成本、供应链库存费用及各节点企业外部运输总费用,它反映供应链运营的效率。具体分析如下:

①供应链通信成本。供应链通信成本包括各供应链节点企业之间通信费用,如EDI、互联网的建设和使用费用,供应链信息系统开发和维护费等。

②供应链总库存费用。供应链总库存费用包括各供应链节点企业在制品库存和成品库存费用、各节点之间在途库存费用。

③各供应链节点企业外部运输总费用。各供应链节点企业外部运输总费用等于供应链所有节点企业之间运输费用总和。

(6)核心企业产品成本指标。供应链的核心企业产品成本是供应链管理水平的综合体现。根据核心企业产品在市场上的价格确定出该产品的目标成本,再向上游追溯到各供应商,确定出相应的原材料、配套件的目标成本。只有当目标成本小于市场价格时,即其值小于1时,各个供应链节点企业才能获得利润,供应链才能得到发展,产品成本指标计算方法如公式(7-5)所示。

$$产品成本指标 = \frac{预期目标成本}{市场价格} \times 100\% \qquad (7\text{-}5)$$

例如,某音响制造企业生产耳机,为了赢得市场占有率,因此采用高科技手段,降低生产成本。预计每个耳机的成本为4.83元,同期调查市场价格为10元,则该企业的成本指标为:

$$产品成本指标 = \frac{4.83}{10} \times 100\% = 48.3\%$$

2. 反映供应链上下节点企业之间关系的绩效评价指标

1) 供应链层次结构模型

本任务所提出的反映供应链上下节点企业之间关系的绩效评价指标是以供应链层次结构模型为基础的。根据供应链层次结构模型，对每层供应商逐个进行评价，从而发现问题、解决问题，以优化整个供应链的管理。在该结构模型中，供应链可看成是由不同层次供应商组成的递阶层次结构，上层供应商可看成是其下层供应商的用户。

2) 相关绩效评价指标

根据供应链层次结构模型，这里提出了相邻层供应商评价法，可以较好地解决这些问题。相邻层供应商评价法的基本原则是，通过上层供应商来评价下层供应商。由于上层供应商可以看成是下层供应商的用户，因此通过上层供应商来评价和选择与其业务相关的下层供应商更直接、更客观，如此递推，即可对整个供应链的绩效进行有效的评价。为了能综合反映供应链上下层节点企业之间的关系，提出了满意度指标，其内容具体介绍如下：

满意度指标是反映供应链上下节点企业之间关系的绩效评价指标，即在一定时间内，上层供应商 i 对其相邻下层供应商 j 的综合满意程度。其计算方法如公式(7-6)所示。

$$客户满意度 = \frac{供应商 i 综合满意度}{供应商 j 综合满意度} \times 100\% \tag{7-6}$$

要达到顾客满意度指标处理的目标，需要以下工作流程的配合，如图7-9所示。

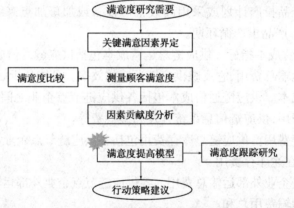

图7-9 顾客满意指标处理流程

(1)准时交货率是指下层供应商在一定时间内准时交货的次数占其总交货次数的百分比。供应商准时交货率低，说明其协作配套的生产能力达不到要求，或者是对生产过程的组织管理跟不上供应链运行的要求；供应商准时交货率高，说明其生产能力强，生产管理水平高。供应商准时交货率计算方法如公式(7-7)所示。

$$供应商准时交货率 = \frac{准时交货的订单数}{总订单数} \times 100\% \tag{7-7}$$

例如，某供应链上节点供应商企业在一定时点上准确处理订单数为12个，处理后，订单准确交付的数量为11个，则供应商的准时交货率为：

$$供应商准时交货率 = \frac{11}{12} \times 100\% = 91.67\%$$

此结果表明:企业的准时交货率较高,能提高供应链的运行效率以及顾客的满意度。

(2)成本利润率是指单位产品净利润占单位产品总成本的百分比。在市场经济条件下,产品价格是由市场决定的,因此,在市场供需关系基本平衡的情况下,供应商生产的产品价格可以看成是一个不变的量。按成本加成定价的基本思想,产品价格等于成本加利润,因此产品成本利润率越高,说明供应商的赢利能力越强,供应链节点企业的综合管理水平越高。在这种情况下,由于供应商在市场价格水平下能获得较大利润,其合作积极性必然增强,进而会对供应链节点企业的有关设施或设备进行投资和改造,以提高生产效率。成本利润指标率计算方法如公式(7-8)所示。

$$成本利润指标率 = \frac{单位产品净利润}{产品总成本} \times 100\% \qquad (7-8)$$

例如,某企业的单位产品净利润为 30 元,其固定成本为 10 元,则其成本利润为 300%,在这种情况下,供应链节点企业积极性必然增强,进而提高并改造有关设施、设备,以提高生产效率。

(3)产品质量合格率是指质量合格的产品数量占产品总产量的百分比,它反映了供应商提供货物的质量水平。质量不合格的产品数量越多,则产品质量合格率就越低,说明供应商提供产品的质量不稳定或质量差,供应商必须承担对不合格的产品进行返修或报废的损失,这样就增加了供应商的总成本,降低了其成本利润率。因此,产品质量合格率指标与产品成本利润率指标密切相关。同样,产品质量合格率指标也与准时交货率密切相关,因为产品质量合格率越低,就会使得产品的返修工作量加大,必然会延长产品的交货期,使得准时交货率降低。供应链产品合格率计算方法如公式(7-9)所示。

$$供应链产品合格率 = \frac{合格产品数}{产品总数} \times 100\% \qquad (7-9)$$

例如,某供应链节点企业生产茶具,在一定时点上共生产 1.07 万个,其中破损 0.005 万个,因为尺寸、成熟度等导致不合格 0.0009 万个,则该供应链产品合格率为:

$$产品合格率 = \frac{1.07 - 0.005 - 0.0009}{1.07} \times 100\% = 99.4\%$$

在满意度指标中,权数的取值可随着上层供应商的不同而不同。但是对于同一个上层供应商,在计算与其相邻的所有下层供应商的满意度指标时,其权数均取相同值,这样,通过满意度指标就能评价不同供应商的运营绩效以及这些不同的运营绩效对其上层供应商的影响。满意度指标值低,说明该供应商运营绩效差,生产能力和管理水平都比较低,并且影响了其上层供应商的正常运营,从而影响整个供应链的正常运营,因此对满意度指标值较低的供应商的管理应作为管理的重点,要么进行全面整改,要么重新选择供应商。在整个供应链中,若每层供应商满意度指标的权数都取相同值,则得出的满意度指标可以反映整个上层供应商对其相邻的整个下层供应商的满意程度。同样,对于满意度指标值低的供应商,就应当进行整改或更换。供应链最后一层为最终用户层,最终用户对供应链产品的满意度指标是供应链绩效评价的一个最终标准。

满意度可按下式进行计算,

$$C = \alpha \times 零售商准时交货率 + \beta \times 产品质量合格率 + \lambda \times (实际价格／用户期望价格)$$

式中,α、β、λ 为权数,$(\alpha + \beta + \lambda)/3 = 1$。

以上是供应链指标体系以及公式的确定,可以根据不同的需要对指标进行必要调整,增加其适应性。

3. 供应链绩效提升的方法

一般而言,提升供应链绩效的方法主要包括以下 6 个方面:

(1)供应链管理战略支撑体系的建立。供应链管理应该把管理的主要精力放在企业的关键业务上。核心企业通过和供应链中上下游企业之间建立战略伙伴关系,实行强强联合,发挥各自的优势。同时,供应链的战略伙伴关系应重在重塑全球范围内的业务伙伴关系,使战略伙伴企业在价值增值链上达到共赢的效果。

(2)供应链的成本管理。供应链成本包括订货成本、原材料取得成本、库存持有成本、与物流有关的财务和管理信息系统成本、制造劳动和库存间接成本等。供应链的总体运营成本策略应致力于全面成本领先,在满足服务水平需要的同时,为了使得系统成本最小而把供应商、制造商、仓库和零售商有效地结合成一体来生产商品,并把符合客户质量要求的正确数量的商品在指定的时间内配送到正确地点、正确客户。作业成本分析被作为供应链的成本优化及决策工具。

(3)供应链体系的建立或重组。供应链管理要求企业与关键的核心企业之间实现业务流程的集成。有效的供应链管理需要供应链中各个成员的相互合作,充分考虑供应链成员企业的利益平衡,建立有效的激励制度和机制,利用博弈论深入分析供应链成员的决策问题以及成员之间的竞争行为,预测实际会达到的均衡结果,设计具体的协调方案和参数,具体分析各成员的利益需求,设计激励机制等。

(4)供应链信息的管理与分析。供应链中每个环节的商品库存状况和预测商品需求波动的信息是否畅通,整个供应链的决策贯彻是否彻底,工作效率是否按系统的目标在运作等都是供应链信息管理的重要内容。实时信息的共享和电子数据的交换,将使供应链中各成员之间的预测差异缩小,降低供应商的库存,减少供应链中资源的浪费,推动供应链管理水平的提高。

(5)客户关系及服务。提升供应链管理绩效,还应注重做好客户关系及服务。对客户要进行跟踪访问,使客户不仅接纳企业,付钱给该企业,甚至还会热切地向别人推荐该企业。

(6)供应链企业间的网络硬件建设。企业内部与企业之间的物料供应与需求管理应基于供应链管理的设计与制造管理,企业间资金流管理应基于 Internet/Intranet 的硬件建设。

1)供应链绩效改进的驱动因素

(1)供应链业务流程因素。供应链业务流程是一系列相互关联的活动、决策、信息流和物流的结合,该业务流程运作的差异将导致供应链整体绩效的差异。如果能减少流程的运作时间,当然有助于为顾客带来更多的价值,并提高供应链的整体绩效。

(2)供应链内的各成员企业关系。供应链的有效运作高度依赖于供应链内部各成员企业之间的信任、组织相容性、文化相容性、管理一致性、良好的合作关系等。只有使这些因素很好地发挥作用,才能使供应链中各企业都从供应链运作中获益,他们也才可能自觉维护供应链的整体利益,促进供应链绩效的提升和改建。

(3)供应链内各企业间的结合方式。按照产品的模块化水平和流程的延迟原则,可将供应链内企业的结合方式划分为延迟型、柔性型、刚性型、模块型四种类型。这四种类型在目标、顾客需求、产品和流程运作上都存在差异,其绩效驱动和评价也不同,因此对供应链绩效产生不同的影响。

(4)顾客需求对供应链的驱动。顾客的需求是供应链运作的根本出发点和最终落脚点。随着人们物质和文化生活水平的提升,以及社会的进步和信息技术的发展,供应链运作在成本、服务质量、柔性化、提前期等方面感受到了前所未有的压力,这必然要求供应链中的每个环节都要树立用户至上的理念,提供令用户满意的产品和服务,在不断满足顾客需求的过程中,实现供应链绩效的不断改进。

(5)竞争对手对供应链绩效的驱动。当前的市场竞争已不仅体现为单个企业间的竞争,而是更多地体现为供应链与供应链之间的竞争。因此,供应链中各成员企业应从充分考虑竞争对手在某些领域可能对供应链造成的潜在威胁和机遇,并在组织结构、人力资源整合、市场营销、研究与开发等方面制定出相应的对策和措施,提升和改进供应链绩效。

2)基于需求管理的供应链绩效改进

明确了供应链绩效改进的驱动因素,企业就可以运用各种管理方法和工具去改善供应链的绩效,如开辟多样化的合作渠道、与供应商建立战略合作伙伴关系、实行适时制造(Just-in-time,JIT)、运用企业资源计划(Enterprise Resource Plan,ERP)管理企业资源等。在上述诸多驱动因素中,有供应链内部的驱动因素,也有供应链外部的驱动因素。

虽然这些因素综合起来对供应链整体绩效产生重要影响,但其中最重要的一个就是顾客需求因素,很多管理方法和工具的运用实际上都是基于对需求的预测来选择和进行的。例如,著名的Dell公司是典型的按照订单生产的、以实施"零库存"而著称的企业,但他也不可避免地在其上游供应商中存在着零件库存,这个库存量的设置就是以需求预测为基础的。经过相关调查发现,不少设计和管理良好的供应链绩效并不尽如人意,而探究其原因,也主要是因为需求预测不准确所致。因此,为了实现供应链绩效的提升与改进,企业需要及时预测需求,并对需求进行良好的管理。下面将主要探讨基于需求管理的供应链绩效改进。

(1)需求管理的概念界定及其对供应链的影响。需求管理就是运用各种市场工具去影响需求,并对需求进行有效的管理,从而使企业及供应链的价值达到最大化。需求管理对企业供应链管理、产品开发、技术战略、服务支持和组织设计等方面都具有十分重要的作用。对需求进行管理包括认真地选择市场工具,以及密切关注顾客,以使企业与供应链整体引入的需求能够使相关各方的价值得以提高并达到最大化。一般而言,需求管理包括两方面的内容:一方面是用于影响需求的各种工具,包括定价、促销、产品分类、货架管理与其他工具等;另一方面涉及在供应链中运用市场工具时各供应链成员间的相互合作。通过需求管理,充分运用市场工具,可以为企业带来快速提升供应链绩效的巨大机会,这种绩效提升超过用其他方法改进供应链所获得的效果,并可为企业和供应链创造出巨大的价值。一旦决策正确,除供应链的整体绩效将有一个大的飞跃外,所创造出来的价值也将是非常大的。

（2）改进供应链绩效的市场工具。在需求管理中可使用的市场工具很多，主要有定价、销售促进、产品分类管理、货架管理、广告牌和一些特殊的处理方法，如销售环境、价格保护、退货政策。每样工具对提升和改进供应链绩效的作用均有所不同。

首先，在定价工具中，包括价值定价和差别定价。

价值定价法是指用低价购买高质量的供应品的定价形式。这一定价认为价格应体现出消费者强烈的物超所值的情绪。价值定价法并非只是销售产品的价格比竞争对手低，它是对公司经营的一种调整，是为了吸引更多的根据对价值的认识挑选产品的顾客，使需求得以增长的同时，保持生产的平稳。这种定价方法是宝洁公司在20世纪90年代初期首创的，他们运用这一方法使其供应链获得了很大的成功。差别定价则是根据顾客、产品、地理位置等方面的差异来对同一产品或服务设立不同的基价，即公司以两种或两种以上不反映成本比例差异的价格来推销一种产品或提供一项服务。实行差别定价的最重要的前提是市场必须能够细分，而且这些细分市场要显示出不同的需求程度。

其次，促销包括各种多数属于短期性的刺激工具，用以刺激消费者和零售商较迅速或较大量地购买某一特定产品。促销可分为消费者促销和交易促销，主要的消费者促销工具有样品、优惠券、现金折款、价格折扣、赠品、抽奖活动等。若企业在某一时期提供促销优惠，这一时期的需求一般将趋于上升，这种上升的需求是以下三种因素综合作用的结果：①市场增长——来自新顾客或现存顾客对产品消费的增长；②市场份额的增大——消费者用该企业的产品取代了竞争对手的产品；③提前购买——顾客将未来的购买行为提前到现在。前两种因素可以增加企业产品的整体需求，而后一种因素只是简单地将未来的需求提前到现在。在通常情况下，大多数的促销都不能巩固整条供应链的总销售额，而只能维持短期销售额，但是如果运用得当，还是能够对改进供应链绩效起到一定的促进作用。

再次，产品设计作为一种市场或产品形象的支持手段，直接地影响着市场需求和供应链绩效。世界上最大的家具零售商宜家(Ikea)就是通过产品设计的改善成功地开创了家具零售的新模式。他们把家具设计成块状，可以紧凑包装，并在郊区的大卖场陈列其全部产品。由于产品设计新颖合理，库存成本大幅降低，使每种产品都可以有一定数量的库存，顾客可以在看到的同时马上从商店里取出现货，在家里装配，这样供应链的顾客响应速度就相当快，服务水平也远高于原来的家具销售模式，于是令顾客需求直线上升，而且由于这些家具模块包装紧凑，体积小，运输变得非常容易和便宜，从而大幅降低了供应链的运输成本，同时由于公司的规模经济优势，使宜家能以比竞争对手低的价格销售同样质量的家具，并赢得了较大的市场占有率。

任务三　供应链标杆管理

（1）标杆管理的概念、类型、作用以及影响；
（2）标杆管理实施的步骤。

教学方法

采用课堂讲授、多媒体情境教学、案例教学和分组讨论等方法。

教学内容

标杆管理是企业绩效管理的主要表现形式,本任务首先介绍标杆管理的相关概念,然后介绍标杆管理的分类、标杆管理的局限性以及实施步骤。

一 标杆管理

1. 概述

标杆管理起源于 20 世纪 70 年代末 80 年代初,在美国学习日本的运动中,首先开辟标杆管理先河的是施乐公司,后经美国生产力与质量中心系统化和规范化,标杆管理如图 7-10 所示。

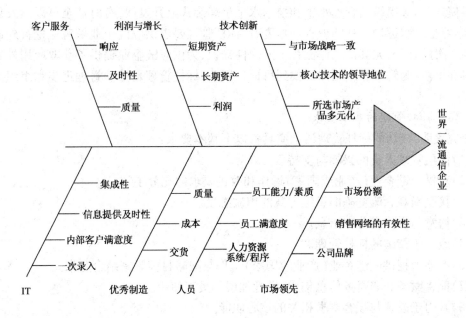

图 7-10　标杆管理

标杆管理的概念可概括为:不断寻找和研究同行一流公司的最佳实践,并以此为基准与本供应链企业进行比较、分析、判断,从而使自己供应链企业得到不断改进,进入或赶超一流公司,创造优秀业绩的良性循环过程。其核心是向业内或业外的最优秀的供应链企业学习。通过学习,供应链企业重新思考和改进经营实践,创造自己的最佳实践,这实际上是模仿创新的过程。

标杆管理、供应链企业再造与战略联盟并称为 20 世纪 90 年代三大管理方法。标杆管理本质是一种面向实践、面向过程、以方法为主的管理方式,它与流程重组、企业再造一样,基本思想是系统优化,不断完善和持续改进。

标杆管理是站在全行业,甚至更广阔的全球视野上寻找基准,突破了供应链企业的职能分工界限和供应链企业性质与行业局限,它重视实际经验,强调具体的环节、界面和流程,因而更具有特色。同时,标杆管理也是一种直接的、中断式的渐进管理方法,其思想是供应链企业的业务、流程、环节都可以解剖、分解和细化。供应链企业可以根据需要,或者寻找整体最佳实践,或者发掘优秀"片断"进行标杆比较,或者先学习"片断"再学习"整体",或者先从"整体"把握方向,再从"片断"具体分步实施。

从本质上看,标杆管理是一种面向实践、面向过程,以方法为主的管理方式。它与流程重组、供应链企业再造一样,基本思想是系统优化,不断完善和持续改进。但标杆管理是站在全行业甚至全球角度寻找标杆,突破了供应链企业的职能分工界限和供应链企业性质与行业局限,它重视实际经验,强调具体的环节界面和流程,因而更具有特色。

标杆管理具有渐进性,对标杆管理策略的贯彻落实是一个需要长期努力的渐进过程,需要在员工交流与培训上进行投资。供应链企业可从初级到高级分阶段确立循序渐进的改善管理。此外,供应链企业通过标杆管理,从与最佳实践供应链企业的差距中找出自身不足,学习别人符合市场规律的生产方式和组织模式,可以在寻找差异的过程中培育组织扩展型的思维模式,引导组织的管理水平和技术水平呈螺旋式上升发展,有时甚至可以激发创新变革,向学习型组织迈进。从知识管理角度看,标杆管理要求供应链企业敏锐地挖掘外部市场和企业自身的知识,尤其是工作流程中的隐性知识,为供应链企业提供了获取应用外界知识的工具和手段,为管理和应用知识找到目标。因此,标杆管理是推动管理进步和组织进化的阶梯。

2. 实施标杆管理的基本要求

研究表明,成功的标杆管理活动应具备以下基本要求:

(1)高层管理人员的兴趣与支持。
(2)对供应链企业(产业或国家)运作和改进要求的充分了解。
(3)接受新观念改变陈旧思维方式的坦诚态度。
(4)愿意与合作者分享信息。
(5)致力于持续的标杆管理。
(6)有能力把供应链企业(产业或国家)运作与战略目标紧密结合起来。
(7)能将财务和非财务信息集成,供管理层和员工使用。
(8)致力于改善与顾客要求相关的核心职能。
(9)追求高附加价值。
(10)避免讨论定价或竞争性敏感成本等方面的内容。
(11)不要向竞争者索要敏感数据。
(12)未经许可,不要分享所有者信息。
(13)选择一个无关的第三方,在不公开供应链企业名称的情况下来集成和提供竞争性数据。
(14)不要有基于标杆数据向外界贬低竞争者的商务活动。

3. 标杆管理的作用、影响及要素

标杆管理之所以能引起各大供应链企业的如此重视并风靡于世界,其根本原因在于它能给供应链企业带来巨大的实效。它会让供应链企业形成一种持续学习的文化,供应链企业的运作业绩永远是动态变化的,只有持续追求最佳才能获得持续的竞争力,才能始终立于不败之地。它的作用主要表现在进行供应链企业绩效评估,供应链企业持续的改进,提高供应链企业经济绩效,制订供应链企业战略,增进企业学习,增长供应链潜力,衡量企业工作好坏,实行供应链节点企业全面质量管理。

(1)作用。通过标杆管理,供应链企业可以选择标杆,确定企业中长期发展战略,并与竞争对手对比分析,制订战略实施计划,选择相应的策略与措施。标杆管理可以作为供应链管理业绩提升与业绩评估的工具。通过设定标杆管理可达目标来改进和提高供应链企业的经营业绩。目标有明确含义,有达到的途径,可行、可信,使供应链企业可以坚信绩效完全有办法提高到最佳。而且标杆管理是一种辨识世界上最好的供应链企业实践并进行学习的过程。通过辨识行业内外最佳供应链企业业绩及其实践途径,供应链企业可以制订业绩评估标准,然后对其业绩进行评估,同时制订相应的改善措施。供应链企业可以明确本供应链企业所处的地位、管理运作以及需要改进的地方,从而制订适合本供应链企业的有效发展战略。

(2)影响。标杆管理有助于供应链企业建立学习型组织。学习型组织实质是一个能熟练地创造、获取和传递知识的组织,同时也要善于修正自身的行为,以适应新的知识和见解。而实施标杆管理,有助于供应链企业发现自身在产品、服务、生产流程以及管理模式方面存在哪些不足,并学习标杆供应链企业的成功之处,再结合实际,将其充分运用到自己的供应链企业当中。而且这种过程是一种持续往复的过程,这主要基于以下3点原因:

①供应链企业所在的竞争环境持续改变。
②标杆供应链企业不断升级与更新。
③供应链企业业务范围和规模不断变化。

(3)要素。

标杆管理的要素是界定标杆管理定义、分类和程序的基础。标杆管理主要有以下3个要素,如图7-11所示:

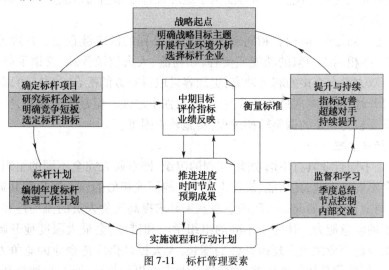

图7-11 标杆管理要素

①标杆管理实施者,即发起和实施标杆管理的组织。

②标杆伙伴,也称标杆对象,即被学习借鉴的组织,是任何乐于通过与标准管理实施者进行信息和资料交换,从而开展合作的内外部组织或单位。

③标杆管理项目,也称标杆管理内容,即自身存在的不足,通过标杆管理向他人学习借鉴,以谋求提高的领域。

二 标杆管理分类

1. 内部标杆管理

当标杆伙伴是组织内部其他单位或部门时,应采用内部标杆管理法。这主要适用于大型多部门的供应链企业集团或跨国公司。由于不涉及商业秘密的泄露和其他利益冲突等问题,因而容易取得标杆伙伴的配合,简单易行。另外,通过开展内部标杆管理还可以促进内部沟通和培养学习气氛。但是其缺点在于视野狭隘,不易找到最佳实践,很难实现创新性突破。

2. 竞争性标杆管理

当标杆伙伴是行业内部直接竞争对手时,应采用竞争性标杆管理。由于同行业竞争者之间的产品结构和产业流程相似,面临的市场机会相当,竞争对手的作业方式会直接影响供应链企业的目标市场,因此竞争对手的信息对于供应链企业在进行策略分析及市场定位上有很大的帮助,收集的资料具有高度相关性和可比性。但正因为标杆伙伴是直接竞争对手,信息具有高度商业敏感性,因此难以取得竞争对手的积极配合,获得真正有用或是准确的资料,从而极有可能使标杆管理流于形式或者失败。

3. 非竞争性标杆管理

当标杆伙伴是同行业非直接竞争对手时,应采用非竞争性标杆管理。即那些由于地理位置的不同等原因,虽处同行业但不存在直接竞争关系的供应链企业。非竞争性标杆管理在一定程度上克服了竞争性标杆管理资料收集和合作困难的弊端,继承了竞争性标杆管理信息相关性强和可比性强的优点。但可能由于地理位置等原因而造成资料收集成本增加。

4. 功能性标杆管理

标杆伙伴是不同行业,但拥有相同或相似功能、流程的供应链企业。其理论基础是,任何行业均存在一些相同或相似的功能或流程,如物流、人力资源管理、营销手段等。跨行业选择标杆伙伴,双方没有直接的利害冲突,更加容易取得对方的配合;另外,可以跳出行业的框框约束,视野开阔,随时掌握最新经营方式,成为强中之强。但是投入较大,信息相关性较差,最佳实践需要较为复杂的调整转换过程,实施较为困难。

5. 通用性标杆管理

标杆伙伴是不同行业具有不同功能、流程的组织,即看起来完全不同的组织。其理论基础是,即使完全不同的行业,其功能、流程也会存在相同或相似的核心思想和共通之处,如多米诺比萨饼公司通过考察研究某医院的急救室来寻求提高送货人员的流动性和工作效率的途径,提高员工的应急能力。从完全不同的组织学习和借鉴,会最大限度地开阔视野、突破创新,从而使供应链企业绩效实现跳跃性的增长,大大提高供应链企业的竞争力,这是最具创造性的学习。但其信息相关性更差,供应链企业需要更加复杂的学习、调整和转换过程才能在本供应链企业成功实施学到的最佳实践,因此困难更大。供应链企业最好的选择就是根据需要实施综合标杆管理,即将各种标杆管理方式根据供应链企业自身条件和标杆管理项目的要求相结合,取长补短,以取得高效的标杆管理。

三 实施步骤

传统的标杆管理首先是确定主题、组织学习、管理团队和作业流程等,具体如图7-12所示。

具体说来,一个完整的供应链内外部综合标杆管理的程序通常分五步。

1. 计划

计划阶段是第一步,也是最关键的一个阶段。在此阶段中,供应链企业要提出哪些产品需要实施标杆管理,选择哪一个企业作为标杆目标,需要什么样的数据和信息来源等。标杆计划应该集中精力解决实施过程和方法,而不是追求某些数据指标。主要工作有:

(1)组建项目小组,担当发起和管理整个标杆管理流程的责任,供应链企业相关管理者应该尽快组建企业绩效管理小组,在最短时间内取得显著效益。

(2)明确标杆管理的目标。

(3)通过对组织的衡量评估,确定标杆项目。

(4)选择标杆伙伴。

(5)制订数据收集计划,如设置调查问卷、安排参观访问,充分了解标杆伙伴并及时沟通。

(6)开发测评方案,为标杆管理项目赋值,以便于衡量比较。

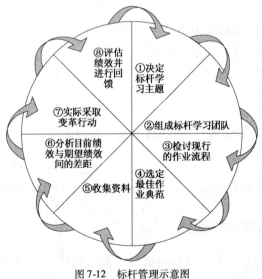

图7-12 标杆管理示意图

2. 内部数据收集与分析

主要工作如下:

(1)收集并分析内部公开发表的信息。

(2)遴选内部标杆管理合作伙伴。

(3)通过内部访谈和调查,收集内部一手研究资料。

(4)通过内部标杆管理,可以为进一步实施外部标杆管理提供资料和基础。

3. 外部数据收集与分析

主要工作如下:

(1)收集外部公开发表的信息。

(2)通过调查和实地访问,收集外部一手研究资料。

(3)分析收集的有关最佳实践的数据,与自身绩效计量相比较,提出最终标杆管理报告。

标杆管理报告揭示标杆管理过程的关键收获,以及对最佳实践调整、转换、创新的见解和建议。

4. 实施与调整

这一步是前几步的归宿和目标之所在。根据标杆管理报告,供应链管理者确认正确的纠正性行动方案,制订详细实施计划,在组织内部实施最佳实践,并不断对实施结果进行监控和评估,及时做出调整,最终达到增强供应链企业竞争优势的目的。

5. 持续改进

标杆管理是持续的管理过程,不是一次性行为,因此,为便于以后继续实施标杆管理,供应链企业应维护好标杆管理数据库,制订和实施持续的绩效改进计划,以不断学习和提高。

任务四 供应链企业激励机制

(1)了解供应链管理绩效相关内容;
(2)深入探讨供应链绩效评价指标体系;
(3)理解供应链绩效提升的方法。

采用课堂讲授、多媒体情境教学、案例教学和分组讨论等方法。

供应链激励是供应链管理的一个重要内容,是提高供应链绩效的重要保证。

一 建立激励机制的重要性

为什么要建立供应链节点企业的激励机制?要回答这个问题,不妨从一个实际例子谈起。某大型汽车制造商为了促进其生产的汽车在市场上销售,向分销商提出了一个促销的激励措施。公司规定,只要经销商的销售额达到一定数额,年底时,制造商将付给经销商一笔奖励资金。同时,为了帮助经销商,制造商出面与银行签订了分期付款的协议。此举推行下去之后,曾出现一阵销售热潮,库存量明显下降。但是,到年底一算账,制造商才发现有问题。原来,经销商为了扩大销售业绩,纷纷下调价格出售汽车。结果,汽车卖出去不少,经销商也得到了实惠,但是制造商则损失惨重。制造商不得不承受低价销售的损失,使本来就步履艰难的生产经营活动更加雪上加霜。于是,制造商不得不检讨该项措施的失误,第二年重新制订新的促销战略。

这个例子说明,制造商的出发点是激励经销商多卖汽车,希望在给自己带来效益的同时,经销商也能获得一定利益。但是,事与愿违,此激励措施不但没有发挥正常作用,反而给供应链节点企业造成一定的损失。导致出现这种情况的原因当然是多种多样的,其中之一就是在实现委托代理过程中的风险所造成的。委托代理过程中的风险有多种表现形式,其中最为常见的是不完全信息下决策的风险、代理人的道德风险等。供应链与供应链企业间的关系实际上是一种委托代理关系。事实上就是居于信息优势与处于信息劣势的市场参加者之间的相互关系。由于信息非对称现象在经济活动中相当普遍,而许多经济合同又都是在信息非对称条件下执行的,就难免出现道德风险问题。为了克服道德风险带来的危害,委托代理理论普遍发展了以合作和分担风险概念为中心的信息激励机制理论。

对于委托人来讲,只有使代理人行动效用最大化,才能使其自身利益最大化。然而,要使代理人采取效用最大化行动,必须对代理人的工作进行有效的激励。因此,委托人与代理人,即制造商和供应商或制造商和经销商之间的利益协调关系,就转化为信息激励机制的设计问题。所以说,如何设计出对供应链上的各个供应链节点企业的激励机制,对保证供应链的整体利益是非常重要的。

二 供应链激励机制的特点

激励机制并不是一个新话题。在组织行为学中就专门讨论过激励问题,在委托代理理论中也研究激励问题。我们将激励的概念和范围扩大到了整个供应链及其相关企业上,从广义的激励角度研究供应链管理环境下的激励和激励机制的建立问题。

根据组织行为学的基本观点,一个人的工作成绩可以用公式表示:

$$工作成绩 = 能力 \times 动机$$

即一个人工作成绩的好坏,既取决于人的能力,也取决于人的动机。如果一个人的积极性被调动起来,即动机被激发,那么他取得的成绩就大。美国哈佛大学心理学家威廉·詹姆斯在对职工的激励研究中发现,按时计酬的职工仅能发挥其能力的20%~30%;如果受到充分激励,则可以达到80%~90%,也就是说,同样一个人在经过充分激励后,所发挥的作用相当于激励前的3~4倍。它反映的是这样一个问题:在现代供应链企业中,人们往往不是不会完成任务,而是不积极地去完成任务。因此,供应链企业管理的重要问题之一是调动职工的工作积极性,而职工积极性是与个人需要和动机相联系,是由动机推动的。可以说,影响积极性的基本因素是人的需要和动机。我们应该明确这样一个观点:人人有待激励,人人可以激励。只有了解人的需要和动机的规律性,才能预测、引导和控制人的行为,才能达到激励职工、调动职工积极性的目的。这就是"需要—动机—行为—目标"激励模式。

激励是一个心理学范畴,在管理学的应用中,对激励的研究一般限于个人行为的范围。供应链激励因其对象包括团体(供应链和供应链企业)和个人(管理人员和一般员工)两部分,而将研究范围扩大为个人的心理和团体的心理。一般来讲,供应链涵盖的社会范围很大,具有社会性,供应链的团体心理即是社会心理。供应链的社会心理作为一个整体,具有个体个人心理的一般特性,即基于需要产生动机进而产生某些行为以达到目标。但是整体毕竟不是个体的简单相加,供应链的社会心理同时又具有其独特的一面。作为众多供应链企业的集合,供应链管理系统也存在同样的问题。

成员企业的积极性不够,供应链核心企业的开拓精神不强烈,有些企业是小富即安,更有一些供应链企业仅安于维持现状、做到不亏损就心满意足了,或者是受到竞争压力和外部某些压力(例如,项目失败,市场需求疲软等)而退缩、丧失进取心等。一个供应链企业如同一个人一样,也有需要、行为、动机和目的,也有心理活动、也有惰性,当然也需要激励。供应链激励是供应链管理的一项重要工作。供应链包含组织层(即供应链层)、供应链企业层和车间层三个层面,可激励对象包括供应链自身、成员供应链企业、供应链企业管理人员、一般员工。其中,管理人员(供应链企业家)和一般员工的激励属于供应链企业激励机制的范畴,因此供应链激励主要专注于供应链环境下的成员供应链企业。

供应链企业的激励过程可以借用传统的激励过程模型来描述,如图7-13所示。从图7-13中可以看出,供应链的激励机制包含激励对象(又称激励客体、代理方)、激励的目标、供应链绩效测评(包括评价指标、指标测评和评价考核)和激励方式(正激励和负激励,物质性激励、精神性激励和感情性激励)等内容。事实上,根据供应链激励的特点,供应链的激励机制还隐含了两个内容:供应链协议和激励者(又称激励主体、委托方)。考察激励主体的实质是,站在什么角度去实现激励行为?达到什么目的?

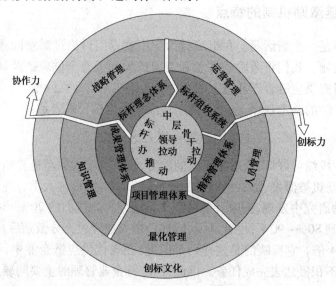

图7-13 供应链企业激励过程

三 供应链协议

供应链激励需要一个好的规则来评判好与坏。供应链协议(Supply Chain Protocol,SCP)充当了这一角色。供应链协议将供应链管理工作进行程序化、标准化和规范化,为供应链绩效评价和激励的实现提供了一个平台。

供应链协议是将供应链管理工作进行程序化、标准化和规范化的协定。供应链协议为激励目标的确立、供应链绩效测评和激励方式的确定提供基本依据。激励目标要与激励对象的需要相联系,同时也要反映激励主体的意图和符合供应链协议。激励方式视绩效评价结果和激励对象的需要具体而定。

供应链的运作以快速、高效、敏捷等特点而显示出竞争优势,兼容并蓄了许多先进管理方法,如 JIT、MRP Ⅱ、CIMS、FMS(柔性制造系统)等的优点。但是,供应链在运作时存在着安全性、法律法规、协商时间、供应链优化、主动性限制、供应链淘汰机制等现实问题。这些问题的存在,制约了供应链功能的发挥。针对这几个根本性问题,相应提出供应链协议,以规范对供应链运作的管理。供应链协议是根据供应链产品生产模式的特点,结合《关税和贸易总协定》(GATT)、ISO9000、EDI、TCP/IP 等多方面知识,将供应链管理工作程序化、标准化和规范化,使供应链系统能有效控制、良好运作、充分发挥功能。简单地讲,供应链协议就是在一系列标准(供应链协议标准,简称 SCP 标准)支持下的、拥有许多条目的文本(供应链协议文本,简称 SCP 文本),并且这些文本固化于一个网络系统(供应链协议网络系统,简称 SCP-Net)中。供应链协议强调供应链的实用性和供应链管理的可操作性,重视完全信息化和快速响应的实现。

供应链协议的内容分为三个部分:供应链协议文本(SCP 文本)、供应链协议标准(SCP 标准)、供应链协议网(SCPNet)。SCP 文本是供应链管理规范化、文本化、程序化的主体部分,包括 10 个部分:

(1)定义。
(2)语法规范。
(3)文本规范。
(4)供应链的组建和撤销。
(5)供应链企业加入供应链条件、享受权利、应担风险以及应尽义务。
(6)供应关系的确立与解除。
(7)信息的传递、收集、共享与发布。
(8)供应、分销与生产的操作。
(9)资金结算。
(10)纠纷仲裁与责任追究。

SCP 标准包括产品标准、零配件标准、质量标准、标准合同、标准表(格)单(据)、标准指令、标准数据、标准文本以及 SCPNet 标准等。SCPNet 分为硬件和软件两部分:硬件为 Internet/Intranet/Extranet、客户机、工作站、网管中心;软件为数据库、网络系统、SCPNet 支撑软件。

四 激励机制的内容

从一般意义上讲,激励机制的内容包括激励的主体与客体、激励的目标和激励的手段。

1)激励主体与客体

激励主体是指激励者,激励客体是指被激励者,即激励对象。供应链管理中的激励对象(激励的客体)主要指其成员供应链企业,如上游的供应商供应链企业、下游的分销商供应链企业等,也包括每个供应链企业内部的管理人员和员工。在这里主要讨论对以代理人为特征的供应链企业的激励，或对代理人的激励。因此，供应链管理环境下的激励主体与客体主要涉及以下几对：

（1）核心企业对成员企业的激励。

（2）制造商（下游供应链企业）对供应商（上游供应链企业）的激励。

（3）制造商（上游供应链企业）对销售商（下游供应链企业）的激励。

（4）供应链对成员企业的激励。

（5）成员企业对供应链的激励。

2）激励目标

激励目标主要是通过某些激励手段，调动委托人和代理人的积极性，兼顾合作双方的共同利益，消除由于信息不对称和败德行为带来的风险，使供应链的运作更加顺畅，实现供应链企业共赢的目标。

3）激励手段

供应链管理模式下的激励手段多种多样。从激励理论的角度来理解，主要就是正激励和负激励两大类。正激励和负激励是一种广义范围内的划分。正激励是指一般意义上的正向强化、正向激励，是鼓励人们采取某种行为；负激励则是指一般意义上的负强化，是一种约束、一种惩罚，阻止人们采取某种行为。

正激励是指在激励客体和激励目标之间形成一股激励力，使激励客体向激励目标进发。负激励是对激励客体实施诸多约束，而仅仅预留指向激励目标一个方向给激励客体发展，从而达到向激励目标进发的激励目的。通常的激励方式基本上都是正激励，负激励被作为约束机制来研究。

对于激励的手段，在现实管理中主要采取三种激励模式：物质激励模式、精神激励模式和感情激励模式。

在 X 理论和"经济人"假设的前提下，物质性刺激是唯一或者是主要的激励手段。而物质性刺激因素中，金钱的作用则是首先要考虑的因素。对于供应链管理来讲，物质激励模式可以理解为利润的刺激。要保证代理人供应链节点企业获得理所应当追求的经济利益，同时又能鼓励它积极工作，就要在物质利益上设立满足代理人经济需求的激励指标。

根据 Y 理论及"自我实现人"假设，人是有智慧而且有责任心的，他们追求挑战性和有意义的工作。从事这些工作并取得成功将会产生内在的、精神上的激励，极大地调动人的积极性。供应链和供应链节点企业拥有同样的社会心理，同样追求挑战性和有意义的工作，更多的订单对于供应链来说就是一种挑战。精神激励模式有公开表扬或批评、工作的承认、权力和责任、在同行中获得高的信誉和在公众中获得高的声誉等。感情激励模式既不以物资为刺激，也不是以精神理想为刺激，而是以供应链节点企业与节点企业之间的感情联系为手段的激励模式，主要有沟通思想式、排忧解难式等。

但是对供应链节点企业的激励不仅仅如此，例如，一条供应链因为获得比别的供应链更多的信息而被激励。信息既不属于精神，也不属于物资，所以我们称之为信息激励模式。一般而言，有以下几种激励模式可供参考。

（1）价格激励。在供应链环境下，各个供应链节点企业在战略上是相互合作关系，但是各个供应链节点企业的利益不能被忽视。供应链的各个节点企业间的利益分配主要体现在价格上。价格包含供应链利润在所有供应链企业间的分配、供应链优化而产生的额外收益或损失在所有供应链企业间的均衡。供应链优化所产生的额外收益或损失大多数时候是由相应供应链企业承担,但是在许多时候并不能辨别相应对象或者相应对象错位,因而必须对额外收益或损失进行均衡,这个均衡通过价格来反映。

价格对供应链企业的激励是显然的,高的价格能增强供应链企业的积极性,不合理的低价会挫伤供应链企业的积极性。供应链利润的合理分配有利于供应链企业间合作的稳定和运行的顺畅。

但是,价格激励本身也隐含着一定风险,这就是逆向选择问题。即制造商在挑选供应商时,由于过分强调低价格的谈判,他们往往选中了报价较低的供应链企业,而将一些整体水平较好的供应链企业排除在外。其结果影响了产品的质量、交货期等。当然,看重眼前的利益是导致这一现象的一个不可忽视的原因,但出现这种差供应商排挤好供应商的最为根本的原因是,在签约前不了解供应商,没意识到报价越低,意味着违约的风险越高。因此,使用价格激励机制时,要谨慎从事,不可一味强调低价策略。

(2)订单激励。供应链获得更多的订单是一种极大的激励,在供应链内的企业也需要更多的订单激励。一般来说,一个制造商拥有多个供应商。多个供应商竞争来自于制造商的订单,多的订单对供应商是一种激励。

(3)商誉激励。商誉是一个供应链企业的无形资产,对于供应链企业极其重要。商誉来自于供应链内其他供应链企业的评价和在公众中的声誉,反映供应链企业的社会地位(包括经济地位、政治地位和文化地位)。委托代理理论认为:在激烈的竞争市场上,代理人的代理量(决定其收入)决定于其过去的代理质量与合作水平。从长期来看,代理人必须对自己的行为负完全的责任。因此,即使没有显性激励合同,代理人也有积极性努力工作,因为这样做可以改进自己在代理人市场上的声誉,从而提高未来收入。

从供应链长远发展的战略目标出发,提高企业对商业信誉重要性的认识,不断提高信守合同、依法经营的市场经济意识。整个社会也要逐渐形成一个激励供应链企业提高信誉的环境,一方面通过加强法制建设为市场经济保驾护航,严惩那些不遵守合同的行为;另一方面,则要大力宣传那些遵纪守法、信守合同、注重信誉的供应链企业,为这些供应链企业获得更广泛的认同创造良好的氛围。通过这些措施,既可打击那些不遵守市场经济游戏规则的供应链企业,又可帮助那些做得好的供应链企业赢得更多的用户,起到一种激励作用。

(4)信息激励。在信息时代,信息对于供应链企业意味着生存。供应链企业获得更多的信息意味着供应链企业拥有更多的机会、更多的资源,从而获得激励。信息对供应链的激励实质属于一种间接的激励模式,但是它的激励作用不可低估。在前面几个项目的讨论中,曾多次提到在供应链企业群体中利用信息技术建立起信息共享机制,其主要目的之一就是为供应链企业获得信息提供便利。如果能够快捷地获得合作供应链企业的需求信息,本供应链企业能够主动采取措施提供优质服务,必然使合作方的满意度大为提高。这对在合作方建立起信任有着非常重要的作用。因此,供应链企业在新信息不断产生的条件下,始终保持着对了解信息的欲望,也更加关注合作双方的运行状况,不断探求解决新问题的方法,这样就达到了对供应链企业激励的目的。

信息激励机制的提出,也在某种程度上克服了由于信息不对称而使供应链中的供应链企业相互猜忌的弊端,消除了由此带来的风险。

(5)淘汰激励。淘汰激励是负激励的一种。优胜劣汰是世间事物生存的自然法则,供应链管理也不例外。为了使供应链的整体竞争力保持在一个较高的水平,供应链必须建立对成员供应链企业的淘汰机制,同时供应链自身也面临淘汰。淘汰弱者是市场规律之一,保持淘汰对供应链企业或供应链都是一种激励。对于优秀供应链企业或供应链来讲,淘汰弱者使其获得更优秀的业绩;对于业绩较差者,为避免淘汰的危险更需要求上进。

淘汰激励是在供应链系统内形成一种危机激励机制,让所有合作供应链企业都有一种危机感。这样一来,供应链企业为了能在供应链管理体系获得群体优势的同时,自己也获得发展,就必须承担一定的责任和义务,对自己承担的供货任务,从成本、质量、交货期等负有全方位的责任。这一点对防止短期行为和"一锤子买卖"给供应链群体带来的风险也起到一定的作用。危机感可以从另一个角度激发供应链企业发展。

(6)新产品激励。新技术的共同开发,新产品、新技术的共同开发和共同投资也是一种激励机制,它可以让供应商全面掌握新产品的开发信息,有利于新技术在供应链企业中的推广和开拓供应商的市场。

传统的管理模式下,制造商独立进行产品的研究与开发,只将零部件的最后设计结果交由供应商制造。供应商没有机会参与产品的研究与开发过程,只是被动地接受来自制造商的信息。这种合作方式最理想的结果也就是供应商按期、按量、按质交货,不可能使供应商积极主动关心供应链管理。因此,较好实施供应链管理的供应链企业,都将供应商、经销商甚至用户结合到产品的研究开发工作中来,按照团队的工作方式展开全面合作。在这种环境下,合作供应链企业也成为整个产品开发中的一分子,其成败不仅影响制造商,而且也影响供应商及经销商。因此,每个人都会关心产品的开发工作,这就形成了一种激励机制,构成对供应链上供应链企业的激励作用。

(7)组织激励。在一个较好的供应链环境下,供应链企业之间的合作愉快,供应链的运作也通畅、少有争执。也就是说,一个良好组织的供应链对供应链及供应链内的企业都是一种激励。

减少供应商的数量,并与主要的供应商和经销商保持长期稳定的合作关系是制造商采取的组织激励的主要措施。但有些供应链企业对待供应商与经销商的态度忽冷忽热,零部件供过于求时和供不应求时对经销商的态度不一致。产品供不应求时,对经销商态度傲慢;供过于求时,往往企图将损失转嫁给经销商,因此得不到供应商和经销商的信任与合作。产生这种现象的根本原因,还是由于供应链企业管理者的头脑中没有建立与供应商、经销商长期的战略合作的意识,管理者追求短期业绩的心理较重。如果不能从组织上保证供应链管理系统的运行环境,供应链的绩效也会受到影响。

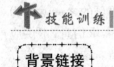

背景链接

联想的绩效考核

中国企业最大的管理漏洞——绩效价值取向迷失,使人无所适从。

中国企业家的最大困惑——员工没有绩效执行力,让人苦不堪言。

联想集团的特色是它有机整合了多种绩效管理方式的优点,同时结合企业自身实际,独树一帜。

1. 部门与个人双指标体系共存

联想集团认为绩效考核是公司按照年度部门业务目标和部门对个人提出的工作目标,对一定时期内部门业务目标完成情况及员工的工作业绩、工作表现和工作能力进行全面、客观的评价。部门考核方面以引导并推动部门沿公司战略轨道前进为出发点,激励部门工作,体现部门价值。个人考核方面则侧重工作业绩、工作表现和工作能力,以业绩考核为主,这一方法集合了目标管理与关键业绩指标的优点,产生了 1+1>2 的效果。

企业的战略管理能力体现为企业战略性绩效目标的实现能力,企业战略需要通过绩效目标的层层分解和分担实现传递。而联想集团的双指标体系共存是联想集团绩效管理平衡的措施之一,对于不便于把指标细化到每一个人身上的部门来讲,联想集团认为这部分业务正好也是非常强调团队协作的业务,尽量考核到人。比如说华东区的年度销售任务,通过层层分解,每个销售人员的目标都非常明确,集团无须再为某个销售团队设立考核指标。

2. 指标设置全面,考核时间合理

联想集团华东区域总部人力资源总监曹金昌认为设置指标是绩效考核的关键,联想集团也遭遇过很多因为指标不清晰、不具个性化而带来的麻烦。在长期的实践中,联想集团探索出了一条路子,在设置指标的时候尽量做到全面。这种全面包括四个方面:

(1)根据不同的业务设置不同的考核指标;

(2)尽可能的定量;

(3)指标的界定一定要十分清楚,描述也要让员工看得明白;

(4)设置指标时一定要和员工进行沟通。

联想的绩效考核分为季度考核和年度考核,季度考核实施时间为每季度末至下季度首月15日,以工作业绩为主要内容;年度考核按自然年进行,它在考察工作业绩的基础上,主要考核工作能力的改进与提高。是全面的考核,是季度考核的补充与提炼。这就遵循了关键业绩指标设置的 SMART 原则。

SMART 是5个英文单词首字母的缩写:

S 代表具体(Specific),指绩效考核要切中特定的工作指标,不能笼统;

M 代表可度量(Measurable),指绩效指标是数量化或者行为化的,便于操作和衡量;

A 代表可实现(Attainable),指绩效指标在付出努力的情况下可以实现,避免目标过高而使人失去信心;

R 代表现实性(Realistic),指绩效指标是实实在在的,可以证明和观察;

T 代表有时限(Time bound),注重完成绩效指标的特定期限。

3. 排序定级,坚定执行,全面兑现

在绩效考核结果的处理上,联想集团的原则是定性不排序,部门内给员工强制排序,把员工强制性的分成 A, A-, B+, B, B-, C 等,对每一等级都明确规定了含义,例如,A 级的含义是非常杰出——就自身岗位而言,以创造性的方式作出重大贡献或在工作方法方面有极大的推广价值。C 级的含义是难以胜任——做为中高层管理人员不能有效实施管理职能,需立即调岗或降级。虽然不同团队之间的这种分级是保密的,但拿到C的员工都会神色黯然。等级为C的员工会由隔级上级进行复谈,如果对考核结果有异议,员工也有权向部门总经理或人力资源部提出申诉。一旦考核结果确定,将会立刻得以应用。季度考核结果会被用于薪资浮动、调岗或辞退,那些一年中有一次得D或三次得C的员工就会面临这样的处罚。年度考核的结果被用于培训与个人发展以及薪资等级调整、红包、股权、升迁、评优、调岗、辞退等。

1. 技能训练的目的

利用所学供应链绩效指标以及管理的知识,对所提供案例绩效管理进行分析,实践供应链绩效管理。通过本次技能训练使学生学会运用所学的理论知识和技能,达到理论和实践相结合、分析处理数据资料、提高学生在实际工作中发现问题、分析问题和解决问题的能力的目的,培养学生团队合作精神。

2. 技能训练的内容

根据提供的某企业供应链绩效管理的内容和方法,结合供应链绩效评价以及标杆管理的相关知识,分析并制订相应的供应链绩效标杆管理对策。

1)技能训练准备

(1)按班级学生分配小组:学生每5人自由结成一个小组,每个小组选一名组长。

(2)教师做指导评述,任课教师分别对学生做的准备工作进行指导点评,发现自由小组中人员配备以及准备工作的不足,及时纠正。

(3)学生自由结合并分析讨论案例,每组学生自己安排时间进行分组讨论,书写调查以及讨论报告。

2)技能训练步骤

(1)5人一组共同进行讨论供应链绩效评价相关理论知识,站在摩托罗拉供应链绩效管理者的角度,模拟供应链的绩效运行。通过对摩托罗拉供应链绩效的分析,讨论供应链绩效指标的种类,并为其制订标杆管理和企业激励制度。

(2)在充分讨论该企业所运用的供应链绩效管理技术基础上,进行分组讨论,最终每小组派代表陈述。

3)技能训练的报告要求技能训练的报告要求,包括以下五部分内容:

(1)技能训练的名称、学生姓名、班号和日期。

(2)技能训练的目的和要求。

(3)技能训练的原理、步骤。

(4)技能训练的原始记录。

(5)技能训练的结果分析,并写出调研报告。

4)技能训练注意事项

(1)学生在技能训练操作中要一丝不苟,认真撰写报告,教师要认真负责,耐心解决技能训练中遇到的问题。

(2)讨论结果以及调研内容要有依据、要准确。

项目八　全球化供应链管理

 内容简介

本项目以供应链管理的发展全球化趋势为背景,分析全球化供应链管理的因素,以及对供应链管理的影响。认识全球化供应链管理中存在的问题,为适应全球化进程而采用相应的管理措施提供决策依据。了解全球化供应链管理中的风险成因、风险管理的定义、风险管理过程以及风险的防范措施。

教学目标

1. 知识目标

(1)了解全球化供应链管理的影响因素;

(2)认识全球化供应链管理中存在的问题;

(3)熟知全球化供应链管理的风险;

(4)针对全球化供应链管理中风险提出防范措施。

2. 技能目标

(1)具有针对具体案例分析供应链管理中影响因素、剖析存在的问题、分析可能的风险项的能力;

(2)具有对供应链风险提出相应的改善与防治措施的能力。

 案例导入

华为公司从1997年开始系统地引入世界级管理咨询公司,建立与国际接轨的基于IT的管理体系。在全球市场的管理与组织手段上,华为全球化的IT体系有效地支持华为业务运作,办公、财务、物流、管理等方面的IT化,使华为能在总部的统一指导下,有序进行各个国家市场拓展。华为已经在海外建设了50多个通信网络节点,并在独联体、亚太、拉美、中东、北非、欧洲、南非等区域设立了大区的服务器。基本形成了覆盖全球的广域网络体系。在集成产品开发(IPD)、集成供应链(ISC)、人力资源管理、财务管理、质量控制等诸多方面,华为与IBM、Hay Group、PWC、FhG等公司展开了深入合作。经过多年的管理改进与变革,以及以客户需求驱动的开发流程和供应链流程的实施,华为具备了符合客户利益的差异化竞争优势,进一步巩固了在业界的核心竞争力。2001年开始,华为广泛地与IBM、摩托罗拉、英

特尔、马可尼、NEC等美国、欧洲、日本的国际大企业接触,打算出让25%~30%的股份,同时吸收5~6家企业投资入股并成为华为的战略合作伙伴。华为希望在完成私募后,去海外整体上市。为了平衡各方的利益并拥有控制权,华为设想每家战略投资者的持股比例均不能超过5%,任正非甚至亲自与IBM洽谈。华为只考虑策略投资者的资本会得到增值的合作,而没有考虑技术、市场交换方面的合作。

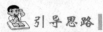引导思路

(1)华为发展过程中的影响因素有哪些?
(2)华为供应链管理是否存在管理问题以及风险,应该如何解决?

任务一 全球化供应链的影响因素

教学要点

(1)了解供应链管理的全球化趋势;
(2)分析全球化供应链管理中的影响因素;
(3)深入讨论各个因素在全球范围内供应链管理过程中的影响,以及其具体的表现。

教学方法

采用课堂互动、小组讨论的形式进行教学,通过师生间的交流与分析了解对全球化供应链管理的影响因素的认识。

教学内容

对于全球范围内各种资源的整合,需要开展供应链上、中、下游的企业之间的协调合作,将产品形态从"企业与企业"之间的竞争转变为围绕企业核心打造的"供应链与供应链"之间的竞争。如果说全球化供应链是全球经济一体化的必然产物,那么全球化供应链管理就是企业乃至整个社会实施全球化战略的必然要求。全球化供应链管理是应用供应链管理的基本理念、模式、工具和手段等对全球网络供应链的经营与运作进行控制与管理。它是供应链管理功能的拓展和延伸,与之前介绍的供应链管理相比,其管理对象更加复杂、管理范围更加宽广以及管理模式更加多样化。

当今世界,全球化供应链管理被认为是价值产生和利润贡献的关键点之一。实际上,现在大部分公司都是或多或少横跨多个国家或地区的供应链的一部分,它们之间在业务上存在着互动、交易与合作。在这种环境中,供应链的合作伙伴能否正确理解其自身的创造价值的潜力就变得至关重要了。因此,全面分析与理解全球化供应链管理的影响因素有助于企业更好地开拓市场空间,获取更高的收益。

一 政治法律因素

由于全球的供应链管理的运营范围覆盖全球、系统庞大、情况复杂,且往往会引发各种

国际纠纷。这其中涉及了各个国家与地区的政策法规问题。不同国家和地区拥有不同的政策、法律和法规。每个国家都有自己的税收、进出口、海关、环保和对本国民族工业的保护等制度规定。全球化的供应链的运作遍及世界,必然涉及不同政策与法规制度。因此,在不同的国家和地区开展供应链业务活动时,必须充分了解和运用当地的政策与法规,以便应付和处理日常业务中遇到的问题和可能引发的国际纠纷,使全球化供应链管理顺利进行。

二、经济因素

经济因素对全球化供应链的管理与运作的影响也十分重要。该因素包括商品价格、汇率状况、市场需求、地区性贸易协议、税收、进出口配额和劳动力的成本费用以及所在国家和地区的经济形势等。例如由地区资源储备状况而决定的该地区的市场需求会直接影响企业的发展;汇率状况的波动会影响产品的成本、价格和利润;关税和配额会影响产品的进口,也会导致企业考虑在出口国或地区投资建厂;低成本的非技术性劳工也会吸引很多海外企业的投资。这些因素都将直接或间接地影响全球化供应链智能化和平衡化的管理,因此企业对于其全球化供应链的管理过程中要充分重视投资地区的经济因素。

三、文化因素

为了成功地开发新的商业机会,企业还应考虑到顾客的文化因素。这种基于文化的敏感度对企业的海外业务、整体目标和供应链都有重大的影响。这包括宗教、习俗、价值观、语言等内容,顾客因此会对各种形式的市场刺激产生不同的偏好和可接受性,这在全球化供应链的每个环节中都起着十分重要的作用。不同地区对于企业的品牌文化理念的价值观存在差异;顾客的消费习惯与习性会影响物流供应链的运作;国家与地区的风俗与语言会影响到企业品牌的树立、市场开拓、商务洽谈等。特定的文化习俗环境会对市场供应产生特定需求,因此,全球化供应链管理者不应该忽视文化差异的重要性,要对当地文化习俗充分了解与运用,并与企业文化建立联系,这样才能更好地满足消费者的需求,在激烈的市场中稳定立足。

四、基础设施因素

由于国际贸易的主流是基于竞争优势的比较,基础设施建设仍是运作和管理全球化供应链的核心。如果企业在全球化贸易进程中忽略了基础设施建设,必然会丧失其竞争优势。技术基础是供应链价值创造的重要基础,主要体现在道路桥梁的规模与效能、交通便利与畅通、运输工具的优质与环保、机械制造的先进与高效等基础设施的建设方面。全球各个国家针对基础设施建设的技术采用率和计划框架各不相同,使得其供应链管理的水平与效率存在差异。因此需要政府和权威机构对本地贸易和国际贸易制定相应的鼓励机制和限制措施,以建立并运用合理有效的供应链管理方案。

五、人力资源因素

供应链管理是一门综合性的经济学科,涉及众多边缘学科和新兴学科。为保持供应链管理的与时俱进,关键要有充足的且普遍技术水平较高的人力资源。企业在海外的投资建厂必然会利用当地的劳动力资源,以减少必要的成本。随着全球经济一体化快速发展,那些传统上靠廉价劳动力吸引贸易投资的国家与地区正逐渐被市场竞争所淘汰。具备先进技术能力与良好的综合素养的人才越来越受全球化供应链管理者的青睐,因此地区优秀人力资源的储备是企业进行全球化贸易活动必须考虑的因素。而且,企业要根据全球化供应链管理的发展趋势,制定相应的人才培训计划,使员工具备较高的技术水平,先进的管理经验,实现供应链管理的优化。

六 信息系统可用性因素

全球化供应量管理不仅依靠先进的技术支持,还依托于广泛的、即时的信息利用。信息系统可用性主要利用计算机技术、通信技术、自动化技术等来实现搜集、处理、分析、反馈与传递等操作。不同国家对各领域的信息利用程度存在差异。发达国家的科学技术处于世界先进水平,因而其信息利用效率也比较高。所以,凭借信息的高效利用,发达国家对于供应链管理中存在的问题可以较早的预见,并可以通过运用先进的技术措施及时进行调整与优化。并通过信息传递可以使供应链上的各合作伙伴能够即时地实现资源的共享。

任务二　全球化供应链管理中的问题

(1)简要分析全球化供应链管理的发展需求;
(2)认识与掌握全球化供应链管理中存在的问题。

教学方法

采用课堂互动、小组讨论的形式进行教学,通过师生间的交流与分析,以真实案例为依托,提出问题,在问题的驱动下,带领学生对全球化供应链管理中存在问题的理解与认识,并分析可以采取的措施。

教学内容

受全球化经济与贸易趋势的推动,供应链管理向着快速化、智能化、电子化和灵敏化方向发展。这一发展趋势对目前的供应链管理的要求也随着商业结构从离散的国家市场和地区市场转变为无国界的全球市场而上升到更高的层次,而在实现这一要求的过程中存在的问题也大为增加。

由于供应链的成员遍及全球,生产资料的获得需要综合全球资源,企业产品的生产、组织和管理涉及诸多区域,销售市场更是全球范围的,因而产品运输的供应链贯穿了世界各地。每个环节都涉及了众多因素,为实现良好的供应链管理,管理者需要协调处理各种复杂多变的问题。任何管理行为都应是处于一个适宜的环境以及完善合理的法律体制之下的,全球化供应链管理也不例外。供应链管理是在法规制度约束的前提下,综合企业自身核心价值观念、管理模式、人力资源、信息技术应用等方面以及企业之间协调合作的管理。在这一体系中,所存在的问题主要有以下方面。

一 法律体系不够健全,且缺乏全球化的社会制度环境

进入新世纪以来,世界经济迅速发展,世界贸易迈上了新的台阶。但对于全球化供应链管理正处于探索发展阶段,对于全球化供应链管理的制度规范和政策指导还不够完善。全球化供应链管理是供应链发展的必然趋势,现正在逐渐发展起来,并在全球环境中运作时许多未知的管理问题或冲突还未完全暴露,因而与之相对应的解决方案还没有被建立。对于某一地区供应链管理的制度完善需要长期的探索与总结,则在全球范围内的法律体系的建立健全的难度不难想象。而且,全球化供应链管理还涉及国家地域的政治、经济、文化等方面的差异性,在管理过程中必然会出现冲突与纠纷。因此迫切需要一个较为统一的全球化的社会制度环境,以实现供应链的畅通管理。

二 企业观念不能较好地适应全球化趋势

要实现供应链管理与全球化贸易的协调统一发展,不仅需要相应的政策指导与法规建设,还需要企业自身观念与管理模式的改善。随着全球化贸易趋势在世界各地普及,注重企业自身成本与效率而忽视顾客需求的传统观念已不能适应全球化的进程。改变这种情况需要对现有的物流企业进行观念上由传统经营与管理模式逐渐向全球化管理方向靠拢的转变,以及由企业核心观念指导下的企业产权重构和结构调整,建立全球运作的经营观,建立全球化的认识问题与思考问题的价值观。对于供应链管理的组织范围不应仅限于企业自身,还要积极开辟与第三方物流管理者的合作,与国际物流企业的联盟。

三 全球化供应链管理缺乏专业人才,科研投入不足

全球化供应链管理覆盖范围广、涉及领域众多、技术要求较高。但由于发展处于初步阶段,目前对于全球化供应链管理的自动化、智能化、信息化等方面的科研投入力度不足,且缺乏专业的管理人才。全球化的供应链管理,由于必须运用先进的物流技术、供应链技术和信息技术,因而需要较高素质的、懂得现代供应链管理技术、能适应国际化市场竞争的复合型的管理人才。优秀人才的培养需要以充足的科学研究成果作为资源利用的前提,并且科学研究工作需要大量较高水平的知识型人才继承。二者相辅相成,互相促进,共同奉献于全球化供应链管理的快速稳定发展。这需要政府与企业共同努力,制定相应政策以支持科学研究,加大科学研究的投入,注重专门人才的培养。

四 全球化供应链合作伙伴不够理想

供应链合作伙伴之间的良好关系对企业的供应链管理具有极其重要的影响作用。目前供应链合作伙伴不够理想的现象集中表现为相互的不信任。信任危机也即相互缺乏信任,有两方面的含义:一是合作企业之间的信任程度不够高,不能给予对方充分的信任;二是双

方的信任程度不对称。它们一般表现为：没有与对方长期合作的意愿，合作时期较短；依仗企业实力在贸易谈判中要挟对方；同时保留多个相同产品的供应商，迫使它们形成竞争；不遵守合同约定、不遵守质量标准、不按时付款或以物质充抵货款；发生未预见的事件或冲突时互相推诿责任等一系列问题。企业只有提高自身信誉度，避免这些方面的问题，才能营造出和谐的合作环境，为全球化供应链管理提供保障。

五 全球化供应链管理中信息技术运用程度不够高

由于全球化供应链管理还不够成熟，其管理还主要依靠传统的管理理念与管理模式，先进的信息技术应用程度还不够高。目前对于供应链的管理主要是针对其基本流程的管理，对于与供应链管理相关的信息技术却缺乏足够的重视，主要体现为：先进的信息技术引进程度不够；缺乏对信息系统的调研选型；缺乏运用技术对业务流程重构和组织机构调整；对于信息系统的应变能力和维护能力的保障工作还不够等

任务三　全球化供应链管理的风险防范

(1)简要分析全球化供应链管理风险的产生原因；
(2)了解全球化供应链风险管理的定义与过程；
(3)针对供应链管理的风险提出防范措施。

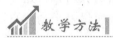

采用课堂互动、小组讨论的形式进行教学，通过师生间的交流与分析，以真实案例为依托，提出问题，在问题的驱动下，带领学生对全球化供应链管理中存在问题的理解与认识，并分析可以采取的措施。

教学内容

供应链从其诞生之日起就因其信息共享、凝聚各企业核心竞争力，能够对市场需求做出快速响应，有效配置和优化资源，减少不必要的流通环节，降低成本，提高顾客满意度，提高企业参与全球经济一体化的竞争能力，而受到企业界和学术界的追捧。但在供应链这个规模庞大，结构复杂的组织中，任何一个环节出现问题，都将引起连锁反应，后果将不堪设想。因此，提高供应链系统的可靠性和发挥供应链优越性是一个至关重要的课题。

在全球范围内，已经出现了多起重大的供应链中断事件。"9·11事件"、印尼海啸、"苏丹红"事件、美国西海岸工潮等，这些突发事件给相关行业造成了重大的打击。面对供应链风险，不同的企业表现出了不同的应对风险的水平。可见，供应链风险管理是供应链管理的重要环节，对提高企业竞争力至关重要。供应链风险管理成为企业管理者关注的新焦点，为其带来了新的挑战。

一 供应链风险产生原因

1. 供应链内生风险

（1）道德风险。道德风险是指由于信息的不对称，供应链合约的一方从另一方那儿得到剩余的收益，使合约破裂，导致供应链的危机。在整个供应链管理环境中，委托人往往比代理人处于一个更不利的位置，代理企业往往会通过增加信息的不对称，从委托合作伙伴那儿得到最大的收益。如供应商由于自身生产能力上的局限或是为了追求自身利益的最大化而不择手段，偷工减料、以次充好，所提供的物资达不到采购合同的要求给采购带来风险。

（2）信息传递风险。由于每个企业都是独立经营和管理的经济实体，供应链实质上是一种松散的企业联盟，当供应链规模日益扩大，结构日趋繁复时，供应链上发生信息错误的机会也随之增多。信息传递延迟将导致上下游企业之间沟通不充分，对产品的生产以及客户的需求在理解上出现分歧，不能真正满足市场的需要。同时会产生牛鞭效应，导致过量的库存。

（3）分销商的选择产生的风险。分销商是市场的直接面对者，要充分实施有效的供应链管理，必须做好分销商的选择工作。在供应链中，如果分销商选择不当，会直接导致核心企业市场竞争的失败，也会导致供应链凝聚力的涣散，从而导致供应链的解体。

（4）生产组织与采购风险。现代企业生产组织强调集成、效率，这样可能导致生产过程刚性太强，缺乏柔性，若在生产或采购过程的某个环节上出现问题，很容易导致整个生产过程的停顿。

（5）企业文化差异产生的风险。供应链一般由多家成员企业构成，这些不同的企业在经营理念、文化制度、员工职业素养和核心价值观等方面必然会存在一定的差异。从而导致对相同问题的不同看法，采取不一致的工作方法，最后输出不同的结果，造成供应链的混乱。

（6）物流运作风险。物流活动是供应链管理的纽带。供应链要加快资金流转速度，实现即时化生产和柔性化制造，离不开高效运作的物流系统。这就需要供应链各成员之间采取联合计划，实现信息共享与存货统一管理。但在实际运行中是很难做到这一点的，导致在原料供应、原料运输、原料缓存、产品生产、产品缓存和产品销售等过程中可能出现衔接失误，这些衔接失误都可能导致供应链物流不畅通而产生风险。例如，运输障碍使原材料和产品不能及时供应，造成上游企业在承诺的提前期内无法交货，致使下游企业的生产和销售受到不利影响。

2. 供应链外来风险

（1）市场需求不确定性风险。供应链的运作是以市场需求为导向的，供应链中的生产、运输、供给和销售等都建立在对需求准确预测的基础之上。市场竞争的激化，大大增加了消费者需求偏好的不确定性，使准确预测的难度加大，很容易增加整个供应链的经营风险。如果不能获得准确的市场信息，供应链无法反映出不断变化的市场趋势和顾客偏好。一条供应链也会由于不能根据新的需求改变产品和供应物，而不能进入一个新的细分市场。最后，市场机会也会由于不能满足顾客快速交货的需要而丧失。

（2）法律风险。供应链面临的法律环境的变化也会诱发供应链经营风险。每个国家的法律都有一个逐渐完善的过程，法律法规的调整、修订等不确定性，有可能对供应链运转产生负面效应。

（3）政策风险。当国家经济政策发生变化时，往往会对供应链的资金筹集、投资及其他经营管理活动产生极大影响，使供应链的经营风险增加。例如，当产业结构调整时，国家往往会出台一系列的产业结构调整政策和措施，对一些产业的鼓励，给供应链投资指明了方向；对另一些产业的限制，使供应链原有的投资面临着遭受损失的风险，供应链需要筹集大量的资金进行产业调整。

（4）经济周期风险。市场经济的运行轨迹具有明显的周期性，繁荣和衰退交替出现，这种宏观经济的周期性变化，使供应链的经营风险加大。在经济繁荣时期，供应链在市场需求不断升温的刺激下，会增加固定资产投资，进行扩大再生产，增加存货，补充人力，相应地增加了现金流出量。而在经济衰退时期，供应链销售额下降，现金流入量减少，而未完成的固定资产投资仍需大量资金的继续投入。此时市场筹资环境不理想，筹资成本加大。这种资金流动性差的状况就增大了供应链的经营风险。

（5）意外灾祸风险。主要表现在地震、火灾、政治的动荡、意外的战争等，都会引起非常规性的破坏，影响到供应链的某个节点企业，从而影响到整个供应链的稳定，使供应链中企业资金运动过程受阻或中断，使生产经营过程遭受损失，既定的经营目标、财务目标无法实现等。

国内外的学者对供应链风险的分类有多种不同的解释，尚未形成统一的分类标准。国内的学者大多比较认同将其分为外生风险和内生风险两类。总的来说，各个学者对外生风险认识的一致性程度较高。对于内生风险的理解则存在较大差异。文中认为，按照风险来源可以将供应链风险分为供应链外部风险、供应链各企业内部风险和企业间的合作风险。

二 供应链风险管理的定义

供应链风险管理是指通过与供应链成员的协作，采用风险流程工具识别、评估供应链内外部风险，并建立包含监控与反馈机制的一整套系统而科学的管理方法，综合处理供应链风险，以降低整体供应链的脆弱性。要进行有效的供应链风险管理，需要遵循以下几点原则：

（1）为供应链风险管理提供组织基础。企业应当设立专门的风险管理部门，来统筹协调风险管理活动。该部门的人员组成应当包括各相关部门的代表。

（2）建立科学的供应链风险管理系统。该体系应提供完整的供应链风险管理流程，并与企业的其他业务流程相整合。同时要采用与企业自身情况相适应的风险识别和评估工具及方法。

（3）加强供应链上各成员的合作。供应链风险会对供应链上的其他成员造成连带影响，因此，供应链风险管理的成功需要各成员企业的合作。首先，应当通过走访游说各成员企业，获得他们的认同和支持，以保障企业的供应链风险管理顺利实施。更积极的做法是使成员企业也都实施供应链风险管理，并对有效的工具和方法进行分享。

三 供应链风险管理过程

风险识别就是要分析供应链的各个过程环节、每个参与主体及其所处的环境，找出可能影响供应链的风险因素,掌握每个风险事件的特征,确定风险源及相互关联。供应链风险管理过程如图8-1所示。

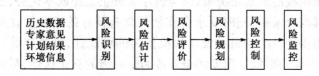

图8-1 供应链风险管理过程

风险估计是估计单个风险的性质,确定风险事件发生概率及其后果的大小。

风险评价是对供应链各个环节的风险、各个风险之间的相互关联与相互作用以及对供应链的总体影响、企业对风险的承受能力进行研究评价。

风险规划是制定供应链风险规避策略以及实施措施和手段的过程。

风险控制是根据风险监视提供的信息,实施风险控制策略。

风险监视是风险控制的事中环节,实时监视供应链运行状态,捕获对供应链有影响的突发事件,及时发现和预测供应链偏离预定计划目标的程度,以便采取控制措施。

四 供应链风险防范措施

1. 加强节点企业的风险管理

供应链从采购、生产到销售过程是由多个节点企业共同参与而形成的串行或并行的混合网络结构。其中某一项工作既可能由一个企业完成,也可能由多个企业共同完成。供应链整体的效率、成本、质量指标取决于节点指标。由于供应链整体风险是由各节点风险传递而成。因此,通过对节点企业风险的识别与判断,进行风险调整和优化,将大大加强整个供应链的风险控制。

2. 加强信息交流与共享

提高信息沟通效率,信息技术的应用加强了企业的通信能力,很大程度上推倒了以前阻碍信息在企业内各职能部门之间流动的"厚墙"。供应链企业之间应该通过建立多种信息传递渠道,加强信息交流和沟通,增加供应链透明度,加大信息共享程度来消除信息扭曲,比如共享有关预期需求、订单、生产计划等信息,从而降低不确定性、降低风险。一般来说,企业上下游间的信息有先进的通信方式、及时的反馈机制、规范化的处理流程,这样供应链风险就小,反之就大。

3. 建立应急处理机制

供应链是多环节、多通道的一种复杂的系统,很容易发生一些突发事件。因此,必须建立相应的预警系统与应急系统。供应链管理中,对突发事件的发生要有充分的准备。对于一些偶发但破坏性大的事件,可预先制订应变措施,制订应对突发事件的工作流程,建立应变事件的小组。同时,要建立一整套预警评价指标体系,当其中一项以上的指标偏离正常水平并超过某一"临界值"时,发出预警信号。在预警系统做出警告后,应急系统及时对紧急、突发的事件进行应急处理,以避免给供应链企业之间带来严重后果。

4. 优化合作伙伴选择

供应链合作伙伴选择是供应链风险管理的重要一环。一方面要充分利用各自的互补性以发挥合作竞争优势,另一方面也要考量合作伙伴的合作成本与敏捷性。合作伙伴应将供应链看成一个整体,而不是由采购、生产、分销、销售构成的分离的块功能。只有链上伙伴坚持并最终执行对整条供应链的战略决策,供应链才能真正发挥成本优势,占领市场份额。选择合作伙伴须考察其综合素质,同时要求合作伙伴具有良好的商业信誉和信用水平。要注意识别合作伙伴加盟供应链的动机和发生投机行为的可能性,可通过设立一个进入供应链的最低信用度,让那些高于最低信用度的企业成为供应链的真正伙伴,最大限度地将具有潜在危险者排除在供应链系统之外。由于供应链战略联盟是建立在合同(或协议)基础之上的组织形式,单纯依靠合同规避风险仍然不够,供应链企业之间需强化基于合作利益有效分配的信任激励,一方面要保证供应链总收益分配中伙伴间的利益共享,即各成员间都"有利可图"。另一方面必须通过制定严格的标准和要求,约束各厂商的行为,恩威并施、双管齐下的激励措施必将大大降低供应链面临的道德风险,增进伙伴间的感情联络与合作信任,巩固战略合作伙伴关系。

5. 加强对供应链企业的激励

由于目前我国企业的社会诚信机制很不完善,供应链企业间出现道德风险是难以避免的。要防止败德行为的出现,就应该尽可能消除信息不对称性,积极采用一定的激励手段和机制,使合作伙伴能得到比败德行为获取更大的利益,来消除对方的败德风险。

6. 重视柔性化设计,保持供应链的弹性

供应链合作中存在需求和供应方面的不确定性,这是客观存在的规律。供应链企业合作过程中,要通过在合同设计中互相提供柔性,可以部分消除外界环境不确定性的影响,传递供给和需求的信息。柔性设计是消除由外界环境不确定性引起的变动因素的一种重要手段。另外,当今供应链管理强调JIT方法,减少库存以降低成本,这种运作模式一旦遇到突发事件或需求有较大波动时就会显得缺乏弹性。变色龙活的时间很长,是因为它应变的能力。因此在注重效率的同时仍应保持供应链适度弹性。

7. 建立战略合作伙伴关系

供应链企业要实现预期的战略目标,客观上要求供应链企业进行合作,形成共享利润、共担风险的双赢局面。因此,与供应链中的其他成员企业建立紧密的合作伙伴关系,成为供应链成功运作、风险防范的一个非常重要的先决条件。建立长期的战略合作伙伴关系,第一,要求供应链的成员加强信任;第二,应该加强成员间信息的交流与共享;第三,建立正式的合作机制,在供应链成员间实现利益分享和风险分担;第四,加强契约规定等规范建设,促使伙伴成员以诚实、灵活的方式相互协调彼此的合作态度和行为。除了选择好的合作企业外,选择流通的产品也是一条重要的途径。亿博物流咨询供应链专家宋文远分析,供应链最有威力的是有规模的流通产品,在供应链中会显示优势。矿泉水就是流通的产品,大家都可以喝,风险相对较小。而如果供应的物品不是矿泉水而是治癌的药,那么就不是流通的产品,而是专业性产品,风险就很高。

8. 加强采购管理,优化物流配送

企业产品生产是以采购为前提的,采购既是企业内部供应链的开始,又是企业与企业之间供应链的桥梁,对于企业降低成本,提高运作效率,增强竞争力有其重要作用。强化采购制度控制应从加强采购队伍建设、严格采购程序、实施有效监管等方面推进。供应链上采用多头供应商的柔性供应机制,可以有效防范单一供应商结构下渠道受阻,即可影响整条供应链正常运行的供货风险。为此,企业对关键物资材料的供应须选择由来自不同地域的两个以上供应商提供,并对每个供应商的供货进行跟踪评估,以确保物资供应安全稳定。物流配送是供应链营运中的重要环节,依靠专业强势的第三方物流,企业可专注核心业务,优化经营流程,降低运营成本,分散并增强抵御物流配送风险的能力。

9. 与供应链上下游共同制订风险防范计划

供应链是一个多节点企业共同加盟串并相连的复杂系统,链上任何一个环节出现问题都会波及和影响整条供应链。为此,集团企业必须与供应链上下游共同制订风险防范计划,建立起操作简便、灵敏有效的风险防范机制,借助产品质量、合同履约、库存周转、客户满意度等监控指标,进行供应链风险的识别、评估与预警,以达到及时预防、控制和转移风险,保证整条供应链连续、平稳、有效地运行,实现利益共享、风险共担。

10. 加强供应链文化建设

打造共同的价值观。良好的供应链文化能在系统内形成一股强大的凝聚力,增强成员企业之间的团结协作,减少不必要的矛盾冲突,从而减少内耗,并且形成一种相互信任、相互尊重、共同创造、共同发展、共享成果的双赢关系;使得供应链的成员与整体有相同的利益要求和共同的价值标准,从而维持供应链的稳定与发展。

参 考 文 献

[1] 马士华,林勇.供应链管理[M].3 版.北京:机械工业出版社,2010.
[2] 赵晓敏,冯之浚,黄培清.基于产品的供应链选择策略[J].商业研究,2004(16):67-71.
[3] 吴冰.供应链协同的知识创新[M].北京:北京交通大学出版社,2011.
[4] 唐纳德.沃特斯.供应链管理概论:物流视角[M].北京:电子工业出版社,2009.
[5] 霍佳震,周敏.物流绩效管理[M].北京:清华大学出版社,2009.
[6] 谢颖.物流信息技术[M].北京:清华大学出版社,2007.
[7] 陆永明.港口供应链管理研究现状及述评[J].改革与战略,2009(11):176-179.
[8] 马辰.基于供应链视角的青岛港发展战略研究[D].青岛:中国海洋大学,2008.
[9] 张玲,胡明静,李芝梅.基于全球供应链管理的港口物流发展模式[J].商业文化,2008(2):69-70.
[10] 杨再静.港口物流服务供应链的构建及合作问题研究[D].成都:西南交通大学,2009.
[11] 阳明明.香港的港口服务型供应链[J].中国物流与采购,2006(10):56-58.
[12] 施先亮.供应链管理原理及应用[M].北京:清华大学出版社,2006.
[13] 胡军.供应链管理案例精选[M].杭州:浙江大学出版社,2007.
[14] 舒彤.供应链协同的供应商选择与销售预测[M].长沙:湖南大学出版社,2009.
[15] 栾向晶.供应链管理[M].北京:科学出版社,2009.
[16] 吴登丰.供应链管理[M].北京:电子工业出版社,2007.
[17] 张泳.供应链管理中的战略选择与匹配[J].科技管理研究,2005(9):160-161.
[18] 张光明,郭强,冯华.供应链管理[M].武汉:武汉大学出版社,2011.
[19] 刘永胜.供应链管理基础[M].北京:中国物资出版社,2009.
[20] 沈莹.供应链管理[M].北京:北京交通大学出版社,2009.
[21] 吴登丰.供应链管理[M].2 版.北京:电子工业出版社,2013.
[22] 赵林度.供应链与物理管理[M].北京:机械工业出版社,2011.
[23] 侯云先.物流与供应链管理[M].北京:机械工业出版社,2011.
[24] 黄小园.供应链模型与优化[M].2 版.北京:科学出版社,2010.
[25] 张玲,胡明静,李芝梅.基于全球供应链管理的港口物流发展模式[J].商业文化,2008(2):79-80.
[26] 赵林度.供应链与物流管理理论与实务[M].北京:机械工业出版社,2003.
[27] 宋华,胡左浩.现代物流与供链管理[M].北京:经济管理出版社,2000.
[28] 汽车产业的供应链管理.http://wenku.baidu.com/view/e91d0cd43186bceb19e8bbde.html.
[29] 港口供应链管理研究现状及述评.http://www.chuandong.com/publish/report/2009/12/report_1_5807.html.
[30] 方敏.基于供应链管理的港口竞争战略研究[D].上海:上海海事大学,2004.
[31] 陈焕标.港口供应链及其构建[J].水运管理,2009,31(10):9-11.
[32] 徐印州.供应链管理[M].广州:暨南大学出版社,2009.

[33] 钱芝网.供应链管理[M].北京:中国时代经济出版社,2006.

[34] 胡双增,张铎.全球化供应链管理[J].中国物资流通,2000(3):12-14.

[35] 李志君.供应链管理实务[M].北京:人民邮电出版社,2011.

[36] 江俊杰.供应链牛鞭效应在企业中的危害与消减措施[D].上海:上海交通大学,2012.

[37] 蔡灏海.供应链信息共享问题研究[D].上海:东华大学,2008.

[38] 李培亮.拉动式供应链信息共享价值分析与机制实现[D].上海:同济大学,2007.

[39] 马士华,沈玲.基于时间竞争的供应链预订单计划模式[J].计算机集成制造系统,2005,11(7):1001-1006.

[40] 刘永胜,赵瑞芬.供应链提前期压缩问题研究[J].中国流通经济,2005(4):11-14.